吴仰湘 著

皮锡瑞的经学成就与经学思想

湖湘文库编辑出版委员会
湖南大学出版社

湖湘文库
乙编

出版说明

湖湘文化源远流长，博大精深，是中华文化中独具地域特色的重要一脉。特别是近代以来，一批又一批三湘英杰，以其文韬武略，叱咤风云，谱写了辉煌灿烂的历史篇章，使湖湘文化更为绚丽多彩，影响深远。为弘扬湖湘文化、砥砺湖湘后人，中共湖南省委、湖南省人民政府决定编纂出版《湖湘文库》大型丛书。

《湖湘文库》编辑出版以“整理、传承、研究、创新”为基本方针，分甲、乙两编，其内容涵盖古今，编纂工作繁难复杂，兹将有关事宜略述如次：

一、甲编为湖湘文献，系前人著述。主要为湘籍人士著作和湖南地区的出土文献，同时酌收历代寓湘人物在湘作品，以及晚清至民国时期的部分报刊。

二、乙编为湖湘研究，系今人撰编。包括研究、介绍湖湘人物、历史、风物的学术著作和资料汇编等。

三、乙编中的通史、专题史，下限断至1949年。

四、甲编文献以点校后排印、据原本影印及数据光盘三种方式出版。

五、除少数图书以外，一律采用简体汉字横排。

六、每种图书均由今人撰写前言一篇。甲编图书前言，主要简述原作者生平、该书主要内容、学术文化价值及版本源流、所用底本、参校本等。乙编图书前言，则重在阐释该研究课题的研究视角和主要学术观点等。

七、对文献的整理，只据底本与参校本、参校资料等进行校勘标点，对底本文字的讹、夺、衍、倒作正、补、删、乙，有需要说明的问题，则作出校记，一般不作注释。

八、甲编民国文献中的用语、数字、标点等，除特殊情况外，一般不作改动。乙编图书中的标点、数字用法、参考文献著录规则等均按现行出版有关规定使用和处理。

《湖湘文库》卷帙浩繁，难免出现缺失疏漏，热望社会各界批评指正。

《湖湘文库》编辑出版委员会

前言

善化皮鹿门锡瑞（1850—1908），是同治癸酉（1873）科拔贡，光绪壬午（1882）科举人，后来四赴春闱而名落孙山，于是绝意功名仕进，以讲学、著述终老。

他先从名物典制入手治经，进而精究《尚书》，兼攻郑学，融贯群经大义，昌明今文家法，是清代今文经学的集大成者之一。

他从小笃志词章，尤工骈俪之体，加上“少习史传”，好发议论，冶经义、词章于一炉，使史论与时事相贯通，是近代湖湘文坛屈指可数之一家。

他先任南昌经训书院山长，以经、史、词章教士，扭转院中偏重性理的学风；后来主讲南学会，力戒汉宋、中西、新旧之争，议论精辟而辞气平和；晚年创办善化小学堂，同时执教于湖南高等学堂、湖南师范馆、湖南中路师范学堂、长沙府中学堂，为兴学育材而鞠躬尽瘁，是晚清湖南一位教育名家。

“论其经术，固为一时无两；考其为人，则持躬谨笃，粹然儒者”，杨树达因此誉称皮锡瑞为“经师人师”[1]。张舜徽在《清儒学记》中，更是大声疾呼：“我们认真考虑到皮氏学术成就的全貌，实是通学门庭，在许多问题上，能见其大，能观其通。近人只把他看成专治今文家言的经师，那就太缩小他的作用了。他在清末，实是一位极其博通的学者，论其造诣，远远超过了王闿运和王先谦。”

皮锡瑞壮年转治经学后，曾细心研读《十三经注疏》，对汉魏之注、唐宋之疏下过苦功，遇有疑滞，即作札记，纠补注疏与前儒的阙失，或者申述一已新见。这些札记，他统称为《古褢堂经说》，后来改称《卧伏堂经说》，最后定名《师伏堂经说》，计有《尚书》、《诗经》、《礼记》、《左传》、《公羊传》、《穀梁传》、《论语》、《孟子》、《国语》九种。他自感“中多前人已说，间有新解可取”，“刻以问世，似亦可无愧也”[2]，因此在甲午至庚子年间，陆续加以删补、校订，改叫“九经浅说”，一并交付思贤书局刊刻，但最后仅刊行《礼记浅说》二卷、《左传浅说》二卷。今湖南师范大学图书馆藏有《师伏堂经说》稿本四种，为《礼记》二卷、《左传》二卷、《公羊传》一卷、《论语》二卷。我将其中《礼记》、《左传》二稿与《礼记浅说》、《左传浅说》刻本对照，发现稿本条目少于刻本，间有校订的眉批或浮签，可知此幸存者当是初稿本。从皮锡瑞壮年治经的这些成果看，他既追慕汉儒郑玄、何休，又踵继乾嘉大师，明显偏向古文经学，同时对今文学也有所涉及。

---

① 杨树达：《经师人师之皮先生》，《湖南省立第一中学校刊》第22、23期合刊《皮鹿门先生纪念专号》。

② 皮锡瑞：《师伏堂日记》，甲午年十一月廿二日、己丑年十一月廿三日。

皮锡瑞从事专经研究，始于撰拟《古文尚书辨证》和《尚书大传笺》。1892 年底，他完成《尚书古文疏证辨正》一卷，到 1894 年冬，相继有《今文尚书考证》三十卷、《尚书古文考实》一卷、《史记引尚书考》六卷、《尚书大传疏证》七卷定稿，加上 1896 年所作《古文尚书冤词平议》二卷，他的《尚书》研究已经大功告成。皮锡瑞的《尚书》研究，可以分作三类：一是对伪古文《尚书》公案的评判。阎若璩《尚书古文疏证》集两宋以来伪古文《尚书》考辨之大成，但毛奇龄作《古文尚书冤词》，替伪古文鸣冤，力图翻案。皮锡瑞指出，阎氏经常援引宋人臆说来诋斥西汉古义，“非特无以服伪孔之心，且恐左袒伪孔者将有以借口”①，毛氏虽不用宋儒臆断解经的新说，但误在“专信伪孔，并伏《传》、《史记》亦加訾议”②，因此撰《尚书古文疏证辨正》、《古文尚书冤词平议》，期使两家之是非“可对勘而明”。他认为，《尚书》中只有西汉今文说最为可信，如果不依据《尚书大传》和《史记》，仅引马、郑经注与宋儒臆说，难以驳倒伪古文，而阎、毛两家因时代所限，对今、古文家法未尽了然，“不知今文之真”，反而诋斥汉初古义，他因此提出：“但以今文之说为断，则两家之得失明矣。”在《尚书古文考实》中，他通过考辨古文《尚书》在汉代出现、流传的始末，提出西汉孔安国与东汉马、郑一派的古文《尚书》均不可信据。皮锡瑞投入伪古文公案，实是由前人的考辨真伪，进而走向分别今古。二是对《尚书大传》的辑校与疏解。皮锡瑞的《尚书大传疏证》以陈寿祺辑本为主，广搜博采，拾遗补缺，订讹纠谬，是清代最为完备的伏《传》辑本。他更通

---

① 皮锡瑞：《尚书古文疏证辨正自序》。

② 皮锡瑞：《古文尚书冤词平议自序》。

过名物礼制的考证，对伏《传》和郑《注》异同详加考辨，判分今、古文家法，恢复伏生《书》学本义，“扶孔门之微言，具伏学之梗概”①。三是对今文《尚书》篇章、文字的考证与疏解。皮锡瑞在考辨伪古文《尚书》和注解《尚书大传》的过程中，全面掌握了两汉今文《尚书》资料，对其传授渊源与经义奥蕴别有会心，广搜博采，融会贯通，将心得汇集于《今文尚书考证》，成为清代今文《尚书》研究的集大成者。王先谦虽对皮锡瑞尊崇今文不肯苟同，却对书中丰富的资料与严谨的考证极为佩服，在《今文尚书考证序》中称赞说：“条理今文，详密精审，兼诸大儒之长而去其弊，后之治今文者，得是编为前导，可不迷于所往。”后来章太炎又在《校经生》中评论说：“抱一家之学，钩深而致之远，上规平津，下模西庄，若善化皮锡瑞，斯其次也。”叶德辉也在《壬戌感逝诗》中写道：“白头师伏老经师，一卷《尚书》信在斯。”可见，皮锡瑞《尚书》研究的勤苦与专精，在他生前与身后都大受称赞。

皮锡瑞自称“少习郑学”，至老仍“服膺郑学”。他在 1895 年完成《孝经郑注疏》二卷，在严可均辑本基础上，为《孝经》郑玄注大加辩护，同时抉发郑注中的今文经说与古制古义。马宗霍评论说：“凡社稷、宗庙、丧服、祭享、朝聘、巡狩、郊祀、明堂、辟雍、五等、五服、五孝、五刑诸端，皆原原本本，引据翔实，而以郑君他经之注以证此注，尤得汇通之旨……郑注湮废已久，严氏粗加理董，其绪未宏，得锡瑞疏，而后郑君《孝经》之学于以大阐。又世人兼有疑经不出于孔子者，锡瑞仿丁晏《孝经征文》之例，更采汉以前征引《孝经》者附列于后，以证经非汉

① 皮锡瑞：《尚书大传疏证自序》。

儒伪作。是其书不惟有功于注，亦且有功于经矣。”① 1896年，皮锡瑞又撰出《郑志疏证》八卷附《郑记考证》一卷《答临孝存〈周礼〉难疏证》一卷，考出郑玄先今文、后古文的治学变化，表彰其兼采今、古的博通。江瀚对此作了充分肯定：“郑学弘博，先通今文，后通古文，故先所著书多今文说，后所著书多古文说。当时弟子盖尝以参差致惑，郑已自为解释之。孔颖达等不明斯义，是以解《诗》则疑《礼注》，解《礼》则疑《诗笺》；即《郑志》，亦疑其与《礼注》、《诗笺》不合。篇中皆逐条疏通证明，其于郑氏之学，可谓有功矣。”② 戊戌政变后，皮锡瑞遭受管制，“拚命著书”，在不到一年半的时间内，完成《六艺论疏证》一卷、《圣证论补评》二卷、《尚书中候疏证》一卷、《驳五经异义疏证》十卷、《发墨守箴膏肓释废疾疏证》三卷和《鲁礼禘祫义疏证》一卷，对郑玄之学作了全面的疏通证明，将清代的郑学研究推进了一大步。如叶德辉在《六艺论疏证序》中说：“余尝言自汉以来，传孔子之道者有四学。四学者，今文学、古文学、郑氏学、朱子学也。……吾友皮鹿门孝廉，好学深思，邃于经术，于余所言四者，皆融洽而贯通之。平生著作等身，实事求是，而于郑氏遗说，类皆有所发明。”皮锡瑞从立意“申郑君未尽之旨”、“存郑氏一家之学”，最终得以“备礼堂一家之学”，成为清代精究郑学的专门名家。必须指出的是，皮锡瑞投入绝大精力，从事郑玄经学著作的辑订、疏证与阐释，一方面固然是想扶翼、发明郑学，阐幽表微，另一方面是要分别两汉经学家法，借机为今文学张目。

① 马宗霍：《〈孝经郑注疏〉提要》，《湖南文献汇编》第二辑，《民国丛书》影印本，第214~216页。

② 江瀚：《〈郑志疏证〉提要》，《续修四库全书总目提要（经部）》，中华书局1993年版，第1320页。

晚年的皮锡瑞虽然人老体衰，还承担了繁重的教学任务，但是仍有《汉碑引经考》六卷附《汉碑引纬考》一卷（1904年）、《经学历史》一卷（1906年）、《经学通论》五卷（1907年）、《王制笺》一卷（1908年）等相继刊行。《汉碑引经考》搜尽传世汉碑铭文中的经学资料，与传世十三经对检，使经传与碑铭互证，抉隐微，订讹误，正句读，通训诂，广异义，证古制，创发新义而依据确凿。江瀚评价说："收集汉碑，始于赵宋。自是而后，著录滋多。然嗜骨董者鲜发明，侈收藏者昧考订。朱百度虽有《汉碑征经》之作，而止传《周易》一卷，未为完书。是编搜罗既富，征引尤详。"[①]《经学历史》、《经学通论》则是为新式学堂讲授经学所编写，对中国经学的源流演变及历代学者的治经得失作了总结和概括，提纲挈领，指示门径，论断明快，功力非凡。王先谦当年读到《经学历史》稿本，即誉称"胸罗众家，掌运千古"[②]；他向门人苏舆谈起《经学通论》，"谓令人愧汗无地"[③]，在致皮锡瑞信中更说："老兄经学湛深，任举一义，均有触处洞然之妙。"[④]这两本深入浅出的经学通论著述，一直广泛流传，直到今天仍是经学入门教材，甚至被列作文科院系研究生的必读书目。

此外，皮锡瑞的经学著作，还有1890年底完成的《易林证文》二卷（手稿现藏湖南师范大学图书馆），1895年刊成的《经训书院自课文》三卷，1897年撰作的《春秋义说》一卷（已佚），以及在他去世后由家人辑印的《师伏堂春秋讲义》二卷。

---

① 江瀚：《〈汉碑引经考〉提要》，《续修四库全书总目提要（经部）》，第1410页。

② 皮锡瑞：《师伏堂日记》，丙午年九月十六日。

③ 李肖聃：《湘学略·鹿门学略》，岳麓书社1985年版。

④ 李肖聃：《星庐笔记》，岳麓书社1983年版，第48页。

总之，皮锡瑞精研群经，会通众家，并贯以今文之学，使其学术自成体系，加上治学谨严，条理分明，资料丰富，持论平实，所以大受称誉。如民国学者邵瑞彭说："鹿门先生，兴于南楚，蔚为大师。其学远绍西汉今文坠绪，兼综北海郑氏之学，淹雅宏通，审思明辩，与井研廖君同源殊流，纵恢广弗逮，而澹密过之。"①湘省后学更推之为晚清湖南经学第一家，如杨树达称："皮氏经术湛深，治学严谨，同时乡里学人，王先谦不逮其精深，王闿运远输其严谨，在近代湘士中，最为杰出。"②

皮锡瑞曾回忆说："少沉溺俗学，喜词章之学。"③ 又说："仆本憾人，少习史传，间有撰述，托诸短章。"④ 出于应举的需要，他从小接受吟诗作文与读史发论的训练。因为资质聪颖，加上性喜吟诵、好讽群籍，皮锡瑞年未弱冠即享有文名，与益阳王德基（怀钦）、长沙阎象雯（士良）以及同县李梦莹（荔村）、宁乡程颂藩（伯瀚）等友朋，"以文章、才望，有声于时，乡人并相称美"⑤。他自称"我年未冠登词场"，"文章小露世已惊"⑥，对其才情文笔较为自信，多次在诗中说："少壮真难再，文章敢自欺。"⑦"文通彩笔梦中还，敢向吟坛斗旗鼓。"⑧ 为着射策高中，皮锡瑞沉思苦吟，用骈体撰写史论，辞藻极工，议论甚精，文才与识见均别出一格："抗论时事，盱衡今古，鄙宋明之贫弱，慕汉唐之富

---

① 邵瑞彭：《重刊〈驳五经异义疏证〉序》。
② 杨树达：《〈经训书院自课文〉提要》，《湖南文献汇编》第二辑，第 148 页。
③ 皮锡瑞：《师伏堂日记》，戊戌年四月初七日。
④ 皮锡瑞：《两汉咏史自序》，《皮鹿门年谱》，第 33 页。
⑤ 皮名振编：《皮鹿门年谱》，商务印书馆 1939 年版，第 8 页。
⑥ 皮锡瑞：《赠李荔村即以志别》，《师伏堂诗草》卷二。
⑦ 皮锡瑞：《四十初度述怀四十韵》，《师伏堂诗草》卷四。
⑧ 皮锡瑞：《和夏芰舲诗》，《师伏堂诗草》卷三。

强，少作诗文，多是此种议论，妄意有所建白。”① 直到壮年而功名蹭蹬，他“以才华渐退，自分词章不能成家，又困于名场，议论无所施，乃不得已遁入训诂”②，但即使在转向经学研究后，他仍耽悦诗词，好作古今谈。

皮锡瑞从1873年开始存录诗文，生前结集或刊刻的有《师伏堂骈文》二卷（1895年刊）、《两汉咏史》一卷（1895年成稿，未刊）、《宙合堂谈古》一卷（1895年成稿，未刊）、《鉴古斋日记评》四卷（1902年刊）和《师伏堂骈文》四卷、《师伏堂诗草》六卷、《师伏堂咏史》一卷、《师伏堂词》一卷（以上四种1904年刊）。此外，他还遗有《师伏堂日记》（起自1892年，终于1908年）、《〈读通鉴论〉札记》（1900年）两种稿本，现藏湖北省图书馆；他的亲友则辑存有《鹿门文稿》、《鹿门杂稿》、《鹿门诗草》，现藏湖南省博物馆。皮锡瑞的诗词文章，多为叙事、抒怀、写景、纪游、咏史、论古之作，既记录下个人的见闻、感受与思想，也折射出晚清波澜壮阔的时局与新旧扰攘的世情，具有较高的艺术性，也有一定的史料价值。当年王先谦辑刻《骈文类纂》，收录皮锡瑞骈文11篇、连珠87首，在该书所录35位清代骈文名家中，皮锡瑞高居第二，仅次于洪亮吉（收骈文、连珠共131首）；在该书所录8位湘籍文士中，皮锡瑞也位居第二，仅次于周寿昌（收文14篇），而多过王闿运（收文10篇）。王先谦在编纂之初，兼录生存者之作，叶德辉亟亟以为不可，“然如缪学丞、皮孝廉之作，实不能割爱”③，足见皮锡瑞骈文在当时的影响。然而，皮锡

① 皮锡瑞：《师伏堂日记》，戊戌年三月十九日。
② 皮锡瑞：《师伏堂日记》，甲午年七月初一日。
③ 杨树榖、杨树达：《郎园学行记》，《近代史资料》第57辑。

瑞的文学造诣与史学见解，后来被他的经学成就所掩，迄今不受世人重视。

根据《师伏堂日记》所载，皮锡瑞用以郑重示人、馈送师友的著作，除了《尚书大传疏证》、《今文尚书考证》，就是《师伏堂骈文》，其珍视之心、得意之情可以想见。《师伏堂骈文》收文六十多篇，以史论、序跋、游记、书札为主，上起1873年，下迄1903年，真实记载着皮锡瑞大半生的经历、思想与学术。这部四卷之作，骈散交错，对仗严整，文词清丽，典故庄雅，辞气温厚，语句铿锵，议论风发，情蕴渊懿，诵之朗朗上口，思之意绪纷飞。尤其引人瞩目的是，皮锡瑞“深洞经义，宏发词令”，“本诸华藻，以表史迹”[①]，将词章与经术、史论融于一体，让人击节叹赏，后学更是赞不绝口。例如，经训书院高才生徐运锦读过二卷本《师伏堂骈文》后，作序颂誉说：“鹿门夫子，南邦词祖，东山圣徒。闭庐覃思，穿床嗜古。贾《疏》、郑《注》，宏启其藩篱；《墨守》、《膏肓》，别构其户牖。翼《孝经》小同之古义，补《尔雅》景纯之遗说。精言在抱，俪体尤工。”[②]民国年间李肖聃为四卷本《师伏堂骈文》作跋，更盛赞说：“先生生逊清之季年，值湘文之盛日。少登拔萃，旋领乡闱，藉甚声华，焕乎文采。连珠与士衡并美，游记共道元生色。双清制赞，已垂彤史之辉；瀛州序颂，复纪文皇之盛。已可扬声华屋，腾藻云崖。先生乃矢志读书，殚精治史。谓道不原于周、孔，则旁出多歧；文不征于马、班，则义终无本。于是为迁《记》引《书》之考，赋《两汉咏史》之诗。谈古于宙合之堂，讲学于经训之院。林苑不能分传，经文乃

① 贺赞元：《师伏堂骈文序》。
② 徐运锦：《师伏堂骈文序》。

合一途。故《古泉杂序》，郎园必乞于鹿门；湖外作家，骑尉推之为鸿笔也。昔竹垞第工词章，东原不长文学；左海惟精礼制，西庄独事校刊。乾嘉汉师，文尤芜杂。讽籀书九千字，说《尧典》三万言。群士腾讥，寡能备善。先生既究群经之玄意，兼都雅之高文。精义入神，炼才就范。非姬、汉之书不读，匪羲、黄之旨不传。检纬候于绿图，校珍文于丹策。彼《戴氏遗书》之序，丰芑《通训》之词，称述学原，世称美造。而先生所自作，至数十余篇，宁惟鲁、齐家法，藉墨藻以光新；亦使伏、贾薪传，永遗声于文薮。故考其学业，则经学挺出于清儒；论其文章，则根底特殊于华士。斯学林之公论，非门士之私言。"①

皮锡瑞一生嗜好史学，无论是前期应试，还是后来论政，始终喜欢读史、咏史、论史，晚年还有心编史、注史。他自称"遂览古今略，颇识安危筹"②，"案头《汉书》时熟读，经国大计初非懵"③，又说："士生晚近，稽览前徽。帝典王纲，日以弛废，巢风羲埃，时惟寂寞。我适安归，黄农之忽焉已久；无为至治，华胥之梦想徒劳。爰镜至精，扇遗烈，窥刊石，捃逸文。折群言之淆乱，涤近事之苛烦。或陈古以切今，匪贵远而贱近。庶几鱼藻古义，聊以讽时；燕说郢书，亦足治国云尔。"④ 可见，他涵咏旧史、剧论古人，意在探究古今之变，讨寻立国之道、用人之方，筹谋救时之计、御外之策，即所谓"陈古切今"。例如，《师伏堂咏史》有诗 167 首，所咏史事起自春秋末世，讫于杨隋灭亡，既讥昏庸之主，责侈靡之君，刺贪鄙之臣，讽奸佞之徒，又表忠义

① 李肖聃：《湘学略·鹿门学略》。
② 皮锡瑞：《秋怀十韵》二，《师伏堂诗草》卷二。
③ 皮锡瑞：《百花洲怀苏云卿》，《师伏堂诗草》卷五。
④ 皮锡瑞：《宙合堂谈古自序》，《师伏堂骈文》卷一。

之士，颂御夷之将，伤冤抑之臣，哀沉沦之才，兴亡成败尽在笔端。在《六国论》、《秦始皇论》、《汉武帝论》、《班超论》、《晋武帝论》、《诸葛亮论》、《谢安论》、《唐太宗论》、《〈唐书·四夷传〉论》、《寇准论》、《宋论》、《王安石论》等史论和《南学会讲义》中，皮锡瑞纵论历代盛衰之故，深究中外和战之机，思考振衰起弊、救亡御侮的方略。李肖聃对皮锡瑞的史论同样极为称赞，曾就其“重内轻外”论加以表彰：“先生论政，不主内重外轻，谓：汉时云中一郡之兵，可抗匈奴全国之众；唐代藩镇虽曰跋扈，而抵御外侮，亦赖其力；清时委重督抚，亦致中兴。自赵太祖以猜忌之心，行集权之计，杯酒释诸将之兵权，防内成宋朝之家法。及乎金人构衅，守将无兵，至一州则破一州，至一县则破一县。迨李宗尹、文天祥出，迫而为分设四镇之议，而已无及矣。至于士夫藉藉，争言义愤，宁肯亡国，不肯讲和，以致独松关守将张濡擅杀元使，而国不可救矣。故其《宋论》一篇，所见独高，其词之美，又与孔广森之《元论》等矣。”①

特别值得一提的是，皮锡瑞认为“今法多沿明，明法又本于宋，与唐以前判然不合”②，因此潜心探究汉唐的强盛与宋明的贫弱，“披亭林、船山议论，参考历代史事，以为不当沿宋明之弊法，舍汉唐之宏规”③，形成一条改革自强的思路，主张在军事、财政、吏治等方面革除宋明积弊，恢复汉唐良法：“窃以为见在之事，宜先清内乱，严惩贿赂，刻绳赃吏，债帅以法，实事求是，乃可变法。变法应先改宋明陋习，复汉唐郡兵藩镇之制，则兵强

① 李肖聃：《星庐笔记》，第49页。

② 皮锡瑞：《南学会第九次讲义》，《湘报》第57号。

③ 皮锡瑞：《师伏堂日记》，戊戌年四月初七日。

可以御侮，不必从夷俗反肇乱也。"[①] 后来他积极参与戊戌湘、赣维新，针对康有为一派"托古改制"与"尽从西法"，明确提出"不引经书，专讲史事"，以使变法跳出"康学窠臼"[②]。戊戌政变后，皮锡瑞遭受禁锢，仍然秉承以史经世的观念，指导私塾弟子陈绍箕研读《资治通鉴》，以札记形式写成《鉴古斋日记》，为之详加批注，以古鉴今，对晚清的内政和外交屡加针砭，并且宣称："今方言变法，尤宜讲求古今通变，汉唐以上何以富强，宋明以下何以贫弱，诚于历代沿革、得失、升降之故了然心目，思所以善变而取法于古，有不必尽学于四夷而自可以强中国者。"[③] 皮锡瑞正是通过对中国历史的深入研究，专心讲求古今之变，倡导"善变而取法于古"，主张参照本国的历史经验，反对尽变西法，力图从旧学中开启新知，成为晚清变革理论的积极探索者。

我是在博士生指导教师麻天祥教授的引导下，从 1998 年开始从事皮锡瑞研究，翌年完成博士学位论文，后来经过修改、扩充，于 2002 年出版《通经致用一代师——皮锡瑞生平和思想研究》，得到师友的肯定和学界的认同，从中大受鼓舞。2005 年，我以"皮锡瑞经学遗稿整理与经学成就研究"为题，申请到教育部人文社科研究规划基金资助，开始对《师伏堂经说》、《师伏堂经学杂记》等未刊稿作整理、研究。第二年，《皮锡瑞全集》又被列为国家清史编纂委员会文献整理项目，遂将主要精力投入其中，直到 2011 年独力完成《皮锡瑞全集》的收集和点校工作。整理全集大大延缓了教育部项目的研究工作，但对我准确把握与深入理解皮

---

① 皮锡瑞：《师伏堂日记》，乙未年六月初十日。

② 皮锡瑞：《师伏堂日记》，戊戌年七月十八日。

③ 皮锡瑞：《鉴古斋日记序》。

锡瑞的经学却大有裨益，最终得以较高的质量完成课题，顺利结项。

在我多年的研究中，得到了海内外师友的无私帮助，得到了单位领导和同事的热情关心，得到了家人的大力支持，在此一一谨致谢忱！

皮锡瑞的经学著述不仅数量多，内容也很专精，开展研究殊非易事，浅学如我，虽十余年来寝馈其中，仍有力不从心之感。本书各章虽论及皮锡瑞的《尚书》学、《春秋》学、郑学、礼学，实则缺憾尚多，尤其对《今文尚书考证》、《郑志疏证》、《汉碑引经考》、《经学通论》等未作专题探讨，颇伤残缺。兹应“湖湘文库”之命，匆匆付印，心甚不安，聊待将来续补。书中错误，并祈有道君子指正。

吴仰湘

2013 年 3 月

目 录

绪　论　皮锡瑞经学的研究概况

皮锡瑞（1850—1908）精研群经，旁通诸史，撰述宏富，成就卓著，生前即屡获王闿运、王先谦、叶德辉等人的称扬；在他去世后，更不断有人表彰他的经学成就与治学精神[①]。杨树达曾出资重刊《师伏堂笔记》，并在各种序言和短文中对皮氏学术大加颂誉，如“乡先辈善化皮鹿门先生，博闻强记，经学湛深，为吾湘二百年来所仅见”[②]，“论其经术，固为一时无两；考其为人，则持躬谨笃，粹然儒者”[③]。支伟成以为皮锡瑞“治经出入今、古文之间”，笃信《公羊》改制之说，笺《王制》则“翼张鲁学，实开近代蜀派之先声”；又指出他治学的历程，是初治《尚书》，中攻郑学，晚贯群经，创发大义[④]。徐世昌主编《清儒学案》，以皮锡瑞“研精汉儒经训之学，宏通详密，多所发明”，专设《鹿门学

---

① 章太炎先在《校经生》篇中，称誉皮锡瑞“抱一家之学，钩深而致之远，上规平津，下模西庄”，颇为称誉；后来撰《驳皮锡瑞三书》，对其《经学历史》、《春秋讲义》、《王制笺》大肆讥弹；再在《量守庐记》中，非议他趋附时势，由古文而转习今文。其他如陈汉章等人，也因出于门户之见，对皮锡瑞多有讥评。从学术角度对皮氏经学观点加以批驳的有：时父，《驳皮锡瑞六经出于孔子说》，《东北大学周刊》第103期，1930年10月出版；杨敏曾，《皮锡瑞〈经学通论〉书后》，《国风半月刊》第五卷6、7期合刊，1934年10月出版。这二家主要是不能认同皮锡瑞宣扬孔子制作六经的今文学观点。

② 杨树达：《师伏堂笔记序》，民国十九年杨氏积微居刊《师伏堂笔记》卷首。

③ 杨树达：《经师人师之皮先生》，《湖南省立第一中学校刊》第22、23期合刊《皮鹿门先生纪念专号》，1932年12月25日出版。

④ 支伟成：《清代朴学大师列传》卷八，岳麓书社1986年，第267～269页。

案》，誉其经学“博洽精审，亦能折中群言，无所偏激”①。皮锡瑞在江西经训书院的著名弟子夏敬观，更盛称他的经学成就：“先生精《礼经》，考《诗》四家、《礼》二戴、《春秋公羊传》、司马《史记》记礼之辞相出入者，以证伏《传》。于郑君著书，始纬次经，先今后古，明其学术先后异同之故，笃信郑君，多详古礼。故又兼治郑学，疏通其一家言。其畅微抉隐，扶翼西汉今文之学，殆超越乾嘉诸儒，而为清代经师殿后之一人也。”② 李肖聃为皮锡瑞晚年垂青的入室弟子，曾有心编撰一部皮氏年谱而未成，后在《湘学略》中设《鹿门学略》，以彰师门遗教，称“考其学业，则经学挺出于清儒，论其文章，则根底特殊于华士”③，对其经学和文学成就极为推崇。邵瑞彭在重刊皮氏《驳五经异义疏证》时，推誉说：“其学远绍西汉今文坠绪，兼综北海郑氏之学，淹雅宏通，审思明辩，与井研廖君同源殊流，纵恢广弗逮，而澹密过之。”④

以上这些评说，虽有精悍可喜之处，但不是真正意义上的研究。至于杨树达、马宗霍、江瀚、胡玉缙、吴承仕、伦明、叶启勋等人为皮锡瑞各种经学著述撰提要，或褒扬，或批评⑤，均属严谨的学术评价，值得今人重视。以下将笔者所见研究皮锡瑞经学

---

① 徐世昌：《清儒学案》卷一九二《鹿门学案》。

② 夏敬观：《善化皮鹿门先生年谱序》，见皮名振编《皮鹿门年谱》卷首，商务印书馆1939年。

③ 李肖聃：《鹿门学略》，见《湘学略》二十一，岳麓书社1986年，第211～215页。李肖聃另在《星庐笔记》中专设一节记述皮锡瑞的学行，对其经、史之学颇多称誉。

④ 邵瑞彭：《重刊皮氏〈驳五经异义疏证〉序》，民国二十三年河间李氏古鉴斋重刊《驳五经异义疏证》卷首。

⑤ 详见湖南省文献委员会编《湖南文献汇编》第二编、中国科学院图书馆整理《续修四库全书总目提要（经部）》。

的中文论著（指专篇或专节，详见本书所附《皮锡瑞研究论著目录》），分四个方面作一概述。

一、对皮锡瑞经学的总体研究与评价

周予同较早论及皮锡瑞的经学，以为“皮氏治经宗今文，但持论平允，没有康有为那样的武断，也没有廖平那样的怪诞”，又说“他的著作内容，虽没有很伟大的创见，如同时几位著名的经今文学大师；但学术门径很清楚，善于整理旧说”①。这一评语对后来的研究者影响很大，迄今学界对皮氏治经成就的评价，大多未超出这一意见。陈介石在纪念皮锡瑞的文章中，概括其经学有三大特点，“一曰严守今文之家法也”，“二曰化除门户之私见也”，“三曰主张孔道以救国也”，并总结说：“总之鹿门先生之大旨，以经籍还孔门，以孔教救中国；守西汉之专门，续东鲁之绝学。其条理之分明，主张之贯彻，求之清代诸儒，实有未易多得者。且先生之有功经学，足以补前贤之罅漏，启后学之津梁者，其所著《经学历史》，尤为空前之杰作也。”② 张舜徽特别推崇皮锡瑞的“通人之学”，说：“我们认真考虑到皮氏学术成就的全貌，实是通学门庭，在许多问题上，能见其大，能观其通。近人只把他看成专治今文家言的经师，那就太缩小他的作用了。他在清末，实是

① 周予同注释：《经学历史》，中华书局1959年，“序言”第8～9页。

② 陈介石：《鹿门经学之管窥蠡测》，《湖南省立第一中学校刊》第22、23期合刊《皮鹿门先生纪念专号》。

一位极其博通的学者，论其造诣，远远超过了王闿运和王先谦。”①他在这里批评后人仅视皮氏为“专治今文家言的经师”，真是切中肯綮。

王韶生 1961 年在香港发表长文《论皮锡瑞之经学》②，在扼要叙述皮氏生平与经学立场后，对其经学见解从今文、古文、郑学和朱子学四个方面各作评述，指出皮氏偏信今文、排斥古文，对于郑学可称为功臣，评论朱子则异常矜慎，最后借用夏敬观“扶翼西汉今文之学，殆超越乾嘉诸儒，而为清代经师殿后之一人”作为结论，对皮氏经学从整体上予以肯定。稍微遗憾的是，因为当时在香港无法找到《师伏堂丛书》，作者的论述主要取材于《皮鹿门年谱》、《经学历史》和《经学通论》。

杨向奎在《清儒学案新编》中，给皮锡瑞专设一案，转录《经学通论》、《六艺论疏证》、《王制笺》、《汉碑引经考》诸书自序或重要论述，对皮氏学术思想作了较多的评析，其要点有二：一是评价《经学历史》（详后文）；二是通过与廖平、康有为的简单比较，凸显皮氏治学的严谨平实，指出：“《经学通论》及《王制笺》的性质，可当于廖季平之《知圣篇》、《古学考》及康有为之《新学伪经考》及《孔子改制考》，但不似廖氏之泛滥无所归及康氏之枝叶扶疏，放言高论。”又说：“皮氏受廖氏《王制》为今文注的理论，而以为素王改制之书，而康氏受廖之影响，遂由平分今古，而尊今抑古，转而影响廖氏，又有《古学考》及《知圣

---

① 张舜徽：《清儒学记》卷七，齐鲁书社 1991 年，第 358 ~ 364 页。在《清人文集别录》、《爱晚庐随笔》等书中，张舜徽对皮锡瑞还有一些零星的评论，也值得研究者参阅。

② 王韶生：《论皮锡瑞之经学》，《崇基学报》第 1 卷第 1 期，1961 年 7 月出版。

篇》，三人互有影响，而康氏说恣肆，廖说善变，皮氏说较谨严。”[①]

最近，潘斌在《皮锡瑞经学的特色》一文中，将皮锡瑞经学的特色归结为四点：一是解经归诸实证，体现出浓厚的汉学风格；二是会通汉宋今古，强调破除门户之见；三是重视经学家法，主张明家法、守家法；四是讲求微言大义与经世致用[②]。潘斌另有《论皮锡瑞郑学研究》，指出皮锡瑞重视郑玄研究，对郑玄经注经说做了大量的辑佚工作和疏证，成就突出，但他的考证也有流于主观臆断之处，并体现出以今文为重的经学立场[③]。

此外，田汉云认为皮锡瑞是清代“正统今文学的殿军”，陶清则视皮氏为晚清今文经学复兴的主角[④]。但因他们的考察集中于皮锡瑞的少数几种经学著作，故其相关论述移在下文介绍。

二、对《经学历史》的研究与评价

《经学历史》是皮锡瑞晚年在湖南高等学堂讲授经学课程的讲义，自1906年刊刻后，几经翻印，畅行至今，成为皮锡瑞最为著名的作品，因此极受学界重视。

---

① 杨向奎：《鹿门学案》，见《清儒学案新编》卷四，齐鲁书社1994年，第275~341页。另可参见《清末今文三大师对〈春秋〉经传的议论得失》，《管子学刊》1992年第2~3期，《鹿门学案》的评价初见于此文。

② 潘斌：《皮锡瑞经学的特色》，《吉林大学社会科学学报》2012年第2期。

③ 潘斌：《论皮锡瑞郑学研究》，《社会科学辑刊》2011年第2期。

④ 田汉云：《皮锡瑞：正统今文学的殿军》，见《中国近代经学史》，三秦出版社1996年，第348~365页；陶清：《晚清今文经学的复兴·皮锡瑞》，见蒋国保等著《晚清哲学》，安徽人民出版社2002年，第430~440页。

周予同对《经学历史》作了详尽的注释，并在前言中指出，由于皮氏的今文学立场和经学家身份，《经学历史》并非经学史著述："他这部书，假使粗忽的翻阅，似乎不能将经古今文学、宋学的发生、变迁、异同、利弊一一显示给我们。他不能超出一切经学家的派别来记述经学，而只是立在今文派的旗帜之下来批评反对派。诚然，就经学说，他是没有失掉立场；但是，就史学说，他这部书就不免有点宣传的嫌疑了。"他还从当时思想斗争的实际需要出发，批判皮氏宣扬"孔教救国"、"六经致用"、"纬候足征"，指出这些荒谬思想"在新旧思想交替的时候，大有纠正的必要"①。杨向奎则对周予同关于皮氏宣扬"孔教救国"、"六经致用"、"纬候足征"的严厉批判，分别加以辨析，提出"我们不能以后来的观点评古代"，认为皮氏的主张、思想有其时代性，"无可厚非"，所论较周氏要平和、客观和公允②。但朱维铮仍然承继周予同的观点，对《经学历史》作了很多批评，几乎要完全加以否定。他反对皮氏以历代统治者对经学的重视程度及官方经学的研究重心为尺度来对经学分期，批评他的"六经致用"、"孔教救国"和"纬候足征"，认为"他著此书的主观取向是为教张目，名为讲历史而实则反历史"，因而正面的影响并不大，"五四"之后"已经几乎被忘却"。在与周予同《经学历史》注释本进行比较时，他对皮氏原书的价值似更有贬损之意，说："周先生为此书作了详注，重点诠释其中述及的史实，由此《经学历史》获得了皮氏生前未有的巨大影响。"③

① 周予同注释：《经学历史》，"序言"第 8 ~ 9 页，第 10 ~ 14 页。

② 杨向奎：《鹿门学案》，见《清儒学案新编》卷四，第 276 ~ 280 页。

③ 朱维铮：《中国经学史十讲》，复旦大学出版社 2002 年，第 293 ~ 294 页。另参《周予同经学史论著选集》（增订版），上海人民出版社 1996 年，"前言"第 3 ~ 4 页。

与周予同不以《经学历史》为经学史著述相异的是，当代学术界多将《经学历史》视作中国第一本经学史著作，由此对它进行研究或加以批评。此类专题研究论文已有十余篇[①]。在有关中国经学史的讨论中，《经学历史》更是评论的重点对象[②]。这些论著对《经学历史》的内容、性质与价值等所作的分析和评价，可归结为两点：一方面，认为《经学历史》是从史学的角度来总结、论析经学，肯定它对数千年的经学历程作了大体准确的把握和简明扼要的叙述，开创出以经学源流发展作经学通史的先例，堪称中国经学史的开山之作，对后来的经学史著作产生过较大的影响。许英才甚至提出，《经学历史》"既为讨论经学发展之历史性著作，且皮氏自谓欲'别其得失'，则当有一套个人之价值判断标准存乎其中，以为其批评或解释经学发展得失、盛衰及演变过程的理论依据，而此应即皮氏经学史观所在"，因此详尽探讨皮氏经学史观的具体条例[③]。另一方面，以历史著作的标准来衡量《经学历史》，

① 这些论文是：张火庆《皮锡瑞〈经学历史〉析论》，《孔孟月刊》第 17 卷第 4 期；蔡荣婷《读皮锡瑞〈经学历史〉书后》，《孔孟月刊》第 20 卷第 2 期；陈全德《皮锡瑞"魏晋为经学中衰时代"观点之评述》，《孔孟月刊》第 30 卷第 7 期；许英才《皮锡瑞经学史观及其经学问题之探讨》，台湾政治大学中国文学研究所 1992 年硕士论文；缪敦闵《刘师培〈经学教科书〉中的经学观——与皮锡瑞〈经学历史〉的比较》，《经学研究论丛》第 8 辑；夏乡《皮锡瑞〈经学历史〉之作意——由通经而致用之津梁》，《孔孟月刊》第 41 卷第 9 期；马少甫《皮锡瑞〈经学历史〉的编纂特点》，《史学史研究》2003 年第 2 期；刘振琪《读皮锡瑞〈经学历史〉札记》，《东海大学图书馆馆讯》新第 32 期；张国华《读皮锡瑞的〈经学历史〉》，《华夏文化》2004 年第 4 期；马少甫《〈经学历史〉与皮锡瑞学术思想初探》，《北方论丛》2006 年第 4 期。

② 代表性的文章有：林政华《论今传五部经学史的特色与缺失》，《孔孟月刊》第 15 卷第 4 期；林庆彰《经学史研究的基本认识》，《国文天地》第 3 卷第 6 期；张志哲《中国经学史分期意见述评》，《史学月刊》1988 年第 3 期；陈其泰《皮锡瑞与经学史研究》，见《清代公羊学》（东方出版社 1997 年），第 345 页。

③ 许英才：《皮锡瑞经学史观及其经学问题之探讨》，第 4 页。

批评它在经学史的分期与评价等重大问题上存在多种缺陷，如持论专宗今文经学过于偏颇，分中国经学历史为十期失之粗疏，将经学开辟时代断自孔子极为武断，评魏晋经学为中衰、宋代经学为变古、元明经学为积衰十分片面，其他如内容不尽翔实、取材稍嫌狭隘、体例未臻完善，等等。例如，田汉云对《经学历史》的总体评价，是“偏致的回顾与保守的展望”。他认为皮氏在书中对古代经学考镜源流，既详究分合盛衰，又衡论是非得失，脉络清楚，评论精当，大体上准确清晰地勾画出中国经学的发展演变过程，在中国经学史上“是一部填补空白的重要著作”。与此同时，作者又指出该书有着严重的缺陷，“应当予以切实的批评”：第一，皮氏站在今文学的立场来总结古代经学，因而书中偏见较多；第二，皮氏在展望儒学的未来命运时，思想保守落后[①]。马少甫更对《经学历史》作为经学史书在编纂方面的优劣加以专论。他认为，《经学历史》对于经学通史的编纂有许多开创性，不仅从时间的跨度和内容的广度两个方面，继承和发展了传统经学史注重“会通”的编纂特点，而且吸收了西方史学的章节体体例，将经学在传统社会的发展史用一个主题思想贯穿起来，因而成为“第一部完整意义的经学史”，对中国近代的经学史研究产生了深远影响。作者同时又认为，由于皮氏重今文轻古文、扬汉学抑宋学的学术立场和门户之见等原因，使得该书存在着许多问题和错误，主要表现是：对刘歆、王肃、杜预等重要经学人物的评价有失偏颇，对陆王学派等重要经学流派故意避而不谈，对经学的分期呈现出浓厚的今文家法色彩，“因而未能真正揭示经学历史发展

---

① 田汉云：《中国近代经学史》，第348～365页。

的实质”[①]。

三、对《经学通论》的研究与评价

《经学通论》也是皮锡瑞晚年为适应新式教育而编撰的经学教材，分《易经》、《书经》、《诗经》、《三礼》和《春秋》五种，论述五经的起源及其要义，品评历代研究的得失，提纲挈领，指示门径，功力非凡，流传甚广，迄今仍是经学入门教材。

田汉云认为《经学通论》全面地反映了皮氏对经学的见解，并指出书中最可注意的地方，是对儒家经典要旨的阐述，如对《易经》变与不变哲理的阐述，对《春秋》“张三世”、“存三统”学说的辨析，“他对经典要旨的阐发，既注意忠实于经文的本义，又注意切合当世政治的需要，与康有为、廖平等人的任意附会颇不相同。他的认识代表了正统的今文学家对儒家学说的重要解读与建构”。他同时也认为，皮氏在书中发掘《仪礼》、《诗经》和《尚书》诸经大义时，过于强调儒家伦理纲常不可废弃，显得见识庸腐，“专主今文，鲜用古学；纯取经义，不杂西义，是其主要特点，其立论的谨严胜于康有为、廖平，但时代气息与康、廖相比可称淡薄寡味”[②]。陶清也主要依据《经学通论》，将皮氏经学思想概括为三大基本观点，即孔子作经传世说、孔子作经改制说、六经是经非史说，认为皮氏的努力对于今文经学在同光年间的复兴起了重要的作用：“皮锡瑞在晚清今文经学经历咸丰战乱而沉寂

---

① 马少甫：《皮锡瑞〈经学历史〉的编纂特点》，《史学史研究》2003 年第 2 期。

② 田汉云：《中国近代经学史》，第 348 ~ 365 页。

之后的崛起中，起了重要的作用；他援经据典、广集成说，将西汉以来‘春秋公羊学’推衍而成系统之说。他的经学思想的基本观点，整合春秋公羊学之大成；而主以《春秋》义例范定诸经，也将庄存与、刘逢禄开山的嘉道年间经世之学的公羊学派的基本理论充实、拓展，以成一家之言，并达至晚清学术思潮之主流地位。”①

高志成对《易经通论》作了专门评析，撰成硕士学位论文《皮锡瑞易学述论》②。该论文在概述皮氏生平、指明其今文经学立场后，以三章的篇幅，详细讨论皮氏《易》学主张及其对历代《易》学的阐述。作者将皮氏的《易》学主张总结为崇汉《易》、贬宋人图书学、坚持孔子作卦爻辞说，对其思想渊源一一加以考察，并分析了焦循《易》学对皮氏的启发。至于皮氏对于《周易》的根本见解，作者提出两点：一是皮氏主张变易、不易皆《易》之大义，二是皮氏提出《易》非为卜筮作，而是为指导人生义理作，并由此出发，对皮氏处理历代《易》注、《易》说的原则加以说明，对皮氏有关象数、义理、假借、转注的解《易》途径作了评析。全文的主体是根据《易经通论》对历代《易》学的评述，分先秦易学、汉魏易学、唐代易学、宋代易学、清儒易学等专节，对皮氏的各种观点详加评说，析其是非得失，既揭示出皮氏通经致用、推崇今文的主观用意，又肯定皮氏实事求是、独立不倚的客观精神。作者最后在结论中指出，皮氏在今文经学主导下，倡导通经致用，因此他的《易》学完全是一种“致用之学”。

---

① 陶清：《晚清今文经学的复兴·皮锡瑞》，第431～439页。

② 高志成：《皮锡瑞易学述论》，台湾逢甲大学中国文学研究所硕士论文，1995年。

学界对《诗经通论》关注较多。台湾学者赵制阳撰《皮锡瑞〈诗经通论〉评介》[①]，对《诗经通论》中的诸多见解基本予以否定，尤其对皮氏尊信今文的治学立场大加责难，分别从求证态度、思想模式、论证方法、言论矛盾和家法意义等方面作了归纳，认为：皮氏虽主张“解经须确凭”，“但是皮氏心目中的‘确凭’，不是诗文的本身，不是诗歌的来历，也不是典籍的考证，而是今文学者的解说”；在评判今、古文时，“皮氏只从二者之间论是非，谈取舍，故虽笔舌滔滔，广征博辩，但留给人的印象，则是摭拾旧说者多，独创新义者少，仍不免流于平庸与肤浅”；皮氏前后言论时常自相抵触，“出尔反尔，矛盾重重，义少辩多，无所适从。究其所以致此的原因，实由于胸无主见，对《诗经》缺乏整体的了解”；“皮氏虽是今文遗裔，但观点常摇摆不定，于今、古文之间实有随文取舍的情形。但由于识力不足，他所取的常是最不该取的那一部分”[②]。胡静君则以《诗经通论》为主要探讨对象，辅以《经学历史》，撰成《皮锡瑞〈诗经通论〉研究》的硕士学位论文[③]。论文第一章简述皮氏的生平与著作以及晚清今文经学复兴的学术背景，第二章分析皮氏的经学立场与《诗》学基本观念，作为全文的基础。第三章专论皮氏的《诗序》观，就《诗序》的时代与作者、《诗序》的存废两个议题，列举皮氏的相关说法并作肯定的评价。第四章就《诗》三百之删定与入乐、《商颂》与

① 赵制阳：《皮锡瑞〈诗经通论〉评介》，《明新学报》第3期（1983年1月）及《中华文化复兴月刊》第14卷第10、11期，后收入《历代诗经名著评介》，台湾学生书局1983年，第239～266页。

② 赵制阳：《历代诗经名著评介》，第264～265页。

③ 胡静君：《皮锡瑞〈诗经通论〉研究》，台湾逢甲大学中国文学研究所硕士论文，1996年。

《鲁颂》的作者等问题，摘取皮氏的若干说辞加以讨论，并分别评判其是非得失。第五章从论三家《诗》义、论赋比兴与豳雅豳颂、论《毛诗》训诂不及三家，考察皮氏就《诗经》说义与训诂方面对今、古文家的不同评说，指出皮氏既不乏客观之论，也多有偏向今文之失。最后一章是结论，针对皮氏《诗》论作总检讨，认为他“以贬抑古文、发扬三家绝学为职志，在此前提之下，则所论不免失之公允，以致弊端丛生”，并采用赵制阳之说作了简要评述，对皮氏《诗》论基本加以否定。此外，戴维《诗经研究史》、洪湛侯《诗经学史》都设有专目[①]，论及皮锡瑞的《诗经通论》，可惜过于简略。

也有不少研究者根据《春秋通论》，评论皮锡瑞《春秋》研究的得失。赵生群认为，皮锡瑞治经崇今文而抑古文，主张依据今文（特别是《公羊传》）探求《春秋》之义，这一治学立场“不仅影响到他《春秋》学研究的方法，也直接影响到他对一些具体问题的认知和判断”，因而出现了诸多失误，诸如将《左传》定性为史书，缺乏根据；因少数经传不合或有经无传而论定《左传》不解经、完全否定《左传》与《春秋》的关系要么过于草率，要么失之偏颇[②]。晁天义等人认为，皮氏视《春秋》为蕴涵丰富政治思想的政治学著作，提出“《春秋》非史”之说，“正确阐明了《春秋》一书的性质，破除了千余年来众多学者一个根深蒂固的误解。在受非学术因素严重影响、《春秋》性质研究长期处于误区的

① 戴维：《诗经研究史》，湖南教育出版社 2001 年；洪湛侯：《诗经学史》，中华书局 2002 年。

② 赵生群：《皮锡瑞的治学立场与〈春秋〉学研究》，提交“首届清代经学与文化国际学术研讨会”（北京清华大学，2003 年 11 月），后收入会议论文集《清代经学与文化》，北京大学出版社 2005 年。

近代学术史上，皮锡瑞的这一观点尤其具有重要的学术价值”[①]。赵伯雄则认为，在晚清今文家中，皮锡瑞是“对《春秋》经传做最客观平正、最有理据的研究者”，并说《春秋通论》“集中体现了皮锡瑞在《春秋》学上的主张和见解”。关于皮氏对《春秋》学的贡献，他指出以下数点：其一，何为《春秋》的“微言大义”，是《春秋》学的一个根本问题，皮氏对此给予了十分明确的解答；其二，公羊家的“素王”说历来遭人訾议，皮氏对“素王”概念做了澄清；其三，对于《春秋》的性质，皮氏有着十分清醒的认识；其四，皮氏虽极力反对《左传》是《春秋》之传，但并不全然否定《左传》的价值。不过，作者虽对皮氏《春秋通论》极为肯定，却认为“他只是一位学者，一位经生，不是政治家，也不是鼓动家；故他的学术在当时影响比较小，在这一点上，与康有为等人是不可同日而语的”[②]。

最近，潘斌根据《三礼通论》，就皮锡瑞对《仪礼》、《周礼》、《礼记·王制》的作者与成书时代的相关论述，以及皮锡瑞注重分别《周礼》、《王制》篇的今、古文家法，对其三《礼》学中的今文经学观作了评析，认为皮锡瑞治经重今文，强调经学微言大义的发挥[③]。

① 晁天义、张仁玺：《皮锡瑞的“〈春秋〉非史”说与近代学术史上的〈春秋〉性质研究》，《西北第二民族学院学报》2003 年第 4 期。

② 赵伯雄：《皮锡瑞与他的〈春秋通论〉》，见《春秋学史》，山东教育出版社 2004 年，第 732 ~ 739 页。

③ 潘斌：《皮锡瑞三礼学的今文经学观》，《古代文明》2012 年第 1 期。

四、对皮锡瑞《尚书》学的研究与评价

皮锡瑞精研《尚书》，宗主今文，撰有《尚书古文疏证辨正》一卷、《尚书大传疏证》七卷、《史记引尚书考》六卷、《今文尚书考证》三十卷、《尚书古文考实》一卷、《古文尚书冤词平议》二卷等，成就卓著，历来备受称誉。

古国顺在《清代尚书学》中，论及皮锡瑞的《古文尚书冤词平议》“皆守伏《传》、《史记》以决是非，甚多精辟之见，然其因袭前说，立论专辄者，亦所不免”，又将《书经通论》的论述依其性质分为六类，认为书中“既专主今文，复以《史记》、《大传》为立说之本，故所言多不可易”，另将《今文尚书考证》的要点归结为四端，并与陈寿祺父子、魏源等人比较，评价皮氏此书“取其精富，辨其讹舛，可谓后来居上”①。刘起釪在《尚书学史》中，列举皮锡瑞各种《尚书》学著作，特别表彰《今文尚书考证》搜集资料的成绩：“皮氏的《今文尚书考证》等于把西汉今文《尚书》作了一总结性叙述，凡段玉裁、陈乔枞所集材料，其书中都拥有，另增加了大量汉碑材料及段、陈偶未引到的文献材料。因此在论定今文的文字取材方面，比段玉裁、陈乔枞又进了一步，使后学者要找早已不传的汉代今文《尚书》，凭这部书就可最大限度地见到它所能见到的材料。”② 盛冬玲、陈抗点校了《今文尚书

---

① 古国顺：《清代尚书学》，台湾文史哲出版社 1981 年，第 92 页、第 181 页、第 182 页。

② 刘起釪：《尚书学史》，中华书局 1989 年，第 416 页。

考证》，被列入中华书局“十三经清人注疏”丛书。在点校前言中，他们从清代《尚书》研究的学术史出发，对该书作了相当高的评价，称其为“集清人《尚书》今文学大成之作”，“虽是今文学派一家之说，但总的看来，取材丰富，考订严谨，能够做到言必有据，不作武断臆说，在清人疏证《尚书》的众多著作中，书最后出，而持论比较平允”①。田汉云认为，在皮氏《尚书》学著作中，《今文尚书考证》价值最高，并具体指出三点：其一，该书对今文二十九篇经文文字进行逐字逐句的甄别，既辨析今、古文本的差异，也留意今文三家间的歧异，“在尽可能的范围内恢复了汉代《今文尚书》的原貌”，对《尚书》学做出了重要贡献；其二，皮氏以考证字句异同为重点，“对经典义理罕加诠释，但是经文与古代礼制关涉殊密处每有深论”；其三，皮氏能广泛运用各种考证方法，广征博引，善于裁断众说，显示出深厚的朴学功底与严谨的治学态度，与晚清其他重微言大义而武断附会的今文学家迥然有别②。

近年来，台湾出现两本研究皮锡瑞《尚书》学的硕士学位论文，对皮锡瑞《尚书》学成就作了集中探讨，成绩显著。夏乡于2003年完成《皮锡瑞〈尚书〉学述》的硕士论文③，最早尝试对皮氏《尚书》学作全面研究。全文共有六章。第一章概述清代今文《尚书》学复兴的背景，交代论文的研究范围与方法。第二章略述皮锡瑞的生平、著述，对其一生学术脉络作了梳理。第三、四、五章是全文的主体，按照皮氏学术发展历程，分别对《尚书

---

① 盛冬玲、陈抗点校：《今文尚书考证》，中华书局1989年，“点校说明”第2页、第4页。

② 田汉云：《中国近代经学史》，第348～365页。

③ 夏乡：《皮锡瑞〈尚书〉学述》，台湾师范大学国文研究所硕士论文，2003年。

大传疏证》、《今文尚书考证》和《经学历史》、《书经通论》详加考述，分析其撰作旨趣、著述体例与研究得失，突出《尚书大传疏证》重在探索伏生今文经义，《今文尚书考证》功在恢复汉代今文《尚书》原貌，《经学历史》、《书经通论》则意在由通经转向致用。第六章为结论，论述皮氏《尚书》学的成就、价值与影响。作者从三个方面总结了皮氏《尚书》研究的成绩：一是疏证《尚书大传》，翔集今文家说；二是严明条例，还原汉代《书经》；三是创为通史，通经而能致用。作者认为皮氏能集清儒今文《尚书》研究之大成，但未能在其身后形成风气，为此作者探讨个中缘由，提出了几点个人的见解[①]。作者对皮氏辑订《尚书大传》的成绩作了恰切的评述，对皮氏考辨今文《尚书》的义例作了全面的归纳，是全文最为精彩的两节。何铭鸿的硕士论文《皮锡瑞〈尚书〉学研究》完成于2005年，2010年以专书出版[②]。他以《今文尚书考证》为研究对象，参考皮氏其他《尚书》学著述，以分析、归纳、比较的方法，讨论皮氏《尚书》著作的体例、内容、方法、特色等，借以展现皮氏《尚书》学在晚清经学史上的成就与地位。全书除绪论外，共分六章。第一章概述清代《尚书》学的发展，第二章略述皮锡瑞的生平、学术立场与《尚书》观，第三章简述《今文尚书考证》、《尚书大传疏证》、《尚书中候疏证》、《古文尚书冤词平议》的内容与特色，这些可以说是全书的研究基础。第四、五章为全书主体，专论《今文尚书考证》，归纳出皮氏考证今文《尚书》的基本原则，论述皮氏考证今文《尚书》字词、脱误、

---

① 按，《求索》2009年第2期刊发扬州大学文学院某博士生《皮氏〈书〉学成就及其式微之因》，全是抄撮夏乡论文第六章而成，其情形令人震惊。

② 何铭鸿：《皮锡瑞〈尚书〉学研究》，台北市立师范学院应用语言文学研究所2005年硕士论文，台湾花木兰文化出版社2010年出版。

名物、制度、史实的主要成就与缺失，并对皮氏所用考证方法作了总结。最后一章为结论，提出对皮氏《尚书》学的三点看法：一是严明师法与家法，考镜源流；二是搜罗今文资料堪称完备；三是考证方法未出乾嘉。就《今文尚书考证》的研究来说，本书是迄今为止最为详尽的著述。何铭鸿还将皮氏《尚书古文考实》的内容加以概括，指出该书主要讨论古文《尚书》文字、传衍、篇目、版本、说解等，体例颇似于札记，仅举其大略，未能呈现皮氏关于古文《尚书》的完整论述，应是皮氏从事《尚书》学初步研究的成果①。

五、结 语

皮锡瑞的经学著述众多，已经刊行者有22种，未刊手稿尚有《师伏堂经说·公羊传》、《师伏堂经说·论语》、《师伏堂经学杂记》等，其中《尚书》类5种、《礼记》类2种、《春秋》类3种、《四书》类1种、郑学类8种、通论群经类6种。相比之下，可见学术界对皮锡瑞经学的研究，无论从论著数量还是研究深度来看，都显得不太相称，并且存在一些明显的欠缺。例如，今人多将《经学历史》、《经学通论》视为皮锡瑞的代表作进行研究，并据以评判其经学思想，殊不知皮锡瑞的治经成就本在《尚书》学、郑学和《春秋》学。虽然近年来的研究重点转向皮氏《尚书》学，但聚焦于《今文尚书考证》，而皮氏有关伪古文《尚书》公案

① 何铭鸿：《〈尚书古文考实〉述要》，《经学研究论丛》第15辑，台湾学生书局2008年。

的三种著作，即《尚书古文疏证辨正》、《尚书古文考实》、《古文尚书冤词平议》，一直不被重视，他通过批评《尚书大传》郑注来区分今、古文的作为，也未引起研究者关注。最近也有学者专门探讨皮氏的郑学研究，可惜主要取材于《经学通论》，未对皮氏几种郑学著述作细致解读与深入剖析，因此论述较为空泛。学界对皮氏《春秋》学的研究，同样也是依据《春秋通论》，忽视了《左传浅说》、《师伏堂春秋讲义》、《汉碑引经考》附《引纬考》等著述，难以获得全面的认识。

有鉴于此，今后要在全面搜集、认真解读皮锡瑞各种已刊、未刊经学著述的基础上，找准皮锡瑞经学的主体与要害，对其《尚书》学、《春秋》学、郑学、礼学等研究作重点考察，探讨其治经成就，评判其经学立场，分析其经学思想，弥补以往依据《经学历史》、《经学通论》、《今文尚书考证》等寥寥数书来评析皮锡瑞经学成就与思想的不足，才能真正彰显皮锡瑞在中国经学史和清代今文经学史上的地位与贡献。

第一章　皮锡瑞的人生历程

晚清数十年间，由于中国抗击外来侵略的节节失败和西方思想文化的滚滚东来，向西方学习以救亡图存逐渐成为变革思潮的基调。及至甲午一战中国惨败，有人公开标榜“尽变西法”、“尽从西学”，维系世道人心的孔、孟、程、朱之学开始遭受疑弃。虽然紧接着的“戊戌政变”和“庚子之乱”使国内政治保守势力一度兴盛，“西化”趋势因而有所遏抑，但因晚清新政改革的渐次推进、科举取士制度的最终废除和民主革命潮流的不断冲击，“全盘西化”论日益盛行，对孔子和儒家的怀疑、批评越来越多，经学的独尊地位日益动摇。当时既存在着中学与西学、新学与旧学的激烈冲撞，而人们的思想往往呈现取“西”趋“新”、厌“旧”弃“中”的价值选择，以孔子学说和经学为主体的中国传统学术文化因此面临着整体崩解的危险。这是晚清时期学术文化演进的大概情形。置身其中的经学大师皮锡瑞，其人生经历、治学取向和经学思想无不与这样一个特定的历史时代息息相关。

一、科场失意

皮锡瑞字麓云，后改字鹿门，湖南省长沙府善化县（今属长沙市）人，生于道光三十年十一月壬寅日（公元 1850 年 12 月 17 日），卒于光绪三十四年二月初四日（公元 1908 年 3 月 6 日）。因皮锡瑞曾署所居曰“师伏堂”，后人尊称他为“师伏先生”。

善化皮氏是晚唐著名诗人皮日休的后代，明中叶后从河南襄阳迁到江西清江县，乾隆末年转徙湖南，至皮锡瑞的曾祖皮登乐，定居于善化县。皮登乐以货殖起家，财雄府邑，又略读诗书，能明大义，性喜仗义疏财。皮锡瑞的祖父皮存源曾入国子监肄业，出授州同知，累赠朝议大夫，同样乐善好施。皮锡瑞的父亲皮树棠（1829—1889），字鹤泉，为同治元年（1862）壬戌恩科举人，历任湖南宜章、华容县学训导，辰州府学教授，和浙江宣平、松阳知县，1885年因病解职。皮树棠及原配瞿夫人秉承家风，以赈灾救急为乐事。然而祖产有限，自皮存源以来，专事文墨，不治产业，加上为官清廉，家境大非昔比。皮树棠在浙江任内曾经亏空官钱，被迫出卖家产来抵偿，并因此悒郁成疾，不久“以病乞归，几不能成行”[①]。皮树棠病逝后，原为善化首富的皮家迅速衰落，靠出卖祖产和借债才能勉强维持。到1895年，这个大家庭已无法苦撑，只好析炊。皮锡瑞在其日记中写道：“庶母欲分析，予不能强。予委曲求全已六七年，今家计日亏，尚迟数年无田可分，必咎予措留，至此只得然之而已。”皮锡瑞与两个弟弟皮锡琛、皮锡琦析产的结果是，将现有田产连同债项派作三分：“一人分租不及二百担，而欠债二千金，非得脯赀，何以度日？”接着又分父亲遗物，皮锡瑞分得玉带朝珠，“忆当日蓄古玩甚多，今已不可复问，亦不欲复问也”，又衣物数件，其中有两件已“入质库”，他感慨“此先府君所甚恶者”[②]。由此足见皮家经济之困窘。这一出身及家庭经济状况，对皮锡瑞的生活、治学、求仕和政治思想等

① 皮名振：《皮鹿门年谱》，第3页。

② 《师伏堂日记》，乙未年二月十一日、十三日、十五日、十六日、十七日。

必然会产生影响。

皮锡瑞幼承庭训，五岁时由母亲授教识字，六岁后进入私塾。皮锡瑞八岁时师从同县秀才陈善昌，学作诗文，十岁后转投同县秀才鲍文浚门下，受学长达五年，泛览群籍，学识大增。皮锡瑞早年肄习辞章与《四书》义理，以便科举应试，同时旁涉经史，开拓心胸。他曾在戊戌年答叶德辉书信中回忆说："年幼入学时，湖南学派未开，读紫阳、阳明之书，颇知服膺，规行矩步，不妄言动。复得亭林、船山著述，始知义理必兼考证，且抗论时事，盱衡今古，鄙宋明之贫弱，慕汉唐之富强，少作诗文，多是此种议论。"[①]"弟性淡泊，规行矩步，颇近宋学，亦尝观五子书，其时年少气盛，思有所建白，披亭林、船山议论，参考历代史事，以为不当沿宋明之弊法，舍汉唐之宏规。"[②] 这种受学经历，使皮锡瑞既培养了较强的辞赋写作能力，为他早擅文名提供了条件，又使他养成了通达古今之变的认知习惯和关心国事民瘼的宏伟胸襟，同时也使他具备了基本的经义知识，为他后来由词章、议论转向经学训诂奠定了初基。

同治二年（1863），十四岁的皮锡瑞初应童子试，即获得学使温忠翰赏识，补为县学生员。同治四年（1865），温学使再次按临长沙府县，时在城南书院肄业的皮锡瑞参加岁试，被拔取一等，得食廪饩。另据记载，皮锡瑞还与好友王德基同时受知遇于长沙知府张修府，"尝以为空群之才，决其一日千里"[③]。

"我生之后乃多故，倚柱夜啸谁相哀。"[④] 皮锡瑞生于乱世，自

---

① 《师伏堂日记》，戊戌年三月十九日。

② 《师伏堂日记》，戊戌年四月初七日。

③ 皮名振：《皮鹿门年谱》，第 15 页。

④ 《拟行路难十八首》十二，《师伏堂诗草》卷一。

幼体时事之艰，怀天下之忧，又受父亲皮树棠和塾师鲍文浚等人的影响，年少即蓄大志，慷慨以救济天下为己任。虽然《皮鹿门年谱》对此基本失载，但于其诗文中仍屡屡可见，如："弱龄负志节，矫首望乾坤。……心胸拓万古，议论开重昏。"① "壮心悬日月，噫气塞乾坤。……著鞭谁先我，鸡唱警刘琨。"② "弱龄观群书，抗心在千古。"③ "绮岁蜚声候，青云抗志时。"④ 这些都是皮锡瑞自谓早有声名，幼怀壮志。他又曾在成鼓声中作词，谓："少时思破乘风浪。骋纵横、扬舲溟渤，挂帆江上。被酒狂言休掩耳，亦解谈兵论将。"⑤ 简直是一幅胸有凌云壮志、身负文韬武略的自画像。在与李荔村、王怀钦、程伯翰等至交的往还酬唱中，皮锡瑞往往激以救世大志，如："我从总角交公谨，君自长安识子昂。"⑥ "同学少年不贱，有二三豪杰，整顿乾坤。"⑦ "昔与吾子，弱冠慷慨。猘儿总角，交公谨于当年；鸡声起舞，恐祖生之先我。尔时壮志，上干虹蜺。"⑧ 友朋间以孙策、周瑜、刘琨、祖逖等相比拟，自许为孙、刘一类乱世英杰，其整顿乾坤、澄清天下之气概可以想见。

在科举制度下，读书应试，及第出仕，向为仕宦正途。由于科举成了利禄之途，荣辱得失尽在其中，所以广大士子专心时墨，出入场屋，有发白皤然犹锲而不舍者。不过，科举制度确实也为

---

① 《寄怀钦六章》二，《师伏堂诗草》卷二。
② 《夜话有感呈杨霖生》，《师伏堂诗草》卷二。
③ 《行路难》七，《师伏堂诗草》卷三。
④ 《四十初度抒怀》，《师伏堂诗草》卷四。
⑤ 《金缕曲·江上鼓角》，《师伏堂词》。
⑥ 《移居内城柬杭荪吏部》，《师伏堂诗草》卷二。
⑦ 《一萼红·出都作》，《师伏堂词》。
⑧ 《与李荔村书》，《师伏堂骈文》卷二。

贫寒子弟提供了一条跻身廊庙的终南捷径。在封建时代，草野之士纵有凌云之志，不世之才，要救苍生之难，纾君国之忧，大多只有经过射策高第，“朝为田舍郎，暮登天子堂”，而后服官作宦，实现救世济民的远大抱负。皮锡瑞同样对通过科举进入仕途寄予了厚望。“碣馆征贤日，金门抱策期”①，皮锡瑞一直把唐宋以来的科举制度，比作燕国的碣馆征贤和汉代的应诏对策，他把朝廷开考，视作“碣馆征贤”，而士子应试，则如金门对策。每次应举，特别是千里迢迢进京赶考，皮锡瑞皆视之如西京故事，“道路来燕地，天人对汉廷”②，“驰车登碣馆，立马望燕台”③，希望当今皇上如燕昭、汉武，广揽天下英才，又自拟为贾子、董生，寄望能以一纸对策，骤邀圣眷，策名天衢，而后“出剖符守”，一展才华，干济时艰。

同治十二年癸酉（1873），年仅二十四岁的皮锡瑞一举考取拔贡，可是第二年入京参加朝考，却因突发重病而失利，痛失出仕之机。光绪元年（1875），皮锡瑞留湘应乡试恩科，未第。第二年赶赴顺天乡试，又空劳往返。皮锡瑞三入场屋而名落孙山，心中痛楚无疑顿增，哀叹空有才华而无人赏识：“薄俗稀同调，遐荒孰赏音？因君话夙昔，长剑夜龙吟。”④ 悲伤之余，他甚至仰天长叹：“荆玉已三刖，天门犹九阍。落羽同惊弦，转蓬并离根。握手长安道，悲心安可论！”⑤ 皮锡瑞愤而对按图索骥的伯乐作了辛辣的嘲讽：“驱车至幽州，北首望燕台。黄金高崔嵬，贤人安在哉！望诸

---

① 《四十初度抒怀》，《师伏堂诗草》卷四。

② 《宿张家湾叔瑜依韵和诗五首又依韵答叔瑜》一，《师伏堂诗草》卷五。

③ 《师伏堂日记》，壬辰年二月廿六日。

④ 《夜话有感呈杨霖生》二，《师伏堂诗草》卷二。

⑤ 《寄怀钦六章》二，《师伏堂诗草》卷二。

墓已拱，郭隗宁重来。运会自有时，风云为谁开。秋风驱万马，扰扰皆驽骀。嗟彼按图索，世岂无真才！"① 他还以明堂作譬，言国政已渐朽坏，而平庸之辈不去救扶根本，只是枝节补苴，徒事粉饰："方将涂丹雘，未遽急栋梁。何以支倾危，城边多白杨。岂无青松枝，郁郁沉高冈。"② 他在这里明言大厦颓圮，急需栋梁扶危定倾，而当政者只拔取亭亭白杨，反将郁郁青松弃于旷野山冈。皮锡瑞由个人仕途的挫折，进而指责朝政的朽坏，其愤激之心可想而知。1879 年，皮锡瑞第四次参加乡试，再次落选。这一年十一月，正当皮锡瑞三十初度，回顾三十年来的人生经历，伤感地写道：

> 岁月嗟道长，风霜驱鬓斑。金丹未可成，玉颜宁久妍。入洛愧高誉，射策非华年。尺寸空有志，竹帛信难宣。缅怀古达人，处道龙蛇间。藏名托琴酒，高步蹑云烟。方当谢羁勒，遂初归田园。斯言岂虚托，上有苍浪天。③

在这首诗里，他再次感叹岁月流逝，容颜易衰，自己早有文词盛名，却再三厄于场屋，功名迟迟无成，虽名山著书而壮志难酬。因此，他拟将人生托付于琴酒，摆脱功名的束缚，幽栖田园，逍遥自适。1880 年，皮锡瑞还以沉痛郁闷的心情，玩世不恭的笔调，写出《行路难十八首》组诗，其中第二首说："莫春三月花芳菲，江南草长蛱蝶飞。盛时一去不复返，王孙游兮胡不归。黄金台上生蒿莱，骏马之骨今成灰。夜光千金方按剑，仆仆道长何为哉！

---

① 《秋怀》三，《师伏堂诗草》卷二。
② 《秋怀》五，《师伏堂诗草》卷二。
③ 《三十初度》，《师伏堂诗草》卷二。

上有白头下黄口，毒蛇在前猛虎后。嗟君犯难走关山，呜咽辞亲觅升斗。升斗之禄皆由天，劝君还辕惜少年。”① 虽然皮锡瑞此时事实上不可能抛却功名，但这些诗句在一定程度上揭示出乡试的连连失利，带给他心理上的巨大痛楚及对其人生抉择的重大影响。直到光绪八年壬午（1882），皮锡瑞再应顺天乡试，才中式举人，使他稍得慰藉，也略感幸运：“湖海能无意，文章尚有灵。”② 皮锡瑞年未弱冠即登词场，可是年过而立仍然困于场屋，自 1873 年获选拔贡，在拼搏举人的人生路上蹉跎十年，求仕之路的坎坷经历与频年奔走的仆仆风尘，如何不让他处处触景伤情而倍感凄楚呢？诚如他在一首抒怀诗中所咏：“一夕复一夕，一朝复一朝。人非金石躯，岂得长坚牢。田光诚烈士，末路精已销。好壮臣已老，白首苦不招。”③

皮锡瑞历尽坎坷，终成举人，只要会试及第，就有机会一邀圣眷，而后浮游宦海，经世济民。然而，当他 1883 年兴致冲冲地赶赴礼闱，却是“房荐未售”④。这种“岂意登京兆，仍然屈有司”的意外之挫⑤，无疑使之倍感凄惨。在写给友人的书信中，他自述出都南返时的凄惨心情，说：“握手都门，黯然一别。蓬飘梗断，芝焚蕙叹。感落羽之纷飞，念良朋之情重。地仍碣馆，徒驱马以归来；人异河梁，惊黄鹄之远别。”⑥ 他又向好友倾诉说：“毛生捧檄，非无显扬之思；胡子怀绢，莫拯清白之困。是以触同藩

---

① 《行路难十八首》二，《师伏堂诗草》卷三。
② 《夜泊》，《师伏堂诗草》卷三。
③ 《咏怀》三，《师伏堂诗草》卷四。
④ 皮名振：《皮鹿门年谱》，第 18 页。
⑤ 《四十初度述怀四十韵》，《师伏堂诗草》卷四。
⑥ 《与王怀钦书》，《师伏堂骈文》卷二。

羊，无能进退，顾此枥骥，未免长鸣耳。伊昔与子争驱艺苑，比瑜策之弱冠，期王贡之推举。何图颜驷为郎，壮岁已往；伯鸾适越，长谣空愤。安能不抚豫州之髀，泫宣武之条哉！”① 想到家贫亲老、宦途蹇塞，不能光耀门庭、欢娱亲颜，而华年不再、怀才难遇，好比羝羊触藩，进退失据，再回想自己早擅文名，却老困名场，禁不住抚髀兴叹、感慨下泪。1886 年本为大比之年，皮锡瑞因居母丧，未能应试。1889 年春，皮锡瑞又一次迢迢千里，北上赶赴春闱，竟然未得房荐。他在送别友人的诗中，无限感伤地写道：“燕台人去秋草荒，楚客叫天天苍茫。明河水干玉梯绝，虎豹守关高九阊。穷途四顾天地窄，诗人落魄长安陌。霜华点点旅鬓斑，风沙冥冥俗眼白。”② 不过，会试过后适有大挑，皮锡瑞考取内阁中书。依清制，举人考取内阁中书，吏部引见后予以记名，经一定年限，可外放补授州同知、直隶州知州，或保送军机处充任军机章京，一般颇受重视，亦不失为跨入仕途的一条捷径。谁知，皮锡瑞虽获引见，却不被记名，第二次痛失出仕之机。他深怀遗憾地称这次“一试中书，引见不用”的遭际③，是“凤阁虚登籍，麟台阻向葵”④。这一年，慈禧太后宣布归政光绪皇帝，明年例行恩科，皮锡瑞本拟留京应试，而早已风瘫的父亲竟于十一月弃世，只好匆匆返湘，治丧守制。

1890 年，皮锡瑞以家累益重，出主湖南桂阳龙潭书院讲席，并应江西学政龙湛霖之邀，远游南昌，入参学幕，佐阅试卷，借以弥补家用。1892 年，又当春闱之期，皮锡瑞早已按捺不住，新

---

① 《出都与程伯翰书》，《师伏堂骈文》卷二。
② 《送郑寄凡往山西大同府幕并寄陈伯平太守》，《师伏堂诗草》卷四。
③ 《书刘光伯自赞后》，《师伏堂骈文》卷四。
④ 《四十初度述怀四十韵》，《师伏堂诗草》卷四。

春佳节竟埋首于时文帖括："予以春闱，故日试书大卷数行。老目昏眵，岁甚一岁，辄诵烛武之言以自慨。"① 可见他为策名天衢，虽老眼昏花，仍然锲而不舍。正月初三日，他接到南昌经训书院聘书，被延主讲席，从此得以微薄修金，稍纾家计之忧。聘主还同意他先到江右上学，再行入都应试，可谓两全其美，原先"触同藩羊，无能进退"的窘困处境稍获改变，所以他不无欣喜地说："幸可为北上留一退步。"② 等到会试三场考毕，皮锡瑞踌躇满志，以为高中有望，每天提笔书写大卷、白折，加紧练习楷法，作应赴殿试的准备。哪知揭晓之后，皮锡瑞仍旧榜上无名，等他领出落卷，方知未获房荐。与同辈考卷作一番比较后，他越发感叹获荐与否及房荐后得售与否，全在天命而不在文才，在日记中万分感慨地写道："功名得失，自有定分，非必怨尤，惟年过四十，一事无成，得第难于登天，埋忧苦其无地。未秋蒲柳，年力就衰，此次奔驰，已形竭蹶，将来恐不能再与计偕。瞻望玉堂，如在天上，兼之家累益重，鬻产将空，岁岁依人，终非长策，思之慨然，不能成寐。"③ 愤激之下，他决心"与大卷、白折生死辞"④，可见内心之凄楚与沉痛。他又自述凄然出都的情景："出东便门，不觉凄然。未央辽辽，比梁鸿之远放；玉堂天上，无欧九之晚荣。回忆二十年来，岁月如驰，风尘告瘁。今兹一去，未必重来。蒲柳早衰，已冷朝天之梦；江湖啸傲，能无恋阙之情？"⑤ 皮锡瑞早年诗文得意，岂料得第难于登天，年过四十依然奔波不已，一事无

① 《师伏堂日记》，壬辰年正月初二日。
② 《师伏堂日记》，壬辰年正月初三日。
③ 《师伏堂日记》，壬辰年四月十一日。
④ 《师伏堂日记》，壬辰年四月十二日。
⑤ 《师伏堂日记》，壬辰年四月十八日。

成，寄人篱下，能不慨然伤怀？他一时愤激，表示“今兹一去，未必重来”，然而，国事日非，生计日艰，又使他无法彻底割舍“恋阙之情”而怡然自乐于山水之间，因此两年之后，他又参加甲午恩科会试。皮锡瑞此次得到房官推荐，会试副总裁汪鸣銮也早对其青睐有加，但阴差阳错，再次落个被荐不售的结局①。皮锡瑞还寄希望于大挑，写信询问文廷式，而枢廷因朝鲜事，尚不及请旨挑拣落第举子，他至此彻底失望。出京之时，心中郁闷之情，久久挥之难去：“回顾都城，但见尘雾，风沙萧索，扑面不见人，大有老杜回首渭滨及王仲宣回望长安之感。……予出门百日，在途中五十日，到京又五十日，今复登舟，见河水清涟，心目一爽，然则予其终为江海人乎？”② 科场连挫之下，皮锡瑞不得不俯首从命、甘于处身草泽的心理，于此可窥一斑。出都之前，他填词留别旧友，其中一阕有句云：“黯销魂。白云天荡荡，望不见龙门。李叟入秦，梁生适越，古人旧憾休论。廿载壮心销耗尽，讵更能、西倒蹴昆仑。酒浅愁深，天长梦短，都化烟痕。”③ 可见他出都时落寞凄凉的心境。行至天津，皮锡瑞又填词一阕，寄呈都中友人，倾诉道：

> 何事风尘走。感茫茫、黄沙控骑，青门攀柳。金马衣冠同一梦，空负屠龙身手。且更访、悲歌屠狗。留得青毡吾故物，笑终年闭置车中妇。恁清福，凭销受。江湖望阙遥回首。最难忘、凤城词客，燕台老友。朝市山林皆避世，造物于人何厚。容使我、名高身后。世事升

---

① 《师伏堂日记》，甲午年四月十三日、九月廿五日。

② 《师伏堂日记》，甲午年四月十八日。

③ 《一萼红·出都作》，《师伏堂词》。

沉君莫问，幸眼前犹有一杯酒。臧否事，休挂口。[1]

“廿载壮心销耗尽”，皮锡瑞回顾二十年来的宦途奔波，感慨“空负屠龙身手”，表示要听从“容使我名高身后”的造物安排，决定专意于名山千秋事业。不久，他更在答复门人的书中，详陈其“久困场屋”的内心痛楚，得出“科名、学术，亦自分途”的惨痛认识，万般无奈之中，决心趁迟暮之年，成就一番“覆瓿之业”[2]。他从此淡漠荣名显达的科场奔竞，不再参加会试，也不去钻营特科，甘于“君行持手版，我久餮盘苜”的学者生涯[3]。

皮锡瑞弱冠即捷登词场，年迈仍困居江湖，先是久厄秋赋，蹉跎十年才成举人，继而四困春官，进士之梦终生未圆，不得不以“汗淋学士”自嘲[4]。“高举惭黄鹄，狂吟拟白凫。自怜耕用目，敢许学非肤。谈麈虚挥玉，探骊歉得珠。……绮岁娴词赋，清时拙走趋。尘沙年老大，宇宙日榛芜。愁比山层叠，肠随水折纡。”[5] 他以英武之志、空群之才，居然人届二毛，依旧淹滞恓惶，屡挫之余，必然愁肠百结，痛彻心骨。

二、转治经学

皮锡瑞因科场失意，不断自悔于词章，萌生转事经学的想法。

---

① 《金缕曲·津门寄都中旧友》，《师伏堂词》。

② 《师伏堂日记》，甲午年七月初一日。

③ 《中秋后一日东湖泛舟秀峰分韵得十字作诗赠予予分韵得六字舟中走笔答秀峰并呈芰舲》，《师伏堂诗草》卷五。

④ 《师伏堂日记》，癸巳年七月初三日：“阅卷二十余本，天气正燥，握管则成汗淋学士。”

⑤ 《章江泛船四十韵》，《师伏堂诗草》卷五。

早在1874年朝考失利后，皮锡瑞就有厌悔词章、隐居著书之念。他作《拟行路难十八首》，慨叹人生浮沉，得失无定，荣华无常，有玩世不恭、及时行乐之意。其中第七首写道：

> 君不见汉家全盛时，王侯大宅多光辉。一旦铜驼窜荆棘，岂忆华毂如云飞。千秋独有扬云宅，空宇寥寥人寂寂。著书仰面看屋梁，覆瓿犹为人爱惜。煌煌京洛缁尘多，呜乎奈此素衣何。①

诗中以汉代王侯华宅与扬雄陋亭作比照，谓荣华不常，而著述可传于后世，仰屋著书，犹能作覆瓿之用，此中亦可见皮锡瑞幽隐避世、著书自洁的心情。当同行人都应试而未能及第的王怀钦拟投笔从戎，他在赠诗中写道："茫茫我笑天无策，才人落魄长安陌。……比来失意笺虫鱼，虞卿穷愁空著书。"② 明言百无聊赖之际，已有穷愁著书的打算，可见此次落榜对皮锡瑞人生抉择的影响。

"早学屠龙技，壮悔雕虫辞"③，接下来的科场失意，更让皮锡瑞自悔词章之心渐增，转事训诂之志日坚。1878年，他在所作抒怀诗中，发出"仰面看屋梁，汲汲无时休"的感叹④。同一年，在致李荔村书中，他说："昔与吾子，弱冠慷慨。猘儿总角，交公谨于当年；鸡声起舞，恐祖生之先我。尔时壮志，上干虹蜺。方自以谓王登贡喜，我黻子佩，不难荡海岳凌沧洲矣。何知羽翮莫奋，锋距靡加。长谣喷薄，华色渐减。……今进不能云台横议，献一

---

① 《拟行路难十八首》七，《师伏堂诗草》卷一。

② 《吴云亭约怀钦赴陕甘行营索诗赠别》，《师伏堂诗草》卷一。

③ 《春怀》六，《师伏堂诗草》卷二。

④ 《秋怀》二，《师伏堂诗草》卷二。

说以策名清时，退犹冀名山著书，成一家以传之后世。”[①] 由壮志慷慨、叱咤词场到科举失意、遁入训诂的心路历程，在这番自述中得到了详尽的展示。1879 年，第四次乡试落选后，他作诗说：“男儿生世百无补，元化胸中自吞吐。空将岁月掷雕虫，浩叹今人不如古。……黄虞忽焉世运薄，觥觥鸿生谓迂阔。同怀自合登青云，吾辈方将老岩壑。尊酒宁无再晤期，名山尚有千秋约。酒酣万里凄风来，碧草飒飒黄尘开。落叶经霜乱鸦点，春华萧索安在哉。丈夫晚节自勉耳，浮名役役良可哀。”[②] 由“空将岁月掷雕虫”、“名山尚有千秋约”和“同怀自合登青云，吾辈方将老岩壑”、“丈夫晚节自勉耳，浮名役役良可哀”等诗句，可见皮锡瑞对由词章博取功名已多悔意，甘心退居山林，著述终老。他还在留别李荔村的诗中，同这位一样幼怀壮志、早擅文名而依然“蠖屈”的好友互勉，感慨“碧海珠光乍晦明，丰城剑气犹沉郁”、“江湖空老牧之年，壁立谁怜长卿赋”，叹惜年华易老而才难获用，表示“雕虫小技少年事，老骥壮心千里轻。名山著书志苦晚，相期与子珍平生”[③]，相约发愤著述，终老名山。

皮锡瑞完全是因科考屡试屡失，才不获用，壮志难酬，才舍弃词章议论，转向经学著述。因此，著述成家，传名后世，成为他失意中的最好慰藉。1882 年，他有“著书应未晚，感事莫深忧”的感叹[④]，劝勉友人抛开世事，奋力著述。1884 年，他获知好友王怀钦病殁，伤其志大偏遭天忌，不克永年，才高难为世用，赍志而殁，其中一诗说：“非时枉麟凤，失计托虫鱼。已作藏山想，难

① 《与李荔村书》，《师伏堂骈文》卷二。
② 《黄氏山斋赠别内兄君辅》，《师伏堂诗草》卷二。
③ 《赠李荔村即以志别》，《师伏堂诗草》卷二。
④ 《出都寄程伯翰》，《师伏堂诗草》卷三。

成仰屋书。毋忧覆酱瓿，光气岂终虚。”① 字里行间透露的全是穷愁著书、留名后世的心理。1892 年，皮锡瑞三赴礼闱落选，在返赣途中，取视先前所撰《古文尚书辨正》、《尚书大传笺》底稿，“慨日月之迁流，恐修名之不立，拟到江右讲舍多暇，取此书撰成之，为身后酱瓿计”②。回到经训书院后，他大发感慨：“忆二月初来此上学，而今乃真到馆，天其或者欲以暇日为予著述计乎？苜盘还我，蕊榜看人，亦不必赋畔牢愁矣。”③ 此后，皮锡瑞在其日记中，多次感慨时光荏苒和俗务累人，以克期著成专书自警。

1894 年四赴春闱再次不售后，皮锡瑞做出了以讲学和著述终老的人生选择。落第时，壬午同年文廷式以陈澧《东塾集》相赠，以示慰藉，他感慨地写道：“陈兰甫学最纯实，素所深佩。予独慨以此才识，六上春官，以名山坛席终其身，矧予所学万分不逮，何敢言屈？古语云高才无贵仕，予亦将以讲席为菟裘矣。”④ 所谓“将以讲席为菟裘”，就是像陈澧一样“以名山坛席终其身”，决定绝意功名仕进，以讲学和著述终老一生。不久，在给门人的题词及与友人的唱酬中，皮锡瑞又多次写道：“乐得英才居讲舍，同数素心晨夕。”“称贤安得国人皆，经义湖州且辟斋。愿使斯文光日月，谁从大道扫阴霾。”“少时师友皆尘土，余子眼中犹可数。看人黄甲何足荣，老我青毡未云苦。”⑤“文翁何幸得相如，讲舍高才集佩裾。每憾骚坛人寂寂，但闻广厦屋蘧蘧。”⑥ 从这些诗句中，

---

① 《得伯翰都中书怀钦于正月初八日病殁以诗哭之》八，《师伏堂诗草》卷四。
② 《师伏堂日记》，壬辰年五月初八日。
③ 《师伏堂日记》，壬辰年五月十三日。
④ 《师伏堂日记》，甲午年四月十四日。
⑤ 《师伏堂日记》，甲午年六月初五日、初六日。
⑥ 《答王尺荪用原韵》，《师伏堂诗草》卷五。

可以窥见绝意功名仕进之后皮锡瑞那种甘于著述、乐育英才的达观心境。在答弟子王子庚书中，他还详尽地自剖其内心：

> 仆久困场屋，老骥伏枥，已无千里之志，今兹被放，本在意中。文福不齐，古今同慨。科名学术，亦自分途。以仆所见，如粤东陈兰甫先生、吾湘王壬秋先生，硕学鸿才，震耀宇内，皆以孝廉终老。自审不及两先生才学十分之一，何敢言屈？惟是修名不立，齿发就衰，频年奔走，并覆瓿之业亦不能就，斯足慨耳。……所论经学虽属根柢，然年少有才者，多不愿治朴学。仆少亦好议论、词藻，壬秋先生劝专治一经，不肯听。近以才华渐退，自分词章不能成家，又困于名场，议论无所施，乃不得已遁入训诂。①

皮锡瑞备尝二十年的辛酸后，终于认识到功名富贵与名山事业不可能一身而兼，于是舍弃科名，甘于贫寒，坐老青毡，从此“奋志著作”②，成为著述等身、学问醇正的一代通儒。

值得注意的是，皮锡瑞虽然从 1874 年即起意遁入训诂，但他是在“不能云台横议”、“议论无所施”的失意和无奈之下，才舍词章、议论，转而研究经学，正如他所说是“穷愁著书”、“遁而穷经”。特别是在国内伏莽、外患迭至的情况下，有志匡济时艰的皮锡瑞，更不甘心于矻矻穷经，以著述终老书斋。1874 年，他有悔于词章，但对治经亦无大的好感，所以说“失意笺虫鱼”、“穷愁空著书”，并且有一句诗是“玉楮三年竟何益，铅刀一割旋成

---

① 《师伏堂日记》，甲午年七月初一日。

② 皮名振：《皮鹿门年谱》，第 24 页。

虚”①，意谓研治经学，即使极其专精，仍然无济世用。1878年和1879年，皮锡瑞在抒怀诗中接连感叹：“仰面看屋梁，汲汲无时休。坐谈复何益，颓阳倏西流。”②“早学屠龙技，壮悔雕虫辞。佩剑适相笑，铅刀安所施。身前尚不察，万世更焉知。良图空梦想，毋乃迷非时。”③ 1880年，他又有诗说：“仰屋千秋谁复知，眼前一杯须及早。古今茫茫貉一丘，身后贤愚安可考。”④“已闻著书覆酱瓿，复见《论语》燃为薪。……箧藏铅刀不一试，久事笔砚终何补。”⑤ 这些诗句，都是诉说著书无益，既无法济救当世之务，也不足传留身后之名。皮锡瑞对于千秋名山事业的这种怀疑，恰好反映出他对未能创立经世功勋的深深遗憾。1884年，他在中法战争的硝烟中奋笔作诗，写道：“苍生莫定安危局，白面羞谈翰墨勋。岂有铅刀能一割，谋臣如雨将如云。”⑥ 处身烽火连天之时，他更加慨叹矻矻治经之无济于世了。1887年，皮锡瑞曾以“我闻圣学分齐鲁，济南书义埋千古”，撰写《尚书大传笺》，意在阐发西汉伏生绝学，但他又说“欲往山东寻大师，遗经独抱竟何补”⑦，对于阐述千古绝学的实际功用表示怀疑。

皮锡瑞曾在1883年致书友人说：“愿善珍卫，以俟清时。勿憔悴以戕生，勿苦吟以伐性。忧天无益，鉴杞人之大愚；仰屋著书，问侯芭之谁是。惟优游啸咏，跌宕湖山，庶貌悴而神不伤，

---

① 《吴云亭约怀钦赴陕甘行营索诗赠别》，《师伏堂诗草》卷一。
② 《秋怀》二，《师伏堂诗草》卷二。
③ 《春怀》六，《师伏堂诗草》卷二。
④ 《行路难十八首》三，《师伏堂诗草》卷三。
⑤ 《行路难十八首》七，《师伏堂诗草》卷三。
⑥ 《汉廷》，《师伏堂诗草》卷四。
⑦ 《送汪颂年往山东省觐》，《师伏堂诗草》卷四。

身劳而性仍逸。此仆自适，亦愿足下共适之也。”[1] 言下之意，以为忧虑时事，只是徒劳之举，而穷愁著书，亦难有赏音之人，不如优游山水，避世隐居，怡然自乐。皮锡瑞同时致书都中友人，说：“足下扬名天衢，高步日下。……士衡入洛，茂先赏其玮辞；宾王至都，常何荐其鸿笔。既思振奋，亦扩闻见，奚必名山养性，仰屋著书，述节信之潜夫，咏泉明之归去哉！”[2] 直到1894年，皮锡瑞自己已定下著述终老的决心，却告诫门下弟子说：“经学非数年不能得解，又难遇识者，非寒士进取所宜，故仆并不以此劝人。讲舍中自卢豫章、贺赞元外，无专治经者。弟将来为文学侍从，暇时可勉为之，此时不必汲汲。”[3] 他认为经学乃消遣余年之游戏，并非济救当世之急务，因此才华获赏、射策高中后，就不必以名山为业，由此可见皮锡瑞“穷愁著书”的观念根深蒂固。

不过，皮锡瑞对笺注训诂、仰屋著述无益时世的倾诉，正好反映他经时救世之心始终未歇。经历一番探索，皮锡瑞转而想以学术济救当世，将其救时志业与经世韬略，贯注于书院讲学和经学研究中，用心讲求经世之学，逐渐走上“通经致用”的学术道路。

皮锡瑞主讲经训书院后，见院中偏重性命义理之谈，学风流于空疏，特意引导门生研治经史，推考历代治乱成败之源，通达古今之变，以期培养经世救时的人才。例如，光绪十八年（1892）六月他批阅课卷，赞许胡其敬等学生说：“‘严助诘田蚡不救东瓯论’，亦能按切时势，通达古今，暗斥今日不救琉球、越南、朝鲜

① 《与王怀钦书》，《师伏堂骈文》卷二。
② 《沪上寄都中友人书》，《师伏堂骈文》卷二。
③ 《师伏堂日记》，甲午年七月初一日。

之非，不作迂阔之论。”[①] 光绪二十年（1894）六月，在书院“始皇得圣人之威论”的课卷中，魏建侯答以“后世之患，不在不德，而在不威”，皮锡瑞大加称赞，并趁机大畅其论：“试观汉唐宋明之亡，皆亡于柔懦，不亡于暴虐。然则后之人主，特恐不威，不能如始皇，乃犹窃窃然以始皇为戒，岂非迂论？予尝谓宋以后之议论足以弱中国，而迂远刻深之说，江右人酷信之，由不读书之故。”他因此将魏卷拔置高等[②]。在命拟考题时，皮锡瑞特别注意鉴古通今，如甲午战争爆发后，经训书院相继出了“《史记·朝鲜列传》书后”、“名实论”、“齐桓救江黄论”、“东洋感事诗”之类的考题。他在批改考卷时，对那些“借说时事”、“言时事甚痛切”的士子格外欣赏，赞许他们“洞晓洋务”、“颇通时务”[③]。皮锡瑞在经训书院连续主讲七年，使院中学风大变，培养出一大批经世致用的人才。其中一位高足弟子夏敬观后来就回忆说：“先生主讲经训书院，诸生执经问难，先生剖析所疑，娓娓不倦，或旁及子、史、典章、国故，反复兴革治乱之源，盖经义、治事未尝偏废也。”[④]

皮锡瑞自己在读书治学中，时时以经世致用作为评判学术优劣的指针之一。1892 年，他称赞江西大儒朱轼研治群经“贯通古今，要诸有用”，称述其书“经世之学在兹，更千百年而不朽”，并说自己“钻仰靡穷，服膺无间”[⑤]。他又指出明太祖以来所定丧服制度，多有违背礼法人情之处，可是“本朝通儒辈出，乃不请

① 《师伏堂日记》，壬辰年六月十五日。

② 《师伏堂日记》，甲午年六月十四日。

③ 《师伏堂日记》，甲午年七月初一日、初八日、廿二日、廿九日。

④ 夏敬观：《皮鹿门先生年谱序》。

⑤ 《征刻朱文端公藏书十三种启》，《师伏堂骈文》卷二。

为刊正，沿谬至今，可慨哉”[①]，批评前代学者不能学以致用。皮锡瑞在给门人的题词中，提出“卓荦观书期达用，风月闲吟奚益”[②]，反对空谈风月，主张学以致用。中日马关议和之际，湖南学政江标出有一题“《金史·交聘表》论”，皮锡瑞代子应课，“痛言宋人不可与金和，未必当此君意，箭在弦上，不得不发也”[③]。他明知所作之文可能不合要求，却以“箭在弦上，不得不发”，意有所指，不吐不快，实即希望以宋金和战的史事，给当局提供鉴戒。1897 年冬，他翻阅《日知录集释》，评论说：“亭林于史学、舆地考订极精，说时事亦透彻。……《四库提要》不以其经济为然，盖本朝沿明法，时当全盛，法虽敝而人才蔚起，四夷宾服，故谓法可不变。及今日而人才日衰，法敝愈甚，亭林所言，正对症之药，梁卓如诸人亦多推本是书，未可非也。”[④] 可见他特意从时世之异中抉发顾炎武的经世学术，借以提出法敝当变的时代命题。他还受梁启超《读春秋界说》的启发，撰写《春秋义说》，畅发公羊学家微言大义，大力阐扬变法理论。1898 年初，皮锡瑞受到湘省新政风气的感染，决心加入南学会，讲求维新变法的“新学”，不惜与考订训诂作别：“予入学会，将讲求新学，考订、训诂恐将束阁，不复有暇著书。予精力渐衰，怕用心，即旧学不废，亦未必更有进益也。”[⑤] 在救亡图存的时代际会下，皮锡瑞力言训诂笺注无益于世：“予以为搬古董学问，本无用处，在乾

① 《师伏堂日记》，癸巳年七月初一日。
② 《师伏堂日记》，甲午年六月初五日。
③ 《师伏堂日记》，乙未年正月十一日。
④ 《师伏堂日记》，丁酉年十月十七日。
⑤ 《师伏堂日记》，戊戌年正月二十日。

嘉时可以此遣日，今更非当务之急也。”[①] 在批评纪昀奏请禁止诸生立会结社、论述集众讲学为济救时艰的当务之急时，皮锡瑞又说：“文达当乾隆极盛之时，天下太平，四夷宾服，当时儒者无所用心，故专考订、校刊、金石、小学，闭户著书，聊以遣日，即不讲学，未为不可。今天下多故，迥非乾嘉以前之比，有志于学，不能不驰域外之观，更当开通人之心思，推广人之耳目。”[②] 皮锡瑞还提出，“学术与政术相通，期于切实有用”，“今当务其大者远者，不能不驰域外之观，急宜讲求古今事变、中外形势，方为有体有用之学”[③]。他论述说：

> 无论何项学术，不要务虚名，要切实用：讲汉学者，要通微言大义，方有实用，破碎支离、不成片段者无用；讲宋学者，要能身体力行，方有实用，空谈性命、不求实践者无用；专讲中学者，要能博通经史，方有实用，墨守高头讲章、专工制艺文字者无用；兼讲西学者，要能先通中学，方有实用，只能说几句洋话、识几行洋字者无用。[④]

正因为皮锡瑞坚持学以致用的原则，力求通达古今之变，黄遵宪称赞他精研古学而“兼通今学”[⑤]，特意聘请他担任南学会学长。皮锡瑞从此加入湖南维新变法的行列，谱写出辉煌的人生篇章。

---

① 《师伏堂日记》，戊戌年正月廿八日。
② 《师伏堂日记》，戊戌年正月廿九日。
③ 《师伏堂日记》，戊戌年正月廿四日。
④ 《皮鹿门学长南学会第二次讲义》，《湘报》第6号。
⑤ 《师伏堂日记》，丁酉年十一月初九日。

三、南学会讲学

皮锡瑞聘任南学会学长后，主持南学会的讲学与答问，并连续作了十二次演讲：第一次：2月21日，“论立学会讲学宗旨”；第二次：2月27日，“续论讲学之益”；第三次：3月6日，“论朱陆异同归于分别义利”；第四次：3月13日，“论学者不可诟病道学”；第五次：3月20日，“论交涉公理”；第六次：3月27日，“论保种保教均先必开民智”；第七次：4月3日，“论圣门四科之学”；第八次：4月10日，“论孔子创教有改制之事”；第九次：4月24日，“论不变者道必变者法”；第十次：5月1日，“论胜朝昭代之兴亡原因”；第十一次：5月15日，“论变法为天地之气运使然”；第十二次：5月29日，“论洋人来华通商传教当暗求抵拒之法”①。通过征引经史、究论时事，他对立会、合群、治学、开智、变法、保教、兴商、御外等作了详尽论述。他自述其讲学的内容与旨趣，说：“今讲已十余次，所说非一端，其大旨在发明圣教之大，开通汉宋门户之见，次则变法开智，破除守旧拘挛之习。”②综观皮锡瑞在南学会的讲论，共有四个方面的重要内容：

第一，阐明立会之旨，论述讲学之益。

由于清廷自乾隆以来，就严禁士人立会结社，因此世人多以讲学为讳，忽闻立会讲学之举，无不以为惊世骇俗，康有为等人在北京设强学会，甫开即遭禁止。有鉴于此，皮锡瑞受聘南学会

---

① 皮锡瑞各次讲学内容的概括，据《湘报类纂》所拟各次讲义标题。

② 《师伏堂日记》，戊戌年四月初三日。

之事初定，他拟定“开宗明义数语”，就是论述何以要开会讲学，后向黄遵宪询问开讲之事，亦告以“先言立学会宗旨”①，于是对讲稿再作增补。南学会正式开讲后，皮锡瑞开宗明义，说：“今初次开讲，敢以立学会讲学宗旨，略举大概，敬告诸公。”② 他这次专讲立会宗旨，获得一致好评，但他觉得还未将所拟讲义完全讲透讲好，“意有未尽”，次日立即拟稿，续论讲学之益③。后来，叶德辉攻击他不应在南学会讲学，他复信说：“百年以来，不闻讲学，睹此创举，不免群怪，故前两次但明讲学宗旨。”④ 所以皮锡瑞在头两次讲论中，不厌其烦地论述设立学会集众讲学，有其特殊意义。

首先，阐明讲学合于古法，顺乎时势。

皮锡瑞把讲学之起归诸人人尊奉的至圣先师孔子：“学以孔子为师，讲学是孔子所说。子曰：‘学之不讲，是吾忧也。’又赞《易》曰：‘丽泽，兑。君子以朋友讲习。’孔门弟子三千，即在道路中，或树下杏坛，犹习礼论学。”他指出，自孔子创立集众讲学的先例，后来儒者莫不讲学，既以推阐学术，又以清议维持大局，挽救时弊。直到清朝初年，当局误以为“明之天下不亡于流寇，而亡于东林”，于是禁止结社开会；“著论深以讲学为非”并奏请禁止设会立社的纪昀，又受学派门户所囿，因诋排宋儒而连及诋毁讲学。皮锡瑞对纪昀因一己偏见而诋毁讲学十分不满，因此根据历史事实，论证“讲学不始自宋儒”，而是始自汉儒：“两汉六朝，经学大师无不讲学，故有讲堂之名，有都讲之名。汉儒传经，

---

① 《师伏堂日记》，戊戌年正月廿七日。

② 《皮鹿门学长南学会第一次讲义》，《湘报》第2号。

③ 《师伏堂日记》，戊戌年二月初二日。

④ 《师伏堂日记》，戊戌年三月十九日。

弟子著录数千。西汉石渠、东汉白虎观，至于天子称制临决。下至梁、陈，周宏正、张讥皆登高坐讲经，与宋张横渠坐皋比讲《易》无异。不得谓宋儒讲学，治汉学者不必讲，遂并讲学而诋毁之。”他又特别指出，清初百年间犹盛行讲学之风，“今人忽闻讲学，必以为怪，不知百年以前，讲学通行，并非惊世骇俗之事。孙夏峰讲学于苏门，李二曲讲学于关中，施愚山在江西请人讲学，如鹅湖故事”。经过这一番费尽心机的搜寻，立会讲学的历史合理性变得显而易见。

尽管如此，乾隆时经纪昀奏请，清廷已明令禁止结社立会，如何解释开南学会并不违背“祖宗成法”？皮锡瑞先从时势变迁立言：“一时一世，前后情形不同。纪文达当乾隆极盛之时，天下太平，四夷宾服，当时儒者无所用心，惟有考订、校刊、搜访金石，借以著书遣日，即不讲学，亦无不可。今中国微弱，四夷交侵，时事岌岌可危，迥非乾嘉以前之比。”时变世异，要振衰起颓，救亡图存，立会讲学已是当务之急。他接着引当时上谕作为最有力的声援：“当今皇上、政府群公，深知变通，以开民智、求人才为急务，各省开立学会，并不禁止。前有上谕，京师开大学堂。各省并开学堂，今又有上谕，开经济特科，学堂保送人才，作为经济科贡士。从此四海之内，学校如林，讲学一事，更不容缓。”

其次，论述合群讲学之益。

皮锡瑞对《学记》中“独学无友，则孤陋而寡闻”一语进行发挥，认为治学应集思广益才能事半功倍。他说：“一人之耳目不能遍及，必须合众人之耳目，方能够见闻广；一人之心思不能尽通，必须合众人之心思，方能够解悟捷。道理必大家考究，方可渐入精微；疑义必彼此参详，方可涣然冰释。”因此，即使好学深思之士，一旦闭处穷乡僻壤，不与师友交接，若再家境贫寒，无力购买外界新书，则如坐井观天，往往学问半途而废，又因少见多怪，变得深闭固拒，“若欲开拓心胸，目营四海，断非枯坐一室所能通晓”，讲学正是集合众人，共相切磋，收增广见闻、开拓心胸之效。皮锡瑞又从听众的亲身经历，推而及于南学会的集众讲学，他说：“试思我辈从小入学，就要先生讲书；稍长作文，就有朋友讲解。今之讲学，意亦犹是，不过人数较多，局面较大。正要人数多、局面大，学识方能开廓。”皮锡瑞还着重就“讲学何以必立会”进行分析和阐述：

凡聚五方杂处之人、万有不齐之类，以共治一事、共习一业，必有会以联合之，方能齐心协力，不起争端，所习之业，方有长进。今日士、农、工、商，惟工、商犹有会。凡做生意、做手艺之人，各有会馆，议行规、定时价，惜乎不能推广，未尝讲求工学、商学，不能精益求精。农无有会，近有倡立农学会者，若能通行，大有益于生计。士亦无有会，有联会作文者，不过数人，所讲不过制艺文字，故士多沉溺于俗学；间有讲求古义，又人自为学，不相会通，挟己之长，傲人之短，且护己之短，忌人之长。文人相轻，自古已然，湖南此风更甚。……外省人皆推湖南人才极盛，而湖南不能成一学派，皆由无会以联合之故。今既有会，正当从此亟求开通，合志同方，勿生意见。

皮锡瑞自士、农、工、商从来无真正同业组织的实情出发，揭明不立学会讲求各自道理因而有碍进步，有很强的针对性和说服力。他还就天主教有教会传教，而近世儒家无人立会讲学，对比天主教蔓延五大洲而孔子之教岌岌难保的现状，指出：

何彼教所行如彼其广远，而我孔教所行如此之狭小？岂我孔子大圣人，反不如彼天主耶稣之力量大耶？此无他故，实由彼有人传教，有教会，故力量大，能行远；我无人讲学，无学会，故力量不大，不能行远。天主耶稣教人性情坚忍，常有在外被害者，而彼不畏死，其教会力为保护。有教士被害，即倾国兴报复之师，故能遍传各国。我孔子教既无人传于国外，即中国亦久不讲学，非但外国不知有孔子，即中国亦但知有孔子是圣人，而孔门义理多茫然不解。然则天主耶稣教人能昌明彼教，有以对天主；我孔子之徒不能昌明孔教，无以对孔子矣。……程、朱且想学禅院清规，然则我辈孔子之徒，只要能昌明孔教，即讲学者与彼传教形像一样，亦无妨碍。诸公试想，还是要孔教行得远，还是不要行得远？还是要孔教人人都晓得，还是不要人人都晓得？

无知士民将天主教会的聚众讲道与南学会的集众讲学相提并论，显得不伦不类，皮锡瑞再作这种比附性的解释，更让今人觉得牵强，但是他抓住广大士民痛恨天主教的心理，激励人们赶紧立会讲学以保种保教，这一良苦用心仍然值得肯定。

对于讲学无益且恐致乱的不实之语，皮锡瑞从正反两面加以批驳。他一再提醒人们不要轻诋宋明讲学之事，更不能以宋明之衰亡归罪儒生讲学："人谓宋明诸儒讲学，无救于宋明之亡，试问当时诸儒即不讲学，宋明岂有不亡之理？""宋时国势贫弱，由开国规模狭隘，非讲学所致。程子、朱子立朝不久即遭贬斥，杨龟山、真西山皆不及大用，岂得以宋之积弱归狱诸公？明季奄宦弄权，高、顾二公讲学东林，以清议维持大局。复社之起，皆一时才俊，后多亡身殉国之人。”他又从反面论述禁止讲学有碍国事，摧抑人才。他指斥宋明奸佞的禁学：“宋韩侂胄、明温体仁严禁讲学，妨贤病国，以速两朝之亡。今不责奸臣之禁讲学倾陷正人，反责诸公不应讲学力持清议，刻绳君子，宽纵小人，贤奸倒置，岂得为平允之论？”他又批评清初禁止立会结社的恶果，说：“近百年以来，风流歇绝，人才日衰，未必不由于此。”

皮锡瑞还特别以乡先贤为例，论证讲学有益于世，用以激励后辈：“粤匪之乱，中兴将相，多出于湖南。曾文正公与唐悫慎公讲学于京师，一出而戡大难；罗忠节公与弟子讲学于乡里，一出而为名将；左文襄公讲舆地之学，能平东南余孽，辟西北地万里。凡此皆由平时讲求，确有把握，并非临时取办，侥幸成功。乡先生流泽未远，学者当闻风兴起。”经过这样一番苦口婆心的说解，他郑重指明开立南学会，目的在集思广益，开通风气，切磋古今中外之学问，培植救时济世之人才：“今开立南学会，愿与诸公讲明大义，共求切磋之益。学非一端所能尽，亦非一说所能该。先在读书穷理，务其大者远者，将圣贤义蕴，了然于胸中，古今事变、中外形势，亦须讲明切究，方为有体有用之学。惟望将来人才辈出，风气大开，使我湖南再出曾文正、左文襄、罗忠节之伟人，才不辜负创立南学会之盛举。”①

第二，宣扬“合群”之论，消除门户之争。

维新时期，有识之士从西方各种社会政治学说中引进“群学”，借以开启民智，团结人心，共御外侮。梁启超在《南学会序》中，对合群以救亡作了淋漓尽致的论述。皮锡瑞一读之下，

---

① 以上引见《皮鹿门学长南学会第一次讲义》、《皮鹿门学长南学会第二次讲义》，《湘报》第2号、第6号。

赞服无比："序文淋漓痛切，言群谊切湖南之病。"[①] 他认为中国文人相轻，湖南人"自相倾轧，尤甚他省人"，因此对梁启超提出开学会以合群的主张极为赞同[②]。皮锡瑞吸取"群学"思想后，认为治学也应联合群力，集思广益。鉴于当时汉宋有争、今古有争、朱陆有争、中西有争、新旧有争，分门立户，党同伐异，让人莫衷一是，无所适从，所以他特别以开通门户、联合学派来阐释"合群"之义。皮锡瑞在所拟第一次讲稿中，就提出治学"宜开广恢廓，不宜拘执狭隘"，"无论何项学问，皆贵自有心得，不必徒争门户，是己非人"[③]。在讲学中，他不但批评学者不应自分畛域，互争意气，还提出融贯会通、求同存异的主张：

调和朱、陆。皮锡瑞对程、朱、陆、王的异同专门作了辨析，先肯定程、朱、陆、王同讲道学，"所讲者皆天人性命之理，身体力行之事"，故其学无不同；再在同中分析其异，指出根本在于二者入手途径各别，即对知行关系的理解和把握不同。程、朱以为当先知后行，故教人先泛观博览，而后归之于约；陆、王主张学当知行并进，教人发明本心，而后使之博览。皮锡瑞用一个形象的比喻阐释两派异同："一将知行分先后次序，一则知行并进，不分先后次序。譬如两条道路，一从大路，计程稍远，一从小路，取径更捷，只要肯走，都走得到。"他又借禅宗顿、渐二义，比拟道学两派："释氏谈禅学，有顿、渐两义：忽然大悟，谓之顿悟；积久生悟，谓之渐悟。渐悟则天分稍次，皆可悟道；顿悟非天分绝高不能。朱子所说，近于渐悟；陆子所说，近于顿悟。朱子教

① 《师伏堂日记》，戊戌年正月初四日。
② 《师伏堂日记》，戊戌年四月初三日。
③ 《师伏堂日记》，戊戌年正月廿四日。

人之法最稳，陆子教人之法更捷。从朱子之说，中材皆可勉为；从陆子之说，必天分绝高方可。”皮锡瑞还从朱子和阳明皆以学问获致事功，劝诫后人对道学两派不必妄分轩轾：“天下读朱子之书，渐磨莹涤，为名臣巨儒，其功可见；而阳明以良知之学成一世功，效亦显然。然则为紫阳、阳明之学者，无容互訾矣。……欲讲道学，当先细读诸家语录，审其如何入手之处，如何用力之处，各因性之所近，或从程、朱，或从陆、王，只要实践躬行，皆可入德，不必拘拘于异同之辨。”①

贯穿汉、宋。皮锡瑞在南学会第二次讲学时，提出“汉学未尝不讲义理，宋学未尝不讲训诂，同是师法孔子，何必入室操戈”，以汉、宋同源异流，各兼义理与考据，来沟通汉、宋之学。后来，皮锡瑞又提出一种“汉学出于宋儒”的新见：“予谓汉学出自汉儒，人皆知之，汉学出自宋儒，人多不知。国朝治汉学者，考据一家，校刊一家，目录一家，金石一家，辑搜古书一家，皆由宋儒启之。”他以众多的学术史实，证明汉学之名虽取自汉儒，其学实则启之于宋儒，如：宋以前除《颜氏家训》、《匡谬正俗》外，讲考据者甚少，直到宋代，考据著述才多起来，除最有名的《容斋五笔》、《困学纪闻》，还有《梦溪笔谈》、《野客丛书》、《考古质疑》、《能改斋漫录》等，指不胜屈，“是考据一家，始于宋儒也”；唐宋之前中国无雕版印刷，自然无校刊之学，至宋代乃有宋公序校《国语》，刘恕、刘敞、刘攽校《汉书》，“是校刊一家，始于宋儒也”；古无目录之学，至宋朝，出现《崇文总目》、《郡斋读书志》、《直斋书录解题》、《子略》等目录学专著，“是目录一家，始于宋儒也”；古无金石之学，至宋乃有欧阳修《集古录》、

---

① 《皮鹿门学长南学会第三次讲义》，《湘报》第13号。

赵明诚《金石录》、洪迈《隶释》《隶续》等，“是金石一家，始于宋儒也”；古无搜辑佚书之学，至宋乃有《三家诗辑》、《郑易注》等，“是搜辑古书一家，始于宋儒也”。皮锡瑞以其独到之见，论证清代汉学家的专门之业，无一不是传承宋人衣钵，“汉学专门精到之处，自视宋儒所得更深，然觞源导自前人，岂宜昧所自出？以此推论，则汉、宋两家之交哄，夫亦可解纷矣”，企图从根本上消解汉、宋门户①。

会通中、西。自西学东渐以来，中国士大夫就试图以“西学中源”之说，将西学统贯于中国固有文化之内，反映了中国士人既想吸纳西学，又不免自高自大的文化心理。洋务运动兴起后，又有先进之士提倡“中体西用”论，立足中国本位文化，吸取外来文化，以西学之长补中学之短。皮锡瑞为沟通中、西二学，除宣扬“西学中源”、坚持“中体西用”，还提出源流各别的中学、西学在本质上相通的新论点：

> 西学近乎格物致知，孔、孟、程、朱虽未见过此等专门之学，而其理已具于格致。中、西之学，源流各别，而能多读中西之书，深究其理，以观其会通，则亦未尝不可相通。②
>
> 今西国之法，实有与三代、汉、唐暗合者，此心此理之同，不可诬也。③
>
> 西法合于《周礼》，公法合于《春秋》，久经通人考定，并非附会。……圣人之作《春秋》，非为西人，西人

① 《皮鹿门学长南学会第七次讲义》，《湘报》第37号。
② 《师伏堂日记》，戊戌年三月十四日。
③ 《师伏堂日记》，戊戌年七月廿九日。

亦未必曾读《春秋》，而人同此心，心同此理。心理不异，自然暗合。①

皮锡瑞明白指出中、西二学源流各别，相信中、西之学有暗合之处，已触及人类文化的共性，可惜未再作论述。尽管有此遗憾，皮锡瑞在强调中、西二学本来相通的前提下，提出“深究其理，观其会通”的主张，找到了学理上的依据，标志着晚清学人对中、西学关系的思考，已经深入到理性的层面，比“西学中源”说和“中体西用”论已有所提高。

通过对朱陆、汉宋、中西之学的异同辨析，皮锡瑞既不讳言其异，又于异中求同，融会贯通，化解门户，提出：“无论何项学术，皆当自求心得，不当是己非人。意有不同，不妨周咨博访，互相印证，以折衷于一是；即学派宗旨不可强合，尽可各尊所闻，各行所知。不妨有异同，不必争门户。”② 作为一种求同存异、和谐共处的学术主张，皮锡瑞的“不妨有异同，不必争门户”，至今仍是最为通达的意见。

由于时局孔急，皮锡瑞特别反对学派门户相争，要求不分流派，兼采众长，联合群力，保种保教。“今沧海横流，非争门户之时。”③ 在论汉、宋关系时，皮锡瑞就强调孔教岌岌可危，再也不能同室操戈：“汉学师孔子，宋学亦师孔子，考其源流分合，两家本是一家，况今孔教衰微，不绝如线，尤宜破除门户，开通畛域，何必斗穴中之鼠、操室中之戈乎！”④ 皮锡瑞说过：“学会之设，意

① 《师伏堂日记》，戊戌年八月初五日。
② 《皮鹿门学长南学会第二次讲义》，《湘报》第6号。
③ 《师伏堂日记》，戊戌年四月初七日。
④ 《皮鹿门学长南学会第二次讲义》，《湘报》第6号。

在开通学识，联合群力，不能坚持门户，专主一家之言。”[①] 他讲论学术，竭力破除门户之见，目的在联合不同学派之人，兼采众家学说之长，以助变法自强，挽救危亡。

第三，开启绅民之智，反对仇洋打教。

湖南在晚清闭塞守旧，盲目排外，教案迭起，而西方列强往往以教案为借口，扩大侵华权益。胶州事变后，湖南各地流传毁教堂、攻洋人的谣言，随时随地都有可能发生意外之祸。皮锡瑞在致叶德辉信中指出：“南学会之设，实以夷患方棘，不能开衅，而当求所以抵拒，不先讲明圣教，徒逞意气，见彼致詈，恐蹈山东胶岛之辙。故学会以开民智，惟期发明吾道之大，稍除中外畛域之见，不明与争，而暗与之拒。”[②] 他很想通过南学会的集会讲学来开启民智，开通风气，消除社会上的盲目排外情绪，避免胶州事变在湖南重演。皮锡瑞为此将开智与排外作为南学会讲论的一大话题，提出“保种宜开智，保教尤宜开智，未闻有以力强者也”，劝导民众不能徒恃蛮力，反对盲目排外，倡导“文明排外”。他主要从以下两个方面作了论述：

首先，提出交涉当讲理，雪耻应坚忍，不能徒逞意气。

皮锡瑞讲交涉，举孟子所说“以大字小，以小事大”、“无好小勇”等，提出应当讲求大智大勇，舍弃匹夫之勇。他以越王勾践为例，论证要报仇雪耻，并非抚剑疾视的匹夫之勇所能有为，应当坚忍奋发，养精蓄锐，不可急于求成，轻试其锋：“盖坚忍二十年，乃能得志。当时会未至，则范蠡、文种力争不使轻举；时至，则及锋而试之。此老子所谓‘将欲弱之，必固强之’，兵法所

① 《师伏堂日记》，戊戌年三月十九日。
② 《师伏堂日记》，戊戌年四月初二日。

谓'静如处女，动如脱兔'，岂抚剑疾视之勇所能为者?"皮锡瑞还举普鲁士为例，介绍普国由濒于亡国，经隐忍奋发，最终崛兴成为强国，称赞威廉三世"阴谋忍力，不在越勾践、燕昭王下"。他特别拈出一个无名无姓的铜匠："尤有可异者，当法败普兵时，普有铜匠，见横尸遍野，誓必报，乃舍铜而业铁，入枪炮厂学习，创造后膛新枪，献于普王。普王用之，遂以破奥破法。"他借这个铜匠为例，开导士绅："忠义之士，必有此等坚苦奋发之志，非可徒恃客气，反损国威。"为国家报仇雪恨，应忍辱负重，增强本领，不能徒逞意气，妄托忠义，反贻君国之忧。他还引朱熹《戊申封事》，说"有意恢复者，不在抚剑抵掌之间"。朱子不以北伐收复中原的大言欺诳君上，反以"正心克己，以正朝廷、修政事"规劝皇帝，皮锡瑞对其良苦用心加以剖析："以朱子之贤，岂忘仇未报?然欲报大仇，当如勾践、燕昭，卧薪尝胆数十年，不可轻于一试。若未修内政，遽召外兵，譬犹人家，家事不修，阋墙内乱，而欲与人构讼，岂有能胜之理?"①

对于西方列强的入侵，时人无不力主抵抗，反对讲和，皮锡瑞却提出："自古中国之于外国，不讳言和，惟不可专于求和，不求自强地步。"他以汉唐为例，说明敌强我弱时，应当先和后战："汉唐之时，输岁币，降公主……惟其时君若臣以此为耻，故汉有平城之围，武帝能犁单于之庭；唐有渭桥之盟，太宗能擒颉利。"他并称赞这种能屈能伸的做法，"必如此，方可庶几孟子之所谓大勇"。他又分析南宋与金、辽、元的和战史实，指出："宋之不能恢复，由于不当和而和；宋之灭亡，又由于当和而不和。"他还从中挑出两人进行品评：丞相贾似道与元人议和，却讳和不言，当

① 《皮鹿门学长南学会第五次讲义》，《湘报》第25号。

元方议和使臣来时，他囚之于真州，“乃启兵端，以致灭国”；元使再来议和，行至独松关，又为守将张濡妄杀，和议遂绝，宋朝遂亡，“其杀敌使时，未尝不以忠义自居，谓彼方图我，杀其一人，亦足解忿。试思杀彼一人，于彼何损？杀一人而国灭，其国何辜？”[①] 皮锡瑞还以明清兴亡之事，再次分析和战之机，批评妄自尊大、讳与言和的士气：“明臣谈忠义者以和为讳，挟制朝廷。南宋以来，积习如此。清议足以维持国运，而亦足以亡国；士气足以振兴国势，而亦足以乱国。有明之事，即前车之鉴也。”[②]“士气可以振兴国势，而过于浮动，则适足以乱国；清议可以维持国脉，而过于嚣张，则反足以亡国。”[③]

皮锡瑞还希望士绅抛掉攘夷狄、辟异端的陈腐思想，援引国际公法处理中外交涉事务：“今中国既不能闭关独治，不得不讲交涉，恃有公法，犹可稍与争辨，若并此不讲，徒持攘夷狄、辟异端之说以抵之，能乎否乎？”[④] 所以他引经据史，论述雪耻之道、战和之机，提出中外交涉的曲直是非，“当以公理解之，不可持一偏之论”，力斥贾、张一囚元使、一杀元使，“种种乖谬，皆由不讲交涉之学、公法之理”，“沽忠义之虚名，受灭亡之实祸，宋人故辙，吁，可鉴也”[⑤]。他谆谆告诫人们“天下大事，当讲理不当负气”，讥讽那些假托忠义，却毫无才略以救济国难的人：“不读书不明理，不通古今。其议论似是而非，未尝不自命为忠义；听其议论，亦未尝不持之有故，言之有理。然既曰忠义，必有忠君

① 《皮鹿门学长南学会第五次讲义》，《湘报》第25号。
② 《师伏堂日记》，戊戌年三月廿五日。
③ 《皮鹿门学长南学会第十次讲义》，《湘报》第65号。
④ 《师伏堂日记》，戊戌年八月初七日。
⑤ 《皮鹿门学长南学会第五次讲义》，《湘报》第25号。

爱国之心、安君保国之策，乃徒出大言，并无远虑。其持论最谬者，至云‘宁可亡国，不可言和’，直是负气，并不讲理。自愿亡国，安得不亡？”[①]

其次，开导绅民不要仇外打教，强调变法自强才能保种保教。

皮锡瑞最为担心的是湘人无知，妄信谣传，仇教攻洋，自生祸端。他听说曹州教案中所杀教士实是中国人，“凶手乃德人以六百元买使行凶”[②]，更加相信列强时时在寻衅滋事，所以他苦口婆心地劝说绅民，不要逞强使气去打洋闹教：“近日每以细故，酿成巨患。不知彼见中国一意求和，无词可执，意在挑衅，借为兵端，甚望我伤害彼一人，即可肆其恫喝要挟之计。杀中国人，不过偿命；杀外国人，非但偿命，且须割地方、赔兵费。如去年胶州湾事，德人窥伺中国已久，然不杀彼教士，不能开此兵端。是杀彼者以为快心，而不知适中彼计。若而人者，非为中国出力，实为外国出力，而助彼以攻我；非为我君分忧，实召外国之兵，以贻我君之忧也。”[③] 对于那些以忠义自居攻打洋教，给国家招来大祸的人，皮锡瑞斥骂他们“非中国之忠臣，真外国之忠臣”[④]。在论保教时，他特别指出，保教首先要讲明孔教之真，“如不先明孔教宗旨，徒逞血气，打教士，毁教堂，使彼气焰益张，何足以张吾教”[⑤]。他还劝诫在南学会问难的田目先：“教堂、洋行，即云彼有害于我，今日中国势弱，外国势强，洋人要来，何以拒之？足下未闻去年胶岛之事乎？只因杀彼教士，除办凶手、出恤银、赔兵

---

① 《皮鹿门学长南学会第十次讲义》，《湘报》第65号。
② 《师伏堂日记》，丁酉年十二月初一日。
③ 《皮鹿门学长南学会第五次讲义》，《湘报》第25号。
④ 《师伏堂日记》，戊戌年闰三月廿五日。
⑤ 《皮鹿门学长南学会第六次讲义》，《湘报》第44号。

费外，更以胶岛百里租与洋人，山东一省亦为所制。今若彼来而逐杀之，足下以忠义自居，杀身固所不恤，而祸及桑梓，忧贻国家，忠义安在?”①

面对列强的疯狂侵略，既然不能逞强使气，不能打洋人毁教堂，又如何挽救危亡呢？皮锡瑞提出的策略是“不明与之争，而暗与之抵拒”。他指出：“今日说不怕洋人，而强与力争，不能也；说怕洋人，而束手待毙，亦非计也。说洋人之来，大有害于吾人，不至此也；说洋人来，全无害于吾人，亦未必然也。”② 既要正确估计形势，更要对洋人来的后果有清醒的认识。大局糜烂，不能武力抵抗侵略，又洋人前来，奉有朝旨圣命，也不能公开阻拦，只有未雨绸缪，主动防备，凡事先人一着，积极推行新政，努力自强。皮锡瑞认为洋人来华，目的在通商、传教，所以抵拒之法，也可从这两个方面下手：

> 彼来不过通商、传教，通商夺我之利，传教诱我之人。既不能明阻之不来，惟有暗求与之抵拒之法。……抵拒通商，惟有开商学会，考究湖南出产若干，可以制造何物，将来销售何处，可以获利几倍。除火柴制造公司已办外，蚕桑、焙茶公司亦渐举行。此外如取煤蒸油、种樟熬脑、栽麻造竹布、机器纺纱织布做纸之类，皆当次第兴办。……但能自制各物，则彼来通商，适足以广我销场耳。抵拒传教，惟有推广学会，到处开讲，使皆知孔教义理远胜彼教，彼安能诱人入教？今我不讲商务，彼所以要通商；我不宣圣教，彼所以要传教。推之我不

---

① 《师伏堂日记》，戊戌年三月初二日。

② 《皮鹿门学长南学会第十二次讲义》，《湘报》第 79 号。

> 亟行轮船，彼必来开码头；我不急通火车，彼必来建铁路；我不急兴保卫，彼必来设捕房。与其待彼来办，权柄一切属人，何如及早举行，将来犹可自固。若事事疑难，人人阻挠，他人我先，追悔何及！①

皮锡瑞在讲学时宣扬说："欧洲重公法，待野蛮无教化之国，与待文明有教化之国不同，杀其人不为不仁，据其土不为不义。西人欲灭人国，夺人地，必先出报，痛诋其国如何无教化，将代为之设教；其民如何不聊生，将代为之治民。以此试验其国，并告知各国。其国醒悟，犹可挽回；若其国视若罔闻，各国亦置之不理，则彼大胆动手，以其国既如此昏愦，各国亦无为援手者也。"② 所以他认为，要挽救危亡，避免瓜分，首先就要绅民醒悟，努力自强，建设成文明的国度，与欧洲列强取得平等地位，就可援用国际公法，与之周旋，保护利权；如果盲目仇洋排外，逞强使气，攻打耶教，袭击洋人，自居野蛮之境，就会归入灭亡。这种不明与争而暗中抵拒的策略，可称为"文明排外"。当时湘中维新官绅如陈宝箴、黄遵宪、徐仁铸、谭嗣同、熊希龄、曾广钧等，都主张用这种方法抵御侵略，保全湖南。皮锡瑞用其学识，详加阐述，成为其中最杰出的代表。

第四，阐发"素王改制"之论，张扬维新变法之说。

皮锡瑞认识到，中国国情、民性特殊，"猝言变革，人必骇怪"，所以要昌言变法，必须假托先圣："必先言孔子改制，以为大圣人有此微言大义，然后能持其说。"③ 与康有为一样，皮锡瑞

① 《皮鹿门学长南学会第十二次讲义》，《湘报》第79号。
② 《皮鹿门学长南学会第十二次讲义》，《湘报》第79号。
③ 《师伏堂日记》，戊戌年四月初八日。

也选择托古变法的方式，由“推尊孔教而引申变法之说”，在南学会以尊孔保教为旗帜，大力宣扬维新变法。

皮锡瑞引孟子之言，谓伏羲、神农、黄帝、尧、舜、禹、汤、文、武、周公皆位为帝王，开物成务，有大功德于万民，孔子生不得位，只是聚徒讲学，未能匡济当世，功德却在诸帝王之上，“此无他故，尧、舜诸圣人是君道，能创业，其功德在一世之天下；孔子是师道，能创教，其功德在万世之天下”。皮锡瑞又认为孔子删订群籍，维世立教，“自孔子删订之后，人人读孔氏书，孔子遂为中国二千余年之教祖”。这样就把孔子推尊为千古圣人、儒家教祖。由孔子创教，皮锡瑞很自然引申出素王改制变法。他指出：“删订五经，始于孔子，其通天人、持元气之旨，尤在《易》与《春秋》二经。”皮锡瑞以《春秋》论孔子改制之由，以《易》论变法之道，对素王改制变法作了淋漓尽致的抉发。

因“素王改制”说不明载于圣经贤传，而是出自纬书，反变法者以此诟病公羊学家。皮锡瑞援引集两汉经学之大成的郑玄为据，解释孔子所以不在经书中明言改制之隐衷。他说：“公羊素王改制之说，出于纬书。郑康成《释废疾》曰：‘孔子虽有盛德，不敢显然改先王之法，以教授于世；若其所欲改，其阴书于纬，藏之以待后王。’郑君言改制之说，深切著明。”皮锡瑞又援引孟子对《春秋》的推崇和朱熹的诠释，论证“素王”之说。孟子在答公孙丑问时，以孔子作《春秋》而乱臣贼子惧，与禹抑洪水、周公驱猛兽之功相提并论；孟子又曾历举禹、汤、文、武、周公之功德，继言孔子作《春秋》，实是将孔子与舜、禹诸圣王并称。朱子在《四书集注》中说：“此承上章历叙群圣，因以孔子之事继之，而孔子之事莫大于《春秋》，故特言之。”又说：“罪孔子者，以谓无其位而托二百四十年南面之权。”“无其位”，即素王也；

"托二百四十年南面之权"，即托王于鲁也。可见孟子之言、朱子之注，与纬书所谓"孔子志在《春秋》，行在《孝经》"及公羊家所云"素王"，若合符契。皮锡瑞因此责问："学者不信纬书、《公羊》，亦将并不信孟子、朱子乎？"皮锡瑞依据亚圣孟子之言，又援引汉学权威郑玄和宋学权威朱熹之说，论证孔子为素王，托王于鲁，寄褒贬之法于《春秋》，即使旧学之士，也不得不服其信而有征，非康有为疏妄臆断而招致攻击所能比。

对于素王改制学说，后世还有两种怀疑，皮锡瑞也作了辩解。一是有人根据"非天子不议礼不制度"，认为孔子未处王位，不能改制变法。皮锡瑞指出，孔子作《春秋》在晚年，他见已道不行于当世，"著书立法，以俟后世，有王者作，举而行之"，亦即孔子改制是为后王立法。他并且举出事例，论证"后世实有从其说以改制者"，如分封之制，在春秋时期已渐不可行，"法敝当改"，孔子于是在《春秋》中宣扬大一统，实是改制，"后世遂改封建为郡县"；又如世卿世禄制，孔子时也成应革之弊法，孔子在《春秋》中数讥世卿，也是一种改制，"后世遂改世卿为选举"。皮锡瑞还指出，后世儒者多袭用孔子成法，不在其位而力谋变改时政："自战国诸子，以至国朝亭林、梨洲、船山诸公，其所著书，莫不欲以所立之法，见之施行。亭林《日知录》，明有'立言不为一时'一条；梨洲之《明夷待访录》、船山之《黄书》，更明明创法，以待后世。"皮锡瑞在这里辩解素王改制，有理有据，俗儒难以置喙。二是有人认为孔子每言"吾从周"，何以《春秋》"变周之文，从殷之质"？皮锡瑞解释说，做人行事与著述传世是两回事，不可混为一谈。他说："孔子周人，其平日行事，必遵时王之制；著书传后，不妨以意损益。……正如我辈生于本朝，平日所服衣冠，所行礼节，必遵本朝成宪，至于著书立法，则不妨小有出入，或云宜改从古法，或云宜兼采西法，何尝谓时制全不可易?”皮锡瑞还举出实例，证明孔子兼取虞夏商周、损益四代之制，又指出古人皆依据时势需要，既取法前人，又变革旧制，“古制于前代礼法，随人择用，非若后世拘忌狭隘”。这样，皮锡瑞又有力地说明，孔子作《春秋》，“从殷之质与从周之旨，两不相妨”。

在阐明孔子创教实有素王改制之事后，皮锡瑞又对“长于变”的《易经》中的微言大义加以抉发，揭明变法之旨。他指出，《易》本以变易为义，“爻辞九六为变，七八不变，占其变者，不占其不变者”，《系辞》中有“动则观其变而玩其占”等语句，所说都是变易之意。《系辞》中又有“《易》穷则变，变则通，通则久”，皮锡瑞以为这是“大《易》全经之精理，亦古今不易之名言”。他从中国上古风俗与文明的演进，来论证社会在不断向前进化：上古之世，茹毛饮血，食肉衣皮，穴居野处，至巢父、燧人、伏羲、神农之世，变为火化、谷食、布帛、宫室，至黄帝时，又有文字、书契、弧矢、甲兵、封建、井田，从此由草昧进入文明，至周乃进至文明之极，“若必守旧不变，以为古法必不可易，则古之饮血茹毛者，不必变为火化、谷食矣，古之食肉衣皮者，不必变为布帛矣，古之穴居野处者，不必变为宫室矣”。皮锡瑞似乎已发觉，文明的演进，社会的发展，是由低级向高级，只会向前，不会退后：“试问既有火化、谷食、布帛、宫室，而欲反于饮血茹毛、食肉衣皮、穴居野处，能否不能?”“今欲复郡县为封建，势必致乱；欲复选举为世卿，人必不服。欲复行井田，一人百亩，复用乡兵，按户抽丁，恐圣人复生，亦不能使其法必行而民皆乐从也。”皮锡瑞就是以这些在当时视如常识的史事，批评流俗之人狃于故常，不知通变，证明“一变不可复”乃古今之公理，并由此提出了“天道常变”的论断：“天道或数十年而变，或数百年而变。”

皮锡瑞还进而欲探寻“天道常变”的原因，提出了一种“地气转移说”。他先就全国而言：黄帝时合符釜山，在今之塞外；尧、舜封禅泰山，以之为天下之中；春秋战国所号称中原者，只河南、山东数省，荆楚、吴、越皆属蛮夷；汉代山东出将，山西出相，南方所出人物寥寥，可见从远古至两汉，地气一直盛于北方。自晋代五胡乱华，衣冠南渡，南方渐盛，北方渐衰；宋室南迁后，南方益盛，地气已完全从北方转移到南方。他还以湖南的兴起和欧洲的发达，进一步论证他的“地气转移说”。皮锡瑞以地气的转移来说明社会的进步，当然没有找到历史发展的根本原因。不过，他反对唯心论和神秘论，谓“推步家七政之古法，八星之新法，其度数盈缩，皆不可猝见”，不以星占、度数来解释“天道之变”，没有把变化归因于天命，而且从他所举中国、湖南及欧洲的所谓“地气”转移来看，他说的“地气”实是对一个地域内政治、经济、军事、文化及地理等人文因素和地理因素的一种模糊称呼。他既强调环境的变迁，也重视人力的作用，如他分析湖南由边陲蛮荒之地，到近代变成人才之渊薮，“固由地气转移所致，亦由乡先生之善变也。如不变，则终如古南蛮而已矣”。事实上，皮锡瑞讲气运之变，目的在警醒世人：“今五大洲通而为一，乃古来未有之奇变。天地之气运一变至此，人何能与天地相抗？能迎其机而自变者，其国必昌；不能迎其机而变者，其国必亡。”可见，皮锡瑞讲地气转移，天道常变，与顽固者宣扬“天变不足畏”恰恰相反。他再联系时局，疾呼变法自强：

> 时局愈变愈奇，中国之势愈迫。自马关和倭后，局

面较前一变；自胶岛租德后，局面较前一变。不但与湘军打长毛时局面不同，并与镇南败法人时局面大异。今言时务，当讲求马关和倭、胶岛租德后之时务，如去年之历，今年即不可用。守旧者动曰：毋教猱升木，毋开门揖盗。此数十年前之议论，未尝不是深谋远虑。其时中国尚能自固，外国尚不深知中国情形。不招之来，彼不能来；不引之入，彼不敢入。轮船、铁路，迟办一日，可保一日；少办一处，可保一处。今中国不能自固，情形彼已深知。猱自能升，并不必有人教之矣；盗且将劈门，并不须开门揖之矣。自己不变，而待人来变，岂非犹拘于数十年前之论哉！①

当时守旧者还常引董仲舒“天不变道亦不变”为口实，来反对变法，皮锡瑞因此又专作“论不变者道必变者法”的演讲。他考察董仲舒对策全文，指出“董子对策之意，全在变法”，强调说：“董子以为‘继治世者其道同，继乱世者其道异’，舜承尧道，故无可为；汉承秦弊，故必变法。其说通达，绝不拘泥。”董仲舒根据历史事实和公羊理论，既讲不变，也讲变。《春秋繁露》中说：“春秋之道，固有常有变，变用于变，常用于常，各止其科，非相妨也。”“（王者）必徙居处、更称号、改正朔、易服色者，无他焉，不敢不顺天志而明自显也。若其大纲、人伦道理、政治教化、习俗文义尽如故，亦何改哉！故王者有改制之名，无易道之实。”皮锡瑞评价“董子此等议论，尤极精确”，然后精辟地指出：“千古不变者道也，历久必变者法也。道与法判然为二，非可并为一

① 以上引见《皮鹿门学长南学会第八次讲义》、《皮鹿门学长南学会第十一次讲义》，《湘报》第35号、第72号。

谈。”这样，他将“天不变道亦不变”的命题，转换成“不变者道，必变者法”，凸显其中变法之义，提出：“董子言不变者是道，应变者是法，不当专摘其一二语，以就己说而重诬古人也。”[①] 这一番论述，对那些专以董子之语为护身符，来反对和攻击维新事业的人来说，不啻釜底抽薪。

总之，皮锡瑞在南学会以学术为手段，引经据典，大力宣传维新变法，“登堂演讲，议论侃侃，响如振玉，闻者洒然动容”[②]，取得了良好的社会效果，为推动湖南维新事业做出了贡献。返回江西经训书院后，他又在南昌发表演说，力促开通风气，并鼓励门下弟子积极筹措各项维新事业。

四、兴学育材

戊戌政变后，皮锡瑞遭人诬告，清廷以“离经畔道，于康有为之学心悦诚服”等罪名，将他革除举人功名，从江西驱逐回籍，交地方官严加管束[③]。他出乎意料地陷身党祸，言论、行动失去自由，“皋比坐撤，苜蓿盘寒，八口无依，一身犹赘”，过着“举足荆棘，何心天地”的生活[④]。他被迫辞去经训书院讲席，屈就蒙馆，在日记中沉痛地说：“舍讲席而就蒙馆，可谓饥寒在身，不顾

---

① 《皮鹿门学长南学会第九次讲义》，《湘报》第57号。

② 皮名振：《皮鹿门年谱》，第60页。

③ 中国第一历史档案馆编：《光绪宣统两朝上谕档》第25册，广西师范大学出版社1996年，第25页。光绪二十八年（1902）十一月，皮锡瑞奉旨开复举人，仍加察看。直到光绪三十年（1904）五月，清廷以慈禧七旬万寿，降恩解除戊戌党禁，皮锡瑞才完全恢复人身自由。

④ 《书刘光伯自赞后》，《师伏堂骈文》卷四。

廉耻矣。”“就蒙馆可谓无聊，人闻之，其将曰‘饥寒切身，不顾廉耻’乎？抑或悯之曰‘铤而走险，急何能择’乎？年及知非，不免见恶，拟自寿一联云：阅世五十载，所欠一死；著书百万言，不值半文。”① 遭受禁锢期间，皮锡瑞只得钻入故纸堆中，虽然著述颇丰，内心却落寞无聊，如同处身文字狱中，如其日记所载：“阅《冤词平议》，补二条。现在惟此等书可作，不至惊俗吠声，乃知乾嘉诸公有不得已而竭聪明于此者。然今何时哉？人人竭聪明于此，与八股何异？一为有用之学，则八股家毁之，讲乾嘉旧学者尤毁之，是必使人人聋瞽而后已也！”“校《郑志疏证·周礼》一卷，将来拟作《六艺论疏证》、《圣证论申郑》二书，为高密干城，专讲康成氏之学。多一‘成’字，当不碍事也。”② 他的《古文尚书冤词平议》成书于1895年底，有几处援引《新学伪经考》，此时正由思贤书局刻印，王先谦、叶德辉要他删改，他只好尽加删除，并感慨地说：“郑君云在文网嫌引秘书，足见古大儒周身之防。今在文网，同于北海，又岂可引禁书乎！”③ 皮锡瑞在高压之下，全力疏证郑学，强迫自己沉醉于纯粹考证，虽聊以藏山之业自慰，却忍不住时时怀疑其存世的价值，甚至反躬自责，痛恨自己为学不切实用，一再在日记中倾诉说：

> 予明知其（按指旧学）无益，不过藉遣余年。昌黎云：‘可怜无益费精神，有似黄金掷虚牝。’今日有益之事万不可为，耗有用之精神于此，良可惜也。以此知乾嘉诸公专搬古董，亦实有不得已之苦衷，犹信陵君醇酒美人意。

---

① 《师伏堂日记》，己亥年三月初二日、初六日。
② 《师伏堂日记》，戊戌年九月廿三日、廿五日。
③ 《师伏堂日记》，己亥年三月十五日。

今病势已见，犹护疾忌医，何况当时病未见乎？予一月中作《六艺论疏证》三万言，《鲁礼志疏证》一万言，著书可谓勇矣，然于世何裨也？（戊戌年十月廿九日）

录《发墨守疏证》毕，矻矻如此，不知后世有扬子云否？（己亥年十月十六日）

钱硕人至……勉予为有用之学，著书发明黄、顾诸人之说，加以辨驳。予念其说亦是，但书成不能出，仍覆瓿耳，岂更待后世扬子云乎！（庚子年五月初九日）

这种“避席畏闻文字狱”的无奈选择，与其经世致用的学术追求，时刻处于冲突之中，内心之痛苦不难想见。

所幸不久之后，经历庚子灭洋之乱和辛丑议和之辱的清廷，以时局孔急，再次宣布实行变法，于是以废书院、兴学堂为先导，各项新政次第推行。皮锡瑞对朝廷幡然变政，广兴学堂，培植人才，自然格外高兴，也备受鼓舞，跃跃欲试。光绪二十八年（1902）四月，善化县令聘请皮锡瑞创办小学堂，他欣然出来任事。学堂开学时，皮锡瑞发表演讲，畅谈兴学育才之旨，激励学生“勉力读有用之书，他日学成，出建功业”。他还着重指出新式学堂与书院不同，教学应当中西兼重：“今之世变为前古所未有，必须博通古今中外之学，方为有用。方今功令以策论列经义之前，正为此也。译学、算学固在所重，而史学、时务尤当讲求。”① 从此以后，皮锡瑞积极参与湖南省城兴办新学的工作，先后担任善化小学堂监督、短期代理湖南高等学堂监督，并相继在湖南高等学堂、湖南师范馆、湖南中路师范学堂、长沙府中学堂任教经学、

① 《师伏堂日记》，壬寅年六月十四日。

史学、修身与伦理等课程，兼任省图书馆纂修、省学务公所图书课长，恪尽职守，贡献才智。

光绪三十三年（1907）四月，湖南议改省城拔贡院为优级师范学堂，提学使吴庆坻刊布所定章程后，示意所属各陈所见。皮锡瑞迅速撰出条陈，就推广和提高湘省师范教育提出自己的相关看法。他认为，创办优级师范学堂，有不可缓办者三条：其一，“科举既停，学堂肇启，以为振神州之大势，赖此生徒，挽沧海之横流，惟兹胄子”，应当从速规定学堂生徒之阶级，“许以推升”，多出师资人才；其二，湖南开办师范业已五年，“始而需才孔亟，遽发凭单，继仿专门之科，判分文理，学者非只求卒业，并冀得有出身”，应当再开利禄之途，奖励向学之士；其三，“学必期于大成，志不安于小就，即程途或有未逮，而想望不能不高”，应当设立考核标准，甄别通省人才，择其尤者升入优级师范。又有不易办者三条：一是筹措经费难，二是择选学生难，三是延聘教员难。因此，他提议：“综而论之，添设既不可缓，开办又不易成，计惟勿务虚名，专求实际。规模不必太广，可以徐图扩充；学额不必太多，可以续行增补；费用务期核实，乃不至于空縻；宗旨无取过新，乃不至于滋弊。精心组织，硕画经营，则士林深沐栽培，而学界自饶进步矣。”[①] 可见，皮锡瑞虽亟望大兴师范学堂，多育师资人才，但在实际操作中，又十分谨慎，不务虚名，力求实效。

同年十一月，皮锡瑞又撰出《应诏陈言谨拟增订学堂章程六条折》，鉴于学堂学生多有离经叛道的倾向，请求将学部所拟学堂章程“稍为增订变通，以期办法尽善”。他提出的建议是：第一，

① 皮名振：《皮鹿门年谱》，第98～99页。

"科学太多，宜分设也"。现有章程所定学科，自初等小学八门，增至高等学堂已有二十四门，过于繁杂，学生势难兼顾。他提出凡普通学堂自小学至高等，只设经学、史学、国文、舆地、算学、体操等六门功课。第二，"教科诸书宜颁定也"。他主张仿照日本成法，由学部统一编辑教科书，颁行全国，"有不遵守而用别本教科书者，罪其监督、教员"，以消除教学中的各种混乱。第三，"经学一门宜特重也"。因欧化思想盛行，五经四书不获尊重，为尊孔崇经，他建议"严饬各处学堂，无经学者，亟加一门，有经学者，更加程课"。第四，"修身、伦理宜并入经学也"。在他看来，由于分科，别出修身、伦理于经学之外，又无相应教科书颁行，浅儒妄人私编乱讲，"务与经学背驰，悖谬为千古所未有"，应该仍将修身、伦理归并于经学。第五，"出身奖励宜从宽实行也"。现有章程已规定给学堂出身者各奖以相应的科举功名，只是未切实施行，他认为在新旧教育过渡之际，应从宽实行奖励，以推进新式教育的发展。第六，"学堂新律宜亟定颁发也"。他认为既有从宽奖励以为学堂之赏，亦须严定法律以作学堂之罚，"赏罚并用，宽严得中，学生有所劝惩，未有不束身就范者"①。这几项意见，涉及普通教育与专门教育的分立，课程的具体设置，学校的宏观管理，教材的编审等，都是兴办新式教育中十分重大的问题，针对性很强，现实意义很大。

皮锡瑞说："自学堂开办以来，常充监督、教习之任，学堂利弊得失，颇能窥见万一。"他在长期办学的实践中，洞察学堂的得失利弊，发现、提出许多新旧教育交替之际值得思考的问题，为当时甚至为后人兴办教育提供了宝贵的建议和有益的启示。综而

① 皮名振：《皮鹿门年谱》，第100～104页。

言之，他在兴学中思考最多的有三点：

一是如何消除学堂内外的各种干扰，维护新式教育的健康发展。皮锡瑞提出统一教科书就是其中一个显著的例子。他在担任善化小学堂监督时，曾严格审查引进的原版教材和中国留学生编写的教科书，凡有牵涉敏感的现实政治或是妨害学生身心健康的，总要加以删减或是根本取消，以免守旧派有借口破坏学堂事业。他受聘担任学务公所图书课长，主要职责是审查全省学堂所用教材，特别是各校所编讲义。当时学堂林立，各种思潮纷纭，而全国无统颁教材，造成各种教学和思想上的混乱："教员人自为书，家自为说，新旧异趣，高下殊途，每换一人，则教法不同，甚或全然反对，生徒莫知所从，以致师弟冲突。其所沿用之教科书，乃日本人及留学生所编辑，宗旨既不尽合，教授殊不相宜。教员之学问稍深者，犹能择取其长，自编讲义；其学问不深者，但知抄录原文，一字不易，师以此教，弟子以此学，近日学生离经畔道，皆由此等教科书有以启之。"因此，他提出由学部统一编审和颁行教科书，"收道一风同之效"①。

二是如何促进新式教育的普及，培养新人，开通民智。皮锡瑞关于课程设置、分科设立学堂和奖励学生出身的意见，就集中反映出他为新式教育的普及所进行的努力探索。在学堂兴办之初，急功近利的教育思想弥漫一时，偏重于造就新式应用型人才，大量搬用国外特别是日本的教育模式，表现在课程设置上，就是求新求全，没有充分考虑学生的知识基础和年龄特点。皮锡瑞批评说："自初级小学各科八门，增至高等学堂二十四门，意欲兼揽中西，以臻完备，而学者顾此失彼，未免骛广而荒；名为各学皆通，

---

① 皮名振：《皮鹿门年谱》，第101页。

实则皆不精通。”他提出应适当增减普通学堂的课程，着重提高学生的综合素质，培养“兼道艺之长”的普通新国民；同时在条件允许的地方开办各种专门或专科学堂，招收普通学堂优秀毕业生入学，培养各科专业人才，以应社会之需。他明确指出这样做的主要目的，就是尽快普及教育，培养新式国民，“今欲教育普及，必使人人皆可仰企，学校乃无弃才”[①]。这实际上已提出区分普通国民教育与专门技艺教育的问题，对于今天的教育改革仍有着借鉴作用。

在科举与学堂废替之际，社会观念仍然崇重功名出身，所以科举制度中蕴涵的刺激教育的积极因素不应否定，可以合理加以利用。皮锡瑞深有见地地指出：“昔在汉世，盛极儒林，考之班书，实为利禄。……学者非只求卒业，并冀得有出身。凤骞发轫于丹山，龙翥先阶于尺木。是以担簦景附，鼓箧云蒸。若仕进之阶，比登天之乏术，恐奋勉之气，将坠地而难兴。”新政初举时，朝廷多次颁发谕旨，先是以功名奖励游学，继而给国内各级学堂毕业生奖以相应功名。对此他极为赞同，后见学部所定章程虽有奖励条款，却以学生程度不及，未予实施，皮锡瑞为此再次提出：“今学堂举办未久，尚属萌芽，年限虽满，程度诚有未及，而科举初停，乡人但知举贡生员之荣，即学生理想独高，不能家喻户晓。开办数载，年限已过，奖励不及，怨望必生，横议妄言，未必不由于此。乡人见入学者久无所得，听信旧党，阻挠学堂。似宜遵照前章，从宽奖励，使其得者欢欣鼓舞，未得者各加奋勉，有希望之目的，不敢轻弃资格，动起风潮。其未入学者，歆羡求入，

① 皮名振：《皮鹿门年谱》，第100～101页。

乡人相劝，学校如林，则学界可以扩充，而教育易于普及矣。”[①] 借助功名利禄的诱导来广兴学堂，普及新式教育，应该说是一种切合时宜、行之有效的主张。

三是如何维持“旧学”在新式教育中的地位，昌明孔圣之教，培养纯正之才。20世纪初年，伴随着出国留学和大兴学堂，西方社会政治学说潮涌而入，全盘西化思潮一时盛行，“中学”因此大受冲击，孔、孟的神圣偶像渐呈破碎之象，经学的独尊地位有日趋动摇之势。这些急剧变化在教育上的反映，就是课程设置重“艺”而轻“道”，学生思想趋新而厌旧，正如皮锡瑞所说：“近日邪说流行，乃谓中国欲图富强，止应专用西学，五经四书皆当付之一炬。办学堂者敢于轻蔑圣教，民立学堂，多无经学一门，即官立者，亦不过略存饩羊之遗。”他认为学堂生徒离经畔道，原因是经学课程太少，经学大义茫昧。因此，一方面，他要求在课程设置中突出经学的地位。鉴于“今学堂因功课繁多，往往偏重艺能，反轻圣教，经、史、国文钟点甚少，或且并无经学、国文”，他提出普通学堂只设经学、史学等六门基础主干课程。他又奏请朝廷严饬各处学堂遍设经学科目，或增加课时，“凡学堂不教经学者，即行封禁，不重经学者，罪其监督、堂长，则圣教益以昌明，而所学皆归纯正矣”[②]。他在主持善化小学堂和湖南高等学堂期间，每逢朔望之日，必定率领全校学生行祭孔大礼，坚决反对轻蔑圣教、废弃经学的做法。另一方面，他身体力行，改进经学教学，编撰相应的教材。他在讲授经学时，用汉人“存大体，玩经文”之法，不作高深之谈，没有繁琐破碎之弊，努力以史事、

① 皮名振：《皮鹿门年谱》，第103页。
② 皮名振：《皮鹿门年谱》，第100页、第102页。

时局来比证阐述经书大义，所以深入浅出，极受欢迎。他的儿子皮嘉祐曾追述说："其教授时复不作艰深之论，以苦人索解，于阐明微言大义外，必取与现今时代情势相合与事之关乎政教者，反复发挥，以求通经可以致用。议论宏博，辄铿铿作金石声。故先大夫开堂演说，诸生靡不屏息端坐，倾耳静听，忻忻焉无倦容，间有特往聆讲者。讲学之善，亦可见矣。"① 为便于教学，皮锡瑞相继编撰《经学历史》、《经学通论》，撮拾先贤精粹，发明经书大旨，颇多胜解，尤便初学，一时备获称誉。皮锡瑞强调兴办学堂必须尊经崇孔，虽有意凭借它们来抵制过激学说，特别是消弭学生的革命思想，但也有保存民族传统文化和加强学生人格修养的考虑，不能一概否定。

皮锡瑞曾多次呼吁广开学堂，培植人才，晚年获赐良机，以衰弱之躯、耿耿之心，为湖南新式教育的发展做出了重要贡献。1904 至 1906 年间，学务大臣张百熙和京师大学堂总监督张亨嘉，先后三次延聘皮锡瑞到京师大学堂任教，他均因故辞谢。在去世的当天，皮锡瑞还在为湖南中路师范学堂撰写歌词，可谓鞠躬尽瘁。

五、结　语

从皮锡瑞的人生历程来看，可以将他看作晚清历史巨变下中层士绅的典型。他先是执著于科举，企图射策高中，出而经邦济世，在科场连挫之后，才绝意于功名仕进，以讲学、著述终老，

① 皮嘉祐：《师伏堂春秋讲义跋》。

成为一代经学大师。他精治《尚书》，彰显奥义，兼攻郑学，深究古礼，融贯群经，创发大义，成为清代今文经学的集大成者之一。皮锡瑞又力主“通经致用”，一生穷经究史，通达古今之变，积极投身救时济世的实际事务，见证、参与了晚清湖南新政的历史进程。尤其值得一提的是，他在戊戌年提出“不引经书，专讲史事”，以使变法跳出“康学窠臼”[①]，继而在晚清新政中倡导“善变而取法于古”[②]，反对“尽变西法”，力图从旧学中开启新知，以其理论探索与实际贡献，成为晚清变法和湖南改革史上一位值得重视的人物。皮锡瑞从经世救时走向维新变法、由“穷愁著书”转而“通经致用”的经历、言行与思想，可谓晚清数十年间社会政治和学术文化变迁的一种缩影。

---

① 《师伏堂日记》，戊戌年七月十八日。

② 《鉴古斋日记序》。

第二章　皮锡瑞的《尚书》古文辨伪

对伪古文《尚书》的怀疑和考辨始于宋代，经元、明学者赓续用力，至清代阎若璩《尚书古文疏证》集其大成，乾嘉诸儒又续作补证，基本可以定谳。但与此同时，替伪古文鸣冤、翻案的也大有人在，其中毛奇龄作《古文尚书冤词》影响最大。皮锡瑞对阎若璩、毛奇龄的著作分别加以评议，期使两家之是非“可对勘而明”。他提出，对于阎、毛二书，“学者当分别观之，勿专主一家之说。但以今文之说为断，则两家之得失明矣”，认为《尚书》中只有今文之说最为可信，而阎、毛处在汉学初萌芽时代，对今、古文家法均未尽了然，“不知今文之真”，在对伪古文的争辩中，不仅不知道取信于《尚书大传》和《史记》，反而诋斥汉初古义。皮锡瑞积极投入伪古文公案，实是承续前人的辨伪事业，将伪《书》问题的研究引向分辨今、古文经学。关于皮锡瑞的《尚书》辨伪著述与思想，已有研究尚未涉及，以下作一专门探讨。

一、《尚书》古文辨伪著述的撰刊经过

皮锡瑞有关《尚书》古文辨伪的三种著作，均以札记形式著为专书：一是《尚书古文疏证辨正》一卷，共78条，近5万字；

二是《尚书古文考实》一卷，共35条，1万余字；三是《古文尚书冤词平议》二卷，共57条，近5万字。皮名振编《皮鹿门年谱》载有三书撰拟与刊行的时间，但根据《师伏堂日记》，皮名振所说各有失误。

关于《尚书古文疏证辨正》的撰作经过，《师伏堂日记》壬辰年（1892）中有较多记载，兹摘录如下：

> 六月十七日：览阎百诗《尚书古文疏证》，精者极精，谬者极谬。盖百诗生于国初，汉学初兴，宋学犹盛，狃于先入之说，每以宋儒之说驳斥孔《传》，而并驳两汉古义，不特无以服伪孔之心，且恐袒伪孔者得以借口。西河作《冤词》，未必不因此也。予谓先生能知孔《传》之伪，不能信今文之真，故于《尚书》一经，犹未得其要领。其论《诗》主王鲁斋说，尤谬。乃条辨其失，拟作《古文尚书疏证辨误》一书。
>
> 十八日：辨《疏证》，得数条。
>
> 十九日：辨《疏证》，得数条。
>
> 二十日：辨《疏证》毕。
>
> 廿二日：观《古文疏证》一书，其说地理亦有误，盖亦不信古义而信宋人之过。丁俭卿有《禹贡锥指正误》，谓胡东樵不信古说。阎、胡同时相契，其说多同。拟即采丁说，以辨《疏证》。
>
> 廿七日：作《古文疏证辨误序》一篇。
>
> 七月初五日：取《尚书古文疏证辨正》覆看，欲抄录一过。以天气尚热，复止，又增入数条。
>
> 初六日：覆看《古文尚书疏证》，增入两条。

十一月廿九日：取《古文疏证条辨》再加校订，拟付钞胥。

三十日：覆校《疏证条辨》数则。

十二月十五日：《尚书古文疏证辨》录出数十纸，校一过。

廿三日：校所钞《大传疏证》、《古文疏证辨》。

可见，从六月十七日拟作，二十日初毕，二十七日作序，续经增补，十一月再加校订，全稿已成，至1892年旧历年底抄录成书。《皮鹿门年谱》于光绪十九年（1893）十二月下谓“作《古文尚书疏证辨正》若干卷成”，自是不确。

《尚书古文考实》（或作《古文尚书考实》）的始撰时间，今已无法确知。《师伏堂日记》壬辰年五月初八日说：“舟中取旧所撰《古文尚书辨证》、《尚书大传笺》底稿视之，慨日月之迁流，恐修名之不立，拟至江右讲舍多暇，取此书撰成之，为身后酱瓿计。”此《古文尚书辨证》，不知是否为《古文尚书考实》的初稿。可以推知的是，皮氏主讲南昌经训书院后，相继撰成《尚书古文疏证辨正》、《尚书大传疏证》、《史记引尚书考》、《今文尚书考证》等，一再涉及《史记》、《汉书》、《后汉书》及《论衡》等有关汉代古文《尚书》的记载，形成了一些自己的看法，最后撰出《尚书古文考实》。《师伏堂日记》甲午年（1894）十一月初八日记载：“《古文尚书考实》钞毕一过。”又十一日记：“取《说文叙》补《考实》二条，皆于段注有驳正之语。”皮氏所补两条在今本《尚书古文考实》中居于最末，由此可知《尚书古文考实》定稿于光绪二十年（1894）十一月。《皮鹿门年谱》于光绪二十一年（1895）十二月下谓“撰《尚书古文考实》一卷”，有误。

关于《古文尚书冤词平议》的撰述，《师伏堂日记》有更多的记载。最早的记述在癸巳年（1893），兹录其重要者如下：

五月廿一日：观毛西河解经诸书，独辟畦町，于汉、宋人说皆加攻驳，佳者非顾、黄、阎、万诸人所及，武断处极武断，其弊在过信《左传》，以为即夫子所作之《春秋》。过诋者为朱子，故朱子尊《仪礼》，毛云三《礼》中《仪礼》最劣；朱子疑古文《尚书》，毛为古文诉冤。而其说极畅，所谓“甲车四千乘，虽无道行之，可畏也”。其《大礼议》及言宗法谓兄弟异昭穆，极精，予惜见之之晚。《古文尚书冤词》亦有确当处。盖《尚书》惟今文最可信，攻古文者不知据《大传》、《史记》，徒引马、郑及宋儒臆说，宜不足以服伪孔之心。予作《古文尚书疏证辨》，已详言之。今得此书，拟更作《古文尚书冤词驳》。

廿二日：观《西河集》，《大学》、《孝经》、《明堂》、《郊社》诸问，多有心得。《尚书广听录》皆攻蔡以申孔。其攻蔡甚是，申孔则离合参半，盖不知折衷于《大传》、《史记》。前人说皆如是，非独西河也。

六月初十日：观毛西河《周礼问》，谓《周礼》是列国人作，非汉儒伪作，甚当。然西河信伪古文《周官》，谓《周礼》是依傍《周官》，不知伪《周官》正依傍《周礼》耳。古无六卿，止有三公九卿，今文家说皆然。六卿是周公所定制，许、郑二公亦略言之，攻《周官》者固未能及此。西河信伪古文，不通晓今文，亦不知也。西河云：“善读书者，必不执一以攻一，执所见以攻所未见。”此治经要诀。前人多执宋学攻汉学，近人又多执东汉古文攻西汉今文，皆狃于所见，昧于所不见也。

八月廿一日：观毛西河《尚书冤词》、《广听录》，解《多士》、《多方》最确，在阎、江、王、陈诸人之上。诸人皆误信郑说，此独扶孔《传》。此孔《传》是而郑说非者。西河驳宋人说极是，其失在驳宋并驳汉，不守古义，故得失参半。

此后，皮氏经常翻阅毛奇龄的著述，并做出类似的评议，如乙未年（1895）六月的几则日记：

初三日：发箧见《西河集》，西河负万人禀，惜其时经学方萌芽，不知汉有今文，专信《左氏传》、伪古文《尚书》，故所说不尽是。

初七日：阅西河《昏礼辨正》，改“主人揖妇”“主人”为“婿父”，大谬。“主人入脱妇缨”，亦婿父乎？昏礼重夫妇，非重子妇，其见殊偵。《庙制折衷》天子七庙，遵王驳郑，非是。又别添一迁庙，私造典礼，与“舅姑及妇交拜”同误。《大礼议》原本古《礼经》、三《传》，以为世宗当考武宗，杨廷和、张璁二说皆非，其识解超出汉、宋诸儒之上。论庙制，诸侯以下，皆考订精确，在国初当首屈一指矣。

初八日：西河论礼，多狃于俗见，故其说是非参半，其驳宋人说如《圣门释非录》之类，实有功于圣人，不必为鼠目寸光者道也。

皮氏对毛奇龄各种经学著述的评论，对《古文尚书冤词》是非得失的品评，无疑是他撰作《古文尚书冤词平议》的初缘与基调。

上述日记中某些语句或观点，后来就见于《古文尚书冤词平议》的序言及正文中。

皮氏虽在1893年夏即有意作《古文尚书冤词驳》，但一直未动手。1895年秋，皮氏由赣返湘，舟中翻阅《古文尚书冤词》，再次萌发撰书之心，在九月十四日写道："此书不为人所称许，然其驳宋、元、明人之说极有是者。伪古文孔《传》本在作伪当诛之列，而诸人并未搜得真赃实犯，哓哓辨论，多不中肯。明人又自作伪欺人，而反诋人作伪，宜乎授毛西河以反攻之柄。归时当为之平。"但直到十一月间，皮氏才真正着手撰写，其日记所载如下：

十一月十二日：拟作《古文尚书冤词平》，检阅一过。

十五日：作《古文尚书冤词平》，得数条。

十六日：得《冤词平》数条。

十九日：得《冤词平》数条。

廿二日：得《冤词平》数条。

廿三日：得《冤词平》十条。

廿四日：得《冤词平》十条，请石先生先行钞出。

廿五日：得《冤词平》数条。

廿六日：得《冤词平》数条。

廿七日：得《冤词平》数条。

廿八日：得《冤词平》数条，并《自序》一篇，书成。

十二月初二日：假焕彬书，补正《冤词平》二条。

初六日：校所钞《冤词平议》一卷。

十四日：下午校所录《冤词平议》。

皮氏因有长期准备，故动笔后，仅举半月之力即竟全功。《古文尚书冤词平议》成稿后，获得王先谦肯定，允为刊行，皮氏丙申年（1896）正月初九日记：“祭酒覆书，诩为经学独步，属将《冤词平议》覆校一过，允为发刊。更校正一过。”又十一日：“致信祭酒，以《平议》二卷付刊。”可见，《古文尚书冤词平议》全稿于光绪二十二年（1896）初已交思贤讲舍发刻，而《皮鹿门年谱》却于是年八月下谓“撰《古文尚书冤词平议》二卷成，自序云云”，显然有误。

至于以上三书的刊行时间，《皮鹿门年谱》及《皮鹿门先生著述总目》均称是光绪二十二年丙申（1896）。今征诸皮氏日记，可略知其原委，更可见《古文尚书冤词平议》刊刻中的变故。兹摘日记中有关三书刊行的记载如下：

乙未年正月初七日：得逸梧先生信……复书谢之，并以《尚书古文疏证辨正》送阅。

廿九日：晚间逸梧先生过谈，云《今文尚书》已付钞胥，《古文疏证辨正》亦钞一过。

十月二十日：见逸梧先生，云已为刻《古文尚书考实》。

廿九日：校《考实》十余页。祭酒又送来《尚书古文疏证辨正》底本，云已刊六十页，其余属校一过。

十二月初十日：祭酒送到所刊《尚书古文疏证辨正》七十六叶，校一过。

廿二日：祭酒送来《古文尚书考实》刊本，覆校一过。

丙申年正月十一日：致信祭酒，以《平议》二卷付刊，《今文尚书》请携往江右，彼许诺。此书盖不欲刊。《尚书考实》、《疏证辨正》二种属向局中刷印数部。

十二月十一日：祭酒送来《古文尚书冤词平议》写本，覆校一过。

由以上可知，《尚书古文疏证辨正》、《尚书古文考实》是在乙未年交付思贤讲舍，当年年底均已刻成，经过皮氏覆校，丙申年初即可刷印行世。而《古文尚书冤词平议》是在丙申年初才发刻，皮氏年底仍在覆校写本，可见当时尚无刊本。皮氏在丁酉年日记未提及《古文尚书冤词平议》，直到戊戌年日记中才有如下记载：

九月廿一日：《古文尚书冤词平议》，祭酒曾以稿交书局，不闻刊出，恐失之矣，乃呼石先生重录之。

廿三日：阅《冤词平议》，补二条。现在惟此等书可作，不至惊俗吠声。

廿九日：校《古文尚书冤词平议》一卷。

十月初六日：石先生送所录《平议》来，校数纸。

十一月三十日：阅《辛敬堂文稿》，录二条入《冤词评议》，今江西绅士内无其人矣。

十二月初四日：覆校《古文尚书冤词平议》一过，并增损其文数处。

可见，《古文尚书冤词平议》并未在丙申年刊行，皮氏戊戌年请人重新抄录，并有所增补、改动。直到1899年，思贤书局才将《古文尚书冤词平议》付刻，但因为戊戌政变以及皮氏陷身党祸，《古文尚书冤词平议》竟被迫删改。皮氏己亥年（1899）日记有如下记载：

二月初六日：焕彬来……谓予《古文尚书冤词平议》已刻成，有引康说一条，必又为若辈口实矣。

廿三日：往王祭酒处……以《六艺论疏证》、《鲁礼禘祫义疏证》送阅，彼许送书局发刊。闻《古文冤词平议》已刊，有第四页引康说，属改刻。

三月初一日：拟往祭酒处面商一切，祭酒云将来，不必往。午后始至，云……《鲁礼禘祫义》已发钞，俟钞出送校；《古文冤词平议》第三纸有引康说，恐致众吠，属更改删一条。

十二日：艾作霖来，以《郑志疏证》一卷付之，属送《冤词平议》四页来改正。

十五日：祭酒送《冤词平议》至，校一过，中有引《新学》两处，皆改去。郑君云在文网嫌引秘书，足见古大儒周身之防。今在文网，同于北海，又岂可引禁书乎？

十七日：以《冤词平议》交王家。

皮氏接受王先谦等人的劝告，将《古文尚书冤词平议》中引用《新学伪经考》的两处文字加以删改。今该书上卷第三页平议说："近有专治今文、攻古文《尚书》之伪者，力辨孔壁古文、中秘古文之非，世多骇为创论，而龚定庵文集有《说中古文》一篇，言中秘书不可信十有二……则已谓班固为刘歆所误，为近人说所自出矣。"此所言"近人"，正是暗指康有为。其实，皮氏此处指出康说源于龚自珍，对康氏学说并无褒崇之心，倒似有黜抑之意，而肆意批驳康学的王、叶辈竟嫉之如雠，必欲皮氏改之而后安。皮氏庚子年（1900）二月初一日记："到局买书，《六艺》《鲁礼》《中候疏证》及《冤词平议》已出书矣。"由此可知《古文尚书冤词平议》印行的真正时间。

此外，《师伏堂日记》癸巳年四月十二日有皮氏考辨伪古文《尚书》一事，转录如下：

> 九江道策问古文《尚书》，意袒古文，以为未得赃证，中引张平子《思玄赋》平子自注引孔《传》文。此条前人似未尝疑。予尝发箧取《文选》观之，《赋》云“惟般逸之无斁兮”，注引孔安国《尚书传》注曰：“斁，厌也。”李善于前旧注下曰：“未详注者姓名。挚虞《流别》题云衡注。详其义训，甚多疏略，而注又称愚以为疑，非衡明矣。但行来既久，故不去。”据此，则以注为平子自作，李书篦已疑之。挚仲治非经生，其言未必可据。仲治在子雍后，其时古文孔《传》已出，故注者得引之。汉人鲜有自作文而自注者，不当专执此疑似之文，以翻前人成案。

皮氏此说，后来又经整理，录入《师伏堂笔记》卷二。

二、《尚书古文疏证辨正》对阎若璩的批评

对于阎氏《尚书古文疏证》考定伪古文的贡献，皮氏称誉说：“国朝《尚书》之学，始于阎百诗征君。自《疏证》书出，而古文孔《传》之伪，如秦、越人洞见五脏症结，使学者不为伪书所惑，厥功甚伟。”将清代《尚书》学的开创归于阎氏，可见评价之高。既然如此，皮氏为何专门撰书批评阎氏？皮氏指出有两个方面的原因：一方面，阎书有诸多阙失和严重错误，“征君生当国

初，其时汉学方萌芽，于古、今文家法未尽了然，亦间惑于先人之言，多引宋人臆说，诋斥古义，有伪孔本不误而征君以为误者，非特无以服伪孔之心，且恐左袒伪孔者将有以借口”[①]，如毛奇龄等人纷纷起来替伪古文申冤或力作辩护，部分原因即在此；另一方面，阎氏被尊为汉学名家，其书已成典范，若不对其失误加以辨正，容易误导后学，“《疏证》一书，向有重名，治《尚书》者奉为圭臬，不为辨正，恐疑误后学”[②]。正是出于这些考虑，皮氏将阎书逐条辨析，对其在训诂、典制、史事、地理等考证中出现的若干具体错误以及前后歧互、持论游移的缺陷予以指正，对其言而未尽、引而未周、考之未详、辨之未明、疑不得解等种种缺憾作了纠补，并就如何考辨伪古文提供了新的意见。综观《尚书古文疏证辨正》，皮氏对阎氏的诸多批评，可以归结为以下三个方面：

其一，不明今、古文家法。

皮氏在自序中首谓阎氏“于古、今文家法未尽了然”，又在书中评析说：“征君专据孔《疏》之说，以马、郑、王所注《尚书》皆为今文，惟伪孔增多者为古文。不知马、郑、王亦是古文，惟欧阳、夏侯三家是今文。故其书于分别今、古文处，多不了了也。”[③] 因此，皮氏多次指陈阎氏不明两汉《尚书》家法，甚至误以今文作古文，或者误指古文为今文。以下试举数例。

例一，阎氏从晚出孔《书》举出数例，与郑注真古文及伏传真今文比较，如“宅嵎夷”，郑曰“宅嵎铁”；“昧谷”，郑曰“柳

① 《尚书古文疏证辨正自序》，第1页。
② 《尚书古文疏证辨正自序》，第1页。
③ 《尚书古文疏证辨正》，第4页。

谷”；“心腹肾肠”，郑曰“忧肾阳”；“劓、刵、劅、剠”，郑曰“膑、宫、劓、割、头庶剠”，得出孔《书》“不古不今，非伏非孔”的结论。皮氏指出，阎氏结论虽甚为精到，而所引郑曰“宅嵎铁”四条皆误，因为《尚书》孔疏明言此四条出自夏侯等《书》，阎氏匆匆引用，误会孔疏，结果“以今文夏侯等《书》为郑说，以孔《书》为合于今文，今、古文皆倒易”①。这是批评阎氏误以三家今文说为郑氏古文说。

例二，阎氏说：“箕子父师，即太师也。比干少师，乃孤卿之首。见今文《书》。”皮氏指出：“微子所问太师、少师，《史记》今文说以为太师疵、少师彊，并非箕子、比干。其作父师、少师，以为箕子、比干者，马、郑古文说也。此云见今文《书》，误。盖征君以伪孔所增加之外皆为今文，不知今文说解多不与古文合，非可执马、郑古文说为今文说也。”② 这是批评阎氏误以马、郑古文说为西汉今文说。

例三，阎氏论及《书序》，说：“伏生时，犹未得《小序》，《盘庚》三篇合为一，《康王之诰》合于《顾命》。孔安国始据以序古文《书》，两汉诸儒并以为孔子作。故宁屈经以从《序》，而不顾其说之不可通。”认为《小序》之说难通，不可信据，所以对宋儒排击《小序》大加称赞。皮氏先强调《小序》可信，“两汉诸儒自史公至马、郑，皆谓《书序》是孔子作”，接着指出《书序》亦有今、古文之分，辨析说：“伏生今文已有《序》，见于《史记》所载。今所传《书序》出于马、郑，与《史记》不尽合，

① 《尚书古文疏证辨正》，第15页。又第70页皮锡瑞辨曰：“此引郑注‘宅嵎铁’，‘柳谷’，‘忧肾阳’，‘膑、宫、劓、割、头庶剠’，皆误据今文为郑注。”

② 《尚书古文疏证辨正》，第33页。

当为古文。《史记》所载《序》皆可信，马、郑《书序》则间有可疑。如《君奭》篇，《史记》以为在周公摄政时，次当在《大诰》、《康诰》间。马、郑列于《无逸》篇后，乃有召公疑周公贪位之说，盖失其次。若《盘庚》三篇本是一篇，汉石经于篇后空一格，可见古经旧式。《史记》载《顾命》、《康王之诰》之《序》，已分二篇，故云伏生传《书》二十九篇，何待孔安国分之？又何独孔壁古文有《序》？皆考之未审。"[①] 这是批评阎氏不知《书序》有今、古文之别，误认为今文《尚书》无《序》，《序》皆出自孔壁，从而一概否定。

其二，误取东汉古文，不知今文之真。

阎氏将伪托孔安国所传古文与马、郑所传古文分开，并且经常援引马、郑批驳伪孔，其识见确实高出前儒及时流。但皮氏认为，"《尚书》以今文为最古，古文说起于东汉，其前并无师承"[②]，东汉古文家为与今文立异而自创新解，"究其所为新说，不过多引《周礼》，如六宗、六卿、冕服十二章，以周制解唐、虞，既非确诂，他如《高宗肜日》之丰祢，《微子》之告箕子、比干，《金縢》之避居，亦皆不如旧说之安"[③]。因此，对于阎氏在辨伪古文时只知推重东汉古文，在今、古文问题上"抑扬太过"[④]，甚至引马、郑之说批评今文古义，皮氏深为不满，屡加驳正。以下举例说明。

例一，阎氏辨伪孔《传》沿王肃之误，写道："《金縢》'我之弗辟'，马、郑皆读'辟'为'避'；'周公居东二年'，谓'避居东

① 《尚书古文疏证辨正》，第70页。
② 《尚书古文疏证辨正》，第17页。
③ 《尚书古文疏证辨正》，第11~12页。
④ 《尚书古文疏证辨正》，第44页。

都'。至王肃，始错解为'东征'。孔《传》因之，则上文解'辟'为'法'，亦用王肃说可知。"他认为伪孔《传》误采王肃，指周公东征诛讨群弟，是古今一大关键，"周公身诛管、蔡，于是唐太宗临湖之变，推刃同气而莫之恤，周公可以借口矣"。皮氏辨析说：

> 《书序》、《逸周书·作雒解》、《尚书大传》、《史记·周本纪》《鲁世家》《宋微子世家》《管蔡世家》，皆以"居东"即是"东征"，并无"避居东都"之说。毛公《诗传》亦以"居东"即"东征"。《史记》虽读"辟"为"避"，而云"我之所以弗避而摄行政者，恐天下畔周，无以告我太王、王季、文王"，则亦非谓避居。至东汉古文始有"避居东都"之说，马、郑皆用其说，与古不合，谬于事实。惟王肃解为"东征"，不错。伪孔解"辟"为"法"，虽与《史记》不同，而周公大义灭亲，亦不必谓无致辟之事。征君谓王肃始错解为"东征"，盖习马、郑之说而不穷其源，不知古义本如是也。又以太宗借口周公，谓周公不身诛管、蔡。然则舜、禹、汤、武亦有为人借口者，亦将曰舜、禹无揖让之事，汤、武无征诛之事乎？①

皮氏指出今、古文旧说均以"居东"即"东征"，王肃正取之为说，伪孔《传》加以采用，合于古义，阎氏则误信东汉古文异说，反而背离史实。

例二，阎氏论晚出《书》多所增窜，举例说：《尧典》"帝曰：我其试哉"，马、郑、王三家本无"帝曰"二字，视为四岳之言，而晚出《书》增窜二字，"原伪作者心，必欲增以'帝曰'，

① 《尚书古文疏证辨正》，第26页。

不过以择婿大事宜断自宸衷，非外廷诸臣所可与”。阎氏依据孔《疏》所引三家本，分析作伪之迹，似乎有理有据。皮氏辨正说：

> 《史记》明有“尧曰”，是今文有“帝曰”二字。《正义》云：“马、郑、王本皆无‘帝曰’，当时庸生之徒漏之。”然则庸生所传古文《尚书》已有脱漏，不及今文《尚书》之完。伪孔本盖依今文《尚书》，增入二字。王本不增而伪孔本增者，或王肃故留参差之迹以欺后人，或由后人增之，皆未可晓。以文义而论，必当有“帝曰”二字。禅让大事，非徒择婿。尧虽博稽众议，犹应断自宸衷。四岳人臣，何得不禀帝命，以帝二女试舜？征君曲为解说，终觉不近事情。段玉裁说亦然。是皆袒护古文，信马、郑，不信《史记》之蔽也。①

皮氏根据《史记》，指出今文本有“帝曰”二字，可见作伪者虽是增窜，却与今文家说相合，不能仅依马、郑古文加以批驳。

例三，阎氏提出：“今文明，则古文如指诸掌。其相关合，尤在《金縢》、《蔡仲之命》二篇。《金縢》为千载来儒者聚讼，今亦渐次涣释，独难处则‘罪人斯得’一语。以为知流言出管、蔡，谓之罪人邪，何不立归公？且《鸱鸮》诗‘既取我子’，分明管、蔡已陷于死，公痛其兄之词如此，上文‘辟将’又作刑，‘居东’又作东征。”他抄录郝敬《金縢辩解》，以为独有宋儒得“居东”、“罪人”之真解，用以辨伪孔之非。皮氏评析说：

> 征君谓“今文明，则古文如指诸掌”，其说郅确。然则今文岂有古于《大传》、《史记》者乎？《大传》曰：

---

① 《尚书古文疏证辨正》，第30~31页。

“周公摄政，一年救乱，二年克殷，三年践奄。”《史记·鲁世家》曰：“管、蔡、武庚等果率淮夷而反。周公乃奉成王命，兴师东伐，作《大诰》。遂诛管叔，杀武庚，放蔡叔，收殷余民，以封康叔于卫，封微子于宋，以奉殷祀，宁淮夷、东土，二年而毕定。”是今文家说以“居东二年”即是东征，“罪人斯得”即管、蔡、武庚、奄君、淮夷之属。自东汉古文说出，乃以“居东”为避居东都，“罪人斯得”为周公之属党。其说按之经文既不可通，准之事实又不相合。后之袒护古文者曲为之辨，终觉难通。①

皮氏列举史实，对郝敬之说一一辩驳，然后指出：“盖自马、郑古文说出，而《金縢》今文家说乱。伪孔《传》则斟酌于古、今之间，自成一解。宋、明以后，人又各自为说。如郝氏解多沿马、郑之误，又添出成王疑周公一层、成王杀管叔一层，愈变愈支，去古愈远。”② 皮氏虽是明斥郝敬，实际也是批评阎氏折服于东汉古文异说，不知信守西汉今文古义。

其三，采信宋人臆说，诋斥古义。

阎氏大量援引宋明学者批驳孔《传》的言论，作为考辨伪古文《尚书》的主要证据。但皮氏认为，孔《传》虽然出自东晋伪托，却有不少解说是沿袭先儒旧传，合于古义，而“宋儒果于疑经，疏于考古”③，喜用义理悬断三代史实，往往用一理字强解经

① 《尚书古文疏证辨正》，第62~66页。
② 《尚书古文疏证辨正》，第67页。
③ 《尚书古文疏证辨正》，第46页。

义，结果失之附会、臆断。因此，对于阎氏“过信宋学”[①]，皮氏很不认同，既责其“间惑于先入之言，多引宋人臆说，诋斥古义，有伪孔本不误而征君以为误者”，又虑其佞宋太过，煽惑后学，“征君汉学名家，恐学者误听其言，启荒经蔑古、猖狂无忌之弊”[②]，不得不辨正其误。以下举例说明。

例一，阎氏认为，古书无文王受命改元、武王观兵伐纣之事，晚出《武成》、《泰誓》有此说，可见其伪，而自汉、唐迄于宋初，历来无人辨文王改元、武王观兵之非，“欧阳永叔《泰誓论》出，而文王之冤始白”，“伊川程子出，则谓武王无观兵，而武王之冤始白”，因此对宋儒辨伪之功大加称誉。皮氏则指出，“宋儒好以义理悬断千载以前之事实，凡自古相传之事与其义理少有不合，即凭臆决以为无有。故其持论虽正，而证经稽古则失之”，因此详列经史故实，对阎氏加以批评：

> 文王受命改元称王说，见《公羊》。伏生《大传》云“六年称王”，《史记》云“诗人道西伯，盖受命之年称王”。武王观兵，《大传》、《史记》皆载其事。诸人去古未远，必有依据，未可从宋儒臆说而废汉儒明文也。……伪古文与伪《传》出于魏、晋之间，书虽伪而近古，事实未经变乱，故孔《传》视蔡《传》为优。征君当汉学初兴、宋学犹盛之时，狃于先入之言，好援宋儒义理之说以驳孔《传》，而并尽驳古义，非特无以服伪孔之心，且恐袒伪孔者将有所借口矣。[③]

---

① 《尚书古文疏证辨正》，第49页。
② 《尚书古文疏证辨正》，第46页。
③ 《尚书古文疏证辨正》，第21~22页。

例二，阎氏为证宋儒解《尚书》远胜伪孔《传》及先儒，举出二事：一是《无逸》篇“其在祖甲，不义惟王”，伪孔《传》释“祖甲”为汤孙太甲，蔡《传》纠之，谓非太甲。阎氏还引邵雍《皇极经世书》所推历代商王在位年数，力论此祖甲绝非太甲。二是《高宗肜日》，《书序》说是“高宗祭成汤”，蔡《传》则谓其祭祢庙，金履祥《通鉴前编》更以为是祖庚绎于高宗之庙。阎氏因此责斥说：“凡晚出《书》之以错解为实事，其误如此。”皮氏指出，伪孔《传》根据马、郑所传误本古文，使殷三宗次序先后紊乱，而解“祖甲”为太甲则是沿用旧说，至于《高宗肜日》，《书序》、《史记》及两汉人所引皆谓是高宗祭成汤，由此批评阎氏：

《高宗肜日》篇伪孔《传》并不误，《无逸》次序虽倒易，而解“太甲”亦不误。征君乃以不误为误，谓“作古文者生于蔡、金两氏之前，错解未正之日，误以错解为实事”。予则谓作伪《传》者生于蔡、金两氏之前，臆说未兴之日，书虽伪而解不错。征君执宋人无稽之说，尽弃两汉古义。此等议论，实为全书大疵。作伪书者有知，且将笑人于地下矣。征君又引邵子《经世书》以证“或十年”等年数。案《史记·殷本纪》多不载即位之年，共和以前不为年表，盖其时已无可征。邵子生于千载之后，专凭推算，臆造年数，岂可引为确据以证经义？征君书如此等处，皆恐疑误后学，不得不为辨明。①

例三，金履祥《通鉴前编》提出周武王封康叔于殷东，阎氏信以

① 《尚书古文疏证辨正》，第24～25页。

为真，“盖武王克商，留处三月而后反，封康叔，意此时与最合，则《康诰》、《酒诰》两篇并作于在商日”。皮氏指出：“《史记·管蔡世家》明云：‘康叔封少，未得封。’其时故殷墟已封三监，更有何地以封康叔？春秋时宁武、祝鮀皆言封卫是成王、周公。以卫臣言卫事，岂犹有误？至宋儒，忽谓武王封康叔，大可怪骇。”他进一步分析说，宋儒创出武王封康叔之说，是惩于王莽篡位，坚持周公不曾称王，“以不信周公称王之事，《康诰》篇首‘王若曰’无以解之，谓是成王；成王又不能呼康叔为弟，不得不引出已死之武王，强坐以封康叔之事”。皮氏认为，根据《康诰》、《大诰》“王若曰”郑注，周公摄政明明称王，因此批评阎氏：

> 《康诰》篇不用“摄王”之义，“王若曰”必不可通。征君虽无辨周公摄王之文，而信宋人武王封康叔，实因此致误。不知蔡氏、金氏诸人皆生于数千年以后，其所见必不能确于宁武、祝鮀，何得移窜经文，变乱事实？①

例四，关于《康诰》的时代，《书序》等旧说属之成王，蔡《传》改属之武王，郝敬不以蔡《传》为然，仍从旧说，阎氏竟对郝敬大为不满：“蔡氏从经文证辨，属之武王，良是。郝氏必欲易之，得毋以由旧为翻新地耶？余尝爱黄楚望注经，于先儒旧说可从者拳拳尊信，不敢轻肆臆说，以相是非。尹和靖云：‘解经而欲新奇，何所不至？’朱子至读之汗下。将合是二说，为郝氏告焉。”指责郝敬不遵从先儒旧说而好作新奇之解。皮氏就此批评说：

> 征君引尹、黄二先生之言，乃解经要诀也。然汉人

① 《尚书古文疏证辨正》，第37～39页。

以《书序》为孔子作，朱子谓是周、秦间人序。即非孔子作，亦七十子所传也。若伏生为《尚书》家初祖，太史公传伏生今文，又从孔安国问古文。先儒旧说，无旧于此者。乃征君于《书序》、《大传》、《史记》皆不信，而独信蔡《传》。郝氏治经好新奇，而此以《康诰》为成王，不从蔡《传》，则未误。征君反以不从蔡为好新奇，是岂《书序》、《大传》、《史记》皆为新奇，独蔡为先儒旧说乎？亦岂宋之蔡氏更先于孔子、七十子、伏生、孔安国、太史公乎？颠倒之见，令人不解。[①]

三、《古文尚书冤词平议》对毛奇龄的批评

对于毛奇龄的经学，皮锡瑞颇有好感，特别是认为在宋学笼罩时代，“皆奉为科律，莫敢异议”[②]，“独检讨大声疾呼，可谓有廓清摧陷之功矣”[③]，因此推誉他为一代豪杰之士，又评定其书的最大价值“在不用宋儒新说”[④]，对他讥驳宋明之说一再表示肯定。例如，他虽指责毛氏“务与朱子立异”，但对毛氏批评朱子妄疑《书小序》却大加赞赏：“朱子疑《书大序》，是也，而并及《小序》，则未谛。检讨据《史记》引《书序》，谓先汉已有之，非后汉人所为，证据精确。”[⑤] 当然，皮氏撰《古文尚书冤词平议》，

---

① 《尚书古文疏证辨正》，第 67 ~ 68 页。

② 《古文尚书冤词平议自序》，第 1 页。

③ 《古文尚书冤词平议》卷上，第 2 页。

④ 《古文尚书冤词平议自序》，第 1 页。

⑤ 《古文尚书冤词平议》卷上，第 28 页。

主要还是指斥毛氏的错误。综观全书，皮氏最重要的批评有三点：

其一，引据失当，翻案乏力。

毛氏替伪古文鸣冤，强词巧辩，凿空立说，引据时见错误，甚或出现重大疏漏，皮氏在书中颇多指摘。例如，孔颖达在《尚书正义·尧典》篇目下，比较伪孔本与郑注本《尚书》分篇，称“三十三篇与郑注同，二十五篇增多郑注”，毛氏对此不以为然，认为：郑玄“既注古文，则必不复分古、今，使各为界限”，提出郑玄应注全本《尚书》，不会独空半部，“延至唐初，当有墨守今文者又去其半，而颖达未之知也”。皮氏分析说：“冲远作《正义》时，郑注《尚书》犹在，得之目睹，岂有错误？马、郑虽传古文，其所注仍止伏生二十九篇。汉儒不敢凿空立说，故其余古文皆不注，所谓‘逸十六篇，绝无师说’者是也。”他指出唐初正因郑注本缺半，才选用为五十八篇一一作注的伪孔本，由此批评毛氏：“检讨不信冲远目睹之说，乃凭空臆断，谓郑《注》原自完备，至唐初‘有墨守今文者又去其半，而颖达未之知’。岂知冲远本隋之老儒，非唐初人，唐初亦无墨守今文者。郑《注》如真完备，何以冲远不知？似此无据妄言，安能为古人申枉？”① 由此可见毛氏强词巧辩、凿空立说。又如，《尚书正义·尧典》以郑注《胤征》云“胤征，臣名”等，以为郑玄不曾见古文，毛氏加以援引，进而认为：“予谓不止不见古文，并不见《书序》。若见《书序》，则《胤征序》明云‘羲和湎淫，胤往征之’，岂有解作臣名之理？意必漆书只有篇名而无《序》，其云注《书序》者，冒昧之语也。但《胤征》诸《序》，《史记》有之，岂郑并不见《史记》耶？”皮氏批评说：“古文《书序》传于马、郑，郑岂有不见《序》之

① 《古文尚书冤词平议》卷上，第21页。

理?《史记·本纪》，郑亦断无不见。《集解》引郑玄曰：'胤，臣名。'孔《疏》引之，误衍'征'字。《顾命》'胤之舞衣'，郑注亦以'胤'为臣名，不连'征'字为句，岂可据此为漆书有篇无《序》?"[①] 毛氏依据误本立论，于此可见一斑。

毛氏替伪古文辩护的核心观点，是认为东晋梅赜所奏上者并非经文，而是孔《传》，其依据主要是《隋志》。他在引述时，对某些文句参照己说添上注解，如"晋世秘府所存，有古文《尚书》经文（谓古文之经文内府尚存），今无有传者（但无传注之人）。……至东晋，豫章内史梅赜始得安国之《传》，奏之（至是始上古文之传，是梅赜所上者孔《传》，非经文也）"，然后得出结论："由是观之，是古文经文秘府旧有，梅氏所上只是孔《传》。故《志》历叙之，以为古文传注、师说兴废之由，原未尝谓古文已亡，至东晋始上也。是以前叙所存，特曰古文《尚书》之经文；后叙所奏，则又特曰安国之《传》。其故为明析，不使谬乱如此。"对此，四库馆臣已在毛书提要中责备"奇龄舍《史记》、《汉书》不据，而据唐人之误说"，谓其证据乏力，皮氏承其意而详加申论：

> 检讨大声疾呼，为古文《尚书》鸣冤，其所据为确证者，《隋书·经籍志》也。然试问之曰："《隋书》何时人作乎?"则必曰："唐初时人作矣。"又试问之曰："唐初时，古文《尚书》不已立学，而命儒臣作《正义》乎?"则必曰："古文《尚书》已立学，命儒臣作《正义》矣。"夫以当时廷议立学官、作《正义》，史臣安能

① 《古文尚书冤词平议》卷上，第22~23页。

> 灼知其伪？即知其伪，安敢昌言直斥其非？《隋志》所云虽历历可征，要皆传伪古文者臆造不经之说也。其不得执单词以断斯狱，明矣。伪孔经、传，一手所作，伪则俱伪，阎百诗诸人已明辨之。检讨巧为饰辞，谓东晋所上书非经是传，以《隋志》为左验。使斯言出《汉·艺文志》，固可据信。若《后汉·儒林传》，则已不可信矣。以范蔚宗作书之时，伪书已出，不免为所惑也。况《隋志》修于唐初，在古文立学之后哉！断疑狱者必两造具备，公听并观，确有证据，始可平反。若即据此一家之言，证此一家之是，未有不偏听致误而颠倒是非者。检讨据唐时崇信古文之书，以证东晋古文经传之非伪，何不考时代先后也？①

毛氏又根据两《汉书》所载及《尚书正义·尧典》目下所引《晋书》有关西汉至魏晋期间古文《尚书》的传授谱系，认为孔壁古经代代相传，未曾亡佚，所以梅赜奏上的只是孔《传》。他争辩说："古文经文，历有方所。其在官书，则科斗原文见藏秘府；而在私学，则安国所写隶本亲授都尉朝，以传至桑钦，授受分明，并无断绝。是以刘向取内府古文以校博士今文之学，刘歆复取内府古文以校胶东所传古文之学，彼此征验，名为'中外相应'。间有张霸上伪书，思相缪乱，犹得援内府古文以斥其非。是何曾有无何之文，可以公然相窜易者？越至东京，则孔僖为安国之孙，

① 《古文尚书冤词平议》卷上，第12～13页。自序所说更简洁："检讨欲为平反，意必据有铁案，乃其所执为左证者，惟《隋书·经籍志》。《隋志》唐初人作，其时崇信伪孔，立学官，作《义赞》，史官所采，皆左袒伪学之徒。检讨乃据一家之言，偏断两造之狱，岂能反南山不移之案，以鸣千载不白之冤乎！"

世世守之，而丁鸿、杨伦且集弟子千人于大泽中肄习之。至魏、晋之间，则自王肃、皇甫谧外，由郑冲、苏愉、梁柳、臧曹皆一一相嬗，以递至梅赜，未尝有顷刻之间、毫厘之隙也。乃古文藏内府者，则永嘉乱后，其书并存，而特以无传之故，梅赜乃上孔氏《传》，以补《尚书》诸传之阙。是梅氏所上者，安国之《传》，非古文之经也。安国之《传》东晋始行，古文之经非东晋始出也。故唐宗《晋书》不载梅赜上书事，以为不关本经，不足轻重。而旧《晋史》及《隋·经籍志》则各为载入，然犹恐误认孔《传》为古文，乃先曰'晋世秘府所存有古文经文'，然后曰'至东晋，豫章内史梅赜始得安国之《传》，奏之'。此其明白为何如者！乃不学之徒妄云梅赜上古文，以致一讹再讹，顿成此千古不白之冤狱。"毛氏此论引据看似确凿，内府本、民间本均似历代相承，古文未亡之说似乎言之成理。皮氏一一考证，指出孔安国以下至梅赜的传授谱系并不可靠，甚或出于附会依托，"安国以下世传古文之说，未必然也。盖孔壁真本献藏中秘，安国家虽有副本，而无师说。汉博士皆以今文教授，不得不舍而从夏侯。所谓世传古文，不过世守此孤本耳"，孔安国未曾作传，杨伦师从丁鸿是习今文《欧阳尚书》，"郑冲诸人传经，并无其事"，"内府古文，东汉已不见称于世。马、郑所传，又非孔壁之旧"，孔氏所献可辨张霸作伪的内府古文，更无证据明其传至东晋。皮氏因此批评说：

检讨皆未详考其说，以为伪孔古文即汉中秘古文，梅氏所上是传非经。专据旧《晋史》及《隋志》，欲白孔书不伪之冤狱，而取证于崇信伪书之唐人，于古未有明征，何能翻此铁案？①

毛氏采自两汉史书的证据各有漏洞，所引《晋书》又是逸本，至于借重伪古文流行之后编修的《隋志》，翻案更是缺乏效力。

其二，采信伪书，妄议伏《传》、《史记》。

毛氏奋力替伪古文申冤，除故意立异于疑经辨伪的先儒与同辈，主要原因是他真诚相信东晋晚出《尚书》确是孔安国传本。所以单单指责他崇信伪古文，并无多大意义，皮氏责斥他“专信伪孔，并伏《传》、《史记》亦加訾议”，就深入一层，暴露出毛氏错误的真正所在。兹举例如下。

例一，毛氏相信伪古文《尧典》、《舜典》分二篇，援引《史记·五帝本纪》为证，称《尧纪》即载《尧典》、《舜纪》即载《舜典》，“故伏生之合、孔书之失、萧齐《舜典》之搀割，皆职是之故。《史记》具在，其为饩羊显然耳”。毛氏此说援据《史记》，似可信据，但皮氏指出毛氏误解了《史记》，说：

> 《史记》不载《尧典》、《舜典》之《序》，不知其说如何。史公传伏生今文二十九篇并无《舜典》，则未尝分《尧》、《舜》二典为二矣。若《五帝本纪》既分尧、舜为二，故不得不以《尚书》所载尧、舜之事分属二帝，岂可据《史记·本纪》以舜事列《舜纪》之中，遂谓史公已见《舜典》，而以《舜典》作《舜纪》乎？②

例二，毛氏主张伏生传本《尚书》有《泰誓》，“伏书二十九篇，至武帝时，外间疑《泰誓》为伪，遂去此篇”，并指斥两汉儒

① 《古文尚书冤词平议》卷上，第3页，第11页，第19页。

② 《古文尚书冤词平议》卷上，第17页。

者“必欲曲护其去此《泰誓》之故”，凭空造出“《泰誓》后得”之说。因史载伏生以29篇教于齐鲁之间，而“伏书去《泰誓》，只二十八篇”，于是毛氏提出，应将孔本《泰誓》返回29篇之中，另“《大禹谟》附《皋陶》篇内，则《皋陶》为二十九篇中所有之数”。皮氏指出，伏生《尚书》本来只有28篇，而《史记》、《汉书》均称29篇，历来有三种解释：“或谓并数《泰誓》，或谓并数《书序》，或谓分《顾命》、《康王之诰》为二”。他认为第三说与《史记》相合，最为可信。而即使如第一说牵入《泰誓》，“古人虽有是说，然皆以为二十八篇，增《泰誓》为二十九，未尝以为二十九篇，去《泰誓》为二十八也”，毛氏可谓巧于颠倒。皮氏为此征引两汉典籍如《论衡》等有关《泰誓》后得的记载，论证伏书本无《泰誓》，指出：“检讨既引《论衡》诸书，又不从其说而自为之说，不谓武帝时得之，反谓武帝时去之，则其说全无据，与汉人之说适相反矣。”皮氏又根据《史记·周本纪》所载《书序》分《顾命》、《康王之诰》为二，认为“二十九篇之数已定，不必更搀入《泰誓》”①。他批评说：

> 检讨曲护古文《泰誓》，乃谓汉儒曲护今文《泰誓》，欲以此诬伏生。不思伏生是孔安国之师，乃护孔而诬伏，是以夫子之道反害夫子，岂不为庾公所窃笑哉！②
>
> 检讨未考《史记》，不知伏书分《顾命》、《康王之诰》为二，故以为二十九篇中当补《泰誓》，其说小误。若《大禹谟》乃伪古文，伏书无之，当云《益稷》附《皋陶谟》，而云“《大禹谟》附《皋陶》篇内”，则大误

① 以上引见《古文尚书冤词平议》卷上，第4~6页。

② 《古文尚书冤词平议》卷上，第6页。

矣。[1]

例三，毛氏分析《左传》、《国语》、《吕氏春秋》等先秦典籍所引《夏书》中的单言只语，以为均出自《大禹谟》，将《大禹谟》定作划分虞、夏之《书》的标界，认为《尧典》、《舜典》属《虞书》，《大禹谟》、《皋陶谟》、《益稷》属《夏书》，就分篇问题指责说："伏书不分《尧》《舜典》、《皋陶谟》《益稷》、《顾命》《康王之诰》，则于百篇之名皆属谬戾，伏书非是也。若孔《传》所分，以《大禹》、《皋》、《益》三谟俱属《虞书》，而以《禹贡》为《夏书》之首，则亦非是。《虞书》当分在《舜典》及《汩作》、《九共》、《膏饫》之后，而以《大禹谟》为《夏书》之首。凡春秋、战国间引《书》皆如此，孔《传》不识耳。若东汉诸儒如马融、王肃、郑玄辈，不见孔《传》，误以《大禹》、《皋》、《益》三谟分入《虞书》，而考之群书引经，其于《大禹》、《皋》、《益》三篇所引称《夏书》者皆不相合，因不能分划，妄称为《虞夏书》。"可见他将西汉今文本、东汉古文本及东晋伪孔本一起推倒。皮氏评析说：

伪孔《书大序》云："伏生又以《舜典》合于《尧典》，《益稷》合于《皋陶谟》，《盘庚》三篇合为一，《康王之诰》合于《顾命》。"检讨用其说，以诋伏书。案：《大学》引《尧典》为《帝典》，则二典本可不分。《益稷》据马、郑古文作《弃稷》，与《皋陶谟》文气相承，原是一篇。伪孔改为《益稷》而强分之，甚谬。《顾命》、《康王之诰》，据《周本纪》明分为二，当是伏书

① 《古文尚书冤词平议》卷上，第6~7页。

之旧。伪孔《大序》不可信也。[1]

《大禹谟》是伪书，为虞为夏可不必辨。检讨非伏又非孔，则亦知孔《传》之叵信矣。伪孔《传》即王肃作，详见《尚书余论》。其小有异者，或故为此以掩其迹，非不见孔《传》也。《尚书正义》卷二云："伏生虽有一《虞夏传》，以外亦有《虞传》、《夏传》。"《礼记·王制》正义云："伏生《书传》有《虞夏传》。"是《虞夏书》之名，伏生时即有之。检讨以为马、郑不能分划，殊为失考。伏书止有《皋谟》一篇，并无《大禹》、《益稷》，何不能分划之有？且马、郑亦未尝见伪《大禹谟》，其所见古文名《弃稷》，不名《益稷》，岂因不见孔《传》而分入《虞书》乎？《左传》所引《夏书》除"敷纳以言"三句外，皆不知何篇之文，伪孔据入《大禹谟》篇，未可信据。检讨据伪书分两界，失之。[2]

毛氏否定伏生等传本分篇的依据，原来全在伪孔《尚书大序》。经皮氏寥寥数语平议，毛氏引据伪书以诋毁伏书的真面貌一展无遗。

其三，昧于家法，不别今文、古文。

毛氏在替伪古文辩护时，往往将孔本《尚书》与伏本《尚书》对立，并且因为马、郑《尚书》与伪孔《尚书》颇多差异，而与西汉今文《尚书》偶尔相同，所以他将西汉伏生一派今文《尚书》与东汉马、郑一派古文《尚书》混为一谈，乃至同指为今文。如皮氏曾就《尚书》文字的今古之分，指出毛氏之失："《说文》虽称《书》孔氏皆古文，间亦引用三家今文。马、郑《尚书》亦有

① 《古文尚书冤词平议》卷上，第8页。
② 《古文尚书冤词平议》卷上，第6~7页。

同于今文者，特不得以其与伪孔本异，遂据为今文耳。”[1] 皮氏为此屡责毛氏不明两汉《尚书》流别，“殊不知汉人家法，今、古文各有专门”[2]，以至真伪不分、今古无别。以下试举数例。

例一，毛氏坚持伏本《尚书》有《泰誓》，但被汉儒删去，所以既不相信西汉今文家“《泰誓》后得”之说，也怀疑东汉古文《泰誓》，以“马融作《书序》，盛诟伏生《泰誓》为非是，而又以《春秋》、《国语》、《礼记》所引《泰誓》凡孔壁所有者俱未之见为恨，则漆书《泰誓》仍非孔壁所传本”，质疑来自西州的漆书本来路不明，说：“书籍出没，须有确据，且必合数书而并证之，始为可信。今云得之西州，此与伪《泰誓》之曰‘后得’、曰‘民间得’、曰‘掘地所得’、曰‘民有得《泰誓》者’、曰‘河内女子发老屋得’，有何足据？蔡元定谓《自然图》得之蜀山隐者，程颐谓《未济》‘三阳失位’得之成都箍桶匠，皆笑话也。嗟乎！《尚书》不幸，原有窃发，如伏壁《泰誓》、张霸百两篇、漆书五十八篇之明明可疑，而有眼不识，认贼作子，反矫揉罗织，以冤诬此孔壁所出之圣经，亦独何矣？”皮氏辨析说：

> 《泰誓》在汉时有今文、古文之分，如今文“流为乌”、古文“流为雕”，今文“师乃慆”、古文“师乃掐”之类是也。而其文实无大异，并未有疑其伪而去之者。其书非出孔壁，亦非伏生所藏，或云得之民间，或云出于河内。马季长疑之，而仍注之。检讨考之不详，故以为不可解。所云伏生《泰誓》、漆书《泰誓》，说皆

---

① 《古文尚书冤词平议》卷下，第30页。
② 《古文尚书冤词平议》卷上，第19页。

非是。[1]

皮氏以《泰誓》有今、古文之分，指出毛氏致惑的根源，并反讥"检讨疑《泰誓》、百两、漆书，独不疑伪古文，所谓坐照千里而不见其睫者"。至于西州一卷漆书与孔壁本是否有渊源关系，因史文残缺，后人难明究竟，皮氏提出自己的一种新见："予疑是孔壁真本，献藏中秘，新莽、赤眉之乱，或散民间。西州地近长安，漆书一卷当即其中佚出而仅存者。"[2] 皮氏坚持东汉古文渊源于孔壁，不同意毛氏所说"漆书《泰誓》仍非孔壁所传本"。

例二，《汉书》载太史公从孔安国问故，"迁书载《尧典》、《禹贡》、《洪范》、《微子》、《金縢》多古文说"，毛氏就其中各篇加以分析，认为：《史记》"分《尧典》于《尧纪》，又分《尧典》之半于《舜纪》"，正是用孔说；对《金縢》的处理，则与伏生《大传》、三家博士之说及东汉奏疏所引有异，"既知古文《金縢》与今文异，而不得其本，先于周公避居时，作一发策迎公之事，以从古文，又于周公葬后，别叙一发策赐郊祀之事，以不从今文"，更是"用孔说而不用伏说"。对于《汉书》所谓"多古文说"，清儒持论不同，皮氏辨析说：

> 《汉志》云"迁书载《尧典》、《禹贡》、《洪范》、《微子》、《金縢》多古文说"，今不可考，似亦不可尽信，详见所著《古文尚书考实》、《今文尚书考证》。……若《金縢》，以为周公葬后，正与伏生、三家及谷永、张奂说同。而其先别有周公出奔一事，与《蒙恬传》文合，

① 《古文尚书冤词平议》卷上，第22页。
② 《古文尚书冤词平议》卷上，第22页。

盖即本《蒙恬传》。其说不特与今文异，亦与马、郑、伪孔全不相符。《论衡》引古文说虽有周公奔楚之文，而《论衡》以为管、蔡流言，《史记》以为反政之后，亦未尽合。检讨漫不加考，遂谓其从古文、不从今文，用孔说、不用伏说，岂非厚诬古人？①

例三，毛氏主张《书小序》与伪孔本《尚书》同出孔壁，提出："古文之真，即《书小序》是一显证。何则？《书小序》采入《史记》，凡《本纪》、《世家》篇篇有之。此非东晋梅赜所得伪，并非西汉成帝朝张霸所得伪也。"他试图以《书小序》之真，证明孔传本非伪，以《史记·殷本纪》载《盘庚序》为例，认为太史公非不见《小序》，所引《盘庚序》必是古文，驳斥罗敦仁《尚书是正》"乃以《小序》强冠之今文之首"，并因此大放厥词："《尚书》初出，除今、古二《尚书》外，别无他说。小辛之民作《盘庚》，此必是今文之说。如伏生《大传》以《金縢》为葬周公事，夏侯、欧阳多有此等。而近人无学，欲造伪今文，而不知今文之本说有如是也。若古文伪说，则漆书有之。郑氏注古文，谓盘庚事阳甲时谋徙汤旧都，上篇阳甲时作，中、下二篇盘庚立后作。此皆邪说之畔经者。故太史公纪五帝，曰'其言不雅驯，大抵不离古文者近是'，专以古文《尚书》为可信。而王充《论衡》有云：'六典不传，犹之古文《尚书》、《左氏春秋》之不兴。'其重古文如此。"皮氏此前批评毛氏，已指明"《史记》所引《书序》，是据伏生今文。若以为即孔安国所传，何以《史记》所载《序》文与孔《传》次序、说义不尽合乎"②，指正毛氏之误。针

① 《古文尚书冤词平议》卷上，第8页。

② 《古文尚书冤词平议》卷下，第24～25页。

对毛氏把马、郑一派真古文斥作"古文伪说"，反而将伪孔看作汉儒眼中的"古文"，皮氏再加批评说：

> 《史记》以《盘庚》三篇为作于小辛之时，检讨以为今文说，是也。……检讨以为非不见《小序》，《小序》即是古文，而《史记》言作《盘庚》之事何以与古文《书序》全异？则史公所据者必今文《序》，非古文《序》矣，岂得谓《小序》即古文，而以强冠今文为不通乎？史公所云"古文"，非必专指《尚书》一经。王仲任习《欧阳尚书》，非崇信古文者。检讨但见"古文"二字偶合，遽引为将伯之助，误矣。①

皮氏指出《书序》有今、古文之分，史公所引绝非马、郑所传古文《书序》，而汉儒所称"古文"，更与东晋晚出古文名同实异。真不知毛氏是巧于颠倒，还是故意混淆，皮氏接下来在讨论《顾命》分篇问题时又批斥说：

> 据《史记》所引今文《序》，则伏生本分《顾命》、《康王之诰》为二，乃足二十九篇之数。据《尚书》文义，当从马、郑分篇为是。近人皆以马、郑古文为真，孔氏古文为伪。检讨独以马、郑为伪，孔氏为真，又以《史记》所引《书序》强归之古文。不知《史记》所引次序、义说，与马、郑、伪孔均不尽合。"难将一人手，掩尽天下目"，请为检讨诵之。②

---

① 《古文尚书冤词平议》卷下，第35页。
② 《古文尚书冤词平议》卷下，第42页。

四、《尚书古文考实》对两汉古文的考辨

《尚书古文考实》无序跋，皮氏在《师伏堂日记》中也未言及其撰作旨趣。该书共有35条札记，其中20条札记中的考证、议论可见于《尚书古文疏证辨正》，尤其是第5、6、10、13、15、19、20、32等条，与《尚书古文疏证辨正》基本相同，第3、24、27条更是直接转录《尚书古文疏证辨正》的结论。后来成书的《古文尚书冤词平议》，则多次引用《尚书古文考实》的说法，其中3次直接标明参见《尚书古文考实》。可见，《尚书古文考实》表面上是专论两汉古文《尚书》问题，事实上与清代的伪古文《尚书》公案关系十分密切，书中也多次批评清代辨伪诸家在《尚书》古文问题上的缺失。因此，讨论皮氏与《尚书》古文辨伪，不能遗漏《尚书古文考实》。

在《尚书古文考实》中，皮氏先引《史记》、《汉书》、《后汉书》有关古文《尚书》流传的记载，又摘郑玄《书赞》、卫宏《古文官书序》、王充《论衡》、许慎《说文序》涉及古文《尚书》的言论，然后一一加以考证、评析。综合起来，皮氏主要论及三个问题：

第一，孔安国与两汉今、古文《尚书》的关系。

孔安国以今文校读家藏古文《尚书》，被视为东汉马、郑古文学的源头，东晋伪古文更直接假托孔安国。因此，无论是考辨东晋伪古文，还是讨论汉代今、古文关系，都必须对孔安国的经学属性及其古文经书面貌加以考辨。皮氏因此对孔氏古文作了重点探讨，以下略作述介。

其一，《史记·儒林列传》："孔氏有古文《尚书》，而安国以今文读之，因以起其家，逸《书》得十余篇。盖《尚书》滋多于是矣。"皮氏分析说：

> 所谓以今文读古文者，古文当时不通行，知之者鲜，字句异同、多寡又与伏生壁藏者不尽合，故必以今文参校其义，如今之翻译然，正其文字，厘其句读，定其音义，别为定本，以藏之家。其书盖有经文而无传注，故两汉诸儒无有引孔安国说者。史公与之同时，而不言其作传。《艺文志》亦无是说，并不列其书名，乃其确证。[①]

皮氏对孔安国以今文读古文进行解释，认为他对家藏古本《尚书》只是正文字、审句读、定音义，目的是考定文本，并未作传注加以解说。[②]

其二，《汉书·艺文志》载《尚书》古文经与三家今文经卷数不同，皮氏分析伪孔本与马、郑本篇数增减情况，然后说：

> 今所传伪古文篇数与马、郑同，而篇名不同，人皆知其伪矣。即马、郑古文，亦有疑其伪者。其书既亡，未敢断也。《艺文志》本于刘歆《七略》。刘歆崇尚古文《尚书》，而《艺文志》列有欧阳、夏侯《章句》、《说义》，于古文《尚书》但云《经》四十六卷，不闻有章

---

① 《尚书古文考实》，第2页。

② 王国维在《史记所谓古文说》中提出："盖古文《尚书》初出，其本与伏生所传颇有异同，而尚无章句、训诂，安国以今文定其章句，通其假借，读而传之，是谓'以今文读之'。"刘起釪认为王国维之说可以成立，"但实际主要在文字方面，像唐代把隶古定字体的《尚书》改写成今字（楷书）《尚书》一样"。这些解释与皮锡瑞的说法很接近。引见刘起釪：《尚书学史》，第106页。

句、说义，是安国所传古文别无章句、说义之明征也。①

皮氏指出三点：一是晚出古文为伪，二是东汉古文可疑，三是从《汉志》列今文家章句、说义，不列古文家章句、说义，证明孔安国古文不成学。

其三，《汉书·儒林传》："孔氏有古文《尚书》，孔安国以今文字读之，因以起其家，逸《书》得十余篇。盖《尚书》滋多于是矣。……司马迁亦从安国问故。迁书载《尧典》、《禹贡》、《洪范》、《微子》、《金縢》诸篇，多古文说。"皮氏考辨说：

> 安国以今文读古文，止是订正经文，并无说义，其说义盖同今文家说。兒宽受业安国，欧阳、夏侯三家皆出于宽，三家皆传今文，是其明证。《史记》所载《尚书》事实、训解，与马、郑古文说异，与伏生今文说同。史公时，《书》惟有欧阳，盖习《欧阳尚书》。……班书言所述《尧典》诸篇多古文说，其可考者，惟《鲁世家》云周公奔楚，与《论衡》引《金縢》古文家说似同，而《论衡》以为管、蔡流言，《鲁世家》以为反政之后，亦不尽合。《洪范》，《史记》以为箕子陈范乃封朝鲜，与伏《传》云箕子封朝鲜来朝乃陈洪范说异，或当为古文说。微子奔周，《殷本纪》与《宋世家》前后不符，或一为今文，一为古文，然寥寥孤证，未足为多。若《微子》之太师、少师，《金縢》发书在周公薨后，皆与马、郑大异，尤为《史记》不用古文之明证。如谓安国古文非马、郑之古文，则更足征安国古文不异于今文，而马、郑之

① 《尚书古文考实》，第3页。

异于今文者，非安国之故矣。①

皮氏此处有三点值得注意：一是孔安国于古文《尚书》只有文本整理，未加解说，其说解同于今文；二是司马迁传习今文，《史记》中虽偶有古文说，但与马、郑古文说大异；三是以孔安国古文不异于西汉今文，以见立异于西汉今文的马、郑古文“非安国之故”。

其四，《汉书·儒林传》详列西汉古文《尚书》从孔安国经都尉朝直到桑钦的传授系统，皮氏却说：

> 今惟桑钦《禹贡说》略见于《汉志》、《说文》，其他皆无可征。盖诸儒不过以古本相传，初无注解。汉初今文家有师说，古文家无师说，非止《尚书》一经。《刘歆传》云：“初，《左氏传》多古字、古言，学者传训故而已。及刘歆治《左氏》，引传文以解经，转相发明，由是章句、义理备焉。”是《左氏春秋》歆以前未有章句也。《儒林传》曰：“费直治《易》，无章句，徒以《彖》、《象》、《系辞》十篇、《文言》解说上下经。”《后汉·儒林传》云：“《周官经》六篇，前世传其书，未有名家。”然则汉世古文皆无师说，明矣。且非独古文也，章句繁多始于西汉之末，西汉初即今文亦无多说义。孔安国习《鲁诗》，受业申公。申公独以《诗经》为训故以教，无传，疑者则阙弗传。安国所受《鲁诗》且然，何独古文《尚书》有传乎?②

① 《尚书古文考实》，第4~5页。

② 《尚书古文考实》，第5~6页。

皮氏指出，西汉只是今文家有说解，古文家并无师说，古文《尚书》家仅传文本，少有注解，推之古文诸经皆是如此，并由孔安国所习申公一派《鲁诗》无传，推论孔安国于古文《尚书》不会作传。

其五，《汉书·孔光传》："忠生武及安国，武生延年，延年生霸，霸生光焉。安国、延年皆以治《尚书》，为武帝博士。安国至临淮太守。霸亦治《尚书》，事太傅夏侯胜，昭帝末年为博士。"皮氏据此分析说：

> 此孔安国古文《尚书》但有经文而无师说之证也。汉人重家法。欧阳生至歙八世，皆治《欧阳尚书》。霸乃安国从孙、延年之子，如安国古文有师说，霸岂得舍而事夏侯？且汉博士皆以今文教授。安国、延年为汉武博士，其教授必用今文，则孔氏虽以古文起其家，非别有古文传注也。《儒林传》云："歆数见丞相孔光，为言《左氏》以求助，光卒不肯。"据歆移书博士，以古文《尚书》与《左氏春秋》并举。如古文《尚书》有孔安国师说，光何得不肯建立乎？①

皮氏根据汉代重家法，推论孔安国古文必无一家说解，孔氏虽以古文起家，但只有经文，"非别有古文传注"。

其六，《后汉书·儒林传》称"自安国以下，世传古文《尚书》"，皮氏分析说：

> 安国所据孔壁古文献藏中秘，其家必有副本，故世传之。然孔霸、孔光皆习《大夏侯尚书》。大夏侯有孔、

① 《尚书古文考实》，第8页。

许之学，似孔氏亦不皆传古文。盖古文无师说，虽传古文，不能不兼习今文。孔氏与贾逵皆传古文《尚书》，而用《大夏侯》教授。故夏侯家说间有与古文《尚书》相出入者，不如欧阳纯用今文；其所传之字亦间用古字，《汉书》多古字是其证。所谓“以古文起其家”者，不过守此孤本，传为世学耳。①

皮氏认为孔氏世传之古文《尚书》不过是副写的经本，并无师说，所以孔氏子孙“虽传古文，不能不兼习今文”。

由以上六条札记，可见皮氏经过对两汉相关文献的分析，认为孔安国本习今文，以今文校定家藏古文本，形成一个较好的《尚书》文本，但未作传注，“其书盖有经文而无传注”。换言之，孔氏古文本与当时通行的伏生今文本相比，只是文字、句读、音义等胜过今文本，而说解仍同于今文家。

孔氏古文既有胜过今文之处，何以不被立于学官？《汉书·艺文志》说：“安国献之，遭巫蛊事，未列于学官。”《儒林传》说：“遭巫蛊，未立于学官。”《刘歆传》说：“天汉之后，孔安国献之，遭巫蛊仓猝之难，未及施行。”以遭遇巫蛊事件来解释孔氏古文未立学，应是出自刘歆。皮氏认为刘歆之说全不可信，一方面指出“安国蚤卒，不得见巫蛊事”，献书者亦非孔安国本人，“孔安国不得至天汉后，当从《汉纪》增一‘家’字”；另一方面从孔氏古文不成学进行解释：“古文无说义，本不可立学，非因巫蛊而然也。”② 在批评刘歆《移太常博士》时更详加反驳：“谓遭巫蛊未施行，亦不然。天汉四年，又太始四年，征和二年，乃有巫

① 《尚书古文考实》，第13页。
② 《尚书古文考实》，第4页。

蛊之难。此数年中无事，何不施行？巫蛊后至歆移书时，又将百年，何亦未闻立学？盖安国古文本无训解，逸十六篇绝无师说，不便学者诵习，不可以立学也。”① 这样，皮氏进一步论证了孔安国古文《尚书》“有经文而无传注”。

《史记·儒林列传》、《汉书·儒林传》均记载从伏生经欧阳和伯到兒宽的传授，兒宽又受业于孔安国，后来立于学官的欧阳、大小夏侯三家今文《尚书》均出于兒宽。皮氏因此立论说：

> 三家《尚书》皆出于宽。宽受业欧阳，又受业孔安国。此西汉今、古文《尚书》本同一家之明证也。汉博士皆传今文，安国必以今文教授。然史公云兒宽“既通《尚书》，诣博士受业孔安国”，则似兒宽以所得于欧阳者为未足，闻安国有古文学，欲更受之。使宽专习今文，则安国之学亦与欧阳无异。宽既通《欧阳尚书》矣，又何必受业安国而带经诵习如是之勤哉？安国以古文《尚书》起家，意必有校勘考定之词，于今、古文异同多寡处或系以说。此之谓古文说。其古文与今文同者，说解仍同今文，必不尽易今文之说，若马、郑之纷纷也。兒宽得之以授欧阳，而三家皆出于宽，则安国古文说已在三家《尚书》中。②

皮氏由师承关系，论证西汉今、古文《尚书》经由兒宽而合为一家，孔安国古文已融入三家之中，则孔氏古文与西汉今文不啻于同源共流，而东汉马、郑古文既然立异于三家今文，自然也异于

① 《尚书古文考实》，第7页。
② 《尚书古文考实》，第9～10页。

孔氏古文，皮氏因此说“后之异于三家而托于安国者，可不攻自破矣”[①]，斩断了东汉古文与孔氏古文的渊源关系。

简而言之，皮氏经过对孔安国古文《尚书》的考察，明确指出孔氏古文属于西汉今文学体系，既肯定前人辨定东晋伪古文《尚书》的结论，又强调东汉马、郑古文《尚书》与孔氏古文不存在渊源关系，对清儒辨伪时强执马、郑古文归于孔氏学脉的错误作了纠正：“近人知孔《传》之伪，而又强执马、郑之《古文尚书注》为安国所传，岂非知二五而不知十乎？”[②] 皮氏有关孔安国与汉代今、古文《尚书》关系的意见，颇得后人认同[③]。

第二，刘歆与汉代古文经学。

皮氏在论证汉代古文《尚书》并非始自孔安国后，提出刘歆才是汉代古文《尚书》学乃至整个古文经学的创始者。他在评析《汉书·艺文志》有关汉代今古文《尚书》经传篇卷时，就提出：“刘歆崇尚古文《尚书》，而《艺文志》列有欧阳、夏侯《章句》、《说义》，于古文《尚书》但云《经》四十六卷，不闻有章句、说义，是安国所传古文别无章句、说义之明征也。古文《尚书》章句、说义，盖创于刘歆。”[④] 《汉书·儒林传》记载平帝时遍立古文诸经，皮氏据此提出：“此皆刘歆所为也。歆于哀帝时移书博

---

① 《尚书古文考实》，第10页。

② 《尚书古文考实》，第2页。

③ 刘起釪在评析孔安国传古文经的问题时指出：孔安国身为今文博士，“是传授今文二十九篇，而不是传授古文”，“孔氏家学并没有传古文而一直传今文”，只是因为刘歆宣扬孔氏古文《尚书》，后人才开始误认孔安国为古文家，其实，“刘歆只是重视几部古文写的经文资料而已，他推崇的只是古文经的经文价值，他并没有宣扬过孔安国曾传授古文之学。说孔安国传古文《尚书》，是另外的古文经师影附而成，其事始见于《汉书》”。引见《尚书学史》，第118页。这些说法显然接受了皮锡瑞的意见。

④ 《尚书古文考实》，第3页。

士，卒不得立，至是王莽信而立之。立学必有章句、义说。《左氏》章句创于歆，古文《尚书》章句亦创于歆可知，卫、贾、马、郑当有袭其说者。”[①] 在反驳刘歆《移太常博士》时，皮氏更认为“刘歆建立古文诸经，为汉世经学一大变局”，自刘歆倡立古文诸经，“此风一动，卫、贾、马、郑从而煽之，于是《左传》、《毛诗》、古文《尚书》皆行于时，而十四博士之传永坠于地”[②]。关于刘歆如何创立古文经学，皮氏论述说：

> 歆云：“与其过而废之也，宁过而立之。”古书不可听其亡，置之学官，以备参稽，未为不可。然诸书自《毛诗》以外，皆无师说。歆自以意立说，于《周官》既创通大义，《左氏》之引传解经者，亦始于歆，则古文《尚书》有说解，亦必自歆始。如以三公为太师、太傅、太保，以六宗为乾坤六子，以父师为箕子，以文王为受命九年而崩，歆说至今可考见者，皆不与今文《尚书》同，是其明证。[③]

刘歆引《左传》以解《春秋》，史有明文，皮氏据此推论汉代古文《尚书》有说解也是创始于刘歆，论证稍显乏力。他对刘歆之学采取不信任乃至否定的态度，实是过于受辨伪观念的影响而出现了偏激。皮氏还认为刘歆始作俑而启发后人作伪：“厥后马、郑诸儒引《周礼》解古文《尚书》，引《左氏传》解《毛诗》，以为征验不诬，正用歆说。而王肃伪造古文孔《传》，又伪造《家语》、

---

① 《尚书古文考实》，第10页。
② 《尚书古文考实》，第7页。
③ 《尚书古文考实》，第7～8页。

《孔丛》、《孝经》《论语》孔《注》，以相印证，亦岂非祖歆之智哉?"[1] 将考察汉代古文《尚书》起源问题，再次引向考辨伪古文与贬抑东汉古文。

第三，杜林古文与东汉古文《尚书》的关系。

东汉的古文家将孔安国推尊为古文《尚书》的祖师，皮氏则通过考辨，指出马、郑一派古文《尚书》学与孔氏古文关系不大，而是直接渊源于杜林古文。

《后汉书·杜林传》称杜林曾在西州得漆书古文《尚书》一卷，传于卫宏等人，"于是古文遂行"。阎若璩等认为杜林古文出自孔壁，毛奇龄则怀疑漆书有伪，皮氏认为"伯山非作伪者，其说亦不难解"，对漆书的来源及杜林的校正作了新解：

> 孔壁古文藏中秘，外人苦不得见，新莽之乱，或散民间。此漆书一卷，疑即中秘古文散佚者。伯山得而宝爱之，如今嗜古之人得古篆籀数行，辄珍秘之以为至宝耳。漆书古文必是竹简，而伯山握持不离身，则其云一卷者，实止一卷而非全文矣。书非全文而能传全经者，《传》云"林博洽多闻，时称通儒"，则其于古文《尚书》必已诵习，后得漆书一卷，乃更订正其文，以为定本。伯山精于小学，其订正者必较他本古文《尚书》为善。卫、贾、马、郑所传皆此本。后人以杜林古文即孔壁古文，殊非是，而以漆书为杜林伪造，亦未必然。[2]

皮氏以中秘古文因战乱流散民间，证明漆书不是孔壁原物，也不

① 《尚书古文考实》，第8页。
② 《尚书古文考实》，第10~11页。

是杜林伪造，同时认为杜林于古文《尚书》早有传习，又精于小学，所以利用一卷漆书，彼此参校订正，形成“较他本古文《尚书》为善”的定本，从此广为流传。东汉古文诸家纷纷取用杜林本，而西州漆书仅止一卷，前人苦不得解，皮氏此处所说，是就已有史料所能做出的最好解释，因而自称是一大创获①。

《后汉书·儒林传》说：“扶风杜林传古文《尚书》，林同郡贾逵为之作训，马融作传，郑玄注解。由是古文《尚书》遂显于世。”皮氏考辨说：

> 此马、郑古文《尚书》出于杜林之确证也。当时传古文《尚书》者亦非一人。杜伯山独得漆书，校正其文，其本最善。贾景伯传其父古文《尚书》，乃必用伯山本为之作训，盖亦以其本为善耳。然伯山所得漆书止一卷，其所定本未必皆合于孔壁古文。盖孔壁真本藏于中秘，其民间私授者不无以意增损，如《尧典》“帝曰我其试哉”脱“帝曰”，《皋陶谟》复出“夔曰”八字，《般庚》“优贤扬”作“心腹肾肠”，《毋佚》三宗去太宗而增祖甲，皆与今文不合。其说乖谬，必非孔壁古文之旧也。孔颖达以马、郑古文为张霸伪书，固非；阎、江、王、段以杜林古文为孔壁古文，亦岂其然乎？②

皮氏此处突出二点：其一，杜林参考漆书校正的古文本最善，所以卫、贾、马、郑均据以作传注训解，由此证明马、郑古文确是出于杜林，与张霸伪书没有渊源关系；其二，漆书一卷为中秘古

---

① 《古文尚书冤词平议》卷上，第22页。
② 《尚书古文考实》，第13～14页。

文之残遗，所以杜林古文与孔壁古文不尽相合，由此指出清儒误将杜林古文与孔壁古文混为一谈。

对于杜林古文，皮氏还认为："其书或有校正之文，亦无训解，训解出于卫、贾、马、郑也。"① 强调杜林利用漆书只是订正文字，未加训解。《后汉书·儒林传》载"贾逵为之作训，马融作传，郑玄注解"，又说卫宏从杜林"受古文《尚书》，为作《训旨》"，皮氏据此提出："是杜伯山仅传古本，并无训故，训故始于卫、贾两君。"② 东汉古文《尚书》学发源于杜林古文，经卫、贾作训故，加以解说，至马、郑而完全形成。这是皮氏勾勒出来的大体轮廓。

皮氏还在考论郑玄《尚书》学时，进一步对东汉古文学的渊源作了辨析。郑玄在《书赞》中说："我先师棘下生子安国，亦好此学。自世祖兴后汉，卫、贾、马二三君子之业，则雅才好博，既宣之矣。"皮氏分析说：

> 此郑君古文《尚书》本卫、贾、马之明证也。郑受古文《尚书》于张恭祖，乃不齿及，殊不可解。又称安国为先师，郑意盖以杜林古文即安国古文矣。今考郑注《尚书》，义多可疑，若所据本即安国原文，不应与伏生今文殊异如此之甚。然则近舍东郡而远引临淮，亦遥遥华胄耳。王子雍出，乃以其臆造之《传》托之安国，盖攻郑而实师郑也。③

皮氏一方面指出郑玄古文《尚书》本于卫、贾、马之学，即源自

① 《尚书古文考实》，第 11 页。
② 《尚书古文考实》，第 14 页。
③ 《尚书古文考实》，第 15 页。

杜林古文，另一方面又认为郑玄推尊孔安国为先师并不合于史实，不仅因为杜林古文非即安国古文，而且因为《尚书》郑注与西汉今文家说殊异过甚。可见，皮氏认为郑玄称孔安国为先师，不过是为张扬古文《尚书》学而曲意攀附，以致王肃伪作古文《尚书》而假托孔安国，与郑玄如出一辙。《书赞》又称“欧阳氏失其本义”，斥其蔽冒，皮氏分析说：

> 郑注伏生《大传》而诋斥欧阳，其意皆以卫、贾、马古文说即安国之说，亦即伏生之说，而欧阳氏之异于卫、贾、马者为失其本义也。郑注《大传》时，以古文说易《大传》之文，盖亦以《大传》非伏生原文，为欧阳氏所乱也。然观郑注《大传》多所发明，而以古文易传文则其说殊谬，是欧阳氏未尝失其本义，而卫、贾、马、郑之说非安国之故，亦非伏生之故矣。①

皮氏认为郑玄误以为欧阳氏违失伏生之学，是他错把东汉古文与孔氏古文纳入同一学脉之中。其实，郑玄本意未必“以杜林古文即安国古文”，“以卫、贾、马古文说即安国之说，亦即伏生之说”，皮氏以此心忖度古人，不过是想借此强调“卫、贾、马、郑之说非安国之故，亦非伏生之故”，将东汉古文《尚书》学的渊源限定在杜林古文。

总之，《尚书古文考实》是承续前人对东晋古文《尚书》的辨伪，进而考察东汉古文《尚书》的渊源，先斩断孔安国古文与马、郑之学的渊源关系，然后指明杜林古文非尽孔壁之旧，最终考定马、郑之学源自杜林古文，从而大大缩短了东汉古文经学的历史。

---

① 《尚书古文考实》，第16页。

皮氏不仅对前人考辨伪孔古文《尚书》的结论提供了有力的声援，也对清儒有关两汉古文《尚书》的争议作了积极的回应，还对乾嘉汉学大师崇尚东汉古文之学有所针砭。由此可以看出，在皮氏的《尚书》研究中，考辨伪古文与贬抑东汉古文、推崇西汉今文，几乎是同途并进的。

五、从考辨真伪到分别今古

宋元学者怀疑、考辨伪古文时，往往是从文本上区别今文、古文《尚书》，如《四库提要》评吴澄《书纂言》时所说："其考定今文、古文，自陈振孙《尚书说》始；其分编今文、古文，自赵孟頫《书今古文集注》始；其专释今文，则自澄此书始。"[①] 明代以后，此风更盛，如归有光《尚书叙录》取法吴澄，厘析今文，与古文区而别之；罗敦仁《尚书是正》专存今文，将伪古文一概删除；郝敬《尚书辨解》"前八卷解今文二十八篇，后二卷辨正古文"[②]。崇祯十六年（1643），更有国子助教邹镛疏请区分今文、古文《尚书》，主张专以今文取士[③]。当然，这些人分别《尚书》今文与古文，本意在辨别《尚书》文本的真伪，进而排斥伪古文，正如《古文尚书冤词》所记山市之客对朱子以来众家的评说："（朱子）授其意于门人蔡沈，使分别今、古文有无，注于各篇之下，而别存杂说，以著其伪。于是诸门弟子共祖述之，而元吴澄，

① 《四库全书总目提要》卷十二《经部》十二《书类》二。

② 刘起釪：《尚书学史》，第329～331页。

③ 毛奇龄：《古文尚书冤词》卷一。

明郝敬、归有光辈，俱竞起攻辨，迄无遗力。吴澄作《书纂言》，则但存今文二十八篇，直削去古文，以示毁黜伪书之意。”① 毛奇龄也评析朱子不注古文而授意于蔡沈，“于从前不分今、古文者，今特为分之，且杂为之说，以著其伪”②。他又咒骂罗氏父子说：“至明崇祯末，有罗敦仁、喻义父子，伪造今文《尚书》古本，窃取《史记》异字，集作蓝本，而杂摘他篇字以组入之，乃以大字写今文，谓之《尚书》，以小字双行写古文，斥之不使为经。其意则犹之吴澄削古文故智，而奸狡过之。”③ 阎若璩在考辨伪古文时提出“今文明，则古文如指诸掌”④，正好总结了前儒辨伪古文《尚书》的一大经验。而前儒笔下的“古文”，实指晚出伪古文；所谓“今文”，或指东汉马、郑传本，或指西汉伏生传本，意指两汉真《尚书》。因此，他们在《尚书》问题上的分今古，实际上是辨真伪。

自阎若璩《尚书古文疏证》行世后，《尚书》研究实循两途而进：一是继续辨伪，对阎说加以增益或修正，或对毛氏予以反驳；二是对伪篇之外的《尚书》作整理、研究，集中探讨马、郑之学，兼及伏生、史公及三家博士之学。二者实际上相得益彰，对两汉《尚书》经文、经注、经说的追溯与探究，尤其有益于辨明古文之伪。沈彤在给惠栋《古文尚书考》作序时说：“欲尊古经，必辨后出之伪，而欲辨后出者之伪，必据其前之真者而后可。”他由此认定惠氏此作得以“高出群言”，就在于“能据真古文以辨后出者之伪”。阎若璩曾叹惜汉代真古文亡佚于西晋之乱，“故无以证晚出

① 毛奇龄：《古文尚书冤词》卷一。
② 毛奇龄：《古文尚书冤词》卷三。
③ 毛奇龄：《古文尚书冤词》卷七。
④ 阎若璩：《尚书古文疏证》卷七。

之伪”，所以他主要是“据宋儒之说以驳东晋古文”。阎氏的后继者如惠栋、王鸣盛等则向前进了一步，“据东汉古文以驳东晋古文”[①]。不过，由于两汉古文经本过早失传，马、郑经说又残缺不全，“据东汉古文以驳东晋古文”的效力未免大打折扣。如罗敦仁父子曾经企图以兴复今文《尚书》文本为手段，彻底倒毁伪古文，但不得其法，反而遭到毛奇龄的激烈攻击。皮氏为此深有感触地指出：“罗氏辨古文之伪，顾不知今文之真，乃穿凿附会以求之，宜乎倒戈而授人以柄矣。”[②] 因此，“从孔安国问故”、撰史引《书》“多古文说”的司马迁，和作为两汉《尚书》初祖的伏生，自然成为清代学者研究的重要对象，正如皮氏所说：“盖《尚书》惟今文最可信，攻古文者不知据《大传》、《史记》，徒引马、郑及宋儒臆说，宜不足以服伪孔之心。”[③] 这种因辨伪而推动《尚书》研究“节节复古”的必然结果，就是力明西汉真《尚书》，作为论定伪案的最佳依据。宋元以来学者提出的以区分今古来考辨真伪的研究路径，直到清代中后期才得以真正践行并显示效应。

然而，随着伪古文公案日趋定谳，“孔《传》至今日，人知伪作而不足信”[④]，由辨伪带动的《尚书》研究，考辨真伪的学术重要性逐渐减退，学界转而越来越多地聚焦于两汉《尚书》今、古文家法的判分与评断。皮氏曾总结清代中叶以来各家《尚书》研究的得失，说：

---

① 伦明总结清代《尚书》古文辨伪的路径，称“诸家攻古文者，大率据郑破孔”，见《续书楼读书记》，《燕京学报》第3期，第470页。他为伪古文辩护，攻诋辨伪诸作，虽与皮锡瑞立场相反，但观察所得全同。

② 《古文尚书冤词平议》卷下，第28页。

③ 《师伏堂日记》，癸巳年五月廿一日。

④ 《经学通论·书经》，中华书局1954年，第103页。

江声《尚书集注音疏》疏解全经，在国朝为最先，有荜路蓝缕之功。惟今文搜辑未全，立说亦有未定（如解“曰若稽古”两歧，孙星衍已辨之）。又承东吴惠氏之学，好以古字改经，颇信宋人所传之古《尚书》。此其未尽善者。王鸣盛《尚书后案》主郑氏一家之学，是为专门之书。专主郑，故不甚采今文，且间驳伏生（如解司徒、司马、司空之类），亦未尽善。段玉裁《古文尚书撰异》于今、古文分别具晰，惟多说文字，鲜解经义，且意在袒古文，而不信伏生之今文（如《金縢》诋今文说之类），亦未尽善。孙星衍《尚书今古文注疏》于今、古说搜罗略备，分析亦明，但误执《史记》皆古文，致今、古文家法大乱（如《论衡》明引《金縢》古文说，孙以其与《史记》不合，乃曰“王氏充以为古者，今文亦古说也”，岂非遁词），亦有未尽善者，然大致完善，优于江、王，故王懿荣请以立学。其后又有刘逢禄《尚书今古文集解》、魏源《书古微》、陈乔枞《今文尚书经说考》。三家之书，皆主今文，不取古文。盖自常州学派以西汉今文为宗主，《尚书》一经亦主今文。刘氏、魏氏不取马、郑，并不信马、郑所传逸十六篇，其识优于前人。惟既不取马、郑古文，则当专宗伏生今文。而刘氏、魏氏一切武断，改经增经（如魏氏改《梓材》为《鲁诰》，且臆增数篇，搀入《尚书》），从宋儒臆说而变乱事实，与伏生之说大背（如刘氏驳周公称王之类），魏氏尤多新解（如以管叔为嗜酒亡国之类），皆不尽善。陈氏博采古说，有功今文。惟其书颇似长编，搜罗多而断制少，又必引郑君为将伯，误执古说为今文，以致反疑伏生，违

> 弃初祖（如文王受命、周公避居二事，皆诋伏生老耄，记忆不全），亦有未尽善者。[1]

皮氏这段评述虽不无主观之见，但乾嘉以来《尚书》研究日益彰显今、古之分的趋势，却是不容抹杀的事实。尤其是对马、郑《尚书》之学及刘歆古文经说的怀疑与攻击，从庄述祖、刘逢禄首倡以来，经龚自珍、魏源推波助澜，至康有为而登峰造极，乃至深陷门户纷争。考察宋元明清数百年间的《尚书》辨伪，对于观察清代今文经学的兴起以及了解晚清经学今古文之争，可谓大有裨益。

皮氏身处晚清，承此学术潮流，得以由考辨真伪走向分别今古。他说："治《尚书》不先考今、古文分别，必至茫无头绪，治丝而棼。故分别今、古文，为治《尚书》一大关键，非徒争门户也。"[2] 今、古之分既然被他视作《尚书》研究的先务与关键，则辨伪古文自必退居其次了。他曾借毛奇龄之语，批评历代学人尤其清儒不明《尚书》今、古之分：

> 《尚书》有今、古文之分，人人知之，而至今未有一人能分别不误者。两汉立学皆用伏生今文，孔壁古文罕传于世。至东汉，卫、贾、马、郑古文之学渐盛，其原出于杜林，盖亦孔壁古文，而不无小异。至东晋伪古文出，唐初崇信立学。孔冲远见其篇目与马、郑异，遂强谓马、郑为今文。近人知孔说之谬矣，而又惑于《汉志》所云迁书多古文说，乃以《史记》所载皆属古文，而无

① 《经学通论·书经》，第103～104页。
② 《经学通论·书经》，第47页。

以处马、郑与《史记》异者，又强谓马、郑为今文。陈朴园专治今文，而亦不分伏、郑，杂糅今、古。夫《史记》用《欧阳尚书》，明属今文，乃必以为古文，马、郑传杜林《尚书》，明属古文，乃必以为今文，则谓未有一人能分别今、古文者，非过论也。①

言下之意，皮氏是以辨明《尚书》今、古文为己任，并且以此自负。事实上，皮氏关于汉代《尚书》分今、古的观念，就是在考辨伪古文《尚书》的过程中日益清晰。例如，他在辨正阎氏时，指出：

古文、今文之别，是文字不同。伏生《书》初出屋壁，亦是古文，以其不便流传，乃易今文。孔安国以今文读古文，如今之翻译本，其正文仍用古字，故谓之古文。古人之书，皆口授手钞。今文传习既多，不免讹俗。今所传熹平石经及两汉碑文，其字不尽合于六书，是其明证。东汉诸儒自杜林以至许、郑，皆精小学，故皆轻视今文，谓之俗儒。然今文师承最古，其字虽俗，其说不误，古文则本无说解。当时若以古文正今文俗字，说解仍用三家，兼取其长，斯为尽善。②

这是皮氏最早对汉代《尚书》以文字分今、古的论说。又如，明末罗敦仁父子作《尚书是正》，杂集《史记》等书中异字，造出所谓《尚书》今文，并提出“今文”二字为晁错所得名，毛氏批驳说：“夫晁错未曾写《书》也。孔壁古文，安国以今文写之，此明

① 《古文尚书冤词平议》卷上，第1页。
② 《尚书古文疏证辨正》，第11页。

见《史记》、《汉书》，然仍称古文何？则以后写，非所据也。错不曾写《书》，即写，亦安得称今文？凭臆撰造，漫无义理，其陋已甚。”毛氏认为孔本可称今文，而伏生一派不可称今文，皮氏就此批评说：

> 晁大夫虽不曾写《书》，检讨谓写亦安得称今文，于今、古文尚未了了。伏生藏书亦是古文，古文不通行，故以今文写之。江艮庭《尚书集注音疏》书以篆文，孙渊如以为不便诵习。汉人授徒皆用今文，亦正类此。检讨谓安国所写可称今文，错所写不可称今文，殊不可解。①

皮氏提出，因古文不通行，不方便教授学徒，所以转写为今文，其实伏生藏书与孔壁藏书是一回事，未写之前均是古文，转写之后均是今文。他晚年在《经学通论·书经》中，也从文字转写论汉代经学今、古文之分，说：

> 汉时所谓今文，今谓之隶书，世所传熹平石经与孔庙等处汉碑是也。汉时所谓古文，今谓之古籀，世所传钟鼎、石鼓与《说文》所列古文是也。隶书汉时通行，故谓之今文，犹今人之于楷书，人人尽识者也。古籀汉时已不通行，故谓之古文，犹今人之视篆、隶，不能人人尽识者也。……孔子写定六经，皆用古文，见许氏《说文·自叙》。伏生为秦博士，所藏壁中之书，必与孔壁同为古文，至汉发藏以教生徒，必易为通行之隶书，始便学者诵习。江声《尚书集注音疏》始用篆文，书不

---

① 《古文尚书冤词平议》卷下，第24～25页。

> 通行，后卒改用今体楷书。观今人不识篆文，不能通行，即知汉人不识古文，不能通行之故。此汉时立学所以皆今文，而古文不立学也。①

稍加对比，皮氏晚年之论，正是承用《尚书古文疏证辨正》、《古文尚书冤词平议》中的说法，由此可见评议阎、毛古文《尚书》公案对他区分今、古文的影响。

更值得注意的是，在评判阎、毛古文《尚书》辨伪之争时，皮氏还因伪古文与汉代古文的瓜葛，提出对马、郑一派古文《尚书》以及刘歆所创古文经学的怀疑。例如，伪孔安国《大序》说："得壁中书，悉上送官，承诏为五十九篇作传。于是遂研精覃思，博考采摭，以立训传。既毕，会国有巫蛊事，用不复以闻。"阎氏考辨指出："是献书者一时，作传毕而欲献者又一时也。作传毕而欲献，会国有巫蛊，则初献书时未有巫蛊，何不即立于学官，而乃云以巫蛊遂不及施行邪?"皮氏认为阎氏尚未抓住要害，指出伪《大序》托词于巫蛊事件，是袭用刘歆《移太常博士》之说，而汉代古文《尚书》不得立学是因为缺乏说解，与巫蛊事件无关：

> 其托于巫蛊者，乃歆讳言其无说解，而自创为说解也。《歆传》云："欲建立《左氏春秋》及《毛诗》、逸《礼》、古文《尚书》，皆列于学。"考此诸经，惟《毛诗》有师说。若《左氏》，则《歆传》明云："初，《左氏传》多古字古言，学者传训故而已。及歆治《左氏》，引传文以解经，转相发明，由是章句、义理备焉。"是《左氏》有章句，实创于歆。则古文《尚书》之有说解，

① 《经学通论·书经》，第48~49页。

> 亦当创始于歆。今其书虽不传，然以诸书所引考之，如以六宗为乾坤六子，三公为太师、太傅、太保，父师为箕子，文王受命为九年，观兵为十一年，克殷为十三年，皆与今文家说不同，是其明证。盖歆之意，欲以一人之新说，尽废十四博士之专门，与王安石作《三经新义》颁之学官正是一意。歆又云“皆有征验，外内相应”，歆意尤重在《左氏春秋》，特以孤经少与，恐人不听，乃引古文《尚书》、逸《礼》、《毛诗》与相应和。又引在下之庸生诸人，以扶其说。歆为国师，王璜、涂恽等皆显贵，则传古文者乃曲学阿世之士，岂真能扶微学者哉！[①]

皮氏在此考证刘歆创立古文经学，并与伪作孔《传》的王肃联系起来：“王肃伪造古文孔《传》，又伪造《家语》、《孔丛》、《论语》《孝经》注，以相应证，正祖歆之故智。征君能辨伪《序》之谬，未辨歆说之谬，且谓歆所建立甚正，盖亦由为古文所压而未及深考耳。”[②] 他批评阎氏能辨孔氏古文之伪，未能再加深考而辨析刘歆之谬，由古文《尚书》辨伪，引向怀疑和否定古文经学。又如，毛氏提出“《尧典》、《舜典》原有二篇，孔氏《小序》已第其目，为百篇之一，而伏生误合为一篇”，利用东汉古文《书序》批驳西汉今文传本，皮氏分辨说：

> 《尧典》、《舜典》实是一篇，《大学》引《帝典》可证。古书皆不引《舜典》，惟马、郑所传古文《书序》别有《舜典》，而其《序》曰“历试诸艰”，则经所云“慎

---

① 《尚书古文疏证辨正》，第8~9页。

② 《尚书古文疏证辨正》，第9页。《尚书古文考实》完全承用此说，将刘歆创立古文学与王肃作伪书串在一起批评。

徽五典”以下也。郑君注曰“入麓伐木”，则经所云“纳于大麓”也。作伪者分“慎徽五典”以下为《舜典》，即本马、郑《书序》及郑君注。然汉时今、古文皆无《舜典》篇目，亦无分“慎徽五典”以下为《舜典》者。是不特伪古文《书》不可信，即《书序》与郑注皆可疑矣。宋儒辨《书序》之伪，近儒力争以为不伪。予谓《史记》所载今文《书序》可信，马、郑所传古文《书序》不可尽信。《舜典》之《序》，即不可尽信之一端。①

皮氏指出作伪者将《尧典》分作两篇的根据全在马、郑所传《书序》，由此产生“不特伪古文《书》不可信，即《书序》与郑注皆可疑”的看法，同样是由辨古文《尚书》之伪，引出《书序》有今、古文之分，并提出“今文《书序》可信，古文《书序》不可尽信”的意见。再如，阎氏根据古天子、诸侯五庙，辨定有“七世之庙”的《太甲》是伪作，毛氏则引刘歆、王肃主张天子七庙加以反驳，皮氏指出毛氏实沿刘歆、王肃之误，再次将刘歆创始古文《尚书》与王肃伪作古文《尚书》串在一起，称：“古文《尚书》创通于刘歆，伪撰于王肃，故检讨于二人有臭味之合。然考古义，如翼奉、贡禹、韦玄成、尹更始、《石渠论》、《白虎通》、《礼纬·稽命征》、《孝经钩命诀》、《春秋元命包》，皆不同刘、王说。”② 这样，他将否定伪古文《尚书》与贬抑古文经学捆绑起来。

总之，皮氏先后作《尚书古文疏证辨正》、《尚书古文考实》、《古文尚书冤词平议》，均是以辨伪古文公案为话题，实际却大谈汉代《尚书》的家法源流，辨析两汉今、古文的是非优劣。皮氏

---

① 《古文尚书冤词平议》卷上，第14页。

② 《古文尚书冤词平议》卷下，第1页。

在对阎、毛两家的评骘中，均视《尚书》今文说为最有效力的依据，将“西汉今文之学”或“汉初古义”悬为裁判的最高标准。在《尚书古文疏证辨正自序》中，他声称阎氏“能辨古文孔《传》之伪，而未识今文《尚书》之真”，又在书中辩论“成王”是生称还是死谥时，评述说：

> 《尚书》以今文为最古，古文说起于东汉，其前并无师承。……大凡书愈古，则愈难明。今文三家之学虽亡，伏生、史公之书见在，而国朝通儒辈出，莫能得其要领。矧征君生当国初，汉学始萌芽，考究止于许、郑，西汉今文皆未暇及。故以征君之精博，能辨孔书之伪，而不能信今文之真也。①

在《古文尚书冤词平议自序》中，皮氏更加具体地写道：

> 《尚书》一经，自东汉古文汩之于前，东晋古文假之于后，宋以来又各创异说，迄今纷纷，莫衷一是，或据宋儒之说以驳东晋古文，或据东晋古文以驳宋儒之说，或据东汉古文以驳东晋古文及宋儒说，未有能守西汉今文之学以决是非、正得失者。矧在明末，经义湮晦，以阎征君之精核，攻古文犹用宋儒之说，其余郝、梅诸君所批驳，多不得要领。伪古文虽当罪，而罪之不得当，宜检讨为之负罪而称冤也。检讨是书，其佳处在不用宋儒新说，如武王封康叔、周公留后之类；其弊则在专信伪孔，并伏《传》、《史记》亦加訾议，与《疏证》互有得失，其是非可对勘而明。予于《疏证》既为《辨正》，

① 《尚书古文疏证辨正》，第17页。

乃于是书更作《平议》，冀以持两家之平焉。

皮氏晚年又在《书经通论》中评述说：

阎、毛二家，互有得失。阎证古文之伪甚确，特当明末宋学方盛，未免沾染其说。夫据古义以斥孔《传》，可也；据宋人以斥孔《传》，则不可。……阎氏此等处，皆据宋人以驳古义，有伪孔本不误而阎误者。盖孔书虽伪，而去汉未远，臆说未兴。信宋人，不如信伪孔。毛不信宋人，笃守孔书之义，以为《尚书》可焚，《尚书》之事实不可焚；今溥天之下，老老大大皆有一武王戡黎、封康叔，周公留后治洛典故在其胸中，此千古大冤大枉事。是则毛是而阎非者，学者当分别观之，勿专主一家之说。但以今文之说为断，则两家之得失明矣。[①]

皮氏还在《经学历史》末章《经学复盛时代》论及阎、毛得失，可见他相当看重清初伪古文之争对《尚书》学的影响。他在表面上是就伪古文之案，对阎、毛两家的是非得失加以评判，改变前人对阎、毛之作褒贬崇抑的不当，可是他提出“但以今文之说为断，则两家之得失明”，真正的意图是主张“守西汉今文之学，以决是非、正得失”，用西汉今文来批驳宋儒之说、东晋古义乃至东汉古文，凸显伏生及三家今文《书》学的重要性，借以昌明西汉今文经学。因此，他在晚年欢呼西汉今文经学复兴时，更加明确地提出“《书》主伏《传》、《史记》，辅以两汉今文家说”[②]，并为编撰最好的《尚书》读本提出最理想的方案：“先具列伏《传》、

① 《经学通论·书经》，第83～84页。
② 《经学历史》，光绪丙午年思贤书局刊，第64页。

《史记》之说，字字遵信，加以发明，不可误据后起之词，轻疑妄驳；次则取《白虎通》及两《汉书》所引经说，加以汉碑所引之经，此皆当日通行之今文，足备考证；又次则取马、郑、伪孔，择其善者，以今文为折衷，合于今文者录之，不合于今文者去之，或于疏引而加驳正。至蔡《传》与近儒所著，则于义疏择取其长，两说相同，则取先出；如取蔡不取江是。不合于今文者，概置不取，以免轇轕；惟其说尤足惑人及人所误信者，乃加辨驳，使勿迷眩。后人以此体例，勒成一书，斯为尽善。"①

六、结　语

对阎、毛争辩伪古文《尚书》的缺失，《四库提要》及清儒已经屡有指陈。皮氏专门著书评议阎、毛古文公案，对双方均有褒有贬，自称是要持二家之平，但有论者批评他"故作持平之论"，"意在调停，不是公论"②。皮氏所纠阎、毛缺失并不详尽，所以也有研究者遗憾他的疏略，"很多应该批评处没有说到"③。其实，皮氏在光绪年间加入伪古文公案的讨论，本意不全在评判阎、毛处理伪古文的是非得失，而另有深意存焉。他对阎氏奠定伪古文案的肯定，对毛氏曲护伪古文的责斥，表明他对反伪古文和拥伪古文的双方并非不分轩轾。他指出阎、毛二家共同的失误在于不知"今文之真"，但同时指出，阎、毛生当汉学方萌芽之际，清学尚

① 《经学通论·书经》，第104页。

② 刘起釪：《尚书学史》，第364页，第409~410页。

③ 戴君仁：《阎毛古文尚书公案》，"国立编译馆中华丛书编审委员会"1979年再版，第112页。

在汉、宋兼采阶段，“考究止于许、郑，西汉今文皆未暇及”，对阎、毛抱持同情的理解，并未苛求前人，不过是借此提出“西汉今文之学”或“汉初古义”的重要，进而评定两汉今、古文经说的得失。由辨别真伪，走向分别今古，最终张扬今文经学，这才是皮氏投身阎、毛古文《尚书》公案的真正旨趣。毛氏在诋斥罗敦仁倡导今文而自毁今文时，提出：“伏氏之学在晋永嘉后即已亡灭，而孔学后起，历千百年而倍显。《毛诗》、《左氏》、孔《传》皆立学最晚，而所传弥永。”皮氏对此极为不满，反驳说：

> 古文立学最晚而大盛，由经学不明之故。近日今文之学渐明，渐觉古文不可尽信，不特孔《传》皆知出于王肃，是伪书，即《毛诗》、《左传》同出刘歆，亦疑其是伪作。刘申受、魏默深、龚定庵皆有论辨，治今文者当更畅发其旨。惜检讨不见此等书。①

皮氏后来又将《古文尚书冤词平议自序》加以发展，在《经学通论》中特立一条“论《尚书》义凡三变，学者各有所据，皆不知专主伏生”，对两汉至清代《尚书》学的嬗变及其纠纷，作了一番简要而自具机杼的总结：

> 经定自孔子，传自汉初诸儒。使后世学者能恪遵最先之义，不惑于后起之说，径途归一，门户不分，不难使天下生徒皆通经术。况《尚书》一经，传之者止伏生一老，非若《诗》有齐、鲁、韩三家，《春秋》有公羊、穀梁、左氏，各有所受，本不止一师也。欧阳、大小夏侯既分专门，小有出入，亦未至截然不合，如今、古文

① 《古文尚书冤词平议》卷下，第35页。

家也。其后古文说出，初不知所自来。卫、贾、马、郑所说各异，既无师授，安可据依？后世震于刘歆古文之名，压于郑君盛名之下，循用注解，立于学官。古文说盛行，而今文衰歇，于是《尚书》之义一变。王肃学承贾、马，亦远本于欧阳，其学兼通古、今，又去汉代不远，使其自为传注，原可与郑并行，乃必托名于孔安国，又伪造《尚书》古文经。后世见其经既增多，孔《传》又古于郑，废郑行孔，定于一尊。伪古文说盛行，而今文尽亡，于是《尚书》之义再变。宋儒不信古人，好矜创获，献疑孔《传》，实为首庸。惟宋儒但知孔《传》之可疑，而不知古义之可信，又专持一理字，臆断唐、虞三代之事。凡古事与其理合者，即以为是；与其理不合者，即以为非。蔡沈、王柏、金履祥之说盛行，编书者至改古事以从之。《纲鉴辑略》一书改西伯戡黎为武王，微子奔周为武庚。以近儒臆断之空言，改自古相传之实事，于是《尚书》之义三变。经义既已屡变，学者各有所据，蔽所不见，遂至相攻。有据孔《传》以攻蔡《传》者，如毛奇龄《古文尚书冤词》是也。有据蔡《传》以攻孔《传》者，如阎若璩《尚书古文疏证》是也。有据马、郑而攻孔《传》与蔡《传》者，如江声《尚书集注音疏》、王鸣盛《尚书后案》是也。要皆不知导源而上，专主伏生，故不能宗初祖以折服末师，甚且信末师以反攻初祖。其说有得有失，半昧半明。①

① 《经学通论·书经》，第70～71页。

可见，皮氏批评前人未能“恪遵最先之义”，反而“惑于后起之说”，以致《尚书》真伪纠缠不清，家法纷纭难辨。正是有鉴于此，他将区分今古文家法、评定今古文优劣统贯于《尚书》辨伪之中，不仅接受并强化阎、惠、丁等人对东晋以后晚出古文《尚书》伪作的判定，而且认同并发展龚、魏、康等人对东汉马、郑学说的不信任并加以攻击，由此“导源而上，专主伏生”，认定汉儒今文经说的真确与优越，确立汉初今文《尚书》经本的唯一权威，最终完成《尚书》的经典回归，寻觅孔子删订《尚书》的种种大义[①]。

---

① 与清代常州公羊学派研究《尚书》专究微言不同，皮锡瑞主张讲求《尚书》大义，详见《经学通论·书经》，第75~76页。

第三章 皮锡瑞的《尚书大传》研究

《尚书大传》是西汉今文经学家解说《尚书》的著名作品，备载古代礼制与史事，“其言巡狩、朝觐、郊尸、迎日、庙祭、族燕、门塾、学校、养老、择射、贡士、考绩、郊遂、采地、房堂、路寝之制，后夫人入御、太子迎问诸侯之法，三正之统，五服之色，七始之素，八伯之乐，皆唐虞三代遗文，往往六经所不备，诸子百家所不详”①，因而具有极高的思想与文献价值。《汉书·艺文志》著录《尚书》“经二十九卷，传四十一篇”，此二十九卷经书，后人认为是伏生在汉初所传今文《尚书》，至于四十一篇传文，或认为是伏生所作，或认为出自伏生弟子张生、欧阳生的纂集。至陆德明《经典释文·叙录》、《隋书·经籍志》等著录《尚书大传》，直指其书为伏生所作。

《尚书大传》在宋代已无完本，元、明以后渐致亡佚。清代汉学兴起，辑佚之学发达，《尚书大传》及郑注成为清儒搜辑的重点之一。自清初朱彝尊首辑郑玄《尚书大传注》，迄于晚清，有关《尚书大传》或郑玄《尚书大传注》的辑本有十余种，重要者如：孙之騄《尚书大传》三卷、《补遗》一卷，卢见曾《尚书大传》四卷、《补遗》一卷，卢文弨《尚书大传》四卷、《补遗》一卷、《考异》一卷、《续补遗》一卷，董丰垣《尚书大传考纂》三卷、

① 陈寿祺:《尚书大传定本序》,《丛书集成初编》本，第2页。

《补遗》一卷、《备考》一卷、《附录》一卷、《源委》一卷，孔广林《尚书大传注》三卷（《通德堂遗书所见录》作四卷），任兆麟《尚书大传》一卷，陈寿祺《尚书大传辑校》三卷、《叙录》一卷、《辨讹》一卷，庄述祖《校尚书大传》三卷，王谟《尚书大传》二卷，樊廷绪《尚书大传》四卷、《补遗》一卷，袁钧辑、袁尧年补校《尚书大传注》三卷、《尚书五行传注》一卷、《尚书略说注》一卷，黄奭《尚书大传注》一卷，王仁俊《尚书大传佚文》一卷、《补遗》一卷等①。至于对《尚书大传》及郑注展开研究的，以陈寿祺、王闿运为最著。陈寿祺在孙之騄、卢见曾、孔广林诸家辑本的基础上，“覆加稽核，揭所据依，稍参愚管而为之案”②，所下案语精当恰切，甚有识见，《辨讹》辩证精细，改正前人辑校的阙失与讹误，对于恢复《尚书大传》原貌大有裨益。王闿运则撰《尚书大传补注》七卷，着力弥补郑注之阙，间申己意，可惜过于简略③。

皮锡瑞研治《尚书》，一宗伏生，署所居曰“师伏堂”，对伏生之学推崇备至。他说：“自暴秦燔坑，经义堙暖，而《易》主卜筮，《诗》存讽诵，《春秋》未著竹帛，《礼》、《乐》本无成书。推原废兴，罪咎煨尽。惟《尚书》一经，上纪五家，邈乎百篇，末由再睹。斯文未丧，一老慭遗。著录本于秦官，发藏先于孔壁。

---

① 参见刘起釪：《尚书学史》，第403～404页；古国顺：《清代尚书学》，第247～250页。

② 陈寿祺：《尚书大传定本序》，第1页。

③ 刘起釪认为《尚书大传补注》是据陈寿祺、皮锡瑞已有辑本作补注，强调王闿运并非辑佚，甚是，但不知皮锡瑞之作远在王书之后。又，皮锡瑞《师伏堂日记》乙未年正月廿七日：“往叶焕彬处。伊云《尚书大传》、《孝经郑注》皆有辑本，容假观。江学使刊书有《大传补注》，云出壬老，不知何如。”可见皮锡瑞撰《尚书大传疏证》时，未及参见《尚书大传补注》。

五三六经之旨，如日中天；二十八篇之文，比宿北斗。若夫别撰大义，不尽发明本经。而欧、张传授，皆出高足；刘、班《略》《志》，首列《传》名。汉世四家言《诗》，二戴述《礼》；公羊经旨，司马史才。考其记礼之辞，多相出入；序事之略，亦堪证明。是知山东之大师，无若济南之闳远。”① 皮锡瑞不仅高度评价伏生的传经之功，还一口认定《尚书大传》出自伏生：“秦变法而二帝三王之法永坠，秦燔书而二帝三王之书亦亡。书不可亡，天生伏生，传《尚书》经二十九篇、传四十一篇。或谓《大传》是生殁后，欧阳、张生撰集。犹之《论语》，亦出门人，不可谓非济南之书也。”② 他对《尚书大传》在元、明以后散佚十分痛心，对清儒的搜辑有所不满，提出：“近儒搜辑古书，不遗余力，而伏《传》全本，莫睹人间。吴中略摭缺残，侯官复增校订。揆之鄙见，尚有讹漏，乃重加补正，为作疏证。仿孔冲远之例，释滞求通；衍晁家令之流，畅微抉隐。”③ 因此，他以陈寿祺辑本为主，兼取卢、孔、袁诸家之长，在《尚书大传》的搜辑考校与疏通证明两个方面同时用功，撰出《尚书大传疏证》七卷，既使《尚书大传》得到最大程度的恢复，更使伏生之学粗具梗概，“足以昌明济南一家之学，藉存二帝三王之遗”④，为昌明西汉今文经学做出了显著贡献。

① 《尚书大传疏证自序》，第 1 页。

② 夏敬庄：《尚书大传疏证序》，第 1 页。按，此序为皮锡瑞代作，所述全为皮锡瑞的学术主张。

③ 《尚书大传疏证自序》，第 1 页。

④ 夏敬庄：《尚书大传疏证序》，第 1 页。

一、《尚书大传疏证》的撰刊经过

关于《尚书大传疏证》的撰写与刊印，皮锡瑞的后人有所说明。《皮鹿门先生传略》说："光绪十三年，始为《尚书大传笺》，后更名《尚书大传疏证》。越十年始成，凡七卷，以丙申秋刊于南昌。"所附《皮鹿门先生著述总目》又说："《尚书大传疏证》七卷，光绪十三年初稿，原名《尚书大传笺》，二十一年更名《尚书大传疏证》，光绪二十二年丙申善化师伏堂自刊于南昌。"[①] 皮名振在《皮鹿门年谱》光绪十三年（1887）条下详述说："公治《尚书》，服膺伏生，宗今文说，至是作《尚书大传笺》，为著书之始。自注：壬辰四月初六日记云：于舟中检丁亥、戊子居忧时所作《大传笺》稿，覆阅之。"[②] 又在光绪二十一年（1895）条下说："正月，改《尚书大传笺》名《大传疏证》，重加疏注。"[③] 皮名振将《尚书大传笺》始作时间定在光绪十三年（1887），所据为壬辰年（1892）《师伏堂日记》，然而今查日记原稿，发现当年四月初六日记并无翻检旧作的记载（其时皮锡瑞应试在京），而真正记载此事是五月初八日，皮锡瑞正在会试落第南归途中："舟中取旧所撰《古文尚书辨证》、《尚书大传笺》底稿视之，慨日月之迁流，恐修名之不立，拟至江右讲舍多暇，取此书撰成之，为身后酱瓿计。"皮锡瑞只称"旧所撰"，未言《尚书大传笺》底稿是何时所

---

① 《皮鹿门先生传略》在北京大学主办《国学季刊》刊出时，署名皮名举，但后来收入皮名振编撰的《皮鹿门年谱》卷首，未明署作者。

② 皮名振：《皮鹿门年谱》，第21页。

③ 皮名振：《皮鹿门年谱》，第31页。

作，《皮鹿门年谱》所引与日记原稿有异。因此，《尚书大传笺》底稿究竟始撰于何年，后人已不得而知。不过，皮锡瑞从1892年起，根据《尚书大传笺》底稿，经续作、改写而完成《尚书大传疏证》，其过程十分清楚。现据《师伏堂日记》所载，简介如下。

皮锡瑞在1892年聘主南昌经训书院后，逐渐用心于著述，以《尚书》研究为中心，一方面草拟新作，另一方面续撰旧稿。他在六月间作《尚书古文疏证辨正》，至七月初大体成稿，即续作《尚书大传笺》。七月十八日的日记载："天凉。无事，欲出门，而大风不息，遂已。录所著《尚书大传笺》六纸。"皮氏从此重操旧业，将精力放在《尚书大传笺》上。兹摘录当年七月至翌年二月的重要记载：

七月二十一日：是日录《大传笺》五页，计《唐传》已毕，共二十三页。

八月十二日：抄《大传笺》一纸，唐、虞、夏、殷《传》已毕，计八十余纸。

二十七日：录《大传笺》六纸。连日随得随录，颇有所得。

九月初二日：是日录《大传笺》弍纸半，于《大传》所言堂室之制已粗得通。

廿二日：舟中作《尚书大传疏证序》并诗数首，阻风无聊，借以遣日。

十月二十三日：《尚书大传疏证》觅一唐姓抄录，已录出廿余纸。

二十八日：校所录《大传笺证》。

十一月初二日：录《大传疏证》三纸，以说解甚繁，非笺体，易名疏证。

十六日：录《大传疏证》二纸。是书底稿尚未尽录出，家居俗累，未卜书能成否，唐姓所钞者已五万余字矣。

癸巳年正月初六日：录《大传疏证》三纸。考《玉烛宝典》，得所引《大传》数条，乃前人所未及见者。

初七日：《疏证》录毕。

十二日：录《大传·略说疏证》二纸。

以上有三点值得注意：其一，虽有《尚书大传笺》旧稿，但皮锡瑞依次完成《唐传》、《虞传》、《夏传》、《殷传》、《周传》，可见此次撰写基本上是从头重作，并且屡有新的心得，则此次新稿与原来底稿的变化应该极大。其二，皮锡瑞改写以来，除沿用《尚书大传笺》书名，还一度称《尚书大传疏证》、《尚书大传笺证》，最后决定采用《尚书大传疏证》的书名，而明确改定书名是在壬辰年十一月初二日，可见皮氏后人称光绪二十一年（1895）正月更名之说不确。其三，皮锡瑞于壬辰年九月二十二日作《尚书大传疏证序》，翌年正月初七日将全稿录毕，接撰末卷《略说》疏证，可见全书至此已大体完成。

《尚书大传疏证》成稿后，皮锡瑞又一再加以校正、补充，日记中较为重要的记载，如癸巳年五月初八日："阅凌晓楼《公羊礼证》，补《尚书》及《大传疏证》数条。"九月初二日："取《路史》补《尚书》及《大传疏证》数处。"甲午年五月初八日："校《尚书大传》数卷。"初十日："校《大传》毕。"十三日："看孔巽轩《大戴礼注》数卷，可补《尚书大传疏证》数条。"乙未年正月廿九日："焕彬至，携所增辑严铁桥《孝经郑注》本，较陈本远胜之。又《尚书大传》郑注辑本，《玉烛宝典》予所已辑，原本《玉篇》数条，予未及也。”三月廿八日：“阅梁开宗本《仪礼经传通解》，补入《大传》‘六沴’一条。”皮锡瑞对《尚书大传疏证》最大的修正，是听取王先谦的意见，变改全书体例，日记所载如下：

> 甲午年十一月初十日：至王宅，以《大传疏证》呈之。祭酒纵谈经义。……劝予刊《大传疏证》。
>
> 十二月初三日：至逸梧先生处……祭酒言予所著《大传疏证》已阅过，伊意欲以陈恭甫案语并归疏证，又欲归并传文。然中有难处，俟再酌。
>
> 乙未年正月初七日：得逸梧先生信，以予所著《大传疏证》当改从《白虎通疏证》式样，伏传用大字，郑注中字，案语夹行小字，陈案语融入己说。甚是，但须更张一次。复书谢之。
>
> 十七日：连日覆阅《大传疏证》，拟改从逸梧先生所定体例。
>
> 十八日：改正《大传疏证》数条，体例较前颇合，但须更张一番耳。

皮氏此次更改体例颇费时日，至三月十七日，他让人重抄全书，大约此时已经改定全书，廿九日记称“袁小村以所钞《大传疏证》来取钱，计十五万字有零，共钱九千”，15万字的规模，与今本篇幅相当，可见《尚书大传疏证》是在乙未年三月基本定稿。

皮锡瑞在《尚书大传疏证自序》中说：“殚精数年，易稿三次。”所谓三次易稿，《尚书大传笺》底稿是第一次，1892至1893年撰成《尚书大传疏证》是第二次，1895年更定体例是第三次。

至于《尚书大传疏证》的刊刻，动议于乙未季秋，成事于丙申季秋，前后刚好一年。日记中有以下一些重要记载：

乙未年九月初二日：芰舲至，允为予刻《尚书大传》，厚意可感。

初八日：校《大传疏证》。芰舲拟二月授梓，赶将一、二卷校一过，其余来不及矣。

十一日：舟中增改《大传疏证》序文，设为四难，仿陈卓人《白虎通疏证序》。

十一月十五日：芰舲书来，寄《尚书大传疏证》写本一卷，校数纸。

丙申年正月初五日：芰舲来信……寄《大传疏证》写本一卷。

三月十三日：芰舲送来《大传疏证》写本、刻本，覆校写本一过。

七月廿九日：为芰舲代作《大传疏证序》，似自誉矣。

九月初五日：《大传疏证》书板送到，共九十九块板，书共二百叶，六裁纸须三十三张有零。俟纸买来，即可印矣。

在《尚书大传疏证》刊刻中，皮锡瑞及其弟子一再细校，但因时间匆促，仍有不少讹误未及改正，体例等方面也未尽完善，留下很大遗憾，皮氏在日记中自表心迹：

七月初四日：熊一元以所校《大传疏证》至。其所校甚精细，遍查原书，核对其中讹脱甚众，惜未先使之校一过，今刻成，改甚难。

初五日：取熊校《大传》覆校，有应改者，有可不改者，分别出之。为陈卓人、朴园误者不少，始知著书不可不慎，恐后人又为我所误矣。此书惜未早付熊校，今已刻成，不能尽改，止好留此校本，将来再刻定本。此书体例本不尽善，繁简亦不尽合。记此为后日左券。

八月初五日：《大传》刊成，请熊一元至，催彼校刊。彼云欧阳阮斋说木板剜改多不能垂久，不如少改，别作校勘记附后，本朝人著书多有此例。此说甚善，当从之。

事实上，后来也没能以校勘记的形式改正讹误①，皮氏一直不能释怀，立志要重加校订，将来再出定本。日记中载有他为此所做的一些工作：

丁酉年四月二十七日：取熊亦元所校《大传疏证》，作卷五、六、七札记。

十一月廿九日：以熊亦元所校《大传》录一底本，以备将来更订，此书须补正者尚不乏也。

十二月初二日：校《大传》二卷，毕，但用熊亦元所校录之耳。此书用陈卓人《白虎通疏证》例，中多琐碎，而大义有未尽，详略不当，非更订不可也。

戊戌年十一月二十日：检《两汉会要》，考郑注引汉制可用，即《尚书大传》亦多可引证者，异日当补入之。

十二月初二日：覆校《大传》毕。此书除讹误外，尚有繁简不得当处，将来拟再改正，以为定本。

① 笔者校点《尚书大传疏证》，发现书中出现文字误、脱、衍、倒等一百多处。

皮氏一再提到《尚书大传疏证》体例不尽善、繁简不得当，其实是认识到书中疏证过于琐碎，未及畅发今文大义，因此认为“非更订不可”。这些既反映他精益求精的治学态度，也可见他治经重大义的不懈追求。

二、对《尚书大传》的搜辑与考订

清儒前后踵继，致力于《尚书大传》的搜辑与整理，各有所成，陈寿祺《尚书大传定本》的刊行，标志着《尚书大传》辑佚已大功告成。不过，皮锡瑞仍然后来居上，经过广搜博采和精考细证，对陈寿祺辑本作了一番拾遗补阙、纠误订讹的工作，形成一个最为完善的《尚书大传》文本。以下就此略作述评。

其一，增补《尚书大传》及郑注之佚文、异文。

皮锡瑞在搜辑《尚书大传》及郑注的过程中，扩大爬梳检索的范围，从前代各种文献和清儒著述中，寻获碎玉片金，特别是根据罗泌《路史》、鲍崇城校刻《太平御览》、梁开宗参订《仪礼经传通解》、新从日本回传的《玉烛宝典》与原本《玉篇》，增入不少资料，对《尚书大传》及郑注的补辑得以胜过陈寿祺。例如，《洪范五行传》“维时洪祀六沴用咎于下”，郑注：“用此时始大祀六沴之神用咎于下者，用极□□□□□□其祀之□□也。”陈寿祺案语说：“文渊阁本《仪礼通解续》此注‘用’作‘言’，‘始’上有‘禹’字，‘者’下有‘咎，凶也。民其祀之，令消也’十字。”皮锡瑞根据梁开宗本《仪礼经传通解》，指出此处传文作“维时供祀六沴”，郑注作“供，谓大也。始大祀六沴之神。咎，犹极也。用极于下者，谓备极其祀之丰美也”。又“若六沴作见，若不共御，六代既侵，六极其下”，郑注：“侵，陵也。庶几□□行罚，杀万物也。□□□□□□□□□□凶也。”皮锡瑞录梁本《仪礼经传通解》所引郑注：“侵，陵也。既已侵陵行罚，杀万物也。六极其下，谓下皆被其凶也。”又“禹乃共辟厥德，受命休令”，郑注：“□□厥，其也。休，美也。禹于是恭明□□□□孳孳，受舜之美令奉行之。”皮锡瑞录梁本《仪礼经传通解》所引郑注：“辟，明也。厥，其也。休，美也。禹于是恭明其德孳孳，受舜之美令奉行之。”[①] 对于《仪礼经传通解续》所引郑注，陈寿祺据文渊阁四库全书本，脱误极多，而皮锡瑞据梁开宗本，则非常完备。皮氏还在书末附《尚书大传补遗》，增补《尚书大传》佚文四句，分别辑自罗泌《路史·后纪》、原本《玉篇·言部》与《车部》、王逸《楚辞章句·离骚》，为此前各家辑本所无，确有拾遗补阙之功。

皮锡瑞在搜检《尚书大传》佚文佚注时，还多次参照卢见曾所依吴中本，补陈寿祺之缺漏。例如，《金縢传》中，陈寿祺辑本有一句“武王杀纣，而继公子禄父”，皮锡瑞则根据《毛诗·邶鄘卫谱》正义所引，改此句作“武王杀纣，立武庚，而继公子禄父”，增入“立武庚”三字，并考证说：

> 《论衡·恢国》篇曰：“隐强，异姓也，尊重父祖，复存其祀。立武庚之义，继禄父之恩，方斯羸矣。”王仲任习《欧阳尚书》，此引“立武庚，继禄父”，与《大传》文合，盖所引即《大传》。今文家说以武庚、禄父为二人，立武庚、继禄父为二事。郑注以武庚即禄父，此

① 以上引见《尚书大传疏证》卷四，第5~6页。

古文义，与今文不同。依今文，当从《诗谱》正义所引《大传》，有“立武庚”三字。吴中本亦有之。陈本无，今增入。①

皮氏认为西汉今文家明言立武庚、继禄父，以武庚、禄父为两人，此处应据《毛诗正义》增“立武庚”三字，而陈寿祺似是信从郑注所用古文说，以为武庚字禄父，将吴中本删落三字。又如，《周礼·考工记》疏明引《书传》云“周人路寝，东西九雉，南北七雉，室居二雉”，皮氏认为确实可信，张惠言、焦循还援此考证《仪礼》宫室制度，所以他加以采入，并指出：“陈氏辑本遗此条，今从吴中本增入。《匠人》疏不言何篇之传，吴中本列补遗。今以此传与《多士传》相类，故附之于后。”② 皮锡瑞曾在癸巳年二月初六日记中高兴地说：“得《大传》‘昔者后夫人’一条，补前人辑本之遗，为之疏证。”此条佚文得自《太平御览·皇亲部》，《毛诗正义·鸡鸣》又有节引，彼此印证，所以他确信是《尚书大传》文字，并因此认为可补前人之遗。但他后来在乙未年正月十七日记中写道：“检鲍刻《御览》及雅雨堂本，始知有卢本不误而陈本反误者，足见著述之难。如‘后夫人入御’，卢本有之，‘周人路寝’亦有之，而陈本反遗不载。”他在《尚书大传疏证·多士》篇中增入此条，并说明：“孔疏所引《书传》，与《御览》所引，确是伏书，而不言是何篇之传，吴中本列《多士传》。陈寿祺《尚书大传定本序》有‘后夫人入御’之语，辑本遗之。今从吴中本补入。”③ 皮锡瑞力补陈本之阙，不攘卢本之善，可见对前人成果的

① 《尚书大传疏证》卷五，第1～2页。

② 《尚书大传疏证》卷六，第5页。

③ 《尚书大传疏证》卷六，第6页。

尊重。

对于同一条材料，前人引录目的与方式不同，由此流传彼此相异的文句，所以辑佚会遇到各种异文异句。后人根据这些异文异句，可以增加对佚书佚文的认识，尽可能地接近乃至恢复其原貌。皮锡瑞对《尚书大传》及郑注辑佚的贡献，在丰富异文方面也相当突出。例如，《唐传·尧典》篇中“东方者何也”至“北方者何也”一大段，皮锡瑞均引录《玉烛宝典》，详述异文情况。又如，《殷传·微子》篇“微子朝周，过殷故墟”一段，陈寿祺据《学斋占毕》卷二辑录，皮锡瑞则指出吴曾《能改斋漫录》卷七亦引此传，加以对比后指出二者的差异。再如，《多士传》“天子之堂广九雉”条下，皮锡瑞增加陆佃《陶山集》所引传、注异文，亦为陈寿祺所不及引。事实上，皮锡瑞从鲍刻《太平御览》、《稽瑞》、《开元占经》、《路史》等文献中，大量增补伏传、郑注的异文异句，为后人作进一步研究提供了丰富的参考资料。

其二，校订《尚书大传》及郑注之讹误。

清儒在搜辑《尚书大传》及郑注时，已开始从文字、语句等方面进行校勘考订，校正了一些明显的讹误。皮锡瑞承前人之绪，对陈寿祺辑本作了一次全面校订，尤其是在校正误字方面取得了非常显著的成绩，以下试举数例。

例一，《皋陶谟传》论六律一段，有云：“天子将出，则撞黄钟，右五钟皆应。马鸣中律，步者皆有容，驾者皆有文，御者皆有数。”皮锡瑞提出“马鸣”字误，当作“鸾鸣”，其证据之一来自《礼记·玉藻》：“故君子在车则闻鸾、和之声，行则鸣佩玉，是以非僻之心无自入也。”证据之二来自《大戴礼·保傅》：“行中鸾、和，步中《采茨》，趋中《肆夏》，所以明有度也。”同篇又说：“居则习礼文，行则鸣佩玉，升车则闻和、鸾之声，是以非僻之心无自入也。在衡为鸾，在轼为和。马动而鸾鸣，鸾鸣而和应。其声曰和，和则敬。此御之节也。上车以和、鸾为节，下车以佩玉为度。”①《玉藻》、《保傅》均说鸾鸣中律之事，正可据以校正《尚书大传》“马鸣”之误。

例二，陈寿祺辑《金縢传》：“奄君薄姑谓禄父曰：‘武王即死矣，今王尚幼矣，周公见疑矣。此世之将乱也，请举事。’然后禄父及三监叛也。”其中“今王”二字，皮锡瑞据《毛诗正义》、《左传正义》引传作“成王”，另据《尚书·酒诰》释文与孔疏，认为西汉三家今文及马融、郑玄、王肃古文皆作“成王”，再据《诗经》、《荀子》、《国语》、《韩诗外传》、《史记》等所说，认为“成王”为生前之号，并非死后之谥，提出：“自马、郑不从今文之说，世遂不知‘成王’是生号，并《大传》之文亦妄改之，云‘今王尚幼矣’，盖疑成王在，不得称谥也。此当从《诗》《左传疏》，作‘成王’。陈本作‘今王’，今更正。”② 又“三监叛”，皮锡瑞提出：“《大传》止言管、蔡，不言霍叔，是止有二监，并禄父为三监。此‘三监’当作‘二监’，浅人误改之耳。”③

例三，陈寿祺辑《嘉禾传》，有“烈风淫雨”、“烈风澍雨”等异文，因作案语说：“刘勰《文心雕龙》云：《尚书大传》‘别风淮雨’，《帝王世纪》作‘列风淫雨’。‘列’、‘淫’义当而不奇，‘别’、‘淮’理违而新异，乃谓《大传》字作‘别’、‘淮’。

---

① 《尚书大传疏证》卷二，第25页。

② 《尚书大传疏证》卷五，第3页。另陈寿祺据《通鉴前编》成王元年，辑得《洛诰传》周公言于伯禽一段，曰：“吾，文王之为子也，武王之为弟也，今王之为叔父也。”皮锡瑞提出，当据《荀子·尧问》所引《尚书大传》，改“今王”作“成王”，而杨倞作注时不知“成王”是生号，疑《荀子》篇中“成王”为后人所加，“浅人惑于其说，并妄改此传耳”。详见《尚书大传疏证》卷五，第19页。

③ 《尚书大传疏证》卷五，第3页。

考《御览》先引《尚书说》曰‘淮雨’，注‘淮，暴雨之名也’，下又引《尚书大传》曰‘久矣，天之无烈风澍雨’，注‘暴雨也’。两书两注各不同，则《尚书说》非伏氏《大传》，而《大传》作‘澍’，不作‘淮’，明矣。……《艺文类聚·天部》引作‘烈风迅雨’，亦非。而‘烈’字，诸书不异，郑君亦无注，则《大传》作‘烈’，不作‘别’，又明矣。恐彦和适见误本《大传》，执以为说，未可据也。《尚书·舜典》正义，《毛诗·蓼萧序》、《周颂谱》正义，并引作‘烈风淫雨’，则唐人因彦和之语，改从《帝王世纪》，并易‘澍’为‘淫’耳。”陈氏以为当作“烈风澍雨”。皮锡瑞考证说：

> 《御览》九《天部·风》引《大传》曰：“成王时，越裳重译而来朝，曰：久矣，天之无烈风淮雨。意中国有圣人乎?”又卷十《天部·雨》引《大传》曰：“成王时，有越裳氏来朝，曰：久矣，天之无烈风东西南北来也，无淫雨，注：暴雨也。意中国有圣人乎?”又引《尚书说》曰“淮雨”，注：“淮，暴雨之名也。”《御览》九引《大传》作“淮雨”，卷十引《大传》亦必作“淮雨”，注云“暴雨”，与《尚书说》注“淮，暴雨之名”正同。是卷十作“淫雨”，确是“淮雨”之讹，且“淫雨”不须注，“淮雨”乃须注。郑注云“暴雨”，郑所据《大传》必作“淮”，《世纪》妄改为“淫”，后人又据《世纪》以改《大传》。故《御览》所据之本，或作“淮”，或作“淫”，参差不合。又，作“澍”，或作“迅”，盖皆后人所改。《稽瑞》作“烈”与“淫”，亦后人改也。

又案："东西南北来也"确是"烈风"之注，陈说不误[①]。依注义，则《大传》文当作"别风"，不作"烈风"，谓风从东西南北来，四方可分别，故云"别风"。若传作"烈"，与注"从东西南北来"之义不合。且"烈风"不须注，"别风"乃须注。"淮"、"淫"、"别"、"列"，皆形似。后人多见"烈风淫雨"，少见"别风淮雨"，故致误，而"列"又变作"烈"。据《御览》所引与《文心雕龙》正合，彦和所见，并非误本。谓彦和误，岂傅武仲、王元长皆误乎！陈氏说不足据，今改从吴中本。[②]

皮氏旁征博引，指出《尚书大传》作"别风淮雨"无误。可惜今人仍信《帝王世纪》作"列风淫雨"，以为《尚书大传》作"别风淮雨"有误，实属陋见。

其他如《禹贡传》"禹成五服，齿革羽毛器备"，皮锡瑞据《史记·夏本纪》正义、《汉书·地理志》颜注，指出"毛"当作"旄"[③]；《洛诰传》"夏后氏逆于庙庭，殷人逆于堂，周人逆于户"，陈寿祺辑本误将三"逆"字作"迎"，皮锡瑞据《公羊疏》加以更正[④]；《甫刑传》"古之听讼者，言不越辞，辞不越情"，文义不顺，皮锡瑞据鲍刻《太平御览》，改作"古之听讼者，言不越情，情不越义"[⑤]。这些意见，均引据确凿，勘校精当。另《太平

① 按，陈寿祺另有案语曰："《御览·天部》一本引作'天之无烈风东西南北来也'，下六字当是注文，误入传。"

② 《尚书大传疏证》卷五，第8页。

③ 《尚书大传疏证》卷三，第3页。

④ 《尚书大传疏证》卷五，第18页。

⑤ 《尚书大传疏证》卷六，第18页。

御览·刑法部》引《尚书大传》，言散宜生等为营救被囚羑里的周文王，遍寻奇珍异宝，“之有参氏，取姜女”，皮锡瑞疑此“姜女”当作“美女”，但未明所据①。其实，《史记·周本纪》记此事，提到“求有莘氏美女”，此“有莘氏”与《大传》“有参氏”所指相同，正可据《史记》“美女”，证《大传》“姜女”之误。

除了校正误字，皮锡瑞对陈寿祺辑本的其他讹失也有所纠正。

考脱文：如《广韵》入声部“陌帛”字下，引《尚书大传》“舜修五礼、五玉、三帛”，而《汉书·郊祀志》引《虞书》“修五礼、五乐、三帛”，颜师古注：“五乐，谓春则琴、瑟，夏则笙、竽，季夏则鼓，秋则钟，冬则磬也。‘五乐’，《尚书》作‘五玉’，今《志》亦有作‘五玉’者。五玉，即五瑞。”皮锡瑞据此提出《尚书大传》原文“五礼”下，当有“五乐”二字。陈乔枞曾在《今文尚书遗说考》中考证说：“据《礼记》‘东巡守’文下言‘礼乐、制度、衣服正之’，则是其所据《尚书·尧典》亦有‘修五礼、五乐’之文，尤足与《郊祀志》互相发明。班固《汉书》多用《夏侯尚书》，《礼记》本与《夏侯尚书》同一师承，故吻合也。迨后欧阳、夏侯学亡于永嘉之乱，今文遂无可考。后人传写《史》、《汉》，疑文与东晋晚出本《尚书》不同，故或存‘五乐’而去‘五玉’，或存‘五玉’而去‘五乐’。此《志》所以有作‘玉’、作‘乐’之不同耳。”皮锡瑞援用此说，认为《尚书大传》本来应作“五礼、五乐、五玉、三帛”，而浅人依据伪古文《尚书》，妄删“五乐”二字②。

正倒文：如陈寿祺从唐释湛然《止观辅行传弘决》卷第四之

① 《尚书大传疏证》卷三，第24页。
② 《尚书大传疏证》卷一，第14页。

三辑出《尚书大传》一条佚文“凡宗庙，有先王之主曰都，无曰邑”，并提出“传文‘宗庙’二字似有误”。皮锡瑞根据《左传》庄公二十八年“凡邑，有宗庙先君之主曰都，无曰邑”，指出：“据《左氏传》，则此传‘宗庙’二字应在‘有’字之下，盖传写误倒。”宗庙从无都、邑之名，都、邑之别实在有无宗庙先君之主，皮锡瑞引《左传》明文，证成陈氏疑似之说，最为正读，并说：“《左氏》兼诸侯言，故曰‘先君’。此专言天子，故曰‘先王’耳。”[①] 他分析二者致异的缘故，尽释其疑。

正传、注淆混。如陈寿祺辑本《虞夏传》言八伯之乐，最后一段说：“幽都弘山祀，贡两伯之乐焉。冬伯之乐，舞《齐落》，歌曰《缦缦》。垂为冬伯，舞《丹凤》，一曰《齐落》，歌曰《齐乐》，一曰《缦缦》。并论八音四会。”[②] 此段出自《圣贤群辅录》及《玉海》，但明显与上文不相联贯，陈寿祺疑其有误，作案语说：“‘一曰《齐落》’、‘一曰《缦缦》’二句，疑郑注之文，非《大传》文也。”皮锡瑞根据《玉烛宝典》所引传“歌曰《缦缦》”下即接“并论八音四会”，提出“垂为冬伯”四字应是郑注，分析说：“《大传》八伯无称名者。据《玉烛宝典》引传，‘垂为冬伯’以下皆非传文。吴中本亦无‘垂为冬伯’以下十九字。”因此将陈寿祺辑本“垂为冬伯”至“一曰《缦缦》”一段传文，全部改正作郑注[③]。可见陈寿祺虽曾献疑，却苦无依据，皮锡瑞则根据新得《玉烛宝典》，纠此传、注淆互之误。

其三，纠正陈寿祺编排、案语之失。

---

① 《尚书大传疏证》卷七，第 27 页。

② 陈寿祺辑校：《尚书大传》卷一，《丛书集成初编》本，第 19 页。

③ 《尚书大传疏证》卷二，第 8 页。

陈寿祺在编定《尚书大传》及郑注时，有的编排不合情理，有的分篇违背史实。对此，皮锡瑞相应加以调整，主要包括两个方面：

一是合并。例如，陈寿祺辑《尧典传》中，有“辩章百姓（见《毛诗·采菽》正义、《史记·五帝纪》索隐、《后汉书》注）”和“辩章百姓，百姓昭明（《癸辛杂识》前集引《尚书大传》第一曰云云）”两条佚文。皮锡瑞在疏证时，将两条合并如下：“辩章百姓，百姓昭明（《癸辛杂识》前集引《尚书大传》第一曰云云。又《毛诗·采菽》正义、《史记·五帝纪》索隐、《后汉书》注引‘辩章百姓’）。”两条佚文均是解说《尧典》“平章百姓”，本为一源，陈本分作二条，似无必要，而皮锡瑞合并为一条，再标明异文，体例较为合理。又如，陈寿祺将“在旋机玉衡，以齐七政”的传文与“浑仪中筩为旋机，外规为玉衡也”的注文分作二条，皮锡瑞则在录完传文下接录郑注，以注附传，更为简省。此种并省异文、合列传注的变改，在全书中不胜枚举。

二是移正。对陈本分篇不合史实者，皮锡瑞经过考订，移入他篇。例如，陈寿祺辑本《唐传·尧典》中，有“古之帝王必有命。民能敬长矜孤、取舍好让者，命于其君，然后得乘饰车骈马，衣文锦。未有命者，不得衣，不得乘；乘、衣者有罚”和“古者有命，民有锦车、骈马、衣锦”，皮锡瑞在《尚书大传疏证·皋陶谟》中将其合为一条，并在疏证中指出：

> 陈寿祺辑本以此文入《唐传》，盖本《玉藻》正义，以此文为《尧典》“车服以庸”之传。然考《尧典》“车服以庸”，乃言黜陟诸侯考绩之事，《大传》有明文可据，与此言命民无涉。此言命民，当为《皋陶谟》“车服以

> 庸"之传。《皋陶谟》言举黎献，又有"谁敢不让，敢不敬应"之文，与此传云"敬长"、"好让"之文相合，则此当为《皋陶谟》"车服以庸"之传无疑。《玉藻》正义云《唐传》，有误。陈本不可依用，今移正之。①

因《尧典》、《皋陶谟》均有"车服以庸"，陈寿祺轻信《礼记·玉藻》孔疏之说，归之入《唐传》，皮锡瑞则根据此段传文所述合于《皋陶谟》，重加考订，将其移入《皋陶谟传》。又如，"古八家而为邻，三邻而为朋，三朋而为里，五里而为邑，十邑而为都，十都而为师，州十有二师焉"一段，陈寿祺编入《周传·洛诰》，皮锡瑞指出其误：

> 吴中本以此列《虞夏传》，陈寿祺辑本据《礼记疏》、《玉海》，定为《洛诰传》。据传文引"州十有二师"，注云"虞、夏之数"，此文当为《虞夏传》无疑。《礼疏》、《玉海》疑有误。陈本未可依用，今更正之。……《晋书·地理志》亦以为"昔在帝尧，叶和万邦"之制，可为《虞夏传》之证。②

皮锡瑞根据郑注、《晋书》及吴中本，将此移正作《虞夏传》。再如，卢见曾辑本《洛诰传》有"伯禽封于鲁，周公曰"一段，陈寿祺却采信金履祥所谓"《梓材》，伏生作周公教伯禽之书"，将此段改入《梓材传》。皮锡瑞援引《史记·卫康叔世家》及《太史公自叙》，论证说：

> 太史公去伏生甚近，治《欧阳尚书》，亦以《梓材》

---

① 《尚书大传疏证》卷二，第27页。
② 《尚书大传疏证》卷二，第28页。

为命康叔。《卫世家》云"示君子可法则"，即《大传》云商子"君子以乔梓示法"之义。是史公解《梓材》义，实本于《大传》，则《大传》亦必以《梓材》为命康叔，非命伯禽矣。其兼载伯禽事者，《大传》一书本别撰大义，非必字字与经比附。且此事原有康叔在内，故附见。周公命康叔书中"乔梓"之"梓"，与《梓材》之"梓"其字偶同，本不相涉。伏生并非以"乔梓"之"梓"释《梓材》之义也。《梓材》一书，周公诰康叔，并戒成王。①

皮锡瑞指出"伏生不以《梓材》为命伯禽之书"，《梓材》实是周公诰命康叔、兼戒成王，因此仍依卢见曾辑本，将"伯禽封于鲁，周公曰"云云置于《洛诰传》，作为《洛诰》篇"王命周公后"之传②。

皮锡瑞在疏证《尚书大传》时，还对陈寿祺案语中出现的缺失作了纠补，主要有三种情况：

一是引据有误。例如，《尧典传》"在旋机玉衡，以齐七政"，郑注"浑仪中筩为旋机，外规为玉衡也"，陈寿祺案语为明晰郑注，据《隋书·天文志》引《尚书考灵曜》："璇玑中而星未中为急，急则日过其度，月不及其宿。璇玑未中而星中为舒，舒则日不及其度，月过其宿。璇玑中而星中为调，调则风雨时，庶草蕃芜而百谷登、万事康也。"皮锡瑞引《易纬》、《书纬》、《春秋纬》、《史记》、《汉书》、《后汉书》等资料，论证先秦及两汉人皆以旋机、玉衡为星名，以明《尚书大传》古义，指出：

---

① 《尚书大传疏证》卷五，第13~14页。
② 《尚书大传疏证》卷五，第19页。

郑注以为浑仪，非《大传》义。陈氏引《考灵曜》作“璇玑”，亦非《大传》义也。……夫解古经，必用古义。古无测天仪器，故《大传》不以机、衡为浑仪。古无测五星法，故《大传》不以七政为七纬。自马、郑创为古文异说，以机、衡为羲和所立浑仪；又以北斗七星为分主日、月、五星，既已误解《尚书》，郑注《大传》复以此汩伏生之义。陈氏不加辨正，反引《考灵曜》说为之推波助澜，其失甚矣。①

皮锡瑞指责陈寿祺不能辨正郑注及古文家说之失，反而为之推波助澜，是以疏通证明《尚书大传》的今文古义来要求陈氏。又如，陈寿祺在《甫刑传》“有虞氏上刑赭衣不纯，中刑杂屦，下刑墨幪”条下加案语，引《荀子·正论》篇所谓“治古无肉刑而有象刑”及杨倞注，其中“共，艾毕；菲，对屦；杀，赭衣而不纯”，杨注于“共”字云“未详，或衍字耳”，于“菲”字不作注，于“杀”字云“所介反”。皮锡瑞认为杨注不得其解，陈寿祺却误加引用，说：

《荀子》“共，艾毕”，“共”即“宫”之假借；“菲，对屦”，“菲”即“剕”之假借。《慎子》“以履紨当刖，以艾毕当宫”，其明证也。杨倞注不得其义。陈氏引之，不加辨证，失之。“杀，赭衣而不纯”，即《大传》之上刑，杨注“杀，所介反”，盖亦不得其义也。②

二是案语有失。例如，陈寿祺从《隋书·礼仪志》、陈祥道

① 《尚书大传疏证》卷一，第9～10页。
② 《尚书大传疏证》卷六，第13页。

《礼书》中，辑出《皋陶谟传》解“五服五章”的三段文字，然后作长篇案语，根据《续汉书·舆服志》、《后汉书·明帝纪》注引董巴《舆服志》和《隋书·礼仪志》，解说《尚书大传》服制，提出“《书传》服五、服四、服三、服二、服一者，言其采色，非言其章数，前后之文未尝相戾。永平初定冕服，公、卿已下从大、小夏侯说，乘舆、服从欧阳说，日、月、星辰十二章，三公、诸侯用山龙九章，卿已下用华虫七章，则是欧阳说冕服章数，仍以十二、九、七为节；大、小夏侯说冕服章数，乃自天子至公、侯以九为节，卿以下以七为节，明矣”，并辨析陈祥道之误：“《大传》以山龙为青，华虫为黄，作绘宗彝四字连读为黑，藻为白，火为赤。陈祥道引云‘作缋黑也，宗彝白也，藻火赤也’，分作缋、宗彝为二，合藻、火为一，非伏生本文，由所见《大传》本误，当从《隋志》更正。又引云‘子、男，宗彝、藻火、山龙’，以‘次国服三’核之，子、男下‘宗彝’亦误衍，宜删。陈氏反以是疑传文自戾，过矣。”① 皮锡瑞评议说：

> 陈氏据《隋志》证《礼书》之误，甚是。《礼书》所引《大传》，当作“子、男，藻、火、山龙；大夫，火、山龙；士，山龙”，乃合“次国服三，大夫服二，士服一”之义。陈氏说犹未核。陈氏又引《续汉志》及《隋志》以证《大传》，不知欧阳、大小夏侯之说非伏生义，周、隋之制即沿《汉志》之误，尤非所以证伏生义也。经云“五服五章”，并无十二章、九章、七章之文。虞土德，土数五，故天子服五；土色黄，故尚黄，以华

① 陈寿祺辑校：《尚书大传》卷一，第 31 ~ 32 页。

虫为首章，惟天子得服之。不取日、月、星辰与粉米、黼、黻者，日、月、星辰本不应绘于衣。故王肃用今文义，谓舜时即画于旌旗，不在衣。许氏《说文叙》引《书》曰："予欲观古人之象，为正文字之义。"是观象所包甚广，不止服章。《史记·五帝纪》以"作文绣服色"浑括山龙、华虫以下，而"日、月、星辰"别见于上，则亦不以三辰列五章之中。粉米、黼、黻或绣于裳，或为杂采，亦不入正数也。伏生首传《尚书》，多识古制，其说与经文合，断乎不误，而欧阳、大小夏侯显违斯义者。据《续汉志》云"初诏有司采《周官》、《礼记》、《尚书·皋陶》篇"，《尚书》古于《周官》，当以《尚书》列前，而永平之诏首列《周官》，盖当东汉时，《周官》古文说已盛行，诏旨必以《周官》为是。故三家博士背师说，以希世用，改《尚书》旧说，以徇《周官》。此其踪迹之可寻者。陈氏不得其说，乃欲强合为一。不知《大传》明言天子服五，无十二章、九章之文，何得以三家之说诬伏生?[①]

对于陈寿祺纠正陈祥道的得失，皮锡瑞分别甚明。陈氏只注意到"《书传》所言，虞制也，固与《周礼》不同"，皮氏则强调西汉三家今文解服制已背师说，不能将西汉博士之说与伏生所传古义强合为一。又如，陈寿祺从《路史·夏后纪》中，辑出传文"桀杀刑弥厚而民弥暴，故尔梁远，遂以是亡"，以及郑注"故尔，穷其近也。梁，读为掠"，并作案语说："传及注'故'字有误。"

---

① 《尚书大传疏证》卷二，第21页。

皮锡瑞纠正说：

> “故”当读为“锢”。“故”与“固”通。《论语·子罕》“固天纵之将圣”，《国语·越语》“道固然乎”，皇疏、韦注皆云：“固，故也。”《礼记·哀公问》“固民是尽”，注：“固，犹‘故’也。”《仪礼·士昏礼记》“敢固以请”，《燕礼》“寡君固曰不腆”，注皆曰：“固，如‘故’也。”《仪礼·士相见礼》“固请吾子之就家也”、“又敢固辞”，《礼记·少仪》“某固愿闻名于将命者”，注皆曰：“固，如‘故’也。”“固”又与“锢”通。《文选·求通亲亲表》“禁固明时”，注曰：“锢，与‘固’通。”然则“故”可通“固”，即可通“锢”。《左氏》成二年传“子反请以重币锢之”，注曰：“禁锢勿令仕。”“禁锢”即《孟子》“极之于其所往”之义，故郑训“故”为“穷”，正以“锢”是“穷极”之义也。陈氏以传、注“故”字为误，盖未得其解。①

皮锡瑞以“故”与“固”、“固”与“锢”分别通用，得出“故”可通“锢”的结论，证明郑玄训“故”为“穷”不误，指出陈寿祺轻下案语之失。

三是论断不坚。例如，陈寿祺从明人黄佐《六艺流别》中辑出《洪范五行传》，却于“东方之极”至“北方之极”一节后提出：“此一节据《六艺流别》，明云‘帝舜命禹摄政初祀事’，确是伏书。然其文颇不类伏书，又时与伏书相复。他书亦无有称引者，惟《皇览》称逸《礼》与此大同，皆可疑也。”可见他以证

① 《尚书大传疏证》卷三，第14～15页。

验不足，存有疑心，不敢自信。皮锡瑞在疏证时，一再援引《淮南·时则训》、《礼记·月令》郑注，发现二者与此传略同，因此指出："《淮南·时则训》、郑注《月令》引《王居明堂礼》，皆与传文若合符节，盖同据古礼为说，其为伏书，殆无可疑。"① 又如，《毛诗·破斧》正义所引《尚书大传》"遂践奄。践之云者，谓杀其身，执其家，潴其宫"一段，孔广林将其归于《成王政》篇下，陈寿祺以为孔本"恐非"，改入《金縢传》中，但因未有确凿证据，不敢坚信。皮锡瑞在疏证《金縢传》和《掩诰传》时，两次肯定陈本移正为是，并指出："《成王政》下为《将蒲姑》，云'将迁其君'，与此传云'杀其身'不合。""成王践奄，迁其君薄姑，与周公践奄杀其君不同，并非一事。"②

总之，皮锡瑞依据陈寿祺《尚书大传定本》，进一步补遗漏、广异文、正讹误，搜辑更完备，资料更丰富，考订更精确，编排更合理，形成一个迄今为止最为完善的《尚书大传》辑本。伦明为《尚书大传疏证》撰提要，表彰皮锡瑞改正陈本之误，称誉该书"考据之详核，为读《大传》者所必资"③。当代研究《尚书》学史的著名学者刘起钎也评价说："以皮氏经学之专精，其书为《大传》辑本中最可称许之本。"④ 因此，以辑佚名家来称许皮锡瑞，他是当之无愧的。

---

① 《尚书大传疏证》卷四，第40页。

② 《尚书大传疏证》卷五，第3页；卷六，第8页。

③ 中国科学院图书馆整理：《续修四库全书总目提要（经部）》，中华书局1993年，第265页。

④ 刘起钎：《尚书学史》，第404页。

三、对《尚书大传》的疏证与发明

伏生是汉代经学大师、《尚书》初祖，《尚书大传》又是西汉今文经学遗存的第一部著作，弥足珍贵。皮锡瑞对伏生推崇备至，长年钻研《尚书大传》，用意全在疏证伏生之学，释滞求通，阐幽表微，借以昌明西汉今文《尚书》学。综观全书，皮锡瑞主要是从以下几个方面用力：

其一，考证、训释《尚书大传》文字。

对《尚书大传》某些重要文字，皮锡瑞加以考证、训释，作新的解说，或纠正前人误解。以下试举数例。

例一，《尧典传》“分命和仲，度西，曰柳縠”，对其中“柳縠”二字，皮锡瑞作了一番考证：

> 《尚书正义》引夏侯等“昧谷”为“柳谷”。《史记·五帝纪》曰“昧谷”，徐广曰“一作‘柳谷’”，则《史记》亦当本作“柳谷”，后人妄改之。《大传》“柳縠”之“縠”字，盖亦假借为“谷”。“谷”与“縠”通。《庄子》“臧与縠二人相与牧羊”，崔撰本“縠”作“谷”，是其证也。盖伏生用假借，夏侯等用本字。春为嵎谷，秋为柳谷，义正相对。《论衡》云“旦出扶桑，暮入细柳”，故曰柳谷。徐广曰：“柳亦日入处地名。”是也。孙星衍因《周礼》郑注云“柳之言聚”，贾疏云“柳者，诸色所聚。日将没，其色赤，兼有余色，故曰柳縠”，遂谓《说文》有“縠”字，云“日出之赤”，“縠”

当假借为"榖"，其说非是。①

皮锡瑞以"榖"、"谷"二字通假，提出伏生用假借字，夏侯、史公用本字，同时认为"柳"为日入处地名，不取《周礼》郑注、贾疏以"柳"训"聚"，对孙星衍之说作了否定。

例二，《虞夏传》"维十有五祀，祀者贰尸"，皮锡瑞疏证说：

> 《左氏》僖十五年传"其卜贰圉也"，杜预集解曰："贰，代也。"此"贰"字亦当训"代"。舜将使禹主祭，故更代其尸。②

皮锡瑞借用杜预之训，将此"贰"释作"代"，确有依据。

例三，《西伯戡耆传》"散宜生、南宫括、闳夭三子相与学讼于太公"，皮锡瑞疏证说：

> "讼"、"诵"古通用。《史记·吕后本纪》"未敢讼言诛之"，《汉书·高后纪》作"未敢诵言诛之"，是"讼"、"诵"古通之证。"学讼"，谓学讼说之事。《楚辞·九辨》"自压案而学诵"，王逸注云："弭情定志，吟诗礼也。"叔师以"学诵"为"吟诗礼"，即此传"学讼"之义，非太公如邓析之教讼也。③

皮锡瑞通过论证"讼"、"诵"相通，对"学讼"作了新的训释。

例四，《太誓传》"王升舟入水，鼓钟恶，观台恶，将舟恶，宗庙恶"，郑注："恶，皆为'亚'。亚，次也。观台，灵台，知天时占候者也。宗庙，迁主。"陈寿祺在案语中，对观台亚、将舟

---

① 《尚书大传疏证》卷一，第5页。
② 《尚书大传疏证》卷二，第15页。
③ 《尚书大传疏证》卷三，第23页。

亚、宗庙亚作了解说。皮锡瑞则对郑、陈均未言及的“鼓钟亚”加以申释：

> 鼓钟亚者，《左》庄二十九年传曰：“凡师，有钟鼓曰伐。”《国语·晋语》曰：“宋人杀昭公，赵宣子请师于灵公以伐宋，令三军之钟鼓必备。赵同曰：‘国有大役，不镇抚民而备钟鼓，何也？’宣子曰：‘大罪伐之，伐备钟鼓，声其罪也。’鸣钟鼓以至于宋。”然则声罪致伐，必用钟鼓。武王以钟鼓声纣之罪，故曰伐纣矣。①

皮锡瑞引《左传》、《国语》，说明声罪致伐宜用钟鼓。

例五，《洪范五行传》“爰用五事，建立王极”，郑注：“王极，或皆为‘皇极’。”陈乔枞根据《白虎通·号》篇“皇，君也，美也，大也”，提出：“‘皇’之训为‘君’，亦为‘大’。故孔光、谷永说‘皇极’，并以‘大中’为训。此欧阳、夏侯三家之本不同也。《洪范五行传》‘王之不极，是谓不建’，郑注云：‘王，君也。’《汉书·五行志》引《洪范传》‘皇之不极’，云：‘皇，君也。极，中。建，立也。’字异训同。作‘王极’者，欧阳氏之本；作‘皇极’者，夏侯氏之本也。”皮锡瑞却指出：

> 三家虽有作“王”、作“皇”之不同，其义皆当训“君”，不当训“大”。“王之不极”、“皇之不极”，必训为“君”，然后可通；训为“大之不中”，则不辞甚矣。孔光、谷永所云，与伏义不合。②

三家有作“王极”、“皇极”之异，陈乔枞认为“字异训同”，确

① 《尚书大传疏证》卷三，第31页。
② 《尚书大传疏证》卷四，第6页。

是至理，但他既训作“君”，又训作“大”，一字两训，后一训词义不合。皮锡瑞主张“王”、“皇”同训为“君”，维持郑注。

例六，《多士传》“天子之堂广九雉，三分其广，以二为内，五分内，以一为高，东房、西房、北堂各三雉”，郑注：“内，堂东、西序之内也。”陈寿祺引《经义述闻》“内”字之解，以为《诗经》、《周礼》之“内”指堂、室，此传之“内”专指室，皮锡瑞提出异议：

> 王伯申解《诗》“廷内”之“内”为堂、室，甚确；解此传文之“内”为室，似未必然。传云“天子之堂广九雉，三分其广，以二为内”，又云“东房、西房、北堂各三雉”，三者各三雉，与“广九雉”之文正合。盖虽不言室，而室在内，室亦当为三雉。若“内”即是室，三分堂之广，以二为室，室当有六雉，东、西房各止一雉半，与“东房、西房、北堂各三雉”之文不合矣。凡言尺度者，皆广、高、深三者并举。此言广、高而不及深，盖内即是深。三分九雉之广以为深，则堂深六雉；五分六雉之深，以一为高，则堂高一雉又六尺也。①

皮锡瑞训此传之“内”为“深”，可谓新解。

其二，疏通、证明《尚书大传》礼制与说义。

《尚书大传疏证》的主要内容，就是征引经史典籍与诸子杂说，对《尚书大传》中的礼制与说义做疏通、证明的工作，或提供佐证，或解释疑滞，或推究同异，或揭示源流。以下通过举例加以说明。

---

① 《尚书大传疏证》卷六，第4页。

提供佐证例。《尧典传》:“东方者何也?动方也。物之动也,何以谓之春?春,出也。故谓:东方,春也。”皮锡瑞疏证说:

> 《尸子》曰:“东者,动也。《震》气,故动。”又曰:“东方为春。春,动也。”《春秋元命包》曰:“春之犹言偆。偆者,喜乐之貌也。”又曰:“春含名蠢,位东方,动蠢明达。”注:“春之言蠢,东之言动,含此名以自明自达也。”《汉书·律历志》曰:“少阳者,东方。东,动也,阳气动物,于时为春。春,蠢也,物蠢生,乃动运。”《白虎通·五行》篇曰:“木在东方。东方者,阳气始动,万物始生。木之为言触也,阳气动跃,触地而出也。”又曰:“所以名之为东方者,动方也,万物始动生也。”又曰:“春之为言偆。偆,动也。位在东方。其色青,其音角。角者,气动跃也。”《风俗通·祀典》篇曰:“春者,蠢也,蠢蠢摇动也。”《尔雅·释文》引刘歆注曰:“角,触也。物触地而出,戴芒角也。”“春”与“出”双声。①

对《尚书大传》论说东方的这段文字,皮锡瑞引《尸子》、《春秋纬·元命包》、《汉书·律历志》、《白虎通·五行》、《风俗通·祀典》、《尔雅·释文》中相同或相近的说法,证明《尚书大传》所说有据。这是书中最常用的一种疏证方式。又如《洪范传》:“圣人者,民之父母也。母能生之,能食之;父能教之,能诲之。圣王曲备之者也,能生之,能食之,能教之,能诲之也。为之城郭以居之,为之宫室以处之,为之庠序学校以教诲之,为之列地制

① 《尚书大传疏证》卷一,第3页。

亩以饮食之。故《书》曰：‘作民父母，以为天下王。’此之谓也。”皮锡瑞疏证说：

传云“圣王曲备之”者，《礼记·表记》曰：“《诗》云：‘凯弟君子，民之父母。’凯以强教之，弟以说安之。乐而无荒，有礼而亲，威庄而安，孝慈而敬，使民有父之尊，有母之亲。如此而后，可以为民父母矣。”正义曰：“以其威庄，故‘有父之尊’，言尊之如父。以其孝慈，故‘有母之亲’，言亲之如母也。”云“为之城郭、宫室、庠序学校、列地制亩”者，《礼记·礼运》曰：“今大道既隐，城郭沟池以为固。以设制度，以立田里。”正义曰：“此明三代俊英之事。孔子生及三代之末，故称今也。‘城郭沟池以为固’者，城，内城；郭，外城也；沟池，城之堑。‘以设制度’者，又用礼义设为宫室、衣服、车旗、饮食、上下、贵贱，各有多少之制度也。‘以立田里’者，田，种谷稼之所；里，居宅之地，贵贱异品。”《礼运》又曰：“昔者先王未有宫室。后圣有作，然后修火之利，范金合土，以为台榭、宫室、牖户。”正义曰：“昔者先王既云‘未有宫室’，则总是五帝之前。‘以为台榭、宫室、牖户’者，谓五帝时也。”据此，则城郭、宫室、列地制亩，皆始于五帝三王之时。庠序学校，则《孟子》曰：“夏曰校，殷曰序，周曰庠，学则三代共之。”是庠序学校始于三王之时。至周立四代之学，又兼有庠序学校也。[1]

---

① 《尚书大传疏证》卷四，第3页。

皮锡瑞对《尚书大传》"圣王曲备"父母之说，引《礼记·表记》及其正义加以疏证，对"为之城郭以居之，为之宫室以处之，为之庠序学校以教诲之，为之列地制亩以饮食之"，又引《礼记·礼运》及其正义、《孟子》加以疏证。这是书中最常用的另一种疏证方式。

解释疑滞例。《虞夏传》："维十有三祀，帝乃称王，而入唐郊犹以丹朱为尸。"皮锡瑞疏证说：

> 舜称帝而此云"称王"者，《春秋繁露·三代改制质文》篇曰："王者之法必正号，绌王谓之帝，封其后以小国，使奉祀之。下存二王之后以大国，使服其服，行其礼乐，称客而朝。故同时称帝者五，称王者三，所以昭五端，通三统也。是故周人之王，尚推神农为九皇，而改号轩辕，谓之黄帝，因存帝颛顼、帝喾、帝尧之帝号，绌虞，而号舜曰帝舜，录五帝以小国；下存禹之后于杞，存汤之后于宋，以方百里，爵称公，皆使服其服，行其礼乐，称先王客而朝。《春秋》作新王之事，变周之制，当正黑统，而殷、周为王者之后，绌夏，改号禹，谓之帝禹，录其后以小国。故曰：绌夏，存周，以《春秋》当新王。"据董生之说，则今以夏、殷、周为三王，黄帝至尧、舜为五帝，皆沿周时之制。周始绌虞，谓之帝舜，在舜当日，本是称王。《大传》云"帝"，据后人所称；云"称王"，据当时所称也。①

《尚书大传》"帝乃称王"一句似有不妥，因舜常被称作舜帝或帝

① 《尚书大传疏证》卷二，第14页。

舜，而此处谓舜“称王”，看似矛盾，皮锡瑞运用董仲舒所论三王、五帝迭相变更的今文家说，认为舜在当时本是称王，但西周以后被绌灭入五帝之列，即“《大传》云‘帝’，据后人所称；云‘称王’，据当时所称”，作出一个十分合理的解释。这是《尚书大传疏证自序》所谓“释滞求通”的典型一例。

推究同异例。《周传》：“古之帝王者，必立大学、小学。使王太子、王子、群后之子，以至公、卿、大夫、元士之嫡子，十有三年始入小学，见小节焉，践小义焉；年二十入大学，见大节焉，践大义焉。故入小学，知父子之道、长幼之序；入大学，知君臣之义、上下之位。”皮锡瑞疏证说：

> 《大戴礼·保傅》篇曰：“古者年八岁而出就外舍，学小艺焉，履小节焉；束发而就大学，学大艺焉，履大节焉。”注：“小学，谓虎门，师保之学也。大学，王宫之东者。束发，谓成童。《白虎通》曰‘八岁入小学，十五入大学’是也。此太子之礼。《尚书大传》曰：‘公、卿之太子，大夫、元士嫡子，年十三始入小学，见小节而践小义；年二十入大学，见大节而践大义。’此世子入学之期也。又曰：‘十五年入小学，十八入大学。’谓诸子姓晚成者，至十五入小学；其早成者，十八入大学。”《公羊》僖十年传注：“礼，诸侯之子八岁受之少傅，教之以小学，业小道焉，履小节焉；十五受太傅，教之以大学，业大道焉，履大节焉。”《贾子·容经》曰：“古者年九岁入就小学，蹍小节焉，业小道焉；束发就大学，蹍大节焉，业大道焉。”《白虎通·辟雍》篇曰：“古者所以年十五入大学何？以为八岁毁齿，始有识，知入学，

学书计。七八十五，阴阳备，故十五成童志明，入大学，学经术。”《汉书·食货志》：“八岁入小学，学六甲、五方、书计之事，始知室家长幼之节。十五入大学，学先圣礼乐，而知朝廷君臣之礼。”案：诸家说入学之年，皆与《大传》不合，或是天子太子、诸侯世子之礼与公、卿、大夫嫡子不同。《后汉书·杨终传》曰：“礼制，人君之子八岁为置少傅，教之书计，以开其明；十五置太傅，教之经典，以道其志。”此人君之子入学较早之证也。《礼记·内则》曰：“十有三年，学乐诵《诗》，舞《勺》。成童，舞《象》。二十而冠，始学礼。”下云“四十始仕”、“五十命为大夫”，则此制通大夫、士言之。传云“十三年入小学，二十入大学”，与《内则》所云年数相符，盖亦举公、卿、大夫、元士嫡子而言，故与诸书言天子、诸侯之制异也。①

皮锡瑞引《大戴礼记》、《公羊传》、《白虎通》、《汉书》等，证明《尚书大传》分立大学、小学之制，但各家所说入学之年与《尚书大传》显然不合。对于此种差异，他进一步加以疏通，提出“天子太子、诸侯世子之礼与公、卿、大夫嫡子不同”，并从《后汉书·杨终传》和《礼记·内则》中找到了依据。又《仪礼经传通解》卷九引《尚书大传》“使公、卿、大夫、元士之嫡子，十有三年始入小学，见小节焉，践小义焉；年二十入大学，见大节焉，践大义焉”一段，皮锡瑞据此指出：“此专举公、卿、大夫、元士言之，可见人君之子入学较早矣。前兼王太子、王子、群后之子

① 《尚书大传疏证》卷六，第10页。

而言，盖举其大概，未及分别。其实不当兼人君之子言之，故《大戴礼注》引《大传》，但云公、卿、大夫、元士之子也。明乎此，则知伏义与《大戴》、《公羊》初不相背，盖各举其一言之，故年数不合耳。"① 当《尚书大传》与其他典籍存在异同时，皮锡瑞往往能求其同而析其异，推阐至理，抉发幽隐。这是《尚书大传疏证》"释滞求通"的另一类典型。

揭示源流例。《皋陶谟传》："古者诸侯之于天子也，三年一贡士。天子命与诸侯辅助为政，所以通贤共治，示不独专，重民之至。大国举三人，次国举二人，小国举一人。一适谓之攸好德，再适谓之贤贤，三适谓之有功。有功者，天子赐以车服弓矢，再赐以秬鬯，三赐以虎贲百人，号曰命诸侯。命诸侯得专征者，邻国有臣弑其君、孽伐其宗者，虽弗请于天子而征之可也，征而归其地于天子。有不贡士，谓之不率正者，天子绌之。一不适谓之过，再不适谓之敖，三不适谓之诬。诬者，天子绌之。一绌，少绌以爵；再绌，少绌以地；三绌，而爵、地毕。"皮锡瑞疏证说：

> 《礼记·射义》曰："是故古者天子之制，诸侯岁献，贡士于天子，天子试之于射宫。其容体比于礼，其节比于乐，而中多者，得与于祭。其容体不比于礼，其节不比于乐，而中少者，不得与于祭。数与于祭而君有庆，数不与于祭而君有让。数有庆而益地，数有让而削地。"注曰："三岁而贡士，旧说云：大国三人，次国二人，小国一人。"正义引《书传》云云，曰："不云益地者，文不具矣。"《汉书·武帝纪》有司奏议曰："古者诸侯贡

① 《尚书大传疏证》卷六，第11页。

士，一适谓之好德，再适谓之贤贤，三适谓之有功，乃加九锡。不贡士，一则黜爵，再则黜地，三而黜爵、地毕矣。”《说苑·修文》篇云：“诸侯三年一贡士。士一适谓之好德，再适谓之尊贤，三适谓之有功。有功者，天子一赐以舆服弓矢，再赐以秬鬯，三赐以虎贲百人，号曰命诸侯。命诸侯者，邻国有臣弑其君、孽弑其宗，虽不请于天子，征之可也，已征而归其地于天子。诸侯贡士，一不适谓之过，再不适谓之敖，三不适谓之诬；天子黜之，一黜以爵，再黜以地，三黜而地毕。诸侯有不贡士者，谓之不率正。不率正者，天子黜之，亦三黜地毕。然后天子比年秩官之无文者而黜之，以诸侯之所贡士代之。”《白虎通》云：“三年一贡士者，治道三年有成也。诸侯所以贡士于天子者，进贤劝善者也。天子聘求之者，贵义也。治国之道，本在得贤。得贤则治，失贤则乱。故《月令》季春之月，开府库，出币帛，周天下，勉诸侯，聘名士，礼贤者。有贡者，复有聘者何？以为诸侯贡士，庸才者贡其身，盛德者贡其名，及其幽隐，诸侯所遗失，天子之所昭，故聘之也。”《潜夫论·考绩》篇云：“古者贡士，一适谓之好德，再适谓之尚贤，三适谓之有功，则加之赏。其不贡士也，一则黜爵，再则黜地，三则爵、土俱毕。”《公羊》庄元年何氏解诂云：“礼，诸侯三年一贡士于天子，天子命与诸侯辅助为政，所以通贤共治，示不独专，重民之至。大国举三人，次国举二人，小国举一人。”《后汉书·鲁丕传》对策云：“古者贡士，得其人有庆，不得其人有罚。”皆本《大传》之义也。[1]

《尚书大传》详述“三年一贡士”之制，皮锡瑞则备举《礼记·射义》、《汉书·武帝纪》、《说苑·修文》、《白虎通·贡士》、《潜夫论·考绩》、《公羊传》、《后汉书·鲁丕传》相关记载，认为两汉人所说贡士之法“皆本《大传》之义”，揭示出伏生之学对两汉选士的影响。此外，在《洪范五行传》中，皮锡瑞指出：“史官自汉至隋，皆有《五行志》，原本伏义。”[2] 因此，他在疏证时，历引《汉书·五行志》、《后汉书·五行志》、《南齐书·五行志》、《隋书·五行志》，从中可见《洪范五行传》对后世灾异思想的深远影响。

其三，将《尚书大传》与今文经说作互证。

伏生被尊为西汉今文大师，皮锡瑞在疏证《尚书大传》时，经常援引《公羊传》、《孝经》、《礼记·王制》、《春秋繁露》、《白虎通》等所载今文经说，彼此互证，或指伏生引用今文经传，或指汉代今文家说采自伏生，或指《尚书大传》与今文经说相同，或据今文典籍证明《尚书大传》，将伏生之说与今文之学通合为一，大为今文经学张目。以下各为举例说明。

指伏生引用今文经传例。《尧典传》：“见诸侯，问百年。命大师陈诗，以观民风俗。命市纳贾，以观民好恶。山川神祇有不举者为不敬，不敬者削以地。宗庙有不顺者为不孝，不孝者黜以爵。变礼易乐为不从，不从者君流。改衣服、制度为畔，畔者君讨。有功者赏之。《尚书》曰：‘明试以功，车服以庸。’”皮锡瑞疏

① 《尚书大传疏证》卷二，第19~20页。

② 《尚书大传疏证》卷四，第23页。

证说：

> 《礼·王制》有此文，盖伏生引以释《尚书》。郑君云："孟子当赧王之时，《王制》之作，复在其后。"是《王制》为列国时人作。或以《王制》为汉文时博士作，作《王制》者引《大传》义，其说非也。①

伏生说巡守之礼，与《王制》所论几乎全同。皮锡瑞此时采信郑玄之说，以为《王制》作于战国，因而主张伏生是引《王制》以说《尧典》，并详引《王制》郑注、孔疏，对此段传文作疏证。他还同时提出，《王制》并非西汉博士剌取群经传记所作，否认博士杂采《尚书大传》之说。

指汉代今文家说采自伏生例。《金縢传》："周公疾，曰：'吾死，必葬于成周，示天下臣于成王也。'周公死，天乃雷雨以风，禾尽偃，大木斯拔。国恐。王与大夫开金縢之书，执书以泣曰：'周公勤劳王家，予幼人弗及知。'乃不葬于成周，而葬之于毕，示天下不敢臣。"皮锡瑞疏证说：

> 《史记·鲁世家》曰："周公在丰，病，将没，曰：'必葬我成周，以明吾不敢离成王。'周公既卒，成王亦让，葬周公于毕，从文王，以明予小子不敢臣周公也。周公卒后，秋，未获。暴风雷雨，禾尽偃，大木尽拔。周国大恐。成王与大夫朝服，以开金縢书，王乃得周公所自以为功代武王之说。二公及王乃问史、百执事；史、百执事曰：'信有！昔周公命我勿敢言。'成王执书以泣曰：'自今后，其无缪卜乎！昔周公勤劳王家，惟予幼人

① 《尚书大传疏证》卷一，第13页。

弗及知。今天动威以彰周公之德，惟朕小子其迎，我国家礼亦宜之。’王出郊，天乃雨，反风，禾尽起。二公命国人，凡大木所偃，尽起而筑之。岁则大孰。于是成王乃命鲁得郊祭文王。鲁有天子礼乐者，以褒周公之德也。”今文家言《金縢》惟此最详，义盖本于《大传》。①

皮锡瑞引述《史记》，谓其义本于《尚书大传》，强调汉代今文家采取伏生之说。又如，皮锡瑞疏证《洪范五行传》时，多次引用《春秋繁露·五行顺逆》，明称：“据《繁露》，与传义多合，则董子亦用伏传矣。”②

指《尚书大传》与今文经说相同例。《多方传》：“古者十税一。多于十税一，谓之大桀、小桀；少于十税一，谓之大貉、小貉。王者十一而税，而颂声作矣。”皮锡瑞疏证说：

《公羊》宣十五年传曰：“古者什一而藉。古者曷为什一而藉？什一者，天下之中正也。多乎什一，大桀、小桀；寡乎什一，大貉、小貉。什一者，天下之中正也。什一行，而颂声作矣。”何氏解诂曰：“什一以借民力，以什与民，自取其一为公田。奢泰多取于民，比于桀也。蛮貉无社稷、宗庙、百官制度之费，税薄。颂声者，太平歌颂之声，帝王之高致也。”徐疏曰：“若十取四、五，则为桀之大贪；若取二、三，则为桀之小贪，故曰‘多乎什一，大桀、小桀’。若十四、五乃取其一，则为大貉行；若十二、十三乃取一，则为小貉行，故曰‘寡于什

① 《尚书大传疏证》卷五，第3页。
② 《尚书大传疏证》卷四，第5页。

一，则大貊、小貊’也。”《公羊》与伏生皆齐学，用今文说，故其义同。①

皮锡瑞引《公羊传》及何注、徐疏，指出公羊家与伏生均属齐学，同用今文说。又如，《尚书大传·略说》“王者存二王之后，与己为三，所以通三统，立三正”，皮锡瑞引《春秋繁露·三代改制质文》、《公羊传》隐三年解诂、《白虎通·三正》加以疏证，再次指出：“伏生与《公羊》皆齐学、今文家，故其义同矣。”② 再如，《洛诰传》说“天下诸侯之悉来，进受命于周而退见文、武之尸者，千七百七十三诸侯”，皮锡瑞在疏证后指出：“《王制》、《孝经》、《公羊》皆今文，故皆与《大传》义合。”③

据今文典籍证明《尚书大传》例。《般庚传》：“古者诸侯始受封，则有采地。百里诸侯以三十里，七十里诸侯以二十里，五十里诸侯以十五里。其后子孙虽有罪黜，其采地不黜，使其子孙贤者守之，世世以祠其始受封之人。此之谓‘兴灭国，继绝世’。”皮锡瑞疏证说：

《韩诗外传》云“五十里诸侯以十里”，较《大传》所言少五里。陈乔枞云：“以百里、七十里例之，采地皆递减十里，《韩诗外传》是也。《大传》‘五十里诸侯以十五里’，‘五’盖衍字。”今考《春秋繁露·爵国》篇曰：“附庸，字者方三十里，名者方二十里，人、氏者方十五里。”董子分别三十里、二十里、十五里，正与《大传》文合，则《大传》文不误。《韩诗外传》或脱“五”

① 《尚书大传疏证》卷六，第12页。
② 《尚书大传疏证》卷七，第16页。
③ 《尚书大传疏证》卷五，第18页。

字，陈说非是。又案：如董子义，则"采地不黜，使其子孙贤者守之"，即附于诸侯之附庸：其先百里之国，其后为称字之三十里；其先七十里之国，其后为称名之二十里；其先五十里之国，其后为称人、氏之十五里。殷爵三等，附庸亦分三等，其数适合。董子与伏生之言，可互相发明。附庸亦有五庙，见《春秋》"纪季入酅"《公羊传》。盖子孙有罪黜，而犹使为附庸，得有五庙，以祀其始受封之人。此古者兴灭继绝之义也。[①]

皮锡瑞参考《春秋繁露》，先证明此传并无脱文，纠正陈乔枞误说，又据董子"附庸"之说，推阐《尚书大传》"采地不黜"之义，得出"董子与伏生之言，可互相发明"的结论，最后还据《公羊传》，疏证"兴灭继绝"之义。又如，《周传》"古之帝王者，必立大学、小学"，未明言立学于何处，皮锡瑞疏证引《王制》"大学在郊"之文，认为此是三代通制，然后说："《王制》多与《大传》合，传义亦当以大学为在郊矣。"[②] 事实上，书中多次引据《王制》经文及注疏，来推断、疏证《尚书大传》的礼制与说义。

其四，批评后人妄疑《尚书大传》，维护伏生最初之义。

《尚书大传》记载有不少古制、古事、古义，但后人不得其解，反疑伏生所说为谬。皮锡瑞在疏证中，旁征博引，探明真相，消除疑惑，告诫后人不能违背伏生最初之义。以下试举数例。

例一，《皋陶谟传》："古者天子必有四邻：前曰疑，后曰丞，左曰辅，右曰弼。天子有问无以对，责之疑。可志而不志，责之

---

① 《尚书大传疏证》卷三，第17页。
② 《尚书大传疏证》卷六，第11页。

丞。可正而不正，责之辅。可扬而不扬，责之弼。其爵视卿，其禄视次国之君也。”又说：“古者天子必有四邻：前曰疑，后曰丞，左曰辅，右曰弼。天子中立而听朝，则四圣维之。是以虑无失计，举无过事。故《书》曰：‘钦四邻。’此之谓也。”可见正是解说经文“钦四邻”。《尚书·洛诰》则另有“四辅”之职，“四邻”、“四辅”名异实同。《礼记·文王世子记》曰：“虞、夏、商、周，有师、保，有疑、丞。设四辅及三公，不必备，惟其人。”可知自虞至周，皆有四辅之官。《孝经》“昔者天子有争臣七人”，郑注：“七人者，谓太师、太保、太傅、左辅、右弼、前疑、后丞，维持王者，使不危殆。”邢疏引《大传》此文，说：“《大传》四邻，则《记》之四辅，兼三公，以充七人之数。”隋代大儒刘炫却反驳说：“《洛诰》云成王谓周公曰：‘诞保文、武受民，乱为四辅。’《冏命》穆王命伯冏：‘惟予一人无良，实赖左、右、前、后有位之士匡其不及。’据此而言，则‘左、右、前、后’，四辅之谓也。疑、丞、辅、弼当指于诸臣，非是别立官也。谨按：《周礼》不列疑、丞，《周官》历叙群司，《顾命》总名卿士，《左传》云龙师、鸟纪，《曲礼》云五官、六太，无言疑、丞、辅、弼专掌谏争者。若使爵视于卿，禄比次国，《周礼》何以不载？经传何以无文？且伏生《大传》以‘四辅’解为‘四邻’，孔注《尚书》以‘四邻’为前后左右之臣，而不为疑、丞、辅、弼，安得又采其说也？”皮锡瑞在疏证中，针对刘炫之说作了批驳：

> 刘炫信伪古文《尚书》、伪孔《传》而诋伏《传》，可谓眯目而道黑白者矣。《荀子·臣道》篇曰：“有能比知同力，率群臣百吏而相与强君挢君，君虽不安，不能不听，遂以解国之患，除国之大害，成于尊君安国，谓之辅。”

《说苑·臣术》篇同。《白虎通·谏诤》篇曰："左辅主修政，刺不法。"《贾子·保傅》、《大戴·保傅》作"充"，"充"即"辅"也。《说苑·臣术》篇曰："有能亢君之命，反君之事，窃君之重，以安国之危，除主之辱，攻伐足以成国之大利，谓之弼。"《大戴·保傅》篇曰："絜廉而切直，匡过而谏切者，谓之弼。"《白虎通·谏诤》篇曰："右弼主纠害，言失倾。"又曰："前疑主纠度，定德经。"《大戴·保傅》作"道"，"道"即"疑"也。《保傅》又曰："博闻强记，接给而善对者，谓之丞。"《白虎通·谏诤》篇曰："后承主匡正常，考变失。"诸书皆言有四辅，与《大传》大同小异，安得以为经传无文？若以《周官》不列为疑，《尚书·立政》官名皆不见于《周官》，岂可谓无此官乎？①

皮锡瑞引《荀子》、《新书》、《白虎通》、《说苑》、《大戴礼记》等有关四辅的记载，证明《尚书大传》所说为古代官制，将刘炫之疑一扫而空。

例二，《洪范传》："武王胜殷，继公子禄父，释箕子囚。箕子不忍周之释，走之朝鲜。武王闻之，因以朝鲜封之。箕子既受周之封，不得无臣礼，故于十三祀来朝。"此说箕子受封后，于十三年来朝，乃陈洪范。《史记·宋微子世家》说："武王既克殷，访问箕子。箕子对以洪范九筹，于是武王乃封箕子于朝鲜而不臣也。"称箕子在武王克殷之年陈洪范，而后被封于朝鲜，与伏传在时间上相差二年，次序恰好相反。《史记·周本纪》则说："武王

① 《尚书大传疏证》卷二，第27页。

革殷……已而释箕子之囚。已克殷后二年，问箕子殷所以亡。箕子不忍言殷恶，以存亡国宜告。武王亦丑，故问以天道。”只说箕子陈说洪范是在武王克殷后二年。伏生之说与史公所载歧异，后人多信《史记》而疑伏传，如孔颖达《尚书正义》在引述《大传》此文后，提出：“此《序》云‘胜殷，以箕子归’，明既释其囚，即以归之，不令其走去而后来朝也。又朝鲜去周，路将万里，闻其所在，然后封之，受封乃朝，必历年矣，不得仍在十三祀也。《宋世家》云既作《洪范》，武王乃封箕子于朝鲜，得其实也。”皮锡瑞在疏证中指出：

> 班孟坚谓“迁书载《洪范》多古文说”，或从古文，与今文不同。据《大传》受封来朝始陈洪范，则武王无慢贤之失，箕子无苟免之心，较之《史记》所云，更为确当。……孔氏据刘歆及伪孔《传》之说，以为文王受命九年而崩，武王再期观兵为十一年，又二年伐纣为十三年，即陈洪范之十三祀，故有“朝鲜去周万里，受封乃朝，不得仍在十三祀”之疑。不知《书序》、《史记》皆以为十一年伐纣，又二年乃陈洪范。《史记》有明文，则《大传》云受封来朝，亦必不在克殷之年。时历二年，即往返万里，足以及之，不得以此为疑。《书序》之文略，故受封、来朝皆不载。《序》以伐纣为十一年，而访范在十三祀，经有明文，则《序》亦必以访范、克殷在二年之后，非谓以箕子归即作《洪范》也。《大传》之文，本无可疑。孔《疏》以伪《传》解之，故不合耳。①

① 《尚书大传疏证》卷四，第1~2页。

皮锡瑞认为《史记》载《洪范》可能是采信古文家说，伏传所说更为确当，同时根据《周本纪》所载克殷后二年陈洪范与《大传》十三祀来朝相合，指《宋世家》所说有误，而孔颖达采信刘歆及伪古文说，时间较今文说晚二年，以致反疑伏传。此外，在疏证《金縢传》周公改葬之事时，皮锡瑞引《仪礼·丧服》、《白虎通·封公侯》、何休《公羊解诂》、《论衡·顺鼓》《感类》、《汉书·梅福传》《儒林传》、《后汉书·周举传》《张奂传》等，证明两汉儒者同引《尚书大传》所载今文家说，批评自马、郑古文家创为异义后，乃疑今文为误，因此提出："不得据后出之古文，而疑《大传》最初之义也。"①

例三，《尚书大传·略说》："天子太子年十八曰孟侯。孟侯者，于四方诸侯来朝，迎于郊者，问其所不知也，问之人民之所好恶、土地所生美珍怪异、山川之所有无。及父在时，皆知之。"郊迎诸侯是古代觐礼之一，《白虎通·朝聘》篇说："朝礼奈何？诸侯将至京师，使人通命于天子。天子遣大夫迎之百里之郊，遣世子迎之五十里之郊矣。"下引《仪礼·觐礼》及此传。贾公彦疏《觐礼》，同样引此传，另引《孝经》郑注"天子使世子郊迎"之文，以为此制"皆异代法，非周制也"。《康诰》有"孟侯"一词，郑注："依《略说》，太子十八为孟侯，而呼成王。"伪孔传："周公称成王命，顺康叔之德，命为孟侯。孟，长也。五侯之长谓方伯，使康叔为之。"孔颖达作正义，顺承伪孔，批驳伏、郑之说为无稽之谈："既礼制无文，义理骈曲，岂周公自许天子，以王为孟侯？皆不可信也。"皮锡瑞在疏证中指出：

① 《尚书大传疏证》卷五，第5~6页。

《大传·说命》篇云高宗“为太子之时，尽已知天下人民之所好恶”，其义正与《略说》相合，是太子迎侯本殷法。封康叔在居摄四年，未作周礼，周公呼成王为孟侯，盖循殷制；其后定礼，损益前代，无复此制，故《觐礼》无太子迎侯之文。惟伏生多见古书，犹识其事。贾疏以为“异代之制”，近是；孔疏谓“礼制无文”，非也。……周公摄政称天子，见《逸周书·明堂解》、《礼记·明堂位》、《大传》、《史记》、《淮南》、《说苑》、《论衡》。土无二王，公称天子，则成王止可称世子。……《左氏传》曰：“是以隐公立而奉之。”杜注云：“立为太子，帅国人奉之。”孔疏云：“太子，父在之称。今惠公已薨，而云‘立为太子’者，以其未堪为君，仍处太子之位故也。”以此推之，成王少，未堪为君，犹之鲁桓；周公摄位，犹之鲁隐。隐公可奉桓公为太子，周公何不可奉成王为太子乎？《文王世子》云“抗世子法于伯禽”，此周公奉成王为世子之明证。成王为太子，故曰“孟侯”。“孟”训“迎”，“侯”属诸侯。周公使成王迎诸侯，非周公以王为侯也。王鸣盛据《大戴记·公冠》篇，谓“成王可称公，即可称侯”。孙星衍据《释诂》云“侯，君也”，谓：“孟侯，犹云长君。汉灵帝皇子辩号史侯，皇子协号董侯。”案：王氏、孙氏虽申伏义，与伏义全不相符。传云“孟侯”，谓太子迎诸侯。王氏、孙氏皆谓太子为侯，明与伏、郑之说相违，且无以解孔疏之惑。史侯、董侯乃乱世之事，何可以证古制？①

---

① 《尚书大传疏证》卷七，第14页。

皮锡瑞以《尚书大传》前后文字互相发明[1]，证殷代曾行孟侯之制，后来周公制礼，废而不行，伏生犹识古礼古事，载之《尚书大传》，所以孔疏妄称礼制无文，实属陋见。而清儒王鸣盛、孙星衍虽想黜除伪孔之说，申明伏义，却不得“孟侯”真解，申伏反而诬伏。

其五，指明《尚书大传》解经之处，考校今文《尚书》用字。

别撰大义的《尚书大传》虽非字字解经，但传中仍有多处发明本经，所以皮锡瑞在疏证中，随文指明某传是解说《尚书》某句某字。例如，《尧典传》“古者圭必有冒”一段，皮锡瑞指出：“此解经‘辑瑞’、‘班瑞’之义。诸侯执圭朝天子，无过者还之，经言‘班瑞’是也。”[2]《虞夏传》“舜为宾客，而禹为主人”一句，皮锡瑞指出“乃释《尚书》‘虞宾在位’之义”[3]。《大诰传》“周公先谋于同姓”一段，皮锡瑞认为：“此解经‘朕卜并吉’文也。”[4]《多方传》“古者十税一。多于十税一，谓之大桀、小桀；少于十税一，谓之大貊、小貊”一段，皮锡瑞说：“此以大桀、小桀、大貊、小貊解《多方》‘大小’二字。”[5]诸如此类，均指证确切，让人相信伏生此传多解经之文。

伏生为汉代《尚书》初祖，传中凡引经书，保留着汉代今文《尚书》本字，所以皮锡瑞在疏证时，十分注意利用《尚书大传》

① 按，皮锡瑞在《尚书大传疏证·毋逸》篇中，引《略说》此文及《白虎通》、贾公彦《仪礼疏》，谓：“周以前皆使太子迎诸侯。高宗能知天下之事，即能行谅阐之礼。其后孟侯之制废，而谅阐之礼亦废矣。”（《尚书大传疏证》卷六，第9页）此处却称《大传·说命》，有误。

② 《尚书大传疏证》卷一，第12页。

③ 《尚书大传疏证》卷二，第13页。

④ 《尚书大传疏证》卷五，第1页。

⑤ 《尚书大传疏证》卷六，第12页。

来考校今文《尚书》用字，借以追溯汉代《尚书》原貌。例如，《尧典传》有一段说：“主冬者昴，昏中可以收敛、田猎、断伐。当上告之天子而下赋之民，故天子南面而视四星之中，知民之缓急，急则不赋籍，不举力役。故曰：‘敬授人时。’此之谓也。”皮锡瑞发现传中两言“民”字，推断伏生本《尚书》经文必作“敬授民时”，并举证说：“《说苑·杂言》篇文与《大传》、《考灵曜》略同，引《书》曰：‘敬授民时。’他如《史记·五帝纪》，《汉书·百官公卿表叙》、《律历》《食货》《艺文志》、《李寻》《王莽传》，《潜夫论·爱日》篇、《班禄》篇，《中论》，《国语》韦注，《汉官仪》，《孙叔敖碑》，《后汉书》刘陶《改铸大钱议》，皆作‘民时’。”① 又如，《虞夏传》“坛四奥，沉四海，封十有二山，兆十有二州”，皮锡瑞提出：

> 据《大传》文，今文《尚书》当以“封十有二山”列“兆十有二州”之上。《汉书·地理志》曰：“尧遭洪水，怀山襄陵，天下分绝为十二州，使禹治之。水土既平，更制九州。”《王莽传》曰：“《尧典》十二州，后定为九州。”是十二州本非当时创置，故《大传》作“兆”，不作“肇”。《史记》作“肇”，是通假字，其义亦当为“兆”。《诗》“后稷肇祀”，《礼记》引作“兆祀”。“肇域彼四海”，笺云“肇”当作“兆”。是“肇”、“兆”古通之证。郑注《大传》不误，注《尚书》从马义，以分十二州在平水土、置九州之后，则失之。江声曰：“先儒以‘肇’之言‘始’，解为始分十二州，殊未

① 《尚书大传疏证》卷三，第23页。

> 安也。声窃谓十二州盖自古有之，此当如《大传》作'兆十有二州'，谓为兆域以祭分星，于义允惬。"①

今本《尧典》作"肇十有二州，封十有二山"，皮锡瑞根据《大传》，指出两点：第一，今文《尧典》当作"封十有二山，兆十有二州"，与今本相反；第二，"兆"既如郑注指"为营域以祭十二州之分星"，"肇"、"兆"相通，则"肇"字亦当指祭祀言，不当如东汉古文家训作"始"，因为洪水已将天下分绝为十二州，并非禹平治水土时始分天下为十二州。再如，今本《书序》"唐叔得禾，异亩同颖，献诸天子。王命唐叔归周公于东，作《归禾》"，皮锡瑞根据《嘉禾传》"成王时，有苗异茎而生，同为一穟"，结合《史记·鲁世家》"唐叔得禾，异母同颖"，"异茎"、"异母"同义，提出今文《书序》当作"异母"，与古文《书序》作"异亩"不同，并否定陈乔枞怀疑"母"是"畮"之坏字的说法②。这些考证成果，后来全被采入《今文尚书考证》。

总之，皮锡瑞对《尚书大传》的疏证，从文字、史事、礼制到说义，涉及面广，征引详明，疏解透彻，议论精当，将伏生之学抉发无隐，为全面探究今文《尚书》学提供了丰富的参考资料和诸多现成的考证成果。

四、对《尚书大传》郑注的疏证与批评

郑玄是东汉经学大师，学兼今、古，遍注群经。《尚书大传》

---

① 《尚书大传疏证》卷二，第5页。

② 《尚书大传疏证》卷五，第7页。

在汉代流传甚广，诸家纷纷引述，但直到郑玄才为之作注。郑玄作为《尚书大传》空前绝后的注家，实为伏生第一功臣。因此，皮锡瑞对伏传、郑注平等相视，不但为传文力作疏证，也对郑注大作笺证。他在疏证郑注时，也是通过征引群书，对郑玄注解中所涉及的训诂、史事、名物、制度等提供佐验，证明郑注有所依据，并非以空言作解。以下举例说明。

证郑注训诂有本。例如，《禹贡传》“五岳皆触石而出云，扶寸而合，不崇朝而雨天下”，郑注：“四指为扶。”皮锡瑞疏证说：“注云‘四指为扶’者，《礼记·投壶》：‘筹，室中五扶，堂上七扶，庭中九扶。’注云：‘铺四指曰扶。’《韩非子》云‘上失扶寸，下得寻常’，注云：‘四指为扶。’”① 又如，《甫刑传》“君子之于人也，有其语也，无不听者，皇于听狱乎”，郑注：“皇，犹况也。”皮锡瑞疏证说：“‘皇’与‘况’通，《无逸》‘无皇曰今日耽乐’，熹平石经作‘毋兄曰’，《秦誓》‘我皇多有之’，《公羊传》引作‘而况乎我多有之’，是也。”②

证郑注改字有本。例如，《虞夏传》“五载一巡守，群后德让，贡正声，而九族具成”，郑注：“族，当为‘奏’。言诸侯贡其正声，而天子九奏之乐乃具成也。”皮锡瑞疏证说：“注云‘族，当为奏’者，《白虎通·宗族》篇曰：‘族者，凑也，聚也。’《广雅·释言》曰：‘族，凑也。’是‘族’与‘奏’声近。”③ 又如，《略说》篇宣王问子春一段，有“七十者杖于朝，见君，揖杖”，郑注：“朝，当为‘国’。揖，当为‘去’。”皮锡瑞在疏证中指出：“郑注云

① 《尚书大传疏证》卷三，第5页。
② 《尚书大传疏证》卷六，第20页。
③ 《尚书大传疏证》卷二，第9页。

'朝，当为国。揖，当为去'，盖据《礼》七十者杖于国，犹未能杖于朝。"①

证郑注史事有本。例如，《虞夏传》"夏伯之乐"，郑注："夏伯，夏官司马也。"皮锡瑞疏证说："《尚书中候》、《列女传》、《论衡·率性》篇《初禀》篇《本性》篇、《潜夫论》皆云稷为司马，与郑注合。"② 又如，《甫刑传》孔子曰"五刑有此教"，郑注："犯数罪，犹以上一罪刑之。"皮锡瑞疏证说："郑谓'犯数罪，犹以上一罪刑之'，盖以一人虽犯数罪，惟科其重之一罪，而轻罪不更科，如墨、劓并犯，则惟劓而不墨；髌、宫并犯，则惟宫而不髌；大辟并犯墨、劓、髌、宫，惟加大辟而已，不如秦汉时具五刑之法也。《甫刑》所谓'有并两刑'，义盖如此。《公羊》庄十年传解诂曰：'律，一人有数罪，以重者论之。'昭三十一年传解诂同。何氏所引，盖汉律也。郑注亦引汉律耳。"③

证郑注名物有本。例如，《略说》篇宣王问子春一段，有"以朝乘车辎轮"，郑注："乘车，安车也。言辎轮，明其小也。"皮锡瑞疏证说："注云'乘车，安车。辎轮，明其小'者，《曲礼》曰：'行，役以妇人；适四方，乘安车。'注：'妇人、安车，所以养其身体也。安车，坐乘，若今小车矣。'疏引此传云云。案《说文·车部》：'辁，蕃车下庳轮也。'车有蕃蔽而下为卑轮，故为安车，以轮卑则车安也。'轮'下云：'无辐曰辁。'盖丧车、安车皆无辐，取其安。故丧车亦曰辁车，郑注《周礼》'蜃车'云：'《礼记》或作槫，或作辁。'是也。辁车亦曰辎车，《杂记》'大夫载以

① 《尚书大传疏证》卷七，第9页。
② 《尚书大传疏证》卷二，第7页。
③ 《尚书大传疏证》卷六，第14页。

辋车’是也。戴震云：‘辁者，轮之名。辋者，车之名。’然则辋轮当亦如葬车之轮，近地而行，故郑云‘明其小’也。”①

证郑注礼制有本。例如，《洪范五行传》记祀礼之辞，“曰某也方祀”，郑注：“某，天子名也。方祀，祀四方也。”皮锡瑞在疏证中写道：“郑以‘某’为天子名者，《礼记·曲礼》曰：‘践阼，临祭祀，内事曰孝王某，外事曰嗣王某。’《中候·运衡》曰：‘帝尧刻璧，率群臣东沉于洛，书曰：天子臣放勋。’此天子祭祀称名之证也。郑云‘方祀，祀四方也’者，《曲礼》曰：‘天子祭天地，祭四方，祭山川，祭五祀，岁遍。诸侯方祀，祭山川，祭五祀，岁遍。’郑注云：‘祭四方，谓祭五官之神于四郊也。句芒在东，祝融、后土在南，蓐收在西，玄冥在北。《诗》云：来方禋祀。方祀者，各祭其方之官而已。’以郑义推之，则五精帝、五人帝亦各于其方祀之矣。”②

皮锡瑞在疏证郑注时，对其精确之处往往大加肯定，对于郑玄援引古制古义及今文家说作注，更是极力彰扬。例如，《夏传》：“古者天子三公，每一公三卿佐之，每一卿三大夫佐之，每一大夫三元士佐之，故有三公、九卿、二十七大夫、八十一元士。所与为天下者，若此而已。”郑注：“自三公至元士，凡百二十。此夏时之官也。周之官，三百六十。《礼志》曰：‘有虞氏官五十，夏后百，殷二百，周三百。’近之，未得其实也。据夏、周推其差，则有虞之官六十，夏后氏百二十，殷二百四十，周三百六十，为有所法。”皮锡瑞对郑玄推论“夏后氏百二十”大加称赞，说“郑

① 《尚书大传疏证》卷七，第9页。
② 《尚书大传疏证》卷四，第19页。

君此注，推阐极明”[1]，并引《礼记·王制》、《春秋繁露·官制象天》、《说苑·君道》、《白虎通·封公侯》、《公羊传》桓八年注疏等所说夏代官制，加以证明。此外，皮锡瑞还对郑玄《尚书注》、《三礼注》中采用或同于《尚书大传》说义的地方作了表彰。如《尧典》“正月上日，受终于文祖”，郑注：“帝王易代，莫不改正建朔。尧正建丑，舜正建子。此时未改尧正，故云‘正月上日’；即位乃改尧正，故云‘月正元日’。”皮锡瑞在疏证《尧典传》时引用此注，并作案语说：“郑此说与《大传》合。盖‘上日’即是‘元日’，特以改正、未改正而异其文耳。”[2]

值得注意的是，郑玄并不认为《尚书大传》为伏生本人所作，而是出自弟子之手：“生终后，数子各论所闻，以己意弥缝其阙，别作章句，又特撰大义，因经属指，名之曰《大传》。”[3] 正因为他认为传中有欧阳生等人的增添、弥缝，已失去伏生本意[4]，所以作注时并不笃守《大传》，加上他融采今、古文经说的学风，注中大量援引《周礼》、《左传》及东汉古文异说，违离了伏生今文之学。因此，皮锡瑞对郑玄《尚书大传注》较多不满，在《尚书大传疏证自序》中说：“郑君既注是书，自宜恪遵勿失，乃诋欧阳为蔽冒，信卫、贾为雅材。间下己意，比于笺《毛》；或易本文，同

① 《尚书大传疏证》卷三，第10页。

② 《尚书大传疏证》卷一，第10页。

③ 严可均校辑：《全上古三代秦汉三国六朝文》，中华书局1995年，第926页。

④ 郑玄在《书赞》中说：“欧阳氏失其本义，今疾此蔽冒，犹复疑惑未悛。”对此，皮锡瑞在《尚书古文考实》中推论说：“郑注伏生《大传》而诋斥欧阳，其意皆以卫、贾、马古文说即安国之说，亦即伏生之说，而欧阳氏之异于卫、贾、马者为失其本义也。郑注《大传》时，以古文说易《大传》之文，盖亦以《大传》非伏生原文，为欧阳氏所乱也。然观郑注《大传》多所发明，而以古文易传文则其说殊谬，是欧阳氏未尝失其本义，而卫、贾、马、郑之说非安国之故，亦非伏生之故矣。”

夫注《礼》。易‘曰容’为‘曰睿’，变‘大交’为‘南交’。《甘誓》六卿，解以周制；《尧典》八伯，义非虞官。帝者之服五章，天子之城九里，皆由泥古，不免献疑。”[①] 皮锡瑞有鉴于此，在疏证时一再批评郑注，对注违传义之处详加辨析[②]。书中比较重要的批评，可分作以下五种情形：

其一，附会无据。例如，《虞夏传》“维元祀，巡守四岳、八伯”，郑注有云：“尧始得羲、和，命为六卿。其主春、夏、秋、冬者，并掌方岳之事，是为四岳，出则为伯。其后稍死，鹖吺、共工等代之，乃分置八伯。”皮锡瑞疏证说：

> 郑注非伏义。《大传》说古天子三公、九卿，无六卿。羲、和，古说皆以为司天之官，即是四子，非羲、和别为二人。详见孙星衍《尚书今古文注疏》。郑盖傅会“南正重司天，北正黎司地”，羲近重，和近黎，故以羲、和为掌天地，四子掌四时，即《周礼》之六卿。然《周礼》作于周公，不可以解唐、虞之制。羲、和，司天之官，不得兼掌方岳。《大传》明以四岳、八伯并列，则是四岳之外，更有八伯。郑谓分四岳置八伯，则既有八伯，当无四岳矣，说与《大传》显然不合。[③]

皮锡瑞指出郑玄此注有两点不合于伏生本义：其一，《大传》所说唐、虞官制为三公、九卿，无六卿，郑注却以《周礼》六卿解说尧时官制；其二，《大传》将四岳与八伯并称，可见同时并存，而

---

① 《尚书大传疏证自序》，第 2 页。

② 南昌经训书院一位弟子在帮皮锡瑞校对刊本时，建议“以辨正郑注另为一书”（《师伏堂日记》甲午年六月十九日），可见《尚书大传疏证》批评郑注之多。

③ 《尚书大传疏证》卷二，第 5 页。

郑玄认为四岳死后才分置八伯。至于以羲、和四子及共工等充任四岳、八伯，更是附会无据。皮锡瑞还据传下所说“著其素簇以为八，此八伯之事也。分定于五，此五岳之事也”，进一步指出：“《大传》云‘八伯之事’，复云‘五岳之事’，是八伯外又有五岳，足证郑说分四岳置八伯之非。”① 在解说八伯之乐时，郑玄又各为指实其人，如“阳伯之乐”，郑注“阳伯，犹言春伯，春官秩宗也。伯夷掌之”；“仪伯之乐”，郑注“仪，当为‘羲’。羲仲之后也”；“夏伯之乐”，郑注“夏伯，夏官司马也。弃掌之”；“羲伯之乐”，郑注“羲伯，羲叔之后也”；“秋伯之乐”，郑注“秋伯，秋官士也。咎陶掌之”；“和伯之乐”，郑注“和伯，和仲之后也”；“冬伯之乐”，郑注“冬伯，冬官司空也。垂掌之”。皮锡瑞批评说：

> 八伯不知何人，当阙疑。郑以阳伯等四人为伯夷、弃、咎陶、垂，仪伯等四人为羲、和、仲、叔四子之后，盖未可据。下明有“羲伯”，何知此“仪伯”当为“羲”，又何以知此为仲后，下羲伯为叔后？恐皆属傅会，非伏义。②

关于掌乐之八伯，郑玄据《周礼》官制及虞舜四臣，及羲、和、仲、叔四子之后，强作解事，不如皮锡瑞以阙疑之法处之为是。

其二，迂曲失解。例如，《洪范五行传》“凡六沴之作”一段说：“其二辰以次相将，其次受之，星辰莫同，是离逢非沴，维鲜之功。”郑注：“二辰，谓日、月也。莫，夜也。星辰之变夜见，

① 《尚书大传疏证》卷二，第10页。
② 《尚书大传疏证》卷二，第6页。

亦与昼同。初昏为朝，夜半为中，将晨为夕。或曰：将晨为朝，初昏为夕也。离，忧也。逢，见也。是谓忧见之象，非沴也。言五行非能沴天者也。鲜，杀也。功，成也。维凶咎之杀已成，故天垂变异，以示人也。”皮锡瑞疏证说：

> 郑君注义迂曲，疑非传旨。“二辰”谓日、月，星辰别于日、月言之。“星辰莫同”谓星辰之变，莫同于日、月。“离”当为“月离于毕”之“离”。《礼·月令》“宿离不贷”，注“读如‘俪偶’之‘俪’”。《晋语》“非天不离数”，注“历也”。“离逢”即“历见”之义，谓星辰所以莫同于日月者，以其变异或是历见，非六沴之作见也。《唐传》曰：“鲜，讯也。讯者，始入之皃。”“维鲜之功”，亦当为“鲜，讯”之义。①

皮锡瑞指出，郑解伏传“星辰莫同”、“离”、“鲜”等字句，均失其旨。

其三，引据不当。例如，《洪范五行传》“简宗庙，不祷祠，废祭祀，逆天时，则水不润下”，郑注“逆天时”曰：“日在星纪，周以为正，日在玄枵，殷以为正，皆不得四时之正，逆天时之象也。《春秋》定十五年‘夏，五月，辛亥，郊’，讥连卜三正，以至失时，是其类也。”皮锡瑞疏证说：

> 郑以“日在星纪、日在玄枵，皆不得四时之正”者，《月令》“仲冬之月，日在斗”，注：“仲冬者，日月会于星纪，而斗建子之辰也。”“季冬之月，日在婺女”，注：“季冬者，日月会于玄枵，而斗建丑之辰也。”周正建子，

① 《尚书大传疏证》卷四，第16页。

殷正建丑，不如夏数得天，故以为不得四时之正。然古者三正相承，各以三微之月，《大传·略说》备举其义。郑君以为逆天之象，非伏生之旨也。郑又引《春秋》定十五年郊，“讥连卜三正”，案《公羊传》：“夏，五月，辛亥，郊。曷为以夏五月郊？三卜之运也。”何氏解诂曰：“据鲁郊，正当卜春三正也，又养牲不过三月。运，转也。已卜春三正，不吉，复转卜夏三月、周五月，得二吉，故五月郊也。《易》曰：‘再三渎，渎则不告。’不得其事，虽吉，犹不当为也。”据何氏义，是定十五年郊之所以可讥，谓其已卜春三正，不吉则当止，不当更卜五月，非谓三正不可并用也。郑引以证殷正、周正皆逆天时，亦非其义。①

皮锡瑞指出，周正建子、殷正建丑，虽不如夏正建寅能合历法，但并未违逆天时，《大传》备言三正，自有其说，郑玄不应举周正、殷正以为逆天之象。他又根据公羊今文家说，解释《春秋》并不讥三正并用，可见郑玄援引《春秋》讥连卜三正作为周正、殷正失时之例证，仍是引据失当。

其四，引博士异说解伏义。例如，《虞夏传》“尧推尊舜，属诸侯，致天下于大麓之野”，郑注：“山足曰麓。麓者，录也。古者天子命大事、命诸侯，则为坛国之外。尧聚诸侯，命舜陟位居摄，致天下之事，使大录之。”皮锡瑞疏证说：

郑谓“麓”取“录”义，本之《汉书·于定国传》“万方之事，大录于君”。桓谭《新论》曰：“昔尧试于

① 《尚书大传疏证》卷四，第27页。

> 大麓者，领录尚书事。”《论衡·正说》篇曰：“言大麓，三公之位也。居一公之位，大总录二公之事。”亦以“麓”为“录”。陈乔枞以为出于大、小《夏侯尚书》，然此传云“大麓之野”，明有“之野”二字，则但可取义于“录”，不得竟以“麓”为“录”也。云“致天下”，则是禅让，亦与《汉书》、《新论》、《论衡》之说不同。[1]

郑玄既说“山足曰麓”，又训“麓”为“录”，将“尧推尊舜，属诸侯，致天下于大麓之野”，说成是尧命舜居摄而总录天下之事。皮锡瑞据传文“致天下于大麓之野”，指出二点：其一，传文明言“致天下”，指禅让，不是录事；其二，传言“大麓之野”，明指山麓，不能截取“麓”字而训作“录”。他进而考证说：

> 《水经注》引应劭说云：“巨鹿，鹿者，林之大者也。《尚书》曰：尧将禅舜，纳之大麓之野，烈风雷雨不迷。而县取目焉。”注又云：“巨鹿，郡治。秦灭赵，以为巨鹿郡。汉景帝时，为广平。世祖中兴，更为巨鹿。”《水经注》又引古《书》云：“尧将禅舜，纳之大麓之野，烈风雷雨不迷，乃致以昭华之玉。故巨鹿县取名焉。”与此略同。据郦氏说，“大麓”即巨鹿之地。《十三州志》云：“巨鹿，唐、虞时大麓也。虞舜百揆，纳于大麓。麓者，林之大也。尧亦使天下皆见之，故置诸侯，合群臣与百姓，纳之大麓之野，然后以天下授之，明己禅之公也。大陆县今有尧台，高与城等，乃尧禅舜之处。”则大麓之地，实有可考矣。《春秋纬·合诚图》曰：“赤龙负图以

① 《尚书大传疏证》卷二，第3页。

> 出河见，尧与太尉舜等百二十臣集发，藏之大麓。”亦以“大麓”为“山麓”之“麓”。而《史记·五帝本纪》曰“尧使舜入山林川泽”，郑注《书序》曰“入麓伐木”，则不得以“入麓”为受禅可知。《淮南·修务训》曰：“既入大麓，烈风雷雨不迷，乃属以九子，赠以昭华之玉而传天下焉。以为虽有法度，而朱弗能统也。”《论衡·正说》篇曰：“复令入大麓之野而观其圣，逢烈风疾雨，终不迷惑。尧乃知其圣，授以天下。”《三国·文帝纪》注引魏王上书曰：“天下神器，禅代重事。故尧将禅舜，纳于大麓；舜之命属，玄圭告功。烈风不迷，九州攸平；询事考言，然后乃命。”诸说皆以纳麓而风雨不迷，乃命禅让，非谓纳麓即是受禅，其义甚明。《大传》云“致天下于大麓之野”，本不以为《书》之“纳麓”，并为一谈者自误耳。①

皮锡瑞一方面从《水经注》等资料中，考明“大麓”确是地名，其本义当作山麓，另一方面根据司马迁、王充等汉魏人所说，指出《尧典》“纳入大麓”不谓受禅，与《大传》所言指禅让不同，不可混为一谈。后来在《今文尚书考证·尧典》中，皮锡瑞修正此说，主张《尚书》及伏传所言“大麓”同义，均指山麓，强调“郑注《书序》不误，而注《大传》用博士傅会之说，殊非伏生之旨”。

其五，以古文说解伏生今文义。皮锡瑞对郑注以古文变易今文的做法最为不满，书中批驳最多，以下分别举例说明。

① 《尚书大传疏证》卷二，第4页。

引古文解伏传。例如，《洪范五行传》“弃法律，逐功臣，杀太子，以妾为妻，则火不炎上”，郑注“逐功臣”曰：“功臣，制法律者也。或曰：喙主尚食，七星主衣裳，张为食厨，翼主天倡。经曰：‘臣作朕股肱耳目。予欲左右有民，女翼。予欲观古人之象，日、月、星辰、山、龙、华虫，作缋宗彝，藻、火、粉、米、黼、黻，絺绣，以五采章施于五色作服，女明。予欲闻六律、五声、八音，在治曶，以出纳五言，女听。’是则食与服、乐，臣之所用为大功也。”皮锡瑞在疏证中说：“郑引经‘作缋’不作‘作会’，‘在治曶’不作‘七始训’，皆用古文，与伏生今文不同，非传义也。”[①] 批评郑玄不应引古文《尚书》来解说伏生今文之义。

用古文说改传文字读。例如，《洪范五行传》“次五事曰思心”一节，“思心之不容，是谓不圣”，郑注：“容，当为睿。睿，通也。”又“时则有脂夜之妖，时则有华孽”，郑注：“夜，读曰‘液’。华，当为‘夸’。夸，蚓虫之生于土而游于土者。”又“维木、金、水、火沴土”，郑注：“《志》、《论》皆言君不宽容则地动，玄或疑焉。今四行来沴土，地乃动，臣下之相帅为叛逆之象，君不通于事所致也。以为不宽容，亦皆为阴胜阳、臣强君之异。”皮锡瑞指出：

> 郑注用古文说，谓“容”当为“睿”，故以《志》、《论》“君不宽容则地动”为非，实则今文作“容”，于义为长。钱大昕曰：“‘容’与‘恭’、‘从’、‘聪’为韵。康成以为字之讹，破‘容’为‘睿’，晚出古文因之，未必郑是而伏非。《说文》云：‘思，容也。’亦用伏

① 《尚书大传疏证》卷四，第24页。

> 生义也。古之言心者，贵其能容，不贵其能察。《秦誓》云：'其心休休焉，其如有容焉。'《论语》云：'君子尊贤而容众。我之大贤与，于人何所不容?'《老子》曰：'容乃公，公乃王，王乃天，天乃道，道乃久。'《荀子》曰：'君子贤而能容众，知而能容愚，博而能容浅，粹而能容杂。'孟子以仁为人心，仁者必能容物。故视主明，听主聪，而思独主容。若睿、哲之义，已于明、聪中该之矣。”钱说是也。郑读“夜”为“液”，谓“华”当为“夸”，皆与《志》、《论》今文说不同，当据《志》、《论》以申伏义。①

皮锡瑞指出郑注是用古文说改字，并采取钱大昕的考证成果，论证“容”字义长于“睿”，并连带对郑注读“夜”作“液”、改“华”为“夸”、怀疑《汉书·五行志》和刘向《五行传论》的主张作了批评，坚持用今文说来申明伏传之义。

信古文说，献疑伏传。例如，《洪范五行传》：“维五位复建，辟厥沴，曰：二月、三月，维貌是司；四月、五月，维视是司；六月、七月，维言是司；八月、九月，维听是司；十月、十一月，维思心是司；十二月与正月，维王极是司。”郑注：“司，主也。此月数，夏数也。夏数得天之正，玄或疑焉。此用五事之次，则四月、五月主视，六月、七月主言，非也。口五行王相之次，则八月、九月主听，十月、十一月主思心，亦非也。子骏传曰：'二月、三月，维貌是司；四月、五月，维视是司；六月、七月，维思心是司；八月、九月，维言是司；十月、十一月，维听是司；

---

① 《尚书大传疏证》卷四，第12页。

十二月与正月，维王极是司。’于四时之气，似近其类也。”皮锡瑞疏证说：

郑君疑传以四月、五月主视，六月、七月主言，与五事之次不合。案：五事，视本属火，言本属金，郑注《大传》云：“貌曰木，言曰金，视曰火，听曰水，思心曰土。”四、五月为夏令，属火。六、七月为秋令，属金。传以四月、五月主视，六月、七月主言，与五事之义正合，与五事之次不必相合。然则八月、九月主听，十月、十一月主思心，与五事之次相合，不必与五行王相之次相合矣。刘歆《五行传》，《汉书·五行志》引其说，班氏皆以为非。然则其说虽近理，恐非伏生之旨。俞正燮《五行传用亥正论》曰：“郑注以夏正推之，因疑于王相不合。按：此不关王相，非夏正。伏生自以其时亥正言之。秦及汉初用《颛顼法》，以亥为正。刘向承伏生所记之数，以子、丑月主貌，寅、卯视，辰、巳言，午、未听，申、酉思，戌、亥王极。刘歆则以辰、巳思心，午、未言，申、酉听。盖古、今说不同，然皆以伏生语为亥正。郑用夏正，则伏生语起卯、辰，宜不合矣。”①

郑注参照刘歆古文之说，疑伏生以四、五月主视，六、七月主言，与五事之次不合，又疑伏生以八、九月主听，十、十一月主思心，与五行王相之次不合。皮锡瑞则根据郑玄有关貌、言、视、听、思心与五行的分配，各为释疑，并引俞正燮《五行传用亥正论》，

① 《尚书大传疏证》卷四，第15页。

说明伏生所论既不关王相，也非用夏正，见出郑玄用夏正反对伏生亥正之非。又如，《多士传》详言古代不同封国的遂、郊、城、宫里数，郑注“玄或疑焉”，另引《考工记·匠人》及《左传》所言，推论城制有两种情况，异于伏生所说。皮锡瑞则提出，今、古文说不同，“《大传》之义与郑两说不同者，《周官》、《左氏传》皆古文，若今文别有师承，其言城制必有所据，不能与古文强合”①。

引古文说，误解伏传。例如，《尧典传》：“万物非天不生，非地不载，非春不动，非夏不长，非秋不收，非冬不藏。故《书》曰：‘烟于六宗。’此之谓也。”郑注“六宗”说：“马氏以为六宗谓日、月、星辰、泰山、河、海也。经曰：‘肆类于上帝，禋于六宗，望秩于山川，遍于群神。’《月令》：‘天子祈来年于天宗。’如此，则六宗近谓天神也。以《周礼》差之，则为星、辰、司中、司命、风师、雨师也。”皮锡瑞疏证时，首先指出“郑注非伏义也”，然后引《五经异义》所载欧阳、夏侯说六宗，《汉书·郊祀志》所引三家博士说六宗，《续汉书·郊祀志》及刘昭注所言欧阳家说六宗，可见西汉今文博士同于伏生，均指天、地、四时之神，再引扬雄《太玄·玄告》范望注、《论衡·祭意》、《礼记·月令》卢植注、《吕氏春秋》高诱注、《楚辞》王逸注等所论六宗之义，证两汉、魏晋诸家均同于伏生今文说，由此表明郑注所采马融说及郑玄所作新解，均与伏生今文说大相径庭②。又如，《康诰传》记周文王事迹，有“四年，伐畎夷”，郑注：“畎夷，混夷也。

---

① 《尚书大传疏证》卷六，第2页。

② 《尚书大传疏证》卷一，第11页。按，据《尚书正义》，马融说“六宗”实同于《尚书大传》，此处郑注所引马氏之说，实是贾逵之说。

《诗》云：‘混夷駾矣。’四年伐之，南仲一行，并平二寇。”皮锡瑞批评说：

> 郑注“南仲”云云，与伏生义不合。三家以《采薇》、《杕杜》、《出车》皆宣王诗。《古今人表》以南仲列宣王之下，方叔、召虎、仲南甫、申伯、吉甫之间。然则南仲是宣王时人，《出车》之“王命南仲”，即《常武》之“王命卿士，南仲太祖”。三家之义，远胜于毛。今、古文各自名家，伏生多与三家《诗》合。郑以毛传注伏传，以为即文王伐畎夷，失之。①

皮锡瑞考证《毛诗》之南仲为周宣王时人，自然不能参加文王伐畎夷之战，可见郑玄以古文说解伏传，史实大误。

援用《周礼》，解《大传》虞、夏之制。例如，《夏传》：“天子三公：一曰司徒公，二曰司马公，三曰司空公。”郑注：“《周礼》天子六卿，与太宰、司徒同职者，则谓之司徒公；与宗伯、司马同职者，则谓之司马公；与司寇、司空同职者，则谓之司空公。一公兼二卿，举下以为称。”皮锡瑞据郑玄不驳《五经异义》所谓三公六卿为周制、三公九卿为前代制，以及《礼记·月令》疏引郑玄注《书传》以三公领九卿为夏制，而此注称“一公兼二卿”，将《夏传》三公与《周礼》六卿通合为一，明显不合伏生之义，批评说：

> 今文家说皆谓古者只有三公、九卿，而无六卿。六卿自是周制。若一公兼二卿，乃周大国三卿之制。《公羊》文八年：“宋人杀其大夫司马，宋司城来奔。”注云：

① 《尚书大传疏证》卷五，第10页。

"天子有大司徒、大司马、大司空，皆三公官名也。诸侯有司徒、司马、司空，皆卿官也。"又襄十一年传云："古者上卿、下卿，上士、下士。"注："说古制司马官数。古者诸侯有司徒、司空，上卿各一，下卿各二；司马事省，上、下卿各一。上士相上卿，下士相下卿，足以为治。"《礼疏》引《三礼义宗》云："诸侯三卿，司徒兼冢宰，司马兼宗伯，司空兼司寇。三卿之下，则五小卿，为五大夫。故《周礼·太宰职》云：'诸侯立三卿、五大夫也。'五大夫者，司徒之下立二人，小宰、小司徒也；司马之下，以其事省，故立一人，为小司马，兼宗伯之事；司空之下立二人，小司寇、小司空。"据此诸说，一公兼二卿，与周诸侯制合。郑以周制为夏制，以诸侯之官为天子之官，失之。①

皮锡瑞着重考证"一公兼二卿"为周时诸侯大国官制，指明郑注不仅误以周制说夏制，而且误以诸侯官制说天子官制。《夏传》又说："百姓不亲，五品不训，则责之司徒。蛮夷滑夏，寇贼奸宄，则责之司马。沟渎壅遏，水为民害，田广不垦，则责之司空。"郑注："坐而论道，谓之三公。通职名，无正官名。"皮锡瑞疏证说：

郑注云"通职名，无正官名"，此《周官》之三公，非《大传》之所谓三公也。《韩诗外传》曰："三公者何？曰：司空、司马、司徒也。司马主天，司空主土，司徒主人。君臣不正，人道不知，国多盗贼，人怨其上，则责之司徒。山陵崩陷，川谷不通，五谷不殖，草木不

---

① 《尚书大传疏证》卷三，第8~9页。

茂，则责之司空。阴阳不和，四时不节，星辰失度，灾变非常，则责之司马。”《公羊》隐五年传注引《礼》曰：“司马主兵，司徒主教，司空主土。”《汉书·百官公卿表》曰：“或说：司马主天，司空主土，司徒主人。”《白虎通·封公侯》篇曰：“司马主兵，司徒主人，司空主地。王者受命为天、地、人之职，故分职以置三公，各主其一，以效其功。《别名记》曰：‘司徒典民，司空主地，司马顺天。’”是今文说三公各有所主。《白虎通》明言“分职”、“各主其一”，与古文说不以一职为官名者截然不同。郑以古文解今文，失之。①

皮锡瑞引《韩诗外传》、《公羊解诂》、《汉书》、《白虎通》等，证明今文说三公各有分职，与古文家通职之说不同，从而指明郑注以古文解今文之失。

郑玄注经混合今古，着意泯灭家法，但后人对此不甚措意。乾嘉以来，学者承接清初《尚书》辨伪之业，专心于二十九篇真《尚书》的研究，聚焦于东汉马、郑之学，却对西汉今文《尚书》不太用心，不知伏、郑今古之别，如皮锡瑞所说：“近人并伏、郑为一谈，昧古、今之殊旨。西庄之作《后案》，阿郑实多；朴园之考今文，诋伏尤妄。”② 针对这种不明家法、阿郑诋伏、尊古抑今的现状，皮锡瑞立意“别汉司农之注，守秦博士之传”③，在疏证中以伏还伏，以郑还郑，区分伏、郑之学，辨析两汉今、古文之异同优劣，尤其对东汉古文异说加以贬黜，昌明西汉今文。皮锡

① 《尚书大传疏证》卷三，第9页。
② 《尚书大传疏证自序》，第2页。
③ 《尚书大传疏证自序》，第2页。

瑞对郑玄《尚书大传注》的辨正，成为《尚书大传疏证》的精华，颇受后学推重。如伦明为该书作提要时，对书中疏证伏传的成绩不置一词，却称“锡瑞为今文之学，书中多申伏抑郑”，列举他纠改郑注的十二条例证①。

五、结　语

皮锡瑞在晚年作《书经通论》，对其一生《尚书》研究的心得作了总结，其中一条专论伏生之学，标目为“论伏生所传今文不伪，治《尚书》者不可背伏生《大传》最初之义”。文中除强调伏生传二十九篇真《尚书》外，主要是论述《尚书大传》在今文《尚书》研究中的重要性，批评西汉今文博士及东汉马、郑古文一派背离伏生经说，附带指责清儒诬伏、诋伏之失。此文既述及《尚书大传疏证》的主要内容，也对书中一些重要观点作了发展，因此引录如下，并据文意分段。

> 全经几烬，一老憖遗。以九十余岁之人，传二十九篇之经，又有四十一篇之传，今虽残缺，犹存大略。其传兼明大义，不尽释经，而释经者确乎可据，如：大麓之野，必是山林；旋机之星，实为北极。四方、上下，“六宗”之义可寻；三才、四时，“七政”之文具在。称祖归假，知事死如事生；鸟兽咸变，见物性通人性。十二州之兆祀，是祭星辰；三千条之肉刑，难解画象。七

① 中国科学院图书馆整理：《续修四库全书总目提要（经部）》，第265页。按，伦明所举“度西曰柳穀”条，皮锡瑞本意并非辨郑注之失，而是指孙星衍之非。

始七律，文犹见于唐山；五服五章，制岂同于周世。三公绌陟，在巡守之先；重华禅让，居宾客之位。西伯受命，逮六载而称王；元公居摄，阅七年而致政。成王抗法，为世子以迎侯；皇天动威，开金縢而改葬。此皆伏生所传古义，必不可创新解而背师说者。

其后三家之传，渐失初祖之义。《汉书·于定国传》“万方之事，大录于君”，是用大夏侯说，背伏生“大麓”之说一矣。《地理志》“周公封弟康叔，号曰孟侯”，是用小夏侯说，背伏生“迎侯”之说二矣。《白虎通》以“虞宾在位”为“不臣丹朱”，亦是用夏侯说，背伏生“舜为宾客”之说三矣。欧阳、夏侯说天子服十二章，公、卿服九章，背伏生“五服五章”之说四矣。

古文后出，异说尤多。马、郑以璇机玉衡为浑天仪，背伏生“旋机，北极”之说五矣。马、郑又以日、月、五星为“七政”，背伏生“三才、四时”之说六矣。刘歆以“六宗”为水、火、雷、风、山、泽，贾、马、许以为日、月、星、河、海、岱，郑以为星、辰、司中、司命、风师、雨师，背伏生“上下、四方”之说七矣。马、郑训“肇十二州”之“肇”为“始”，分置并、幽、营三州，背伏生“兆祭分星”之说八矣。郑以“艺祖”犹周明堂，背伏生“归假祖祢”之说九矣。马以“鸟兽”为“笋虡”，背伏生“鸟兽咸变”之说十矣。“七始训”，古文作“在治忽”，郑本又作“曶”，解为“笏”，背伏生“七始七律”之说十一矣。马、郑古文以成王感雷雨，迎周公反国，背伏生“公薨改葬”之说十二矣。

刘歆欲立古文，诋博士“是末师而非往古”。试问传

《尚书》者，有古于伏生者乎？岂伏生《大传》不足信，末师之说乃足信乎？

郑君为《大传》作注，可谓伏生功臣，乃于《虞传》六宗、《夏传》三公、《周传·多士》之言郊遂，皆引《周礼》为说。又谓《虞传》“仪”当为“羲”，以傅合羲仲；《洪范》“容”当为“睿”，而改从古文。则郑君之于伏书，亦犹注《礼》笺《诗》，杂糅今、古，而非笃守伏书者矣。

近儒王鸣盛说《牧誓》司徒、司马、司空，以伏生为不可解；段玉裁说《金縢》，以今文为荒谬。彼袒护古文者，犹不足怪。孙星衍始治今文，于《多方》泥于郑注践奄在摄政时，谓《大传》不出自伏生。陈乔枞专治今文，乃于文王受命、周公避居两事，皆诋伏生老耄，记忆不全。此经义所以不明，皆由不守师说，诚无解于孔颖达“叶不归根”之诮矣。①

简而言之，皮锡瑞研究《尚书大传》的成就，可以归结为三点：首先，完成《尚书大传》的辑佚与编排，使清代二百年来辑校《尚书大传》的事业得以克竟全功。其次，对《尚书大传》大作疏通、证明，推阐伏生绝学，继郑玄之后，为伏生第二功臣。第三，判分伏、郑，别白今、古，在清儒中难有比肩之人。由此，足见《尚书大传疏证》在清代经学史上举足轻重的地位。

在皮锡瑞个人学术发展历程中，《尚书大传疏证》也有着深远的影响。皮锡瑞的《尚书》研究经历了三个阶段：首先，通过考

① 《经学通论·书经》，第56~57页。

辨伪古文，走向分别今、古文，发现了《尚书大传》、《史记》等所载西汉经说在《尚书》研究中的关键作用，并对东汉马、郑古文提出了不信任。其次，通过疏证《尚书大传》，阐明了伏生今文《尚书》之学，同时通过评议郑玄《尚书大传注》，进一步区分了两汉《尚书》今、古文，在《尚书》问题上形成尊今抑古的观念。最后，通过全面考证二十九篇《尚书》的文字、史事、礼制、说义，恢复了今文《尚书》的本来面貌，确立起西汉今文经学的学术权威。因此，在皮锡瑞的《尚书》研究中，《尚书大传疏证》实是一部承前启后的力作，既将他此前注重伏学的学术主张化为现实，又为《今文尚书考证》奠下坚实基础。至于皮锡瑞后来研究郑玄之学，沿用疏证之体，旁征博引，考镜源流，梳理家法，辨析异同，分别今、古，可谓轻车熟路，应该也是受益于《尚书大传疏证》。

第四章　皮锡瑞对《春秋公羊传注疏》的批评

在《春秋》三传中，《公羊传》着重抉发《春秋》的微言大义，探究圣人的口耳秘传，对经句文字的训解不多。何休在《春秋公羊经传解诂》中，为推阐《公羊传》的奥义妙旨，常对其中的文字、词句作训诂与考释。可是何休之解，有时失之牵强附会，乃至根本错误，而徐彦作疏时，拘于疏不破注之例，往往承袭何休误说，甚至曲为之解。清代经学昌盛，《公羊传》颇获重视，除了重义例而轻文辞的公羊学家对《公羊传》及何休解诂大作阐述，还有一批学者本着朴学精神，对《公羊传》及《春秋公羊传注疏》（以下简称《公羊注疏》）细加考究，其中著名者有惠栋《九经古义·公羊古义》、余萧客《古经解钩沉·春秋公羊传古注》、姚鼐《公羊传补注》、孔广森《公羊春秋经传通义》、齐召南《春秋公羊传注疏考证》、李富孙《春秋公羊传异文释》、吴寿旸《公羊经传异文集解》、阮元《春秋公羊传注疏校勘记》、马宗琏《公羊补注》、刘逢禄《春秋公羊何氏解诂笺》、凌曙《春秋公羊问答》、魏彦《重刊宋绍熙公羊传注附音本校记》、俞樾《群经平议·公羊平议》、陈立《公羊义疏》、王闿运《春秋公羊传笺》、何若瑶《春秋公羊注疏质疑》等。这些著述或搜辑遗说，或比对异文，或研撢旧注，或发抒新见，其中对何休《解诂》、徐彦《注疏》（以下简称何《注》、徐《疏》）用力尤多，纠摘其瑕疵，匡正其讹失。不过，对何《注》训释中的讹误，虽经清代几辈学人的努力，仍有纠而未安或正而不是者。

皮锡瑞在治经初期，曾经仔细研读《公羊注疏》，后来将其读书心得整理成《师伏堂经说·公羊传》，稿本迄今留存[①]。在现存的93条札记中，有61条是针对何《注》、徐《疏》的各种缺失而发，显而易见，对《公羊注疏》的批评，成为全稿的基调，也构成全稿的主体。因此，以下从中选取一些札记，随文加以述评，据以检视皮锡瑞对《公羊注疏》所作的批评，从一个侧面反映皮锡瑞前期经学研究的特点及价值。

一、纠补何《注》、徐《疏》训释之误

《公羊传》重在阐述《春秋》的微言大义，对经句文字训解较少。何《注》为推阐传文所蕴奥义妙旨，常对其中重要文字和词句进行训诂、考释。何休对某些字词的训释难免有误，或失之附会，徐《疏》却加以承袭，乃至曲为之解。从许、郑之学入手治经的皮锡瑞，对何《注》、徐《疏》在训诂、释义等方面出现的错误，通过分析具体语境或征引经、史、诸子文献，一一力为纠改。兹举例说明如下。

其一，《公羊传》隐元年"母欲立之，己杀之，如勿与而已矣"，何注："如即不如，齐人语也。"皮锡瑞以为此处所解"如"字不当，写道：

> 《左传疏》云："如为不如，敢为不敢，古人语急，

① 《师伏堂经说》，稿本4册，藏湖南师范大学图书馆。

> 故然。”何氏又以“如即不如”为齐人语。其实“如”字应训为“当”。《国策》“夫宋之不足如梁也，寡人知之矣”，高注：“如，当也。”《左氏传》“君若爱司马，则如亡”，“不能，如辞”，杜氏皆训为“当”。此“如勿与而已矣”，犹云“当勿与而已矣”。何氏云“不当自己行诛杀，使执政大夫当诛之”，又引“礼，公族有罪，有司谳于公，公曰宥之”以证，则“与”字当读为“预”，谓当使执政大夫诛之，而已勿与焉也。疏乃谓“不与其国而已”，传云“勿与”，不云“不与其国”，疏失注意，亦非传之意也。①

按，《左传》定五年有“子西曰：‘不能，如辞’”，疏曰：“敢为不敢，如为不如，古人之语然也。僖二十二年传云：‘若爱重伤，则如勿伤；爱其二毛，则如服焉。’经传之文，此类多矣。”可见何、孔等人训“如”为“不如”，义亦可通，但他们或归之为古方言用语，或视之为古汉语口语的特殊现象，未免有笼统、空泛之嫌，而皮氏训“如”为“当”，确有所依，颇能自成其说。皮氏上引杜预之注，见《左传》昭五十一年，杜氏另解“不能，如辞”，谓“言自知不能，当辞勿行”，实际上也是解“如”作“当”。

其二，《公羊传》隐二年“始灭，昉于此乎”，何注：“昉，适也，齐人语。”皮锡瑞认为何氏所训不确，说：

> 训“昉”为“适”，义亦难通。《列子·黄子》篇“众昉同疑”，注“始也”。是“昉”字亦训“始”，“昉于此乎”亦即“始于此乎”。其不言“始”言“昉”者，

① 《师伏堂经说·公羊传》第4条。

以上有“始灭”字，故易其文曰“昉”耳。[①]

按，对此“昉”字，清儒颇多异说。因熹平石经《公羊传》隐五年“始僭诸公，昉于此乎”之“昉”作“放”，郑玄注文中亦有“放于此乎”之语，惠栋、阮元等人遂推论汉时《公羊传》“昉”字应皆作“放”[②]。俞樾赞同此说，进而训“放”为“至”、“极”，以为“凡言放乎者，并至极之义也。若训为‘适’，则不可以为达诂矣”[③]。陈立则引《玉篇》“昉，适也”及《说文》“昉，明也”，认为“日方明，故有‘始’义，是‘昉’、‘适’、‘始’展转相训”，批评俞氏新解，维护何氏旧训[④]。但《玉篇》晚出，其“昉，适也”之语，应该是袭用何休之说[⑤]。“昉”本意“日初明”，引申为开始之义。皮氏训“昉”为“始”，以为《公羊传》变易文字以免重复，所见甚确。传曰“始灭，昉于此乎？前此矣。前此，则曷为始乎此”，其中“始乎此”与“昉于此”文法相同，可见《公羊传》本是“始”、“昉”互用。隐二年另有“始不亲迎，昉于此乎？前此矣。前此，则曷为始乎此”，又隐五年有“始僭诸公，昉于此乎？前此矣。前此，则曷为始乎此”，均是同一用法，可证皮氏之说能够成立。

其三，《公羊传》桓十六年“属负兹，舍不即罪尔”，何注：

---

① 《师伏堂经说·公羊传》第5条。

② 详参惠栋：《公羊古义》，见《九经古义》卷十三，文渊阁《四库全书》第191册，上海古籍出版社1985年，第472页；阮元：《公羊注疏卷二校勘记》，《十三经注疏》，中华书局1980年，第2205页。

③ 俞樾：《群经平议》卷二十三，光绪二十五年刻《春在堂全书》本，第2页。

④ 陈立：《公羊义疏》卷四，光绪十四年南菁书院刻《皇清经解续编》本，第5页。

⑤ 陈立在《公羊义疏》卷六十九即指出，《玉篇》“迿，出表辞”之说，实本自《公羊传》定四年“朋友相卫而不相迿”之何休《解诂》。

"属，托也。天子有疾称不豫，诸侯称负兹。"徐疏："诸侯言负兹者，谓负事繁多，故致疾。"何注对"负兹"未作训释，徐疏则为作曲解，皮锡瑞指出：

> 疏以"兹"为事繁多，义甚迂曲。《尔雅·释器》"蓐谓之兹"，注"兹者，蓐席也"，引《公羊传》曰"属负兹"。《史记·周本纪》"卫康叔布兹"，集解："藉席之名。"《荀子·正论》"琅玕、龙兹、华觐以为宝"，注："即今龙须席。"是"负兹"当即"卧疾床蓐"之义。但诸侯曰"负兹"，与天子曰"不豫"一例。以"负兹"为卧席，则其义不偏矣。"负兹"当读为"不兹"，义为"不慈"，亦为"不子"、为"不字"。《曲礼》疏引《白虎通》曰："诸侯曰负子。子，民也，言忧民不复子之也。"《史记索隐》曰："诸侯曰不兹。"子、兹，负、不，声近相通。《书》"有丕子之责于天"，郑氏读"丕子"为"不子"，义与"不慈"相近。①

皮氏从"兹"乃蓐席之义出发，指出"负兹"本义实为"卧疾床蓐"，纠正了徐疏所谓因负事繁多而致疾的曲解臆说。

其四，《公羊传》庄四年"然则齐、纪无说焉，不可并立乎天下"，何注："无说，无说怿也。"《音疏》："无说，音悦，注同。怿，音亦。"另关于"无说怿也"，阮元《公羊注疏校勘记》说："宋本同，闽、监、毛本改'悦怿'。按，《释文》亦作'说怿'。按，段玉裁云：依《说文》，注当作'说释'。说、悦，释、怿，

---

① 《师伏堂经说·公羊传》第 21 条。

皆古今字。”[①] 可见诸家皆训“说”为“悦”，皮锡瑞却提出：

> “说”当读如本字，乃“辞说”之“说”。上云：“古者诸侯必有会聚之事，相朝聘之道，号辞必称先君以相接。”此“说”字即“号辞”，言诸侯相接，号辞必称先君，而齐、纪先君世仇，故无号辞之说以相接，不可以并立乎天下也。注以“说”为“悦怿”，失之。[②]

皮锡瑞根据《公羊传》上下文加以分析，指出“说”字应读如本字，纠正何注及诸家之失。徐疏虽未对何注“说怿”再作注解，但徐氏云“正以号辞必称先君之故，是以齐、纪不得并立于天下”，正是以“号辞必称先君”来解“说”字，与传意最相符，皮氏所说与之相合。反观诸家训“说”为“悦”，作“喜悦”之义解，则与此处语境实不能相谐。

其五，《公羊传》庄二十四年“夫人不偻，不可使入”，何注：“偻，疾也，齐人语。夫人稽留，不肯疾顺公，不可使即入。”皮锡瑞在考究何氏训“偻”为“疾”的根据后，对其提出异议，写道：

> 何氏训“偻”为“疾”，盖以“偻”为“娄”之假借。“娄”即“屡”字，与“骤”义近。“骤”训“数”，亦训“疾”，故训“偻”为“疾”。然其义颇迂曲，疑“不偻”乃“不恭”之义。《左传》曰“一命而偻，再命而伛”，杜注：“偻，肩伛也。”《穀梁传》：“使偻者御偻者。”《晋语》注：“戚、施，偻人也。”《说文》：“伛，

① 阮元：《公羊注疏卷六校勘记》，《十三经注疏》，第 2229 页。

② 《师伏堂经说·公羊传》第 24 条。

> 偻也。”“伛”与“偻”本训“曲背”，引申为“鞠躬”、“恭敬”之意。《左传》曰“其恭也如是”，故疑“不偻”为“不恭”。以“疾顺”释“偻”，不如以“恭顺”释“偻”。①

按，何氏将“夫人不偻”解作“夫人稽留，不肯疾顺公”，即故作拖延、耽搁，其意与原文“夫人不偻，不可使入；与公有所约，然后入”不相连贯，而皮氏提出以“恭顺”释“偻”，“不偻”即“不恭顺”，即在言语、姿态等方面对庄公表现不恭敬，后经“与公有所约”，将其种种不恭之态加以消除，然后迎娶入境，则语意前后连贯。

其六，《公羊传》庄三十年“盖以操之为已蹙矣”，何注：“操，迫也。已，甚也。蹙，痛也。迫杀之甚痛。”何氏连训三字，但以“操”最为关键，皮锡瑞对其不表赞同，提出：

> “操”之训“迫”，经、传无文。《释名·释姿容》：“操，钞也。”《说文》：“钞，叉取也。”《通俗文》：“遮取谓之钞掠。”《广雅·释言》：“钞，掠也。”操之已蹙，盖谓其钞掠之甚痛。钞掠多，故有旗获过我之事，非必迫杀之也。②

何氏训“操”为“迫”，缺乏根据，实是臆解，皮氏则征引群籍，证明“操”即“钞”，有强取、劫掠之意，且与《公羊传》庄三十一年“旗获而过我”相印证，言之有理，可以信据。

其七，《公羊传》成二年“晋郤克投戟，逡巡再拜稽首马前”，

① 《师伏堂经说·公羊传》第30条。
② 《师伏堂经说·公羊传》第32条。

徐疏："礼，介者不拜。而郤克再拜者，盖齐师已败，行宾命之礼，投戟之后得再拜也。"皮锡瑞认为徐疏中"宾命"之"宾"字有误，说：

> "宾命"乃"殡命"之误。《晋语》曰"献之以得殡命之礼"，注谓："献边豆之数，如征伐所获国君之献礼，若秦获晋惠，是为殡命。"又引《司马法》曰："其有殡命，行礼如会。"但如韦注，则殡命之礼谓笾豆礼数，亦非军中所有，疏引证亦不尽合。①

皮氏据《国语·晋语五》所载"殡命之礼"，谓"宾命"当作"殡命"，堪称有识之见。大约与之同时，孙诒让也指出："'宾命'当作'殡命'，'殡命之礼'见《国语·晋语五》，韦注引《司马法》为释。《左氏》成二年疏引服注作'殡命'。"② 相比之下，孙氏仅增引服注为证。

其八，《公羊传》昭二十五年"昭公将弑季氏"，何注："传言'弑'者，从昭公之辞。"徐疏："君讨臣下，正应言杀，今传云'弑'，故须解之。"皮锡瑞却指出：

> 下文"吾欲弑之，何如"，注云："昭公素畏季氏，意者以为如人君，故言'弑'。"夫昭公虽畏季氏，何至自处臣列？若以季氏为君，而以臣弑君之辞称之，且传亦何得从昭公之辞称之为"弑"，以乱君臣之义乎？传言"弑"，亦即"杀"也。"杀"、"弑"双声，"弑"从"杀"省，故"弑"、"杀"二字古通用。文十四经"齐

① 《师伏堂经说·公羊传》第61条。
② 孙诒让：《十三经注疏校记》，齐鲁书社1983年，第639页。

公子商人弑其君舍”，《穀梁》经作“杀”。昭十三年经“弑其君虔于乾溪”，《穀梁》亦作“杀”。《穀梁》庄元年传“躬君弑于齐”，释文：“弑，又作‘杀’。”是二字通用之证。此传应称“杀”而言“弑”，正犹《穀梁》经应书“弑”而云“杀”。后人泥于“弑”字，必谓臣弑其君之词。何氏所云亦附会，非古义也。[①]

何、徐等人皆固守“弑”之本义，以为“弑者，杀君之辞”，故执以解传而实未能解。皮氏论“弑”、“杀”同声相通，最能解说昭公“吾将弑之”之辞。其实，“昭公将弑季氏”文下，有《音疏》云“将杀，音试，下及注同”，把传“将弑”二字写作“将杀”而注明“音试”，已指出“弑”、“杀”声同互用。又《公羊传》定八年记阳虎之乱，有“弑不成，却反舍于郊”，其下《音疏》亦云“杀不，音弑，下同”，将“弑不”写作“杀不”，所云“下同”即下文“弑千乘之主而不克”。阳虎此次“弑”季孙，实即前文所云“某月某日，将杀我于蒲圃”之“杀”。可见，《公羊传》中本有“弑”、“杀”互用之文。徐疏解“弑不成”，云“正以季孙于阳虎为君，故谓之弑”，同样因泥于字面而有误。

其九，《公羊传》定四年“朋友相卫而不相迿”，何注：“相卫，不使为仇所胜。迿，出表辞，犹先也。不当先相击刺，所以伸孝子之恩。”徐疏：“依《大司马》，田猎习战之时，云‘为表，百步则一，为三表；又五十步为一表’，然则表者，谓其战时旅进旅退之限约。迿者，谓不顾步伍勉力先往之意，故曰‘出表辞’。”皮锡瑞却提出不同的意见：

---

① 《师伏堂经说·公羊传》第76条。

如注、疏说，则“不相迿”即《礼》云“不为魁”、“无为戎首”之意。但“迿”为“出表辞”，其说他无所见。《说文》无“迿”字，止有“徇”字，云：“行示也。从彳，匀声。《司马法》：‘斩以约。’”《六书故》引《说文》作“徇”，从旬声。此作“迿”，俗又作“狥”、作“殉”，皆即“徇”字，故释文：“音峻，又音巡，又玄偏反。”何氏解“迿”为“先”，如其说，当作“不为先”，与“不为魁”、“无为戎首”义同，不当云“不相先”也。此“迿”字，当即殉死之“殉”。《孟子》“以身殉道，故驱其所爱子弟以殉之”，注：“从也。”《史记·韩世家》“将以殉韩”，索隐曰：“从死也。”《屈贾传》“贪夫殉财”，索隐曰：“亡身从物谓之殉。”此言朋友之道，但宜相卫，不使为仇所胜，不宜相殉以身，从之死也。战国、两汉之侠，多有借躯报仇以为朋友者，皆乱世之风，实非古义，故《礼》曰“不许友以死”，此传曰“不相迿”。“不相迿”即“不许友以死”之义，注、疏解为“先”，似失之。①

按，依何、徐之说，“不相迿”即不争为人先、无为魁首，与前文“相卫”似相抵触，让人莫名其妙。陈寿祺《左海经辨》已提出“《说文》‘侚’、‘徇’即‘朋友相卫而不相迿’之‘迿’”，陈立也有“《说文》无‘迿’字，古从辵字多与从彳字混，疑‘迿’即‘徇’也”之说②。皮氏进而训“迿”为“殉”，持之有据，且论朋友“不相迿”之道，合于古人“不许友以死”之义，更是言

① 《师伏堂经说·公羊传》第84条。

② 陈立：《公羊义疏》卷六十九，第20页。

之成理，《公羊传》即明言“朋友相卫而不相迿，古之道也”。

其十，《公羊传》哀十二年“何以书？记异也”，何注有云“晋分为六卿”，徐疏为作解曰：“《左氏》及《史记》皆云晋三分为魏、赵、韩，今云晋分为六卿者，盖其初时，晋君失政，六卿用事，不妨其下灭时但三家分之矣。”齐召南曾指出，自定十三年荀、范出奔，晋国实是四卿专政，“注谓晋分为六卿，不可解也”①。皮锡瑞作了一番考辨，指出：

> 何氏此注殊不可通。定十三年传云：“晋赵鞅取晋阳之甲，以逐荀寅与士吉射。”此时荀、范既逐，晋无六卿，何氏岂不知之？疏谓初时六卿用事，则何氏明言“自是之后”，不当推之六卿用事之前，荀、范未逐之时也。疑“六卿”乃“四卿”之误。古“四”字作“𦉭”，与古“六”字作“𠘨”相似易讹。《礼·王制》：“今以周尺六尺四寸为步。”《考工记》云：“六尺有六寸，与步相中也。”是《王制》“四”字当作“六”，犹此注“六”字当作“四”。《史记·晋世家》：“出公怒，告齐、鲁，欲以伐四卿。四卿恐，遂反攻出公。”此晋分为四卿之明证。其后三家共灭知氏，遂分为三晋矣。②

皮氏通过对历史事实的考辨，确认鲁哀公十二年时，晋国已不存在六卿，何氏应该不会有此常识性的错误，所以提出“六卿”当是“四卿”之误，甚属有见。大概与之同时，何若瑶也根据《史记·晋世家》的相关记载，指出“当日但有四卿，‘六’当‘四’

① 齐召南：《春秋公羊传注疏考证》，《皇清经解》卷三百一十四，道光九年学海堂刊本，第286页。

② 《师伏堂经说·公羊传》第91条。

之误"①。

二、指陈何《注》、徐《疏》违离传义之弊

注不违传、疏不破注，是经书笺注的传统和基本原则，可以有效防止出现歪曲原典或诠释过度。皮锡瑞也以此为据，在品评《公羊注疏》时，将其中违背传文之处加以指陈、批评。兹举数例如下。

其一，《公羊传》庄元年"正月以存君，念母以首事"，何注："礼，练祭取法存君，夫人当首祭事。时庄公练祭，念母而迎之。当书'迎'，反书'孙'者，明不宜也。"徐疏："存君者，即襄二十九年注云：'正月岁终而复始，臣子喜其君父与岁终而复始，执贽存之。'然则今此练祭者，亦是臣子闵君父往年此日没，今年复此日存而祭之，取法存君矣。言'夫人当首祭事'者，谓夫人当为首而营其祭事也。言'时庄公练祭'者，谓桓公去年四月薨，今年三月方为练祭而欲迎母，非谓此时已为练祭矣。"何氏、徐氏均以练祭来解"存君"、"念母"，君指桓公而言，皮锡瑞却提出：

> 注、疏之说迂曲殊甚，疑非传意也。《公羊》之意，以为夫人固在齐，并非此时始孙，因庄公即位而念母，甚若以即位之后事无急于此者，故曰"念母以首事"，贬之不与念母也。首事非必练祭之事，存君亦非谓存先君，君即属庄公言。经云："元年，春，王正月。"书正月者，

---

① 何若瑶：《春秋公羊注疏质疑》卷下，光绪八年何氏《何宫赞遗书》刻本，第50页。

以明新君即位之义，故曰“正月以存君”。正月无事，至三月始书“夫人孙于齐”，庄公即位后之事始见于此，故曰“念母以首事”也。①

皮氏直接对经、传原文作仔细解读，认为“正月以存君”，实是《公羊传》解说《春秋》庄元年记“王正月”，即载明新君庄公即位之事，所存之公实指庄公；“念母以首事”则是《公羊传》解说《春秋》庄元年记事何以首举“夫人孙于齐”，以为庄公即位之后数月无事可记，至三月始有姜氏“孙于齐”之事，因此《公羊传》所谓“存君”、“念母”，均与练祭桓公无关，何注早已逸出传文之外，徐疏因之再作误解。按，《公羊传》襄二十九年有“正月以存君也”，何注“正月岁终而复始，臣子喜其君父与岁终而复始，执贽存之”，根本未及“练祭”之事，何氏解“正月以存君”前后不一，而徐疏虽引以解庄元年“正月以存君”，却误从何氏庄元年之注，为之强作解事，实是自相矛盾。又《公羊传》昭三十年“春，王正月，公在乾侯”，何注：“闵公运溃，无尺土之居，远在乾侯，故以存君书，明臣子当忧纳之。”可见《春秋》实有正月书君以“存君”之例，何氏亦屡及此例。因此，皮锡瑞仅说注中所云“疑非传意”，实在太过审慎，俞樾即明指以练祭作解有三失，直斥“何氏此解甚为违失”②。

其二，《公羊传》庄九年“内不言败，此其言败何？伐败也”，何注：“自夸大其伐而取败。”皮锡瑞指出：

谓此战以夸大其伐取败，传无其事，且此传明复雠

① 《师伏堂经说·公羊传》第22条。
② 俞樾：《群经平议》卷二十三，第5页。

> 之义。董子《繁露》云："三百年之久，而复雠者有二焉。"以此战与齐襄复雠并言。是《公羊》固深许其复雠，不当谓"夸大其伐"也。"伐"即"征伐"之"伐"，注云"时实不能为纳子纠伐齐，诸大夫以为不如以复雠伐之"，是也。传例"内不言败"，为内讳也。此以复雠伐之而败，虽败犹荣，则不必讳，故又云："曷为伐败？复雠也。"盖其不书公者，以公本无复雠之心，而不讳败者，以败实为复雠之举。"伐"即谓"以复雠伐之"，注云"夸大其伐"，非传意。①

按，是年鲁与齐战于乾时而败，《春秋》"内不言败"，却于此战曰"我师败绩"，《公羊传》因此特加解说，以为是"伐败"，即鲁国以复仇之义讨伐齐国，虽败犹荣，所以违于常例而书败。皮氏联系下文复仇之说来解"伐败"，最得传意。何氏却将"伐败"解作"自夸大其伐而取败"，其中"自夸大"云云，显非《公羊传》本义。

其三，《公羊传》僖二年"宝则吾宝也，虽然，吾马之齿亦已长矣。盖戏之也"，何注："以马齿长戏之，喻荀息之年老。"徐疏："言虽有谋，年老必昏耄不任使，故言，盖戏之也。"何氏以马齿已长喻指荀息年老，徐氏进而作"昏耄不任使"之解。皮锡瑞则以为：

> 荀息之年固不可知，然亡虢、举虞止隔五年，不应遽谓其老。传言宝则吾宝、马齿已长，即是戏言，无谓荀息年老之意。注泥看"戏"字，以为喻荀息年老，似

① 《师伏堂经说·公羊传》第24条。

未然。①

按，荀息当初议以白璧、良马赂虞公，谓献公“宝出之内藏，藏之外府；马出之内厩，系之外厩尔，君何丧焉”，晋在假道灭虢后四年又一举取虞，荀息见“虞公抱宝牵马而至”，因问献公“臣之谋何如”，于是献公回答说：“宝则吾宝也，虽然，吾马之齿亦已长矣。”晋君之马在虞四年，可见献公所言“马齿已长”本有实指，并非虚语。何、徐之所以有误，正如皮氏所言，是泥看一个“戏”字，脱离上下文而作臆解。当然，“盖戏之也”中的“戏”字，确有戏弄、讽喻之意，但其对象并非荀息，而指虞公。皮氏谓“即是戏言，无谓荀息年老之意”、“以为喻荀息年老，似未然”，全从荀息入手解“戏”字，实未见及献公所戏非荀息，故仍作疑似之语。

其四，《公羊传》僖二十四年“鲁子曰：‘是王也，不能乎母者，其诸此之谓与’”，何注：“犹曰：是王也，无绝义，不能事母，而见绝外者，其诸谓此灼然异居、不复供养者与?”徐疏：“《公羊》以为此天王出居于郑，不事其母，而自出居于郑。《春秋》恶其所为，是以书出以绝之，实非出奔，故云‘灼然异居、不复供养者与’。”皮锡瑞对此表示异议，说：

> 王者虽不能乎母，不至异居、不复供养。鲁子曰“此之谓与”，盖谓“不能乎母”，而见绝外者，即此“出居于郑”之谓与？《公羊》固不同《左氏》义，然传亦无“不复供养”之文也。②

---

① 《师伏堂经说·公羊传》第36条。
② 《师伏堂经说·公羊传》第41条。

按，周襄王因王子带与狄人之难而避居于郑，《春秋》书“天王出居于郑”，《公羊传》以为圣人有贬绝襄王之义，并归因于襄王“不能乎母”。何氏解上文“王者无出，此其言出何？不能乎母也”，云：“不能事母。罪莫大于不孝，故绝之言出也。”将“不能乎母”解为襄王不能尽孝道，至解鲁子之言，更具体指为襄王“灼然异居，不复供养”。徐氏两作疏解，皆循顺其说。然而正如皮氏所说，《公羊传》中并无周襄王与母异居、不复供养之文，何、徐所解是以己意增成其义。何若瑶即指出，周襄王实因叔带与狄人之攻伐而出居于郑，“不能乎母，传不知何据”[①]。齐召南则根据《左传》所言，认为周襄王必须以母相事的惠后早已去世，“此时岂有惠后尚在而曰‘不能乎母’乎”，讥责公羊家专注于《春秋》书出之文而未计及历史事实[②]。其实，这里的关键不在襄王如何“不能乎母”，而是鲁子“此之谓”究何所指。皮氏以为鲁子“此之谓与”指襄王“不能乎母”，似未必然。据其语境，鲁子“此之谓”应指《春秋》之书“天王出居于郑”，所谓“是王也，不能乎母者，其诸此之谓与”，是强调王者“不能乎母”，殆将书“出”于《春秋》经、遭受贬绝。

三、揭举何《注》、徐《疏》前后乖异之失

在《公羊注疏》中，何、徐大量援引《公羊传》不同年月的相关文句，比较同异，彼此互解。然而，对于某些相同或近似的

① 何若瑶：《公羊注疏质疑》卷上，第36页。
② 齐召南：《春秋公羊传注疏考证》，第146页。

文句，有时却出现彼此异解的现象，造成前后不一乃至互相抵触。皮锡瑞对此屡有揭举，其例如下。

其一，《公羊传》隐元年“此其为可褒，奈何？渐进也”，何注：“渐者，物事之端，先见之辞。去恶就善曰进。譬若隐公受命而王，诸侯有倡始先归之者，当进而封之，以率其后。不言先者，亦为所褒者法，明当积渐，深知圣德灼然之后乃往，不可造次陷于不义。”皮锡瑞加以通检后指出：

> 传云“渐进”，承“可褒”言，谓褒之以渐进，非谓其可褒者由于能渐进也。邾娄仪父失爵当名，而始与公盟为可褒，然使称为邾娄子，则嫌褒之太骤，非渐进之义，故特书字，以渐进之，是为“因其可褒而褒之”矣。庄十年传注：“不言楚言荆者，楚强而近中国，卒暴责之，则恐为害深，故进之以渐。”疏谓：“故欲进之以渐，先从卑称进之。”此“渐进”与彼注义正同。成七年经“吴伐郯”，注云：“吴国见者，罕与中国交，至升平乃见，故因始见以渐进。”疏云：“然则吴、楚相敌，亦宜言扬，当以扬州言之，而经言吴者，正以罕与中国交。至升平之世乃始见经，故因其始见于升平，故经直以渐进之。”所云“渐进”之义亦同。何氏乃不以彼注“渐进”之义解此“渐进”，何也？①

可见何注至少有三次言及“渐进”，后两次皆解“渐进”为“进之以渐”，唯独于隐元年解为因“积渐”而“进”之，显是前后乖异。徐氏随文作疏，亦未觉察。皮氏仔细体味传文，认为隐元

---

① 《师伏堂经说·公羊传》第3条。

年之“渐进”亦当解作“进之以渐”，即《公羊传》通过书邾娄之字，对其始与隐公盟会作有限的褒扬。这样，皮氏不仅察觉何氏作注前后不一，同时也指出何《注》违失传文本义。

其二，《春秋》桓二年“宋督弑其君与夷，及其大夫孔父”，何注：“贤者不名，故孔父称字。”徐疏：“此经之下亦有注，云‘贤者不名’者，但考诸旧本，悉无此注，且与注违。”徐氏已指出何氏此注与他处之注乖违，皮锡瑞进而指出此注与下文之注亦相歧异：

> 下文注云：“以称字，见先君死。”“礼，臣死，君字之。以君得字之，知先攻孔父之家。”何氏以称字为先君死之证，则不当又以为贤者不名。四年传注：“礼，君于臣而不名者有五：诸父兄不名，经曰王札子是也，《诗》曰王、曰叔父是也；上大夫不名，祭伯是也；盛德之士不名，叔肸是也；老臣不名，宰渠伯纠是也。”无“贤者不名，孔父是也”之文，疏云衍文，是也。①

何氏注“及其大夫孔父”，谓“贤者不名，故孔父称字”，但紧接着为解释传文何以知宋督先攻孔父之家，提出“臣死，君字之”一说，可见，同样是解说“孔父”称字，却有两种说法，歧异殊甚。

其三，《公羊传》庄三十年“其国亡矣，徒葬乎叔尔”，徐疏：“谓不得与夫合葬，故言徒。徒者，空也。案上四年‘齐侯葬纪伯姬’，传云：‘外夫人不书葬，此何以书？隐之也。何隐尔？徒葬于齐尔。’而此重发之者，正以彼则于齐，此则于叔，故重言之。”

① 《师伏堂经说·公羊传》第16条。

何氏此处对“徒葬”未作训解，徐氏解为“不得与夫合葬”，并引述《公羊传》庄四年“徒葬于齐尔”，以为二者同类相似。但皮锡瑞检视庄四年何注，发现并非如此，写道：

> 四年传“徒葬于齐尔”，注：“徒者，无臣子辞也。国灭无臣子，徒为齐侯所葬。”则此亦当为“无臣子辞”，非谓不得与夫合葬也。①

何氏解庄四年之“徒葬”，强调“国灭无臣子”，徐氏疏解引之为据，却将原文“何隐尔？其国亡矣，徒葬于齐尔”句中“其国亡矣”四字故意剔漏，以成其“不得与夫合葬”之说。《公羊传》庄三十年曰：“外夫人不书葬，此何以书？隐之也。何隐尔？其国亡矣，徒葬乎叔尔。”可见两处传文完全一致，且同样强调“其国亡矣”，徐氏疏说之误显而易见。按，俞樾论徐氏此疏之谬，与皮氏近乎一词，仅增“十二年传曰‘徒归于叔尔也’，岂谓不得与夫同归乎”②。

四、皮锡瑞批评《春秋公羊传注疏》的缺失

皮锡瑞对《公羊注疏》的批评，本身也有各种不足之处，诸如：引证稍欠充分，有些可直接取证于《公羊传》或何氏《解诂》，不必旁求于诸经、子、史；间作疑似之语，或凭单文孤证立说，难以让人信服；对某些字词的训诂、解注值得商榷，甚至明

---

① 《师伏堂经说·公羊传》第31条。

② 俞樾：《群经平议》卷二十三，第9页。

显有误。兹举其训解有误失者两例：

其一，何《注》、徐《疏》有误，皮氏所纠亦不确。《公羊传》襄二十六年“剽之立，于是未有说也”，何注：“凡篡立，皆缘亲亲也。剽以公孙，立于是位，尤非其次，故卫人未有说。”各家亦皆训“说”为“悦”。皮锡瑞认为诸家所训不确，写道：“‘说’当读如字，‘未’当作‘末’。‘末有’，犹云‘无有’。‘末有说也’与‘吾与郑人末有成也’文法正同。剽以公孙，立非其次，故‘末有说’，谓其无辞以自解说也。注读为悦喜之‘悦’，失之。”① 皮氏指陈各家之误，确是的论（另，何、徐在注解中言“卫人”、“卫”，实是增成传义，亦误），但他将“未有说”解为“无辞以自解说”，意谓公孙剽继位缺乏正当理由，仍非《公羊传》本义，且疏忽“于是”二字。根据上下文，本句当断作“剽之立于是，未有说也”，此“说”字当解为“言”，“未有说也”指经不书剽继位之事，即下传所谓“不言剽之立”、注所谓“不书剽立”。按，襄十四年四月，卫大夫宁殖、孙林父逐卫侯衎而立公孙剽，但《春秋》仅书“己未，卫侯衎出奔齐”，复于襄二十五年书“卫侯入于陈仪”，始终未言及剽立之事。另，何氏为“不言剽之立者，以恶卫侯也”作注解，明云“欲起卫侯失众出奔，故不书剽立。剽立无恶，则卫侯恶明矣”，“剽立无恶”指出剽继位本身不足非议，至于传中“恶剽也”之“恶”，并非因为公孙剽德行有亏而遭圣人讥贬，传明言“曷为恶剽？剽之立于是，未有说也”，即因经“不书剽立”而恶之。根据襄十四年、二十五年、二十六年、二十七年《春秋》所书卫侯诸事及《公羊传》所作解说，可知受讥贬的实是卫侯。因此，何、徐所谓卫人“未有悦”及皮氏

① 《师伏堂经说·公羊传》第71条。

所谓剽“无辞以自解说”，皆属误解。《公羊传》云：“此谖君以弑也，其言复归何？恶剽也。曷为恶剽？剽之立于是，未有说也。然则曷为不言剽之立？不言剽之立者，以恶卫侯也。”根据传文，“剽之立于是，未有说也”与下句“然则曷为不言剽之立”前后相承，所言实为相同之事。将“未有说”解作“不书剽立”，则传中文意十分连贯。

其二，何《注》、徐《疏》本不误，皮氏误加批驳。《公羊传》定元年“定君乎国，然后即位”，何注解“定君乎国”为“定昭公之丧礼于国”，皮锡瑞却认为何注有误，说：“定昭公之丧礼，不得云‘定君’，‘定君’当谓定新君之位。”① 如从皮氏之说，则“定君乎国，然后即位”，前后两句语意重复。按，是年经“元年，春，王”，书“元年”而无“正月”，传曰：“定何以无正月？正月者，正即位也。定无正月者，即位后也。即位何以后？昭公在外，得入不得入，未可知也。”注有云“今无正月者，昭公出奔，国当绝，定公不得继体奉正”，传、注均明言因昭公之丧未入，定公尚未即位。及至六月癸亥，昭公之丧至，定公五日后即位，传因此特作问答之语：“癸亥，公之丧至自乾侯，则曷为以戊辰之日然后即位？正棺于两楹之间，然后即位。”何注为作解云：“昭公死于外，不得以君臣礼治其丧，故示尽始死之礼。礼，天子五日小敛，七日大敛；诸侯三日小敛，五日大敛。殡而成服，故戊辰然后即位。”徐疏再作解释说：“今欲示尽始死之礼，故云公之丧癸亥日，至于丁卯，殡而成服，戊辰之日乃即位矣。”可见，传、注、疏皆指明先定昭公之丧，丧定之后始行定公即位之礼，

---

① 《师伏堂经说·公羊传》第 81 条。

“昭公之丧既正，即于殡前行即位礼称君，与天子大敛后称王同也”[①]。“定君乎国，然后即位”，实是子沈子对此事所作总结之语，故何氏之注是而皮氏之说非。

五、结　语

皮锡瑞对于《公羊注疏》，除在文字、语句的训释、说解上大作纠补，以及批评其违失传文、前后歧互的缺失，间亦指斥何、徐的臆断、诬妄。例如，《春秋》庄十五年“夏，夫人姜氏如齐”，徐疏无任何凭证，竟断言姜氏“复与桓通也”，陈立已质疑此说，谓“未知所本”[②]，皮锡瑞则责斥说：“传谓齐桓淫姑姊妹不嫁者七人，桓公未必有此事。且夫人姜氏至自齐，至是已三十年，文姜非夏姬，尤不应有此也。疏以其曾与襄通，遂疑复与桓通，亦近诬矣。”[③] 又如，《公羊传》哀十四年“末不亦乐乎尧、舜之知君子也”，何注云“末不亦乐后有圣汉，受命而王，德如尧、舜之知孔子为制作”，宣称孔子预知汉运将兴，特作《春秋》以授汉，皮锡瑞对这种神化孔子、援依谶纬解经的做法极为反感，批评说：“孔子作《春秋》为后王法，本无可疑。汉承周后，即以夫子之《春秋》为汉制法，亦无不可。必谓孔子知汉将兴，作以授汉，则近诬矣。纬书附会以端门之命，见何氏注，词甚鄙诞。盖由当时说《春秋》者撰造此说，献媚于时，故汉一代尊信《公羊》最甚。

---

① 陈立：《公羊义疏》卷六十八，第15页。另可参见齐召南：《春秋公羊传注疏考证》，第26页；俞樾：《群经平议》卷二十三，第27页。

② 陈立：《公羊义疏》卷二十一，第15页。

③ 《师伏堂经说·公羊传》第27条。

说《左氏》者羡之，乃亦造为‘其处者为刘氏’之言，以证汉为尧后，刘炫以为先儒欲求道通而窜入者是也。说《公羊》者谓孔子为汉制法，正与说《左氏》者窜入六字相同，故《公羊传》与董子《繁露》皆无此说。”①

值得一提的是，清代中叶今文经学兴起后，《公羊传》虽一时备受重视，可是清代公羊学家的兴趣，主要在借《公羊传》抉发《春秋》微言大义，探究圣人的口耳秘传，重义例而轻文辞，除陈立《公羊义疏》、王闿运《春秋公羊传笺》，真正对《公羊传》作训诂、考释的并不多见，注意到《公羊注疏》的更少②。皮锡瑞却本着朴学精神，对《公羊注疏》作精挑细剔，指陈其瑕疵，纠补其缺失，因此值得后人重视。皮氏某些训诂、考据的结论，为今人撰写《公羊》新疏提供了重要的参考意见。

---

① 《师伏堂经说·公羊传》第92条。

② 刘文淇曾指出：“汉儒之学，经唐人作疏，其义益晦，徐彦之疏《公羊》，空言无当。近人如曲阜孔广森、武进刘逢禄，谨守何休之说，详义例而略典礼、训诂。”见《清史列传》卷六十九《陈立传》。

第五章 皮锡瑞对《左传》杜解补正的贡献

对杜预《春秋左氏经传集解》的批评与纠正，既构成了清代《左传》研究的重要内容，也与清代《春秋》左氏学史相始终。但学术界历来重视清代前期和中期的杜解补正著作，对顾炎武《左传杜解补正》、惠栋《左传补注》、洪亮吉《春秋左传诂》、焦循《春秋左传补疏》、王引之《经义述闻·左传述闻》、李贻德《春秋贾服注辑述》、刘文淇《春秋左氏传旧注疏证》等十分推崇，对沈彤《春秋左传小疏》、马宗琏《春秋左传补注》、沈钦韩《春秋左氏传补注》、张聪咸《左传杜注辨证》、朱骏声《春秋左传识小录》、丁晏《左传杜解集正》、钱绮《左传札记》等也时加称引，而对于晚清学人纠补杜解的成绩，仅仅关注延续乾嘉考据学风的俞樾、章炳麟和刘师培[①]。究其原因，一方面是相信，经过乾嘉大师的长期努力，对杜解的纠补已大功告成，精华既竭，晚清学人难有大的建树；另一方面则认为，随着乾嘉考据学的盛极转衰，特别是《春秋》公羊学的异军突起，晚清学者的《左传》研究已经转换课题，或致力于创建《左传》新注新疏，或用心于应对今文经学的挑战，没有兴趣也没有心力从事杜解补正的工作。然而仔细考察晚清的经学史，发现事实并非如此。在晚清数十年间，

---

① 参见沈玉成、刘宁《春秋左传学史稿》（江苏古籍出版社 1992 年）、赵伯雄《春秋学史》（山东教育出版社 2004 年）、罗军凤《清代春秋左传学研究》（人民出版社 2010 年）。

仍有一些学者在继续纠补杜解，他们不仅更多地发现和纠正了杜解固有的谬误，还对清代前、中期纠杜成果中的缺失和错误加以补充、更正，由此继美增高，后出转胜，将杜解补正提升到一个更高的层次。皮锡瑞的《左传浅说》就是一本被人忽视的杜解补正力作。

根据《师伏堂日记》记载，《左传浅说》原为《师伏堂经说》九种之一①，是皮锡瑞研读《春秋左传正义》时所作札记，成稿于1884年前后，1899年有所增删，并改为今名②。《左传浅说》一依清儒著书成例，先录经、传文字，次摘注、疏文字，再在“谨案”下述说己见。全书6万余字，分上下两卷，上卷自隐公至襄公，有170条札记，下卷自昭公至哀公，有114条札记。从各条札记讨论的问题来看，大体上可以分成五类：一是训诂字词，解说文句，约有120条，纠正杜注、孔疏的误训误解，或对两汉先儒和清代经师的训释提出异议、加以补充。二是考求史事，论说人物，有50余条，就杜注、孔疏和前人某些违背史实、彼此歧异或阙疑难明

---

① 皮锡瑞之孙在《皮鹿门先生著述总目》中，介绍皮锡瑞《九经浅说》时说：“光绪二十年甲午辑壮岁治经所作，共七种，计《左传》二卷、《公羊》一卷、《穀梁》一卷、《礼记》二卷、《尚书》二卷、《诗》二卷、《四书》若干卷。光绪二十五年己亥湖南思贤书局刊《礼记浅说》（上下二卷）及《左传浅说》（上下二卷）。光绪二十六年庚子拟刊其他五种未果，现均散佚。”（见皮名振：《皮鹿门年谱》，卷首“传略”第7～8页）。而据皮锡瑞《师伏堂日记》所载，此书原称《师伏堂经说》，计有《书》、《诗》、《礼记》、《左》、《公》、《穀》、《论》、《孟》、《国语》九种，成稿于1884年前后。

② 《师伏堂日记》中有关《左传浅说》的重要记载有：“校《师伏堂经说·左传》。此皆十年前所为也。中多前人已说，间有新解可取，拟使人录出。”（甲午年十一月廿二日）“校《礼记浅说》毕。阅《公羊》《穀梁说》，亦有可存者，似《穀梁》各条尤善。《左氏说》亦有可补入阮刻《经解》者，特少时所见，今亦有不以为然者，间为删补数处。刻以问世，似亦可无愧也。”（己丑年九月廿三日）“日前以《礼记》《左传浅说》四本付邹富文转呈祭酒，今复书许可，云已付手民。”（庚子年三月十三日）

的史事、人物、氏姓、名字等进行考论。三是辨析名物，疏证典制，约有50条，涉及礼制、服制、政制、乐制、宫室和草木鸟兽等，对杜、孔及历代先儒的错误和疏漏加以纠正。四是勘校文字，审辨句读，约有30条，对《左传》和杜注、孔疏某些文句的讹、衍、脱、倒与句读提出意见。五是分析书法，发抒议论，约有20条，对杜预有关《左传》凡例和《春秋》性质的意见加以批评，或利用《左传》的记载和杜注、孔疏的说法，印证经学史上的某些问题。

训释字句与考索史事是清儒杜解补正的两大重点。《左传浅说》对杜解训诂与史事所作的纠补，虽不像顾炎武《左传杜解补正》那样具有创发性，其语辞训释的精确性也无法与王引之《左传述闻》同日而语，但皮锡瑞沿着清初大师指引的方向，运用乾嘉大师开创的方法，援引前辈时贤发现的材料，加上自己的审慎思考，着重从文字训诂和史事考辨两个方面继续开展杜解补正工作，仍然取得了可观的成绩。《左传浅说》虽在历法和地理两个方面显得欠缺，但皮锡瑞对名物典制的详尽疏证、对文字句读的细心审辨、对《春秋》书法的入微分析，使《左传浅说》兼擅众长，自具特色，差可追步于惠栋的《左传补注》，足以媲美于沈钦韩的《春秋左氏传补注》和俞樾的《左传平议》。皮锡瑞在继承和批评前人杜解补正成果的基础上，同时从文字、语句、史事、人物、典制、书法等多个方面下手，对《春秋左传正义》的错误与阙失作了一次认真清理，使杜解补正更趋完善，《左传浅说》也因此成为晚清同类著述中的翘楚。以下试从四个方面，对《左传浅说》的学术成就略作评析。

一、增加对杜解错误的纠正

清代学者补正杜解，一方面博采先儒成说，另一方面发展出文字、音韵、名物、典制、版本、地理、历法等专精之学，大师名儒前后踵继，专书、笔记层出不穷，使杜解补正达到了空前的规模。因此，后继者的杜解补正极有难度。皮锡瑞在光绪年间撰作《左传浅说》，仍能读书有间，纠正了杜解在训诂、史事、典制、书法等方面更多的错误，弥补了前人纠杜的阙漏，扩大了杜解补正的范围。以下试举三例。

例一，隐五年传“夏苗”，杜注：“苗，为苗除害也。”孔疏以为杜注取自《尔雅注》，其说有本，并以郑玄解《周礼·大司马职》“苗田”，说“择取不孕任者，若治苗去不秀实者”，与杜解有异，遂以郑注及《白虎通义》所说“择去其怀任者”有误，驳称：“苗非怀任之名，何云择去怀任?”清儒对杜解词义训诂失当者绳纠最多，但无人注意及此。皮锡瑞指出：“‘苗’本假字，其正字当作‘覒’。《说文》：‘覒，择取也。读若苗。’《诗》‘左右芼之’，传训‘择取’，亦即‘覒’之假字。‘覒’读若‘苗’，其字即可作‘苗’。《白虎通》云‘择去其怀任者’，其说不误，盖以‘苗’为‘择取’之名，非谓‘苗’为‘怀任’之名也。正义不知‘苗’为假字，乃诋《通义》，殊谬。郑注《周礼》云‘择取不孕任者’，其解尤明，而又云‘若治苗去不秀实者’，则反近于傅会，盖亦不知‘苗’为‘覒’之假字。杜注以为‘为苗除害’，安见兽之害稼独在夏乎？”[①] 皮氏运用通假原理，指明“苗”之本字当是“覭”，引《说文》和《诗》毛传为证，辨明杜、孔之误，同时还指出郑氏亦有小失。[②]

例二，隐八年经“宋公、齐侯、卫侯盟于瓦屋”，杜注：“齐侯尊宋，使主会，故宋公序齐上。瓦屋，周地。”孔疏：“《春秋》之例，国以大小为序。《外传·郑语》云：‘齐庄、僖于是乎小伯。’此齐侯即僖公也。齐为会主，则齐宜在上。今宋在齐上，故特解之。由宋敬齐侯与卫先遇，故齐侯尊宋，使为会主。”清儒中仅见沈钦韩纠及杜氏此注，但沈氏引《一统志》、《水经注》等资料，指出杜氏“瓦屋，周地”之说有误，对杜注前一部分并未涉及。皮锡瑞则对“齐侯尊宋”的说法表示怀疑，指出：“宋公以爵，自宜先齐。桓公创伯之后，齐乃常居宋上耳。庄、僖小伯，犹未能主盟也。”[③] 他认为宋为二王之后，爵号公，居五等爵号之首，经书宋公于齐侯之上，是依五等爵次为序，与齐侯是否尊宋无关，至于孔疏所谓“齐为会主”之说，更与史实不符，因为齐自桓公始称霸主盟，《春秋》据事直书，“齐乃常居宋上”[④]。日本学者竹添光鸿略晚几年所作《左氏会笺》也纠驳杜氏此注，指出：“宋公在上，贵王爵也。此时齐侯虽曰小伯，未必主诸侯之会盟

---

① 皮锡瑞：《左传浅说》卷上，光绪二十五年思贤书局刊，第3页。

② 按，《公羊传》桓四年“春曰苗”，何注：“毛也。明当见物取未怀任者。”皮锡瑞在《师伏堂经说·公羊传》稿本中申释何注，亦谓“毛”字当作“覭”，与此略同，并指出：“郭注《尔雅》谓‘为苗稼除害’，邢疏不知‘苗’本‘择取’之义，乃疑‘苗非怀任之名’，则失之更远矣。”其实，邢疏解说“夏猎为苗”，正援引杜氏此注，并全抄孔氏此疏。

③ 皮锡瑞：《左传浅说》卷上，第4页。

④ 按，杨伯峻《春秋左传注》释此经文说：“此时宋序仍在齐上，自齐桓公以后，齐常序在宋上矣。”所说与皮锡瑞同，但未明其理据。杨氏同时坚持瓦屋确属周地，以杜注、孔疏为是，以清人之纠杜为非。中华书局1990年第二版，第57页。

也。嘉好之事，难以军旅之例概说之。桓十三年齐在宋上，此战伐例也。庄五年、十年亦同，十四年‘单伯会齐侯、宋公、卫侯、郑伯于鄄’，此则齐桓公也，自此齐、宋之序一定。杜以后年概是经，未是。”① 从战伐与会盟义例有别，指出杜注淆乱之误，更加证实了皮氏之说。

例三，桓元年传“宋华父督见孔父之妻于路，目逆而送之，曰：美而艳”，杜注：“色美曰艳。”陆德明释文谓“艳，美色也”，仍是顺承杜注。孔疏：“美者，言其形貌美；艳者，言其颜色好，故曰美而艳。为二事之辞。‘色美曰艳’，《诗》毛传文也。”孔疏虽知美、艳“为二事之辞”，但仍依从杜注，且以杜注本于毛传，谓有根据。然而，以色美或色好训“艳”，使“美”、“艳”二字混同，“美而艳”并列，则文义重复，不合传意。清代纠杜诸儒中，无一人察及此注训释之未安。皮锡瑞惩前儒之疏，指出杜注之失：“‘色美曰艳’虽本毛传，然如其说，则‘美’、‘艳’不当分两义。正义以‘美’属形貌，又与注云‘色美’不合。《说文》：‘艳，好而长也。从丰，丰，大也。’则‘艳’当为‘丰大’之义。人有美而不丰大者。‘美而艳’，盖美而又丰大，所谓‘好而长也’。”② 按，《说文·豐部》解“艳”字，明引“《春秋传》曰：美而艳”，已作有正解，杜预不察，误据毛传作注。段玉裁《说文解字注》引毛传“美色曰艳”及《方言》“艳，美也”，批评说：“今人但训‘美好’而已，许必云‘好而长’者，为其从丰也。丰，大也。‘大’与‘长’义通。《诗》言庄姜之美，必先言‘硕人颀颀’；言鲁庄之美，必先言‘猗嗟昌兮，颀若长兮’；

① 竹添光鸿：《左氏会笺》，巴蜀书社 2008 年影印本，第 90 页。

② 皮锡瑞：《左传浅说》卷上，第 9 页。

所谓‘好而长也’。《左传》两言‘美而艳’，此‘艳’进于‘美’之义。人固有美而不丰满者也。毛传及《方言》皆浑言之也。”皮氏所说虽是根据《说文》及段注，在学术史上仍有其价值，因为在段氏之后，治《左传》的学者仍不断沿袭杜、孔旧说，直到近年才有赵生群作最为详尽的纠正[①]。

二、改正清儒纠杜的失误

对于前辈大师如顾、惠等人的成果，皮锡瑞并不盲目信从，而是采取实事求是的态度，发现有误即加以指正，提高了清代杜解补正的学术质量。《左传浅说》中有十多条札记，都是针对清儒纠杜的失误而作，有的明举其人其书，明言其非其失，有的则是隐纠其错，暗指其失；有时针对一家一说而发，有时则纠弹多人、驳正众说。合而观之，《左传浅说》对清儒纠杜失误的指正，可分成以下两种情形略为述介：

一是杜解不误，清儒误加纠正者。例如，宣六年传“郑公子曼满与王子伯廖语”，杜注：“二子，郑大夫。”惠栋最先置疑，称“王子，疑非郑大夫”[②]。后来沈钦韩也说：“王子似是周人，非郑

① 竹添光鸿《左氏会笺》虽想纠杜注，却说：“凡女子称美者言颜色，则艳者其光也。美之尤者，必有光气动人。”（第127页）杨伯峻《春秋左传注》也说：“美言其面目姣好，艳言其光彩动人。”（第83页）引起后学纠弹，如夏维新《杨伯峻〈春秋左传注〉商补》（南京师范大学硕士学位论文，2005年）及《杨伯峻〈春秋左传注〉商榷十一则》（载《文教资料》2004年第15期）。赵生群《〈左传〉志疑（二）》（载《中国典籍与文化》2006年第1期）补充诸多资料，对此问题作了最为详尽的论述。

② 惠栋：《左传补注》卷二，中华书局1991年，第42页。

大夫，郑无王子也。”[①] 春秋时，除楚国因有不臣之心而有大夫僭称王子，其余诸国大夫中无称王子者，惠、沈可能因此而疑杜注。《左传》所载王子应是周王子孙，沈氏“王子似是周人，郑无王子”之说自有道理，但不得其解，所以只能怀疑杜注有误。俞樾根据襄八年传郑有王子伯骈，认为“惠氏所疑偶不照”，但仍以杜注有误，“惟以本传而言，则此王子伯廖实为楚大夫”[②]。按，襄八年传载楚国伐郑，郑“使王子伯骈告于晋”，杜注“伯骈，郑大夫”，俞樾据以纠惠，甚为有据，但他提出王子伯廖当为楚大夫，仅是根据对宣六年传例的推寻[③]，并无文献的佐证。皮锡瑞说：“郑不称王，其大夫何得称王子？或疑杜解非是。不知春秋时，国君之子多出仕于他国，如卫公子开方在齐，晋公子雍在秦，公子乐在陈，皆是。周室既衰，同于列国，故王之子孙亦出仕于诸侯。卫有王孙贾，解者以为周顷王之孙，则此‘王子伯廖’与后‘王子伯骈’，必皆周王之子仕于郑者。郑与周最相近，故王子多仕于其国。齐又有王子成父，疑亦周王之子仕齐者。杜云‘二子，郑大夫’，不误。若必以为郑之公子与周王之子语，王子非郑大夫，则后‘王子伯骈’，传明言郑人使之，岂得谓非郑大夫乎？”[④] 皮氏依据《左传》各处记载，既证明杜注不误，又以王室子孙出仕

---

① 沈钦韩：《春秋左氏传补注》卷五，凤凰出版社影印《皇清经解续编》石印本，第2963页。

② 俞樾：《群经平议》卷二十六，《续修四库全书》影印南菁书院《皇清经解续编》初刊本，第3页。

③ 俞樾推论说：“此传本与上文‘楚人伐郑，取成而还’连属为一，楚与郑成，故其大夫交相见，因而郑公子曼满得与楚王子伯廖语也。王子伯廖不系于楚者，蒙上‘楚人伐郑’而省耳。不然，曼满见杀不在是年，《左氏》何为横发此传乎？”（《群经平议》卷二十六，第3页）按，竹添光鸿《左氏会笺》全采俞氏之说，详见第849页。

④ 皮锡瑞：《左传浅说》卷上，第36页。

诸侯之事，释列国大夫称王子之疑，有理有据，让人信服[1]。再如，襄十九年传“贿荀偃束锦、加璧、乘马，先吴寿梦之鼎”，杜注：“古之献物，必有以先，今以璧、马为鼎之先。”孔疏：“古之献物，必有以先之。《老子》云：‘虽有拱抱之璧，以先驷马。’谓以璧为马先也。僖三十三年‘郑商人弦高以乘韦先牛十二犒师’，谓以韦为牛先也。二十六年‘郑伯赐子展先路、三命之服，先八邑’，谓以车、服为邑之先也。皆以轻物先重物。此锦、璧可执，马可牵行，皆轻于鼎，故以璧、马为鼎之先，以轻先重，非以贱先贵，鼎价未必贵于璧、马也。”杜注依循古礼，切合传意，孔疏引证翔实，解说分明。另如僖二十六年传“赐之先路、三命之服，先八邑”，僖三十三年传“郑商人弦高以乘韦先牛十二犒师”，襄二十六年传“夫人使馈之锦与马，先之以玉”，杜注、孔疏所解均与此年相同，可以互证其是。但惠栋《左传补注》却说：“子惠子曰：马为庭实，未闻以马为先；且马不上堂，安得先之？‘先吴鼎’亦不辞，‘先吴’犹言‘先秦’、‘先汉’欤?”既疑杜注以马为先之说，又责“先吴寿梦之鼎”辞不成句。其实襄二十六年传“夫人使馈之锦与马，先之以玉”，杜注“以玉为锦、马之先”，与此年注“以璧、马为鼎之先”全同，而襄二十六年传作“先之以玉”，与此年传“先吴寿梦之鼎”及僖二十六年传“先八邑”、“先六邑”语意正同，惠氏不成其辞的说法毫无根据。继有沈钦韩纠驳杜注说：“锦与璧、马，赠贿之常礼也，故以吴鼎先将其意。

---

① 杨伯峻在《春秋左传注》中提及惠栋、沈钦韩、俞樾之说，但未加采信，另外提出：“周伯有王子，楚自称王，亦有王子；然列国亦有王子，文十一年传齐有王子成父，襄八年及十一年传郑有王子伯骈，则此王子伯廖或亦是郑大夫。”（第 689 页）可见仍取杜注，持论与皮锡瑞略同，而不如皮氏言之成理。

惠云：马为庭实，未闻以马为先；马不先上堂，安得先之?"[①] 可见沈氏同样反对杜注以马为先之说，故引惠氏为证，另外提出"以吴鼎先将其意"的新说，以为先送吴鼎以致意，然后再送束锦、加璧、乘马。但沈氏此说恰与古礼"遗人以物，皆以轻先重后"乖违，显然有误；解"先"字为"先将其意"，又有增字之失。俞樾也采信惠氏不当以马为先之说，但对"'先吴鼎'亦不辞，'先吴'犹言'先秦'、'先汉'"的说法不肯苟同，认为"夫郜鼎不称先郜，纪甗不称先纪，吴鼎何必言先吴耶"，提出另一种新见："先，疑'旡'字之误。'旡'读为'暨'，暨，及也，犹言'贿荀偃束锦、加璧、乘马及吴寿梦之鼎'也。"俞氏以《左传》多古字为由，以为传文本当作"旡"，而"'旡'、'先'形似，学者多见'先'、鲜见'旡'，因误以为'先'"[②]，实有凿空立说之嫌；况且以"暨"释"旡"，不但迂回，更与古礼相违。因惠说为后人信从，皮锡瑞专门针对惠书加以批评，提出："今考惠氏之说非是。'先秦'、'先汉'乃后世之说，古无此称。郜鼎不云'先郜'，吴鼎何云'先吴'？此当仍以杜解为正。以璧先马，古之正礼。今以有寿梦之鼎，故以璧、马为鼎之先。必以异于古礼绳之，则古未有以鼎为贿者。春秋时之变礼，岂得尽与古礼同哉？若以马不在堂为疑，则亦不然。二十六年传郑伯赐子展'先路、三命之服，先八邑'，车、服陈于庭，礼有明文，亦非可上堂者。先路可以先邑，安见马不可先鼎乎?"[③] 皮氏以古之正礼以明杜注之是，又以春秋之变礼来解惠氏之惑，并引襄二十六传文为佐证，

---

① 沈钦韩：《春秋左氏传补注》卷七，第2974页。按，竹添光鸿《左氏会笺》驳杜注、孔疏，采惠、沈二家之说，详见第1338页。

② 俞樾：《群经平议》卷二十六，第23页。

③ 皮锡瑞：《左传浅说》卷上，第50页。

足以服人[①]。

二是杜解有误，但清儒纠而不得其是者。例如，宣十二年楚师入郑，郑伯哀求楚君“不泯其社稷，使改事君，夷于九县”，杜注“夷于九县”：“楚灭九国以为县，愿得比之。”陆德明释文及孔疏遍稽《左传》，寻出楚所灭者有申、息、邓、权、弦、黄、夔、江、六、蓼、庸等十一国，而杜云“楚灭九国”，事不相合，陆氏因而疑惑不解，说“此十一国，不知何以言九”，孔疏则说：“楚之灭国多矣，言九县者，申、息定是其二，余不知所谓。苏氏、沈氏以权是小国，庸先属楚，自外为九也。”引苏、沈之说，将权、庸排除在外，以凑合九国之数。顾炎武同样考得楚所灭有十一国，认为杜注“楚灭九国”必是误说，遂引傅逊《春秋左传注解辨误》之说，以明杜注之误：“时楚适有九县，故郑愿得比之，言服事恭谨，如其县邑耳，非必追记其所灭之国也。”[②] 傅氏、顾氏想要改正杜注之失，却仍纠缠于“九县”二字，实与杜氏同误，“时楚适有九县”之说，更是无稽之谈。鉴于历代先儒同为杜注迷误，皮锡瑞从“夷”、“九”二字入手，辨析说：“上云‘不泯其社稷’，注谓：‘使社稷不灭。泯，犹灭也。’是郑伯方谓不灭其社稷，使改事楚，乃又以比于楚所灭国为君之惠，明与上言‘不泯其社稷’不合。且楚所灭申、息诸国，未闻不绝其祀，得存社稷，如纪季入酅，请后五庙以存姑姊妹也。是郑伯所愿比之九县，必

① 杨伯峻为襄十九年传文作注说：“先吴寿梦之鼎者，先于吴寿梦之鼎也。犹二十六年传‘郑伯享子展，赐之先路、三命之服，先八邑’，亦以先路、三命之服先于八邑，皆以轻物为先。前人注此多不明此句法。”（《春秋左传注》，第1045~1046页）可见此释“先吴寿梦之鼎”，与杜注、孔疏之意正同，而谓“前人注此多不明此句法”，应是针对惠栋、沈钦韩、俞樾而言，但未免抹煞孔疏。杨氏在引用书目中未列《左传浅说》，故不知皮锡瑞有此申杜注、纠清儒的说法。

② 顾炎武：《左传杜解补正》卷中，中华书局1991年，第26页。

非指楚所灭之国，'九县'当属泛说也。九为阳数之终，故古人于数之多者每以九言，非必拘定九数。汪中《释三九》篇已明辨之。《公羊传》'叛者九国'，非必实有九国也。此云'九县'，正与《公羊》'九国'相同。其不言'国'而言'县'者，乃自卑贬之意，谓愿比于诸国以事楚，如《晋语》云'君实有郡县'耳。先儒屑屑计较，而又苦于数之不合。不知'九县'本非实数，杜解已非确诂。苏、沈以权、庸不当数，安见其余诸国皆非小国与属楚者乎?"① 皮氏先从传文出发，指出杜注将"夷"理解为"灭"，与传意相违，进而据汪中之说，将"九"字不作实数看，则杜注之误了然可见，诸儒所疑也涣然冰释②。

三、重视对孔疏错误的纠正

"注不违传，疏不破注"，是历代经书注解共同遵循的基本原则。孔疏在为杜注作解时，更是不敢逾越"疏不破注"的藩篱，即使对于杜注违经背传处，疏解仍然曲徇注文，不惜附会穿凿，强作解事，走上阿杜佞注的歧途。对此，清儒在纠摘杜解时，也

---

① 皮锡瑞：《左传浅说》卷上，第 37 页。按，竹添光鸿《左氏会笺》曰："夷，等也。夷于九县，言服事恭谨，如其县邑也，不必以楚灭国计数；且郑方望其存而不灭之，而以灭国为比，与上文又不合矣。书传凡称九者，皆极言之也。"（第 880 页）可见与皮氏所说全同。

② 杨伯峻说："夷于九县，即等于九县。九县者，楚灭诸小国，皆以为县。……郑国土地较大，非仅楚之一县，故云九县。九可用作虚数，汪中《述学·释三九》已详言之，则九县犹言诸县耳。《经典释文》、孔疏以及于鬯《香草校书》俱误解九为实数，举某国某县以实之，非传旨。"（《春秋左传注》，第 720 页）今人多从杨注，实则杨注之前已有皮锡瑞、竹添光鸿之说。

经常一并指出孔疏的谬误，责备其曲说鲜通，焦循、沈钦韩等人还讥斥孔疏为虎作伥，替杜预短丧、弑逆等邪说作辩护。相形之下，皮锡瑞对孔疏的关注大大超出前儒。《左传浅说》不但在驳正杜解时指出孔疏曲附注文的错误，还对孔疏新增的讹误作了清理和纠正，由此在杜解补正这一传统研究领域内，开辟出孔疏补正的新方向，有利于全面开展《春秋左传正义》的校正和研究。《左传浅说》纠正孔疏自身讹误的札记将近 20 条，除数条是对孔疏文字与句读的校正外，多数是批驳孔疏解传申注的谬误，以下归为三类，加以例说：

一是对孔疏误释文义的纠正。对于传中某些文句，杜氏未加注解，孔疏为之补作训释，自有其功，但有时训释错误，反而汩没传义。例如，僖十九年传“宋公使邾文公用鄫子于次睢之社，欲以属东夷”，孔疏：“属，训聚也。杀鄫子以惧东夷，使东夷聚来归己也。”皮锡瑞批评说：“宋襄用人于社，盖以儌福求霸。故子鱼曰：‘用人，其谁享之?’又用诸昏淫之鬼，乃杀人祭鬼，以求东夷来属，非必以惧东夷也。”[1] 皮氏分析宋襄用人于社，不过是一种迷信巫术、借鬼神来邀福的举动，并非用淫虐之刑或残暴之行来威慑、恐吓诸小国，孔疏“杀鄫子以惧东夷”之说，实非传文本义。此传所载宋襄杀人祭鬼“欲以属东夷”，与本年下传“齐桓公存三亡国以属诸侯”、僖七年传管仲谓齐桓“君以礼与信属诸侯”句法一例，文义相同。又哀十一年传“不属者，非鲁人也”，杜注：“属，臣属也。”此“属东夷”正可借以为训，意谓

① 皮锡瑞:《左传浅说》卷上，第 24 页。

臣属东夷，使来归附。孔疏训“属”为“聚”，显然失当①。

二是对孔疏误说史事的纠正。《左传》多载史事，孔疏为解传、注，往往稽核《春秋》经传及各种史籍，厥功甚大，但时出谬误，遭到皮锡瑞批驳。例如，桓九年传“巴子使韩服告于楚”，孔疏：“文十六年，与秦、楚灭庸。以后不见，盖楚灭之。”皮锡瑞指出，楚灭巴国之说失考，一则“楚境止及扞关，不能至巴”，一则楚国失计，不知取巴以自强：“楚灭夔、灭庸，不知乘机以取巴、蜀，乃使为秦先得，以招烧夷陵、取鄢郢之祸，最为失着。楚威王谓‘秦有举巴、蜀，并汉中之心’，是楚亦明知之。威王之时，楚最强盛，乃不先动，何也？正义谓楚灭巴，失之不考。”皮氏进而推断说：“战国时巴、蜀相攻，皆告急于秦。秦遂因此取蜀，巴盖亦秦所灭。”② 皮氏所说虽然仍是一种推测，但较之孔疏要合情理。再如，襄十一年传“魏绛于是乎始有金石之乐”，孔疏：“唯言魏绛有金石之乐，不言女乐。女乐，房中私宴之乐，或不以赐之。”皮锡瑞纠驳说：“《外传》云：‘公赐魏绛女乐一八，歌钟一肆。’是所赐实有女乐，传略言之耳。”③ 郑国以乐赂晋，文公以其半赐魏绛，《左传》与《国语》所载大同小异，故皮氏引《国语》之文，以证《左传》此处只说魏绛“始有金石之乐”，未言有女乐，是承前文省略，并非如孔疏所说不以女乐赐魏绛。其实，传文载“郑人赂晋侯以歌钟二肆，及其镈、磬，女乐二八。

---

① 按，竹添光鸿《左氏会笺》曰：“属字有联属怀来之意，下文‘以属诸侯’、哀十三年‘属徒五千’、其十四年‘属徒攻闱与大门’、其二十七年‘属孤子三日朝’，皆同。宋公执鄫君用之于社，欲示威于东夷，以来属之，若曰若不来属，将尽如鄫子，是武威慑人之术也。”（第504页）可见仍取孔疏之说，至于以此传“属东夷”与“属诸侯”、“属徒”、“属孤子”混为一谈，更为失当。

② 皮锡瑞：《左传浅说》卷上，第13页。

③ 皮锡瑞：《左传浅说》卷上，第54页。

晋侯以乐之半赐魏绛”，明言郑赂以“女乐二八”，晋侯又“以乐之半赐魏绛”，则魏绛受赐之乐中，不仅有金石之乐，必定也有女乐。孔疏竟于传文失之眉睫，妄加猜测，疏漏实甚。

三是对孔疏误解礼制的纠正。《左传》善于礼，因此杜注、孔疏解说礼制之文较多，但因礼多变异，古礼不尽行于后代，杜注时有误会古礼之处，至孔疏说礼，则更多误解。如昭元年传“围布几筵，告于庄、共之庙而来”，孔疏：“《聘礼》臣奉君命聘于邻国，犹尚释币于祢乃行，况婚是嘉礼之重？故围自布几筵，告父、祖之庙而来也。《文王世子》曰：‘五庙之孙，祖庙未毁，虽为庶人，冠、取妻必告。’郑玄云：‘告于君也。’亦既告君，必须告庙。君尊不主臣婚，故围自告也。”皮锡瑞批评说：“《白虎通》曰：‘娶妻不先告庙，示不必安也。’《士昏礼》婿家不告庙，汉人已明解之。正义引《文王世子》推之，谓‘告君必告庙’，又谓‘君尊不主臣婚，故围自告’，岂五庙之孙为庶人者，亦得自告君之祖庙耶？又引《聘礼》推之，谓‘聘尚释币于祢，况婚是嘉礼之重’，则当时或因聘而释币，并告以因聘而婚，事亦有之，然如其说，则亦非谓婚娶必先告庙也。后人据此以为婚必先告之证，殊未必然。”[1] 皮氏根据《仪礼》和《白虎通》，证明古礼男家亲迎之前不告庙，此公子围告庄、共之庙，是因其受命出聘郑国，依《聘礼》自当告庙，传称“楚公子围聘于郑，且娶于公孙段氏”，可见是因聘事而兼娶妇，非专因婚事而告庙。至于《文王世子》所说，乃天子、诸侯之制，非疏族士庶之礼，孔疏竟混为一

① 皮锡瑞：《左传浅说》卷下，第1页。另可参见皮锡瑞《经训书院自课文》卷二《〈士昏礼〉婿家不告庙考》及《经学通论》卷三《三礼》“论古礼多不近人情，后儒以俗情疑古礼，所见皆谬”条。

谈。后人以为娶妻必先告庙，实是误解《左传》之文，误信孔疏之说[①]。

四、新解新说独具创见

《左传浅说》固然较多申述郑众、贾逵、服虔等左氏先师之说，以及表彰刘炫规杜之见，据以驳正杜注、孔疏的横决谬戾，但遇到先儒注解均有未安、清人补正又不得其是，皮锡瑞就自出新解。细加考察，皮锡瑞的新说新解多能自成其说，更有一些独具创见，很有学术价值。他在日记中自评书中“间有新解可取”，“有可补入阮刻《经解》者”，后人研究《春秋》或校注《左传》，应该加以参考、采纳。以下试举三例。

例一，《春秋》书臣蒙君弑者有三人，即孔父、仇牧、荀息，其中孔父是名是字，历来意见歧异。《公羊》力持书字为褒说，传中对孔父大加奖誉，人多信从。《左传》仅述其事，褒贬并不分明，而据孔疏所引“《公羊》、《穀梁》及先儒皆以善孔父而书字”，则左氏先师持论同于二传[②]。但杜预立异于左氏先师，在桓

① 杨伯峻解“告于庄、共之庙而来”，即节引孔疏，说：“句谓曾祭告于祖与父之庙而来娶妇。”（《春秋左传注》，第1200页）专以娶妇解公子围之告庙，既与传文“楚公子围聘于郑，且娶于公孙段氏”不合，也未注意到皮锡瑞的批评意见。

② 另《礼记·曲礼下》孔疏引许慎《五经异义》：“《左氏》说：既没，称字而不名。桓二年‘宋督弑其君与夷及其大夫孔父’，先君死，故称其字。”臧恭寿据两处孔疏所引，谓“据此，知左氏先儒解此及仇牧、荀息诸条，皆同二传”。（《左氏古义》卷一，《续修四库全书》影印劳氏丹铅精舍抄本，第11页）陈立也认为：“《左氏》说与何氏同，与今杜氏异，必《左传》先师郑众、贾逵等所传之精义，故亦以孔父为字也。”（《公羊义疏》卷十一，《续修四库全书》影印南菁书院《皇清经解续编》初刊本，第3页）

二年经、传下作注及撰《春秋释例》，不但以孔父为名，而且列举其罪，责以“内不能治其闺门，外取怨于民，身死而祸及其君”。清儒自顾、惠以来，大多纠摘杜氏此注，力证孔父为字，批评杜预故意立异、最为谬妄，焦循更斥其饰伪附篡、诬圣乱经[1]。但以《春秋》书法论，君前臣名，自是定例，况且经于孔父、仇牧、荀息书法全同，仇牧、荀息称名，何独孔父称字？可见，以称字或书名分别褒贬，各有说辞，难定是非。皮锡瑞虽坚持“孔父确是字而非名”，批评杜注误字为名，却别开生面地提出：“然必以孔父书字为褒词，则亦不然。孔父、仇牧、荀息三人，书法相同。《春秋》据事直书，即知其殉君难，不必以书字而后为褒。若以孔父书字为褒，荀息、仇牧何独不书字乎？《公羊传》注有‘贤者不名，故孔父称字’，疏谓：‘考诸旧本，悉无此注，且与注违，则知有者衍文。’是以称字为褒者非也。”皮氏不取书字为褒之说，认为《春秋》据事直书而褒贬自见，将公羊家“称字为褒”、杜预“书名罪之”两皆吐弃，回归《春秋》书法，彰明《春秋》大义，由此批评“杜氏于孔父、仇牧、荀息皆加贬词，殊乖《春秋》之义”[2]，既击中了杜注要害，也可息解前人纷争。1907 年刊印的廖平《春秋左传杜氏集解辨正》，着重摘发杜预凡例之谬，在论及仇牧、荀息称名时说：“仇牧能殉君难，死不避难，直书而美自见。”“汉师以为善荀息者，直书其事而自见，不在称名称字。”[3] 廖氏所

---

① 详可参见惠栋《左传补注》卷一、沈钦韩《春秋左氏传补注》卷一、朱骏声《春秋左传识小录》卷上、钱绮《左传札记》卷三、焦循《春秋左传补疏》自序及卷一。

② 皮锡瑞：《左传浅说》卷上，第 10 页。

③ 廖平：《春秋左传杜氏集解辨正》卷上，光绪三十三年四益馆铅印本，第 34 页、第 45 页。

说，可与皮氏先后相印证。

例二，宣六年传“《周书》曰：殪戎殷”，杜注：“义取周武王以兵伐殷，尽灭之。”杜于上句“将可殪也”，训“殪”为“尽”，此又训“戎”为“兵”，如此训解，“殪戎殷”即是“尽兵殷”，辞不成句，窒碍难通。孔疏即疑其误，称“如杜所注，‘戎’训为‘兵’，谓以兵伐殷而殪尽也，‘殪’字宜在下”，但因不敢破注，只好说“以《周书》本文，故其字在上”。沈钦韩引《中庸》郑注“壹戎殷者，壹用兵伐殷也”，批评说：“杜预以‘殪’为‘尽’，非也。《释诂》：‘殪，死也。’《释名》：‘殪，翳也，就隐翳也。’武王岂尽殷之类者哉！”① 沈氏指出杜注“殪”字之误，但以“死”训“殪”，又沿用以“戎”为“兵”之训，纠杜之非而未尽得其是。皮锡瑞则直摘杜注之失，并对“戎”字作出新解：“如杜解，当颠倒经文，以就其说。伪孔传训为‘杀兵殷’，亦甚不词。《诗》毛传皆训‘戎’为‘大’，此‘戎’字当作‘大’字解，‘殪戎殷’犹言‘灭大殷’耳。杜与伪孔皆训‘戎’为‘兵’，故其义难通。”② 按，《康诰》孔传及孔疏、《中庸》郑注及孔疏，均因误训“戎”为“兵”，文义扞格不通。皮氏据毛传解“戎”为“大”，又以“殪”为“灭”，“殪戎殷”意即“灭大殷”，文从字顺，最为胜解。稍后章太炎撰《春秋左传读》，据《尔雅·释诂》训“戎”为“大”，以“殪”字为“壹击而灭之”，

---

① 沈钦韩：《春秋左氏传补注》卷五，第 2963 页。

② 皮锡瑞：《左传浅说》卷上，第 37 页。按，竹添光鸿《左氏会笺》据《尔雅》、《方言》，训“戎”为“大”，“戎殷犹《诗》言大商耳，《书》蔡传以为殪灭大殷，是也。如杜解以戎为兵，则殪字宜倒向戎字下，于文不顺”（第 848 页），所说与皮氏有相近者。

并论《逸周书》“谒戎殷于牧野”与此“殪戎殷”同[①]。“殪戎殷”从此有了正解[②]。

例三，哀十一年传“劓殄无遗育，无俾易种于兹邑”，杜注：“劓，割也。殄，绝也。育，长也。易种，转生种类。”孔疏：“刑名以截鼻为劓，劓是割也。易谓转易，无使转生种类，不令更有恶子孙也。”依此说解，施以截鼻之刑，不会导致“殄无遗育”，皮锡瑞因此批评说：“但截其鼻，未见不能易种，亦未见是殄绝。杜云割，不云割鼻，则劓非截鼻也。《易·困》九五‘劓刖’，京房作‘劓刖’。是‘劓’与‘剑’通。古无‘剑’字，即以‘劓’字为之。《书·多方》‘劓割夏邑’，‘劓割’即‘剑割’。《盘庚》篇伪孔传亦曰：‘劓，割也。’与此杜解正同。杜以‘易种’为‘转生种类’，义亦未安。《诗·皇矣》‘施于孙子’，笺云：‘施，犹易也，延也。’《尔雅·释诂》：‘弛，易也。’郭注曰：‘相延易。’是‘易’与‘延’同义，‘易种’犹云‘延种’。”[③]以为“劓”本字当是“剑”，俞樾纠昭十三年传“先归复所，后者劓”杜注之误时已创其说，皮氏是否见及俞书，今已难以确知。皮氏

---

① 章太炎：《春秋左传读》卷八，《章太炎全集》（二），上海人民出版社 1982 年，第 376 页。

② 杨伯峻为“殪戎殷”作详注说：“《尔雅·释诂》云：‘戎，大也。’殪戎殷者，灭绝大国殷也。周常称殷为大国殷或大邦殷，亦称天邑商、大商。此之戎殷，与大商、大国殷、大邦殷、天邑商同义。《逸周书·世俘》云：‘甲寅，谒戎殷于牧野。’亦称殷为戎殷。旧解或为兵戎，误。”（《春秋左传注》，第 688 页）杨氏论周人对殷的称呼含有“大”字或“大”义，为皮、章之说补充了证据。

③ 皮锡瑞：《左传浅说》卷下，第 37 ~ 38 页。按，昭十三年传“先归复所，后者劓”，杜注：“劓，截鼻。”可见孔疏以截鼻之刑来解说杜氏“劓，割也”，并未歪曲杜注本意，皮氏以为“杜云割，不云割鼻，则劓非截鼻也”，此说失当。又，竹添光鸿《左传会笺》谓：“劓当读为剑，详昭十三年。易，延也。易种谓延子孙。”（第 2338 页）昭十三年会笺明引俞樾之说（第 1843 页），训“易”为“延”则与皮氏说相近。

此条札记的最大贡献，在训“易”为“延”，以“延种”说“易种”，使“劓殄无遗育，无俾易种于兹邑”变得明白晓畅，“劓”字当作“刽”的说法也更加坚确不移。皮氏此说不仅可纠杜注之误，还可用来纠正《尚书》孔传之误。孔传训“劓”为“割”，与杜同误，而对“易种”则含糊其词，不加训释。《尚书》孔疏以“易”为“染易”，“易种”指善人因恶种染易而变恶，“无俾易种”指绝灭恶种，以免善人受染变恶，所说迂曲难解。民国年间曾运乾作《尚书正读》，于《盘庚》中篇“我乃劓殄灭之，无遗育，无俾易种于兹新邑”下注曰：“劓，断也。殄，绝也。育，读为胄。易，延易也。”[①] 曾氏是否受到皮氏这位乡贤的启发，同样难以稽核，不过曾氏之说又被杨伯峻《春秋左传注》采用[②]，足证皮氏新解自有其学术史上的价值与地位。

五、结　语

皮锡瑞的《左传浅说》不仅内容广泛，富有新见，而且学风谨严，持论平实，堪称晚清杜解补正的代表之作。最值得一提的是，《左传浅说》虽用力针砭杜解学术之谬误，却不肆意贬斥杜氏人品之卑污，这既与多数清儒从事杜解补正的思想旨趣有所不同，也与皮锡瑞晚年在《春秋通论》中显现的经学立场迥然相异。可以说，这本《左传浅说》，无论对于今人全面了解清代杜解补正的成绩，还是深入剖析皮锡瑞的经学成就与思想，都有重要的意义。

---

① 曾运乾：《尚书正读》卷三，中华书局1964年，第107页。

② 杨伯峻：《春秋左传注》，第1664页。

可惜的是，《左传浅说》迄今不为人知，不仅民国年间编撰的《续修四库全书总目提要》未加著录，当代从事《左传》校注的学者也未列作引用书目①；不但研究清代杜解补正的学者未注意到它，甚至研究皮锡瑞《春秋》学的人也绝口不提它。在此，笔者吁请学界同仁关注《左传浅说》，这对今后全面准确地校注《左传》和深入开展清代《春秋》左氏学史研究，都会有所裨益。

---

① 就笔者所知，晚清以来重要的图书目录著作中，仅孙殿起《贩书偶记》提及《左传浅说》的卷数与刊版情况，目前也仅有北京出版社《四库未收书辑刊》据《左传浅说》思贤书局己亥刊本加以影印。

第六章　皮锡瑞的“郑学”研究

皮锡瑞虽从许、郑之学入手治经，但专究《尚书》，宗主今文，后因纂辑《孝经古义》，发现《孝经》古义多从郑注，因而撰作《孝经郑注疏》，从此兼攻郑学，开辟出一个新的研究领域，最终成为清代精研郑学的专家。皮锡瑞从事郑学研究，不仅成果数量丰富，在清儒中位居前列，更值得注意的是，他以今文学者的身份对郑玄经学著述大加疏证，呈现出迥异于乾嘉学者的思想特色。本章先对皮锡瑞的郑学研究作一概述，然后以《孝经郑注疏》和《驳五经异义疏证》为例，对其撰述经过与思想要旨详加探究，藉以窥探皮氏经学的丰富内容及其分别家法、崇尚今文的学术品性。

一、疏通郑氏一家之学

郑玄是东汉末年的著名学者，集两汉经学之大成。他先究今文，后习古文，成为通学，于是兼采今、古，遍注经传，造作诸论，如《后汉书·郑玄列传》载：“凡玄所注《周易》、《尚书》、《毛诗》、《仪礼》、《礼记》、《论语》、《孝经》、《尚书大传》、《中候》、《乾象历》，又著《天文七政论》、《鲁礼禘祫义》、《六艺论》、《毛诗谱》、《驳许慎五经异义》、《答临孝存〈周礼〉难》，凡百余万言。”郑玄不仅以著述空前跻身经学大家，更以扭转学风成为一代宗师，正如范晔在《郑玄列传》后所论：“自秦焚六经，圣文埃灭。汉兴，诸儒颇修艺文。及东京，学者亦各名家，而守文之徒，滞固所禀，异端纷纭，互相诡激，遂令经有数家，家有数说，章句多者或乃百余万言，学徒劳而少功，后生疑而莫正。郑玄括囊大典，网罗众家，删裁繁诬，刊改漏失，自是学者略知所归。”皮锡瑞又补充说：“汉今、古文家各持一说，莫能相通，见郑君独出手眼，为之沟通，如以《王制》为殷制、《周礼》为周制之类，和同两说，大费苦心，按之皆有左证，于是众论翕然宗之，皆舍其今、古文专门之学，而师法郑氏。”①

郑学在汉末曾经盛极一时，但魏、晋以来，一意驳难郑玄的王学与舍弃名物礼制的玄学盛行，郑学逐渐衰微。南北朝对峙时，郑学仅行于北方。隋朝统一，崇尚南学，及唐颁《五经正义》，郑注诸经除三《礼》、《毛诗》外，开始日渐散落，乃至亡佚。至怀疑经传、蔑弃注疏、自出新解的北宋新经学兴起，郑学更大遭吐弃，经学进入朱学笼罩时代。直到清代汉学复兴，郑玄及其经学的地位得以抬升，特别是乾嘉以来，“家家许、郑，人人贾、马”，名儒大师纷纷申郑、尊郑、宗郑、仪郑，校正、疏解郑玄经注，搜辑郑玄遗文佚著，编撰郑玄年谱、学录，成为学界风尚。

在郑学昌盛的背景下，作为今文经学家的皮锡瑞，倾注心血于郑玄经学著作的辑订、疏证与阐释，承乾嘉汉学之绪余，成郑学研究之大功。皮锡瑞先作《孝经郑注疏》，力辨《孝经郑氏解》确是郑玄之作，为郑注《孝经》正名辟谬，同时对郑注加以疏通证明，彰显郑注之坚确精善。他紧接着又为《郑志》、《郑记》及郑玄《答临孝存〈周礼〉难》作疏证，阐述郑玄“先通今文，后

① 《经学讲义》第八章，《湖南学报》第五帙，光绪二十九年湖南师范馆编印。

通古文，先所著书多今文说，后所著书多古文说”的学术变化，通过考明“郑君生平学术先后异同之故”，强调郑玄经学先后不合并非有意矛盾，“学者因其参差之迹，正可考见经学门户之广”，彰显郑玄兼采今、古文的博通，“以存郑氏一家之学”[1]，由此走上兼攻郑学的学术道路。及至戊戌政变，党祸大兴，皮锡瑞惨遭禁锢，对郑玄的学术生涯可谓感同身受，于是大起共鸣：“自被党议，闭户著书。自惟劭公、康成，皆遇党祸，考其成书之岁，多在文网之中。非敢窃比前贤，不幸处境相类。既被南山之谤，聊寻北海之遗。”[2] 他因此为郑玄各种经学著作大作疏证，精治郑学，相继撰出《六艺论疏证》、《鲁礼禘祫义疏证》、《尚书中候疏证》、《圣证论补评》、《驳五经异义疏证》、《发墨守箴膏肓释废疾疏证》。

皮锡瑞为郑玄著作大作疏证，是有意扶微继绝，不仅想要“拾高密之坠遗”，拾遗补缺，存其崖略，而且志在“申郑君未尽之旨”，显幽发潜，全面阐扬郑学。皮锡瑞事后述及自己从事郑学研究的始末缘由，写道：

> 郑君著书百余万言，传于今者，惟《诗笺》、《三礼注》。近人裒辑，或云《高密遗书》，或云《郑氏佚书》，有《周易》《尚书》《论语》《孝经注》、《易》《书》《诗》《礼纬注》、《尚书中候》《尚书大传注》、《驳五经异义》、《发墨守》、《起废疾》、《箴膏肓》、《六艺论》、《鲁礼禘祫义》、《郑志》、《郑记》、《答临孝存〈周礼〉难》、《毛诗谱》、《三礼目录》，附服虔《左氏传注》。若

① 《郑志疏证自序》，光绪己亥年思贤书局刊，卷首。
② 皮名振：《皮鹿门年谱》，第74页。

《七政论》、《乾象历注》、《汉律章句》之类，无一语存者，仅存其目，以见郑君之博学多通而已。

锡瑞少习郑学，意欲举郑氏诸书尽为注解，以《易注》已有惠栋、张惠言疏解，《书注》有江声、王鸣盛、孙星衍、陈乔枞疏解，《论语》有金鹗、刘宝楠疏解，服注《左氏》有李贻德疏解，纬书残缺难通，乃姑置之，但作《孝经郑注疏》及《尚书中候》、《尚书大传》、《驳五经异义》、《发墨守》、《起废疾》、《箴膏肓》、《六艺论》、《鲁礼禘祫义》、《郑志》、《郑记》、《答临孝存〈周礼〉难》各种疏证，书皆刊行，以存郑氏一家之学。[①]

皮锡瑞从仅为《孝经》郑注作疏，"冀以扶高密一家之学"，到最后完成各种疏证，"备礼堂一家之学"，成为清代的郑学名家。对于皮锡瑞精治郑学的成就，湘学后劲李肖聃评价说："上穷六籍之原，中涉纬候之奥，多先师之逸典，小儒浅闻不能究宣者，先生皆为发其覆而究其归。"[②] 皮锡瑞为弘扬郑玄学术做出了重大贡献，值得后人铭记。

二、对《孝经》郑注的辩护

《汉书·艺文志》说："夫孝，天之经，地之义，民之行也。举大者言，故曰《孝经》。"《孝经》虽在六经之外，但相传是孔

① 《师伏堂经学杂记》第一册，稿本，藏湖南师范大学图书馆。
② 李肖聃：《湘学略·鹿门学略》。

子为曾参陈说孝道而作①，故其地位较为特殊。汉廷标榜“以孝治天下”，《孝经》大受尊崇。汉人尊孔，更以《孝经纬》所载“孔子曰：吾志在《春秋》，行在《孝经》”，将《春秋》与《孝经》并称，看得比他经更重，“盖以《诗》、《书》、《易》、《礼》为孔子所修，而《春秋》、《孝经》乃孔子所作也”②。郑玄遍注群经，同样重视《孝经》。他为《中庸》“大经大本”作注，说：“大经，谓六艺而指《春秋》也。大本，《孝经》也。”他作《六艺论》，又说：“孔子以六艺题目不同，指意殊别，恐道离散，后世莫知根源，故作《孝经》以总会之。”郑玄将《孝经》说成是六艺之根本，并自称“玄又为之注”，可见郑玄有《孝经注》，应是确凿无疑的③。然而，后世不断有人怀疑传世《孝经注》非郑玄所作。最著者如南齐领国子博士陆澄，向尚书令王俭上书，提出：“世有一《孝经》，题为郑玄注，观其用辞，不与注书相类。案玄自序所注众书，亦无《孝经》，且为小学之类，不宜列在帝典。”王俭答复说：“疑《孝经》非郑所注，仆以此书明百行之首，实人伦所先，《七略》、《艺文》并陈之六艺，不与《苍颉》、《凡将》之流也。郑注虚实，前代不嫌，意谓可安，仍旧立置。”④ 陆澄请求国学废

---

① 按，关于《孝经》的作者，历有争论，除孔子作《孝经》一说最为流行外，还有曾子作、曾子门人作、子思作、七十子之徒作、孟子门人作、齐鲁间儒者作、汉儒作及魏晋儒者作等多种说法，迄今未有定论，详可参见陈铁凡《孝经学源流》第二章，国立编译馆1986年，第41～60页。

② 《经学历史》，第5页。

③ 曹元弼取清儒所论证，集汉魏以来材料，总结说：“《孝经》郑注，一见于《六艺论》，再见于王肃《圣证论》，三见于《晋中经簿》，四见于江左中兴之立博士，五见于晋穆帝之集讲《孝经》，六见于《御览》所引范氏以前之《后汉书》，七见于范书本传，确然无疑。”引见《孝经学》卷七，光绪三十四年江苏存古学堂刊本，第7页。

④ 《南齐书·陆澄传》。

《孝经》郑注本，没有得到王俭的认同，郑注《孝经》得以继续流传。陈末隋初，陆德明又提出："世所行郑注，相承以为郑玄。案《郑志》及《中经簿》无，唯中朝穆帝集讲《孝经》，云以郑玄为主。检《孝经注》，与康成注五经不同，未详是非。"[①] 至隋朝，刘炫伪作孔安国注古文《孝经》，与郑注今文本并行于世。唐代官修《隋书》著录《孝经》时称："又有郑氏注，相传或云郑玄，其立义与玄所注余书不同，故疑之。"[②] 孔颖达在《礼记·王制》疏文中援引《孝经注》，加案语说："《孝经》之注，多与郑义乖违，儒者疑非郑注，今所不取。"偏爱《孝经》的唐玄宗，以郑注今文本与孔传古文本对峙互争，于开元七年诏令群儒质定，刘知几立十二验，指郑注非真，主张"行孔废郑"，司马贞则摘驳伪孔之谬，要求"《孝经》郑注与孔传依旧俱行"[③]。当时诏令郑注仍旧行用，孔传亦存。数年后，唐玄宗以旧注"踳驳尤甚"，自作新注，立于学官，颁行天下，世称明皇御注本。"御注既行，孔、郑两家遂并废"[④]，宋以来渐致散佚。清儒兴复古学，朱彝尊、余萧客、陈鳣、袁钧、王谟、孔广林、严可均、洪颐煊、臧庸、黄奭等人，纷纷搜辑《孝经》郑注，辑订成书，其中严可均依据从日本回传的《群书治要》所收《孝经》郑注，并与《经典释文》、《孝经注疏》等所引郑注参互补订，形成一个较为完善的辑本[⑤]。清儒中也有人怀疑《孝经郑注》，阎若璩、阮福等还认为它是郑玄

① 陆德明：《经典释文·叙录》。

② 《隋书·经籍志》。

③ 金良年整理：《孝经注疏·孝经序》，上海古籍出版社2009年，第5~6页。

④ 《四库全书总目》卷三二《孝经注疏》提要。

⑤ 按，也有人认为臧庸辑本胜过严可均辑本。晚清以来，辑订《孝经郑注》成佳本者，又有孙季咸、潘任、皮锡瑞、曹元弼、龚道耕等。现代辑订《孝经郑注》者，以台湾学者陈铁凡《孝经郑注校证》为最。

之孙郑小同所作。

皮锡瑞从事《孝经》研究，始于光绪二十年甲午（1894），当年十二月的《师伏堂日记》有如下记载：

十九日：《孝经》，国朝经师鲜留意者，阅《注疏》，拟补古义。

廿一日：补《孝经古义》数条。

廿六日：得《孝经古义》数条，多从郑注。焕彬言郑注《孝经》可作疏，暇日当为之。

廿九日：补《孝经古义》，粗毕，疏郑注俟续成之。

可见，皮锡瑞是鉴于清儒不太重视《孝经》研究，先从事《孝经古义》的纂辑，由此发觉《孝经》郑注的价值，再在叶德辉的启发下，萌生为《孝经》郑注作疏的想法。他在完成《孝经古义》后，即着手疏证郑注的工作，其乙未年正月日记中有以下记载：

初一日：阅《孝经注疏》，此书尚可致功。

初四日：阅《孝经》及《王制注疏》，知《孝经》皆今文说，郑注《孝经》皆从今文，故与诸经注引《周礼》、从古文者不同。浅人不知郑学不专一家，乃误疑其非郑注矣。考"五等"、"万国"，得两条。

廿三日：录陈仲鱼所辑《孝经郑注》，以较玄宗御注，见其于郑君所引故实，如三老五更、三公四辅、世子迎侯之类皆去之，而取其空言虚辞，足征弃实取虚之风已始于唐人，不自宋儒始也。

廿四日：以《释文》较陈仲鱼所辑《孝经郑注》，中有遗脱，亦有讹误，足征著书之难。

廿七日：往叶焕彬处。伊云《尚书大传》、《孝经郑注》皆有辑本，容假观。……归疏《孝经郑注》两条。

廿九日：焕彬至，携所增辑严铁桥《孝经郑注》本，较陈本远胜之。

皮锡瑞甫下手即有三点发现：一是从《孝经注疏》和《王制注疏》的对读中，领悟到《孝经》及郑注均属今文学，为反驳对于《孝经》郑注的怀疑找到了突破口；二是经过对比郑注与御注，察觉二家一实一虚、此优彼劣，体会到郑注详于典礼、征实不诬的特点，所以后来他把主要精力放在对郑注所引典礼的疏通证明上；三是比较陈鳣和严可均的《孝经》郑注辑本，确定严本远胜陈本。

皮锡瑞借抄严本毕工，即动手作疏，兹摘录《师伏堂日记》中一些重要记载：

二月初六日：录《孝经》数条，觉作郑注之疏不难，但不日将往江右，恐半途止耳。

初七日：疏郑注，成一章。家事纷纭，不免如催租败兴。

初八日：疏成二章。

廿二日：疏《孝经》，共得四章，已数万言。计此书一月可成，而行色匆匆，俟到馆续成之耳。

廿四日：疏《孝经》，至《庶人章》。

四月初三日：疏《孝经》数纸，“郊祀”、“宗祀”二句甚纠纷。

初六日：疏《孝经》数纸。……晏海澜亦至，送到《粤雅丛书》，有《群书治要》，较严氏本间有不合，为对校一过。

初七日：疏《孝经》至十五章。

初八日：疏《孝经》一章。

十一日：疏《孝经》“衣衾”、“簠簋”两条，有所得。

十二日：《孝经郑注疏》粗稿已完，前半尚略，体例亦不尽合，当补正。

十三日：重订《孝经疏》，录首章，未毕。

廿八日：改订《孝经疏》，较前说有把握，经学诚无底也。

五月初二日：录《孝经疏》初稿粗毕。

初三日：夜作《孝经疏自序》。

可见，皮锡瑞从二月初七日正式作疏证，中间因生病及赴南昌主讲经训书院有所耽搁，至四月十二日完成初稿，经一次改订，于五月初三撰出《孝经郑注疏自序》，全稿告竣。《孝经郑注疏》从六月起交付刻工写、刻，再经几番校对，终于赶在皮锡瑞返湘前刊印成书，如其九月初九日记所载：“《孝经疏》装廿册，恐不足，更带未装廿册归家。”

关于《孝经郑注疏》的撰写旨趣，皮锡瑞在自序中作了说明。自序开篇即说：“学者莫不宗孔子之经，主郑君之注，而孔子所作之《孝经》，疑非孔子之旧；郑君所著之《孝经注》，疑非郑君之书，甚非宗圣经、主郑学之意也。”因此，释疑解难、为《孝经》及郑注作辩护，成为皮锡瑞作疏的最大旨趣和首要任务。他在书中解释前儒之疑滞，反驳诸家之论难，反复辨明《孝经》必非出自汉儒，《孝经郑注》实为郑玄所作。

前人尤其宋儒见《孝经》开篇有“仲尼居”三字，书中屡有“子曰”，各章又喜引《诗》、《书》，因此怀疑《孝经》不是孔子所作，乃曾子门人或者汉儒纂辑而成。朱熹对《孝经》的怀疑最多，曾提出一种新见：“《孝经》独篇首六七章为本经，其后乃传文，然皆齐鲁间陋儒篡取《左氏》诸书之语为之，至有全然不成文理处，传者又颇失其次第，殊非《中庸》、《大学》之俦也。”①他在此思想指导下，将《孝经》全文区分为经、传，并加以删改，编成《孝经刊误》。清代姚际恒取朱熹之论，在《古今伪书考》中举证《孝经》所袭《左传》之语，由此提出《孝经》出自汉人：“《左传》自张禹所传后，始渐行于世，则《孝经》者，盖其时之人所为也。”针对此类意见，皮锡瑞先在《孝经郑注疏自序》中指出：“孔子作《孝经》，多引《诗》、《书》，此非独《孝经》一书有然，《大学》、《中庸》、《坊记》、《表记》、《缁衣》莫不如是。”在《开宗明义第一章》篇末引《诗经·大雅》云云之下，皮锡瑞针对朱熹擅自移易、变改、删弃《孝经》，作了一番批评：

《汉书·匡衡传》衡上疏曰：“《大雅》曰：‘无念尔祖，聿修厥德。’孔子著之《孝经》首章，盖至德之本也。”案：朱子作《孝经刊误》，删去“子曰”及引《诗》、《书》之文，谓非原本所有。考《御览》引《钩命诀》曰：“首仲尼以立情性，言‘子曰’以开号，列曾子示撰，辅《诗》、《书》以合谋。”纬书之传最古，其说如此。匡衡之疏，尤足证引《诗》为圣经之旧，非后人所增窜。《孝经》每章必引《诗》、《书》，正与《大学》、《中庸》、《坊记》、《表记》、《缁衣》诸篇文法一例。朱子于《大学》、《中庸》所引《诗》、《书》皆极尊

① 朱熹：《晦庵集》卷八四《跋程沙随帖》。

信，未尝致疑，独疑《孝经》，何也？[①]

皮锡瑞称《孝经》与《大学》等篇“文法一例”，是想从著述风格上进行论证，但实际上并无多大的效力，因为他所举《礼记》各篇，恰好不是孔子所作，而是出自孔门后学[②]，甚至有可能是西汉儒者所纂辑。对于《孝经》袭取《左传》及汉儒刺取经传、诸子纂成《孝经》之说，皮锡瑞也有所应对。他承丁晏《孝经征文》之绪[③]，在疏证各条郑注的同时，“更采汉以前征引《孝经》者附列于后，以证《孝经》非汉儒伪作”[④]。例如，《三才章第七》“夫孝，天之经也，地之义也，民之行也。天地之经，而民是则之。则天之明，因地之利”一段经文，与《左传》昭二十五年子太叔论礼之语如出一辙，宋儒据此认为作《孝经》者袭取《左传》，皮

① 《孝经郑注疏》卷上，光绪乙未师伏堂刊，第6页。按，皮锡瑞对宋儒怀疑和删改《孝经》一直十分不满，明言：“宋人信伪古文，又疑《孝经》非孔子所作，删其字句，不入四子书内，而《孝经》始微矣。”引见《经学讲义》第二章，《湖南学报》第一帙，湖南师范馆编印，光绪二十九年四月初一日出版。

② 皮锡瑞1903年作《经学讲义》第二章即采信沈约之说，主张此处所举《礼记》诸篇并非孔子之作，而是出自子思。他说：“《子思子》二十三篇，列于《汉志》儒家，今已亡佚。沈约以为《礼记·中庸》《坊记》《缁衣》皆出《子思子》。休文去汉未远，当有所据。《坊记》、《表记》、《缁衣》之‘子言之’、‘子曰’，当即属子思子之言，非必孔子，故中有引《论语》一条。”此说后来又被录入《经学历史·经学流传时代》。

③ 丁晏针对朱子《孝经刊误》“删去‘子曰’及引《诗》、《书》之文，又谓‘天经地义’、‘进思进尽退思补过’等语出于《左氏传》，为取他书窜入”，引《孝经钩命诀》、董子《五行对》及匡衡疏，以证“子曰”及引《诗》、《书》皆是《孝经》本来面貌，亦非袭用他书。他又参考《四库全书总目》所说，以魏文侯作《孝经传》、《吕氏春秋》明引《孝经》，指出：“据是二者，益可证《孝经》之由来古矣。”因此，他“浏览群籍，断自两汉，录其征引《孝经》者，并集古注，各附句下”，撰成《孝经征文》，“俾后之学者知是书为汉以前所诵习讲授之书，而不出于后人之傅会，尊圣人之经，而息群儒之议”。详参丁晏《孝经征文自序》，《皇清经解续编》本。

④ 《孝经郑注疏自序》。

锡瑞则引董仲舒《春秋繁露·五行对》“河间献王谓温城董君曰：《孝经》曰：‘夫孝，天之经，地之义”一段，反驳说：“董子治《公羊》，非治《左氏传》者。献王得《左氏传》，为立博士，乃引《孝经》为问，不引《左氏》，非《孝经》袭《左氏》可知。”[①] 此证极有效力，足关宋儒之口。综观《孝经郑注疏》，皮锡瑞征引所及，遍及五经传记和先秦诸子，凡与《孝经》文字相同或语意相近的文句，已经搜罗殆尽。同时，皮锡瑞也述及两汉文章、诏令、奏议、经注、经说中引用《孝经》的文句，以见汉人对《孝经》的尊崇与运用。这些材料虽不足以证明孔子作《孝经》，却充分证明《孝经》确是先秦旧籍，不可能出自汉儒[②]。

相对于怀疑孔子作《孝经》，对郑玄《孝经注》的怀疑和否定更多。皮锡瑞即说：“今经学昌明，圣经莫敢议矣，而郑注犹有疑之者。”[③] 因此，他对《孝经郑注》大加辩护。以下分成两点，作一述评。

其一，历来怀疑论者均指《孝经注》与郑玄他经之注风格不同、持论相异，如陆澄说“观其用辞，不与注书相类”，陆德明说“检《孝经注》，与康成注五经不同”，孔颖达说《孝经注》“多与郑义乖违”，尤其《孝经注》中的今文家说，与郑玄他经之注多从古文大相歧异、彼此矛盾，因此怀疑和否定郑玄注《孝经》。陈鳣针对陆澄之论，反驳说：“夫郑注三《礼》，与笺《诗》互有异

---

① 《孝经郑注疏》卷上，第22页。

② 盛大士评誉丁晏博采《孝经》本文散见古籍者以驳宋儒，特别引述董子《五行对》及匡衡疏，然后说：“汉世儒者，其言凿凿，则《孝经》非伪撰可知。余若《吕氏春秋》、陆贾《新语》、应劭《风俗通》、刘向《说苑》诸书，皆有援据《孝经》之语，益信《孝经》自两汉以前炳若日月，而非作伪之徒所剽窃窜改也。”引见《孝经征文序》，丁晏《孝经征文》卷首。此处所评，也可移用于皮锡瑞《孝经郑注疏》。

③ 《孝经郑注疏自序》。

同，安在此注之必类于群经乎？”[①] 严可均刊《孝经郑注》辑本时，也在叙文中答释二陆之疑，说：“郑氏注书百余万言，非旦夕可就，先后不类，非所致疑。即如五经注，亦或不类。《坊记》正义引《郑志》答炅模云：‘为记注时就卢君，先师亦然，后乃得毛公《传》。记古书义又且然[②]，记注已行，不复改之。’《礼器》正义亦引《郑志》云：‘后得《毛诗传》，故与记不同。’若然，辞不相类，《诗》、《礼》多有之，何止《孝经》？”[③] 严可均引据《郑志》，指出郑玄不同经注相异不足为奇，不必因此献疑，较陈鳣更有说服力。他又在后叙中，引二陆所谓《孝经注》不与郑玄他经注相类之语，提出“是否郑注，今宜详考，而注中故实，类不类，同不同，亦宜详考”，并以郑玄注《卿大夫章第四》“法服”，与郑玄其他经注所说服章相异，认为《孝经注》谓服制“百王同之，不改易也”，乃初定之说，后来自知触碍难通，及至注《礼记》、《周礼》、《尚书》，逐渐区分虞、夏、殷、周四代之制及鲁礼、晋文霸制，其说益密，指出：“大较郑学积累而成，由疏而渐密。注《孝经》在注《礼记》、注《周礼》之先，用其初定之说，粗举大纲，后虽累更其前说，犹以《孝经注》小异大同，不复追改。陆澄谓不与注书相类，试问天子服日、月、星辰，非郑，谁为此语

---

① 陈鳣：《集孝经郑注序》，《孝经郑注》，《续修四库全书》影印乾隆年间裕德堂刊本，卷首。按，陈鳣提出郑玄《孝经注》“未写定，而其孙小同追录成之”。

② “记”字，袁钧辑《郑志》据《毛诗·南陔序》正义改作“既”，文意较顺畅。此处亦据袁钧辑本断句。

③ 严可均：《孝经郑注叙》，《丛书集成初编》本，卷首。

者？不必致疑。”[1] 这一具体举证并不充分有力[2]，但他提出从《孝经注》故实中详考其与郑玄他经之注“类不类，同不同”，指出一条考证《孝经》郑注真伪的重要原则。皮锡瑞有可能受此启发，不像前儒那样强调郑注诸经各自相异以释疑难，而是从郑玄各经注存在共同之处进行论证，指出：“郑君深于礼学，注《易》、笺《诗》，必引礼为证。其注《孝经》，亦援古礼。”[3] 所谓“礼是郑学”，皮锡瑞依据郑玄以礼注经的风格，指明《孝经注》中多引古礼，与其《易注》、《诗笺》完全一致，并在具体疏证中，“于郑注引典礼者为之疏通证明”[4]，援引郑玄《礼记注》、《周礼注》、《尚书注》、《尚书大传注》、《毛诗笺》等，附以相关的孔、贾疏解，以《孝经注》与之相同、相合或相近，证明《孝经注》必出郑玄之手。皮锡瑞援据充分，论证有力，大得后学推崇[5]。

---

① 严可均：《孝经郑注后叙》，《丛书集成初编》本，卷末。严可均另有《孝经郑注考》一文，所说略同。

② 按，对严可均所论郑玄注《孝经》及《礼记》、《周礼》服章之说，皮锡瑞指其解证非是，“由于误读注文，乃并所推郑意皆失之”，详见《孝经郑注疏》卷上，第13页。

③ 《孝经郑注疏自序》。

④ 《孝经郑注疏自序》。

⑤ 按，陈铁凡在《孝经学源流》中，专辟一节“郑解《孝经》与笺《诗》、注《礼》相类举证”，以释陆澄之疑。对于严可均提出“类不类，同不同，亦宜详考”，他说“提示纲维，至为扼要。惜其后叙所揭三事，仅属原则性示例，未足以餍人望”，并推许皮锡瑞《孝经郑注疏》疏通证明郑注典礼之功，“是不特足以扶高密一家之学，亦且可以扩充铁桥未竟之业也”。又晚清学者潘任撰《孝经郑注考证》，“就严氏所未及以广证之，又得十五证”，第一证“考《孝经注》多与《礼注》相合”，第二证“《孝经》引《诗》郑注多与《诗笺》合”。陈铁凡详引潘任之说，称其“佐证翔实，辨解详明，非徒逞口舌之比也”。引见《孝经学源流》，第150页、第153页。陈铁凡还依据《孝经郑注》敦煌写本，并与郑玄《周易注》、《尚书注》、《毛诗笺》、《三礼注》、《论语注》对勘核校，举出十六例，“以郑证郑，俾释群疑”，指出《孝经郑注》“实与郑注他书符合，其为康成自著无疑。陆澄妄诋，后儒訾嗷，俱不必论”。引见《孝经郑注校证》，“国立”编译馆1987年，“弁言”第7页。

对于《孝经注》与郑玄他经注存在主今文与主古文的歧异，皮锡瑞根据郑玄“先治今文，后治古文”的学术经历，作了很好的解释。《孝经郑氏序》说：“仆避难于南城山，栖迟岩石之下，念昔先人余暇，述夫子之志而注《孝经》。”前人据《后汉书》“郑玄汉末遭黄巾之难，客于徐州”，认为郑玄南城避难是晚年避黄巾之难。严可均经过考证，认为是避党锢之难①。皮锡瑞采取严说，对郑玄注《孝经》的时间提出新的看法，并据以答解前人的疑难：“是郑君注《孝经》最早，其解社稷、明堂大典礼，皆引《孝经纬·援神契》、《钩命诀》文。郑所据《孝经》本今文，其注一用今文家说；后注《礼》、笺《诗》，参用古文。陆彦渊、陆元朗、孔冲远不考今、古文异同，遂疑乖违，非郑所著。”② 在疏证《孝经》各处郑注时，皮锡瑞一再指明郑玄所采今文经传、所用今文经说，或指出同于今文某说。例如，《天子章第二》篇末引《甫刑》云云，郑注：“《甫刑》，《尚书》篇名。”皮锡瑞疏曰：

> 郑注云“《甫刑》，《尚书》篇名”者，今文《尚书》作《甫刑》，古文《尚书》作《吕刑》。《孝经》之外，如《礼记·缁衣》、《史记·周本纪》、《盐铁论·诏圣》篇、《汉书·刑法志》、《论衡·非韩》篇、郑君引《书说》、赵岐注《孟子》，皆从今文作《甫刑》，惟《墨子》从古文作《吕刑》为异。《孝经》本今文，郑注《孝经》亦从今文也。③

皮锡瑞根据今文《尚书》篇名作“甫刑”、古文《尚书》篇名作

---

① 严可均：《孝经郑注后叙》，《丛书集成初编》本，卷末。

② 《孝经郑注疏自序》。

③ 《孝经郑注疏》卷上，第8页。

“吕刑”，证明《孝经》及郑注均从今文，举证简截而极有效力。又如，《孝治章第八》中，郑注有云“古者诸侯五年一朝天子，天子使世子郊迎”，皮锡瑞疏曰：

> 郑注云“诸侯五年一朝天子，天子使世子郊迎”者，《公羊传》、《王制》、《尚书大传》、《白虎通·朝聘》篇皆云五年一朝。《朝聘》篇曰：“朝礼奈何？诸侯将至京师，使人通命于天子。天子遣大夫迎之百里之郊，遣世子迎之五十里之郊矣。《觐礼》经曰：‘至于郊，王使人皮弁用璧劳。’《尚书大传》曰：‘天子太子年十八曰孟侯，于四方诸侯来朝，迎于郊。’”《御览》引《大传》曰：“迎于郊者，问其所不知也，问之人民之所好恶、地土所生美珍怪异、山川之所有无。父在时，皆知之。”郑注：“孟，迎也。十八向入大学，为成人，博问庶事。”是郑注《大传》与注《孝经》义同。[①]

皮锡瑞指出，郑注所引五年一朝及世子郊迎的礼制，同于《王制》、《公羊传》等今文经传所说，而比较《孝经》与《尚书大传》两处郑注，见出二者义同，由此足见郑注《孝经》全主今文。在疏证中，皮锡瑞还一再指斥前儒不能分晓郑玄注经先后相异之故，以致妄疑《孝经》郑注。例如，《孝治章第八》“昔者明王之以孝治天下也，不敢遗小国之臣”，郑注：“古者诸侯岁遣大夫聘问天子无恙，天子待之以礼，此不遗小国之臣者也。”皮锡瑞先引《公羊传》桓元年“诸侯时朝乎天子”及何注、徐疏，指出何休注中所引《孝经》古说同于郑说，证明郑注属于今文，再引《王制》

① 《孝经郑注疏》卷上，第25页。

及郑注、孔疏，写道：

《王制》曰："诸侯之于天子也，比年一小聘，三年一大聘，五年一朝。"郑注："比年，每岁也。小聘使大夫，大聘使卿，朝则君自行。然此大聘与朝，晋文霸时所制也。虞、夏之制，诸侯岁朝。周之制，侯、甸、男、采、卫、要服六者各以服数来朝。"疏引郑《驳异义》云："《公羊》说比年一小聘，三年一大聘，五年一朝。以为文、襄之制，录《王制》者记文、襄之制耳，非虞、夏及殷法也。"疏又云："按《孝经注》：'诸侯五年一朝天子，天子亦五年一巡守。'《孝经》之注，多与郑义乖违，儒者疑非郑注，今所不取。"锡瑞案：郑君先治今文，后治古文。注《孝经》在先，用今文说，与《公羊》、《王制》相合，自可信据。注《礼》在后，惑于古文异说，见《左氏》昭三年传子太叔言文、襄之霸，令诸侯三岁而聘，五岁而朝，与《公羊》、《王制》说同，故疑其是文、襄之制。又见古《尚书》说虞、夏之制，诸侯岁朝；古《周礼》说周之制，侯、甸、男、采、卫、要服六者各以服数来朝，遂据古文而疑今文。不知古《周礼》、古《尚书》说未可偏据，亦并未言大、小聘之岁数。郑云《王制》作于赧王之后，其时《左氏》未出，不得以《左氏》驳《王制》。且公羊家何必用《左氏》义？既用《左氏》，又何至误以文、襄之制为古制乎？《公羊》、《王制》言诸侯事天子之法，《左氏》言诸侯事霸主之法，本不合。即如《左氏》之说，又安知文、襄创霸，非据诸侯事天子之法为事霸主法乎？郑义当以

《孝经注》为定论，不必从《礼记注》。郑注《礼》、笺《诗》，前后违异甚多。孔疏执《礼注》疑《孝经注》，真一孔之见矣。[1]

郑玄此处注《孝经》与注《王制》两歧，《王制》正义无法加以疏通，遂以前儒怀疑《孝经注》非出郑玄，断然加以舍弃。皮锡瑞指出郑注前后歧异的根源，在其先今后古的经学立场，并且分析《孝经注》用今文古义，优于《礼记注》采古文异说，由此指斥孔疏误执《礼记注》以疑《孝经注》，"真一孔之见"，大加讥讽。可以说，一旦明晰郑玄注经是先今文、后古文，即可清楚《孝经注》与郑玄晚年各种经注歧互的缘故，对于郑注《孝经》的疑虑自可烟消云散。

其二，刘知几在开元七年（719）应诏陈言，"立十二验以驳郑"，是历史上对《孝经郑注》最为全面的批驳与最为彻底的否定，可谓空前绝后。宋代编纂《唐会要》、《文苑英华》、《孝经注疏》、《玉海》等，先后采录刘氏之说，后人多受影响。皮锡瑞称"刘子玄妄列十二证，请行伪孔、废郑"[2]，对其极为反感，指出："子玄通史不通经，所著《史通·疑古》《惑经》诸篇，语多悖谬。近儒驳刘说，辨郑注非伪，是矣，然未尽得要领。兹谨述鄙见，用祛未寤。"[3] 他认为前人对刘知几的反驳不得要领，于是针对刘知几的十二验，作全面辩驳，试图断此千年公案。兹将刘、皮二人之说[4]，列成一表，加以对照：

① 《孝经郑注疏》卷上，第24~25页。

② 《孝经郑注疏自序》。

③ 《孝经郑注疏》卷上，第4页。

④ 刘知几之说，见《孝经注疏·孝经序》，第4~5页；皮锡瑞之说，见《孝经郑注疏》卷上，第4~5页。

<table>
<tr><th>刘知几</th><th>皮锡瑞</th></tr>
<tr><td>据郑自序云“遭党锢之事，逃难。至党锢事解，注古文《尚书》、《毛诗》、《论语》。为袁谭所逼，来至元城，乃注《周易》”，都无注《孝经》之文，其验一也。</td><td>郑自序不言注《孝经》者，序云元城注《易》，乃在临殁之年，故举晚年所注之书独详。序云“逃难”下，《文苑英华》、《唐会要》引多“注《礼》”二字。逃难注《礼》在禁锢时，避难南城山注《孝经》亦即其时，皆早年作。故自序云“注《礼》”，不云注《孝经》，盖略言之。注纬候更在先，亦略不言也。</td></tr>
<tr><td>郑君卒后，其弟子追论师所注述及应对时人，谓之《郑志》。其言郑所注者，唯有《毛诗》、三《礼》、《尚书》、《周易》，都不言注《孝经》，其验二也。</td><td rowspan="4">郑注诸经，人皆信据，独疑《孝经注》者，汉立博士，不及《孝经》，《艺文志》列小学前。熹平刻石有《论语》，无《孝经》。当时视《孝经》不如五经、《论语》之重，故郑君虽有注，其弟子或未得见，或置不引。致惑之故，皆由于此。……《郑志》、《郑记》、赵商碑铭皆不及注《孝经》，亦以不在五经，故偶遗漏。《晋中经簿》，据《隋书·经籍志》云“但录题及言，至于作者之意，无所论辨”，是荀勖等无别裁之识，或沿《汉志》列之小学，故标题与九书不同；或因宋均之语有疑，故题“郑氏”而不名也。</td></tr>
<tr><td>又《郑志》目录记郑之所注，五经之外，有《中候》、《大传》、《七政论》、《乾象历》、《六艺论》、《毛诗谱》、《答临硕难礼》、《驳许慎异义》、《释废疾》、《发墨守》、《箴膏肓》、《答甄守然》等书，寸纸片言，莫不悉载。若有《孝经》之注，无容匿而不言，其验三也。</td></tr>
<tr><td>郑之弟子分授门徒，各述所言，更为问答，编录其语，谓之《郑记》，唯载《诗》、《书》、《礼》、《易》、《论语》，其言不及《孝经》，其验四也。</td></tr>
<tr><td>赵商作郑玄碑铭，具载诸所注笺驳论，亦不言注《孝经》。《晋中经簿》《周易》、《尚书》、《中候》、《尚书大传》、《毛诗》、《周礼》、《仪礼》、《礼记》、《论语》凡九书，皆云“郑氏注，名玄”，至于《孝经》，则称“郑氏解”，无“名玄”二字，其验五也。</td></tr>
</table>

续表

刘知几	皮锡瑞
《春秋纬·演孔图》注云:“康成注三《礼》、《诗》、《易》、《尚书》、《论语》,其《春秋》、《孝经》,则有评论。”宋均《诗谱序》云“我先师北海郑司农”,则均是玄之传业弟子。师有注述,无容不知,而云《春秋》、《孝经》唯有“评论”,非玄所注特明,其验六也。	宋均引郑《六艺论》叙《孝经》,云“玄又为之注”。郑君大贤,必不妄言,自云为注,确乎可信。古无刻本,钞录甚艰。郑君著书百余万言,弟子未必尽见。宋不见《孝经注》,固非异事,乃因不见,遂并师言不信而易其名,谓之“略说”,谓之“评论”。吕步舒不知其师书,以为大愚。宋之昏惑,殆亦类是。
又宋均《孝经纬注》引郑《六艺论》叙《孝经》云“玄又为之注”,“司农《论》如是,而均无闻焉。有义无辞,令予昏惑”。举郑之语而云“无闻”,其验七也。	
宋均《春秋纬注》云“为《春秋》、《孝经》略说”,则非注之谓。所言“又为之注”者,泛辞耳,非事实。其叙《春秋》亦云“玄又为之注”,宁可复责以实注《春秋》乎?其验八也。	郑叙《春秋》,亦云“玄又为之注”。《春秋》、《孝经》相表里,故郑皆为之注。据其序,文义正同。《世说新语》云:郑玄注《春秋》,尚未成,遇服子慎,尽以所注与之。是郑实注《春秋》,则实注《孝经》可知。
后汉史书存于世者,有谢承、薛莹、司马彪、袁山松等,其所注皆无《孝经》,唯范晔书有《孝经》,其验九也。	谢承诸书失载,犹《郑志》目录失载耳。范书载《孝经》,遗《周礼》,岂得谓《周礼》非郑注哉!
王肃《孝经传》首有司马宣王“奉诏令诸儒注述《孝经》,以肃说为长”。若先有郑注,亦应言及,而不言郑,其验十也。	司马氏与王肃有连,左祖王肃,先有郑注,何必言及?

续表

刘知几	皮锡瑞
王肃注书，好发郑短，凡有小失，皆在《圣证》。若《孝经》此注亦出郑氏，被肃攻击最应烦多，而肃无言，其验十一也。	王肃《圣证》驳郑《孝经注》"社，后土"，明见《郊特牲》疏，近儒已多辨之。考之邢疏，亦有一证。《圣治章》疏曰："郑玄以《祭法》有'周人禘喾'之文，遂变郊为祀感生之帝，谓东方青帝灵威仰，周为木德，威仰木帝。以驳之曰：按《尔雅》曰：'祭天曰燔柴，祭地曰瘗薶。'又曰：'禘，大祭也。'谓五年一大祭之名。又《祭法》祖有功，宗有德，皆在宗庙，本非郊配。若依郑说，以帝喾配祭圜丘，是天之最尊也。周之尊帝喾，不若后稷。今配青帝，乃非最尊，实乖严父之义也。且遍窥经籍，并无以帝喾配天之文。若帝喾配天，则经应云'禘喾于圜丘，以配天'，不应云'郊祀后稷'也。"案："以驳之曰"以下，是王肃驳郑之语。肃引《孝经》驳郑，确是驳《孝经注》。邢疏于下文亦谓是《圣证论》，则"以驳之曰"上必有脱误。黄干《仪礼经传通解续》引《孝经》邢疏"以驳之曰"上，多"韦昭所著，亦符此说。唯魏太常王肃独著论"十七字，文义完足，所据当是善本，今本邢疏乃传刻讹夺耳。子玄生于唐时，《圣证论》尚在，乃漫不一考，且谓魏、晋朝贤无引《孝经注》者，王肃岂非魏、晋人乎？
魏、晋朝贤辨论时事，郑氏诸注无不撮引，未有一言《孝经注》者，其验十二也。	

续表

刘知几	皮锡瑞
凡此证验，易为讨核，而世之学者不觉其非，乘彼谬说，竞相推举。诸解不立学官，此注独行于世。观夫言语鄙陋，义理乖疏，固不可示彼将来，传诸不朽。	此十二验皆不足证郑注之伪，郑《六艺论》自言为注，无可致疑。

从上表所列，可见对刘知几的十二验，皮锡瑞将其归为七类，各加辩驳。刘氏验一称郑玄自序不言注《孝经》，皮锡瑞根据郑玄此序作于卒年，分析他在序中详列晚年著作，而对早年所作《孝经注》、《七纬注》有所忽略。此说是继严可均之意而略加补充，言之成理。刘氏验二至验五称弟子不记郑玄注《孝经》，皮锡瑞解以汉人不重《孝经》，致为郑门弟子遗漏，与汉代崇重《孝经》的史实不符①，不如严可均、潘任径言遗漏为简截无弊；又刘氏说《晋中经簿》著录《孝经郑氏解》而不明言郑氏名玄，皮锡瑞的辩解不但近于臆测，而且模棱两可，远不如潘任之说有理②。刘氏验六、验七举郑玄弟子宋均之言，皮锡瑞先以宋均引及郑玄《六艺论》，郑玄自言为《孝经》作注必然可信，再以郑玄著述多而抄录

① 按，马宗霍撰《孝经郑注疏》提要时，据赵岐《孟子题辞》，认为"《孝经》之立博士，早在孝文之世"，指出皮锡瑞说"汉立博士，不及《孝经》"有误。详见《湖南文献汇编》第二辑，第 214 页。

② 按，潘任《孝经郑注考证》说："考《释文》于《毛诗》、《三礼》，皆称郑氏，贾公彦《周礼》《仪礼疏》，孔颖达《礼记正义》、《毛诗正义》，皆称郑氏而不名玄，可知诸经中专称郑氏者甚多，亦不足致疑。"载钱钟联主编《学海月刊》创刊号，1944 年 7 月出版，第 17 页。

不易，分析宋均不能尽见师门著述，这一答解合乎情理[①]。事实上，宋均引《六艺论》之说，正可作郑玄作《孝经注》之证（钱侗《重刊孝经郑注序》即有此论）。刘氏验八之疑难，与皮锡瑞之应答，均是运用类推法，双方效力相等，均不能作为定论。刘氏验九以谢承等诸家《后汉书》不载，怀疑范晔记载不可信，皮锡瑞举范晔漏载《周礼注》以反击，能关刘氏之口。刘氏验十称西晋朝廷不提郑注《孝经》，皮锡瑞解以司马氏政权左袒王肃，有意不提郑注，言之成理[②]。刘氏验十一断言王肃《圣证论》难郑不及《孝经注》，阮元《孝经注疏校勘记》、陈澧《东塾读书记》、侯康《补后汉书艺文志》、郑珍《郑学录》、姚振宗《后汉艺文志》等，已举《礼记·郊特牲》正义引王肃难郑明斥《孝经注》，指出刘氏之误。皮锡瑞则从《孝经注疏》中发现新的例证，断定王肃《圣证论》确曾直驳郑玄《孝经注》，并连带对刘氏验十二加以反击，讥责他对《圣证论》漫不一考，信口胡说："王肃难郑明引郑《孝经注》，刘知几乃云注出郑氏而肃无言，失之不考。"[③] 皮锡瑞对刘氏十二验的反驳，以此条最为确凿。

刘知几谓其十二验"易为讨核"，实则不然，其中多笼统之言、疑似之说、偏颇之论，并无任何实证，更未涉及《孝经郑注》的具体内容。可惜司马贞当年辩驳，把重点放在指摘孔传之伪托与陋劣上，未正面回应刘知几对郑注的无端攻击（也许郑注之真

① 按，潘任《孝经郑注考证》论述说："弟子于师，不必悉见师著，如太史公从安国问故，而《史记·五帝本纪》悉从今文。且范书郑君传戒子书云：所好群书，率皆腐败，不得于礼堂写定。是郑君所著之书，当时不皆传布，均容或有不见者，安得因不见其书，遂谓郑无《孝经注》乎？"此论可以佐证皮锡瑞之说。

② 按，潘任《孝经郑注考证》有类似之论，较皮锡瑞所说更详。

③ 《孝经郑注疏》卷上，第11页。

在当时不成大问题）。及至郑注散佚，清儒虽起而反驳，但书缺有间，断案甚非易事。皮锡瑞此时虽可承前人之功，但仍因史料不足，立论不够坚实，也有一些推测之词、臆断之说。不过，皮锡瑞通过对郑注所引典礼的疏证和对郑玄经学先今后古的剖析，已足以证明郑玄《孝经注》的真确性，所以他对刘知几的反驳虽有乏力之处，但并不影响对郑注之真的辩护。还值得一提的是，自刘知几提出十二验以来，千余年间无人做全面反驳，至晚清，潘任、皮锡瑞分别起而辩驳①，皮锡瑞更是针对刘氏十二验而一一回应，在考证《孝经郑注》非伪这一历史公案上，取得了显著的成绩②。

对于郑小同作《孝经注》的说法，皮锡瑞也作了辩驳。传世的《孝经郑氏序》说："仆避难于南城山，栖迟岩石之下，念昔先人余暇，述夫子之志而注《孝经》。"唐朝梁载言作《十道志》解南城山，引《后汉书》"郑玄汉末遭黄巾之难，客于徐州"，又引此《郑氏序》，然后做出一个推断："盖康成胤孙所作也。"提出《孝经郑氏解》的作者可能是郑玄之孙。梁载言用"盖"字，本属疑辞，但后人以此说与"念昔先人"一语相合，遂采信其说，把《孝经郑注》归于郑小同名下。郑珍在《郑学录》中，对梁载言将郑玄客居徐州与避难南城并为一事提出怀疑："南城属兖部，康成避地于徐，先则陶恭祖以师友礼待，后则刘先主敬与周旋，不知

① 按，潘任《孝经郑注考证》收在《希郑堂丛书》中，光绪二十年以活字印行，早于皮锡瑞的《孝经郑注疏》。据《师伏堂日记》丙申年八月十七日载："焕彬寄来虞山潘任《孝经郑注考证》，即铁桥之说而引申之，较详。"皮锡瑞是在《孝经郑注疏》刊行后才读到潘任之书。

② 陈铁凡《孝经学源流》专列一节"刘知几十二验辨正"，引录严可均、钱侗、皮锡瑞、潘任之说，以皮、潘二家之言居多，详见该书第181～185页。

何以又栖迟此山，岂恭祖兴平元年死后，陈宫辈未迎先生，乃暂入山中著述耶？抑初去高密，先寓此山？青州黄巾入兖州，即初平三年四月也，此山于是时且不可避，乃始到徐州耶？无从考定矣。”郑珍虽不相信郑小同作《孝经郑注》之说，但因为无从考定《郑氏序》所言避难南城注《孝经》，所以只得仍取前人调停之说，认为《孝经郑注》是郑玄晚年客居之作，俟郑小同年长始检得此书。皮锡瑞认为，破解此中疑难的关键，在确定郑玄注《孝经》的时间，“郑君作注之年不明，而小同以孙冒祖之疑亦终莫释”。在疏《郑氏序》时，皮锡瑞采用严可均关于南城避难的新说，进一步考证说：

> 郑注《孝经》全用今文，当正注《纬》、注《礼》之时，与晚年用古文不合。《序》云“避难南城”，是避党锢之难，非避黄巾之难。《后汉书》以为“被禁锢，修经业，杜门不出”。而据郑君自序，实有党锢逃难之事，当是党祸方急，不能不避，后事稍缓，乃归杜门耳。若避地徐州，有陶恭祖、刘先主为主人，不得有栖岩石之事。郑小同注《孝经》，古无此说。自梁载言以为“胤孙所作”，王应麟遂傅会以为小同。梁盖以《孝经郑氏解》世多疑非康成，故调停其说，以为康成之孙所作；又以《序》有“念昔先人”之语，于小同为合，遂创此论。案：郑君八世祖崇为汉名臣，祖冲亦明经学。《周礼疏》曰：“玄，郑冲之孙。”《礼·檀弓》疏皇氏引郑说，“称郑冲云：《小记》云‘诸侯吊，必皮弁、锡衰’，则此弁绖之衰亦是吊服也”。皇所引是《郑志》之文，盖郑君称其祖说以答问。然则郑君之祖必有著述，《序》云“念昔

先人”，安见非郑君自念其祖，而必为小同念其祖乎？[①]

皮锡瑞先确定郑玄南城避难而注《孝经》不是在晚年，使郑珍迷惑不得其解者可以涣然冰释，然后对《郑氏序》“念昔先人”一语加以新解，提出郑玄亦可自念其祖郑冲，不必释作郑小同怀念其祖郑玄[②]。皮锡瑞纠驳梁载言之误说，可谓正本清源，对于维护郑玄注《孝经》极为有益。

皮锡瑞后来对自己为《孝经》郑注所作的辩护，有如下一番总结：

> 按：《孝经注》，后人陆澄、陆德明、刘知几皆疑非郑君作。郑《六艺论》序《孝经》，云“玄又为之注”，则郑尝注《孝经》，已自言之。其序云：“仆避难于南城山，栖迟岩石之下，念昔先人余暇，述夫子之志而注《孝经》。”则郑注《孝经》之书与地，亦已自言之，岂犹不足为据？未可以自叙云遭党锢注《礼》，事解注《尚书》、《诗》、《论语》，来元城注《周易》，不及《孝经》而疑之也。汉人极尊《春秋》、《孝经》二书，以为夫子自作，其推崇在《易》、《书》、《诗》、《礼》之上。郑君著书百余万言，无独遗《孝经》之理。郑尝注《春秋左氏传》，《六艺论》序《春秋》，云“玄又为之注”，与序《孝经》正同。其弟子宋均注《春秋纬》，云康成“《春

① 《孝经郑注疏》卷上，第1～2页。

② 按，潘任《孝经郑注考证》第十三、十四证均是反驳郑小同作注之说，值得重视。唯其释“念昔先人”，引郑玄戒子书追念先人之语，说“《孝经》主乎事亲孝养，故《序》云‘念昔先人’。经为夫子所作，故又云‘述夫子之志’。是皆作注之本义”，似不如皮锡瑞抉出郑冲以释“念昔先人”，更能落到实处。

秋》、《孝经》，则有评论”，此郑君于二经皆有注之明证。今《左氏传注》不传。据《世说新语》，以为《注》未成，以与服子慎。是服《注》即郑《注》，故近人以入郑氏书也。郑君《孝经注》存于《群书治要》，来自日本，鲍廷博刻入《粤雅堂丛书》。或以见于《释文》、刑《疏》者亦多遗漏，疑为伪作，不知《治要》引书本多删削。严铁桥四录堂本据《治要》及刑《疏》合订之，最为完善。避难南城山，前人以为避黄巾之难，严氏以为避党锢之难，当以严说为是。郑君先治今文，后治古文，自序“遭党锢，注《礼》”，其注《纬》又在前，注《孝经》亦正在此时。故解社稷、明堂，皆用《孝经纬·援神契》《钩命诀》说。其后注《礼》、笺《诗》，多用古文，故与《孝经注》不同。陆澄、陆德明以此为疑，由不知郑注书时代先后，本不拘一说也。《后汉书》云禁锢杜门、自序云避难南城者，当是党祸方急，不得不避，后事稍解，乃归杜门。若避黄巾于徐州，有陶恭祖、刘先主为之主人，不必栖迟岩石矣。①

皮锡瑞此处所说，有些是撮述《孝经郑注疏》之论，也有一些说法，如汉人极尊《春秋》、《孝经》，郑玄遍注诸经必不独遗《孝经》，以及援用宋均之说证明郑玄必注《春秋》、《孝经》，较之《孝经郑注疏》驳刘知几十二验所说，已经有所改进，使其论证更为圆活有力。

---

① 《师伏堂经学杂记》第一册，稿本，藏湖南师范大学图书馆。

三、分别家法与提倡今文

在东汉今、古文经学相争的大背景下，各家各派对于经书文本、训诂、名物、三代史事与礼制等各持己见，有时针锋相对，互相批评，乃至陷入门户意气之争。许慎“以五经传说臧否不同”[①]，撰作《五经异义》，分门别类，详述《春秋》公羊说、穀梁说与左氏说，《礼》戴说与《周礼》说，《尚书》欧阳说、夏侯说与古文说，以及《易》、《诗》、《论语》、《孝经》的今文说与古文说等，然后取证经史群籍加以裁断。郑玄对许慎的评判多有异议，遂作《驳许慎五经异义》，引经据典进行反驳。可惜这两本书没有完整流传下来。《隋书·经籍志》著录《五经异义》十卷，题“后汉太尉祭酒许慎撰”，而不及郑玄之作。《旧唐书·经籍志》、《新唐书·艺文志》同称“《五经异义》十卷，许慎撰，郑玄驳”，将两家之作合而为一，“盖郑氏所驳之文，即附见于许氏原本之内，非别为一书”[②]。但《宋史·艺文志》不再著录此书，说明宋代已经散佚。清儒服膺许、郑之学，纷起搜辑，涌现出武英殿本（四库馆臣辑录）、王复本、庄葆琛本、钱大昭本、孔广林本、袁钧本、黄奭本等，或称《五经异义》，或称《驳五经异义》，卷数也各不相同，但均辑录许、郑二家之语。嘉庆年间，陈寿祺取各家辑本加以参订，“复刺取诸经义疏、诸史志传、《说文》、《通

① 《后汉书·儒林列传下》。
② 《四库全书总目提要·经部·群经总义类》。

典》，及近儒著述与许、郑相发者，以资稽核，间附蒙案，疏通证明”①，撰成《五经异义疏证》三卷，第一次对许、郑经说进行梳理和评析，且详于名物、典礼的疏证，成就卓著。如皮锡瑞称誉说：“陈氏《疏证》，义据通深。金坛诧为异书，学海刊入《经解》。承学之士，研寻靡既。考其得失，可略言焉。典礼闳达，名物章明。巨自郊社禘祫，细至罍觯镳锵。开发蕴奥，甄经史之精英；剖析毫厘，释疏家之疑滞。导先河于千载，洵暗室之一灯乎！”②

对于陈寿祺的《五经异义疏证》，皮锡瑞自称“少而习业，素所服膺”，但钻研既多，渐感不满，“耻杳冥而莫知，期推广其未备”③。他曾多次在《师伏堂日记》中说：

> 阅《五经异义疏证》，佳书也，而引书详略亦未尽当，又有未能折衷一是者，暇日当为补正，以成完书。（乙未年三月初五日）
>
> 陈氏父子书，予所服膺，然犹憾其于今、古文未尽了了，于郑说前后互异者并为一谈，未能分别得失。《异义疏证》亦然。予得一月暇，当补之。（乙未年三月初六日）
>
> 在舆中阅《五经异义疏证》。此书虽佳，尚有疏漏及繁简不当处。予欲更作一书，当可超越左海也。（己亥年二月初二日）

皮锡瑞在 1895 年即动心要对陈氏之作加以补正，到 1899 年仲春再

① 陈寿祺：《五经异义疏证自序》，嘉庆十八年三山陈氏家刻本。
② 皮锡瑞：《驳五经异义疏证自序》，民国二十三年河间李氏古鉴斋重刻本。
③ 皮锡瑞：《驳五经异义疏证自序》。

次发愿撰书，并开始付诸行动。己亥年二月间的日记有如下记载：

初四日：黄奭本《驳五经异义》分十卷。陈恭甫以孔本强分十卷为非，黄本殆与孔本合欤？袁钧辑本不可见，仅见一《序》。四世诸孙尧年据《序》大意，分经编辑，其书出于陈本之后，似较陈本更精。予作疏证，即当据尧年本为之，陈所疏证择取之。

初五日：考《异义》第一条"其义理也"，鲍刻《御览》"理"作"礼"。《御览》五百三十一《神主》引《异义》曰："《春秋左氏传》曰：徙主祏于周庙，言宗庙有郊宗石室，所以藏栗主也。虞主所藏，无明文也。"此一条袁本未引，后引入十卷。五百二十五引曰："古《周礼》说：《大宗伯》曰：'凡祀大神，享大鬼，祭大祇，率执事而卜日。'大鬼，谓先王也。"亦引入十卷，皆不误。引《通典》"灶在庙门外之东"，脱一"外"字。"诸侯有妾母丧"一条，见《通典》九十三《礼》五十三，袁引作七十二《嘉礼》十七，误。"王使荣叔锡鲁桓命"，"桓"下脱一"公"字。"奔大丧"一条，"召伯来会葬"作"王使毛伯来会葬"，"襄王崩"作"至"字，袁本未引。"门内之治，恩掩义"，袁误作"嫌"。"主者，神象"一条，见《通典》四十八《礼》八，袁本误作四十七《礼》七，"几筵"误作"祭筵"。并记之，为他日疏证之本。

初八日：焕彬函来，借抱经堂书。即到焕彬处，谈著书体例。伊劝我补完郑氏全书，《驳五经异义》可专用郑义，用袁尧年本，一变陈氏面目，《箴膏》、《起废》专用郑义，自与刘礼部之说不同。如此办法，当可藉手，然殊不易易。

初九日：以袁本《驳五经异义》较陈恭甫《疏证》，此书可以再作。陈引书虽详，多不与原书相比附，“明堂”一条牵引数十纸，尤无谓。此等宜从删汰，其未能断者宜补之，次第从袁本可也。王复本，《续知不足斋》有之，当借校。将来到馆，拨冗成此书。……欲作《驳五经异义疏证》，头目苦眩，又腹痛，乃止。

十三日：焕彬送还抱经堂书，索黄、袁两家书去。予本欲作《五经异义疏证》，以病未果，今彼索书去，则此书须到江西开办矣。

皮锡瑞选定袁钧辑本，决心再作疏证，自信后来居上，可以超越陈寿祺。他原打算赴南昌主讲经训书院时撰作此书，谁知十三日晚上即接到告变电报，不能再往江西执教，而要接受地方官的管束[①]。他从此杜门著述，用心疏证高密一家之学。从二月十七日始撰《驳五经异义疏证》，到七月初十日完成《驳五经异义疏证自序》，全稿竣工，不久由王先谦交由思贤书局发刊。当成稿之际，皮锡瑞在日记中留下当时的感受：

六月廿二日：录《异义疏证》二纸，十卷已毕，惟前尚有二条。此书成，计有十五六万字，一百六七十纸，与《郑志疏证》略相仿。《郑志》竭二年之力，此书之成未及半年，较前更勇矣。惜不得啖饭处，使得专力于此，

① 关于皮锡瑞受戊戌政变牵连而遭禁锢的情形，详参拙著：《通经致用一代师——皮锡瑞生平和思想研究》，岳麓书社2002年，第235~236页。

以遣余年耳。

七月廿五日：邹富文送来《驳五经异义》十余纸，已录出发刊。此祭酒之功，使予心血不至埋没，而予亦可云拼命著书。

在皮锡瑞的郑学研究著述中，以《郑志疏证》和《驳五经异义疏证》的篇幅最大。他将疏证两书所耗时月加以比较，谓“《郑志》竭二年之力，此书之成未及半年，较前更勇矣”，可见学随年增，老当益壮。而皮锡瑞此次身陷党祸，举足荆棘，生计万难，“不得啖饭处”，艰难之中奋力笔耕，确是“拼命著书”。皮锡瑞的酸楚心境与执著精神，于此可见一斑。

皮锡瑞还在日记中，记下撰作《驳五经异义疏证》的心得，如：

三月十四日：录《异义疏证》两条。庙制木主，陈说未尽，将以己意发明之。

四月初四日：录“九锡九命”疏证一条，引《公羊》说，用贺赞元之说解之，甚通。《公羊义疏》可补入《疏证》者甚多。

初七日：《异义疏证》“明堂”一条极纠纷，陈本繁而不切，尽删汰之。

五月十三日：录《异义疏证》四纸，论《左氏》朝聘，颇得其旨。

十五日：录《异义疏证》“三灵、辟雍”一条，颇有心得。

十六日：录《异义疏证》“大夫、士无主”一条，力驳陈说，似可自信。

可知他有两点颇为自信：一是对陈寿祺的各种缺失作了纠补，二是对今、古文经说有所发明。这也正是《驳五经异义疏证》中特别引人瞩目的地方。

皮锡瑞既大量采录陈寿祺疏证中的材料与案语，又对陈寿祺的疏证大作增补、删汰和纠正，因此得以后出转精，青胜于蓝。在《驳五经异义疏证自序》中，皮锡瑞在充分肯定陈寿祺疏证的成就后，胪举陈氏四个方面的缺失：

惟是征文贵博，胡琐不颐；数典必详，虽纤毋缺。而陈氏于朝觐、盟诅，请谥、感生，除服、成昏，夫人、会葬，二王、三恪之异，驾六、驾四之殊，公侯祭辟，为报大功，枕席相连，宜推昏礼，皆直录文句，不加证明。有似未成之书，曾无一语之缀。是谓漏略，其失一也。

祠兵之礼，专言五兵；复仇之义，未及百世。获麟受命，弗详土、木之精；大夫无刑，止通剧、渥之解。九族略举今说，失取证于古文；五行惟列欧阳，昧探原于伏《传》。左验虽具，肯綮未尝。譬之腹背有毛，无补黄鹄之翮；爪鳞空索，莫探骊龙之珠。是谓阔疏，其失二也。

“讥二名”之旨，反驳《公羊》；“当为爨”之文，误訾郑《注》。大夫无主，古义所同，乃承晋、魏虚造之词，诋许、郑通儒之论。是末师而非往古，贱玉贵珉；怵俗见而背旧闻，毁钟鸣釜。是谓习非，其失三也。

明堂一条，言逾二万，徒眩玄黄于五色，未别黑白于一尊。六宗称禋，七庙不毁，多牵引而失断，每泛滥而离宗。繁华损枝，隐蹈彦和之戒；买菜求益，将为子陵所呵。是谓炫博，其失四也。

根据皮锡瑞的指陈，所谓漏略，是失于征引，未能疏证；所谓阔疏，是征引不详，遗漏要义；所谓习非，是误采谬论，缺乏已见；所谓炫博，是过于博杂，未有折衷断制。因此，皮锡瑞自己在疏证中，一方面旁征博引，除穷搜经传注疏外，还觅及诸史传志、礼典政书、碑版文集等，为疏证许、郑经说提供了极其丰富的材料；另一方面取精用宏，参考历代经师疏解尤其是清儒的成果，加上他自己及经训书院门生的研究意见，对许、郑经说的异同是非进行评析，既不訾许，又不佞郑，“冀承洨长五经之传，聊备礼堂一家之学”[①]，为后人正确认识汉代经学提供了丰富的资料和重要的参考意见。

对于许、郑之争，陈寿祺较多关注二家之异，提出：“祭酒受业贾侍中，敦崇古学，故多从古文家说；司农囊括网罗，意在宏通，故兼从今文家说。此其判也。”他认为许慎偏重古文经学，郑玄则兼采今文经学，这种经学立场的差异，导致二人在解说和判别各种经学问题时出现较大分歧[②]。皮锡瑞则认为，许、郑均为通学，两家皆兼采今古：“许、郑文虽崇古，学实兼通。许君之叙《说文》，自云皆古，而《诗》征韩、鲁，匪独毛公；《传》列《春秋》，不专《左氏》。《说文》意在博采，《异义》何独不然？郑君注《礼》笺《诗》，先今后古，其为通学，无待名言。”因

① 皮锡瑞：《驳五经异义疏证自序》。

② 陈寿祺：《五经异义疏证自序》。但他同时指出，许、郑之间并非门户意气之争，而是出于对圣道经义的不同认识与探索：“夫向、歆父子，犹有《左》、《榖》之违；何、郑同堂，何伤《箴肓》之作？圣道至大，百世莫殚。仁者见仁，智者见智，蕲于事得其实、道得其真而已，庸讵与夫悦甘而忌辛，贱鸡而贵鹜者哉！”

此，他不太认同陈寿祺的看法，指出："陈恭甫云：祭酒受业侍中，多从古说；司农网罗囊括，兼主今文。此据大概而言，非与全书尽合。今观《异义》：亲属有服，用欧阳之《书》；《郑》诗淫声，取《今论》之说。天子驾数，不信《毛诗》；鹳鹆来巢，乃从二《传》。足见许案该洽，略似《说文》；郑驳宏通，亦同《笺》、《注》。不得拘古、今之殊旨，强许、郑以分门矣。"[①] 在疏证"九族"时，皮锡瑞更为具体地显示出这一主张。汉儒对于"九族"有两种完全相异的说法："今《礼》戴、《尚书》欧阳说：九族，乃异姓有亲属者。父族四：五属之内为一族，父女昆弟适人者与其子为一族，己女昆弟适人者与其子为一族，己之女子子适人者与其子为一族。母族三：母之父姓为一族，母之母姓为一族，母女昆弟适人者与其子为一族。妻族二：妻之父姓为一族，妻之母姓为一族。古《尚书》说：九族者，上从高祖，下至玄孙，凡九，皆为同姓。"许慎据《仪礼》丧服之制，认为"九族不得但施于同姓"，认同今文家的说法。郑玄则据《礼记》、《周礼》有关三族的记载，指出异姓被排除在三族之外，再以《丧服小记》"亲亲以三为五，以五为九"，得出结论说"以此言之，知高祖至玄孙，昭然察矣"，肯定古文《尚书》家所谓九族皆为同姓的意见。皮锡瑞在疏证中，先引《左传》桓六年杜解、孔疏，以见作为古文学派的杜预采取的是今《礼》戴说、《尚书》欧阳说，又引《白虎通·宗族》篇及陈立的疏证，证明《白虎通》所论九族多同于今文《尚书》说，再摘录顾炎武驳《左传》杜解、孔疏及俞樾申论孔疏、反驳郑义的文字，最后作案语说：

① 皮锡瑞：《驳五经异义疏证自序》。

> 许君专治古文，《五经异义》多从古文说。郑君兼治今文，《驳五经异义》多从今文说。而此言九族，则许从今文，兼异姓；郑从古文，皆同姓。是知许、郑二君皆通学，未尝坚持古、今门户也。①

关于“九族”，汉魏以来社会上流行今文家的说法，郑玄独持异义，强词争辩，《左传》孔疏作了有力反驳，俞樾在《九族考》中更明确指出：“自己之高祖至己之玄孙凡九世，则非九族，乃九世也。桓六年《左传》孔颖达正义驳之甚详。姑无论三十而娶之古礼，即以国君十五生子为率，亦已一百三十五年矣。又况所谓玄孙者，甫在孩提，岂便成族？必待玄孙又有孙，以王父字为氏，而后玄孙之族始成。此其辽远，岂可以年月计？殆必如宋明帝之给三百年期，而后可以及之。古之圣人何必虚张此九族之名，指不知谁何之人为族也？然则九族之说，当以今文家为正。郑康成杂引《昏礼》请期之辞及《周礼·小宗伯职》、《礼记·丧服小记》篇之文以驳之，然彼皆言三族，不言九族。孔颖达讥之曰：‘三族、九族，族名虽同，而三、九数异，引三族以难九族，为不相值矣。’斯言是矣。愚请举康成之说而一一驳之。……郑驳今文家说，义皆无当。”② 皮锡瑞详引孔、俞二家驳郑之论，但在案语中并不申述许、郑是非，反而强调二人各从今、古文乃是通学的表现，彰显他们不坚持古、今门户，其用意显然可见。

正因为皮锡瑞力主“不得拘古、今之殊旨，强许、郑以分门”，强调许、郑之争绝非经学今、古文之争，所以他注重在具体经学问题上判别许、郑的家法归属，辨析许、郑二人或从今、或

① 《驳五经异义疏证》卷二，第5~9页。

② 《驳五经异义疏证》卷二，第8~9页。

从古、或兼采今古的种种情形，由此明晰郑玄对于许慎之说或从或驳的缘由，告诫后人绝不能以今、古分立对峙的模式，对许、郑之争及汉代今、古文之争作简单的判别。

更值得指出的是，皮锡瑞在《驳五经异义疏证》中，通过疏解许、郑经说的异同，揭示出汉代经学今、古文家法的纷繁多样，并根据各种具体经学问题的争论案例，对汉代经学今、古文之争作不同的裁决，求其同而析其异，凡相同、相近者加以沟通，相异、相反者加以别白，各还其本来面目。以下分别举例说明。

沟通今、古文经说者：

例一，《异义》："今《尚书》欧阳、夏侯说：中国方五千里。古《尚书》说：五服旁五千里，相距万里。"许慎谨案："以今汉地考之，自黑水至东海、衡山之阳至于朔方，经略万里。从古《尚书》说。"郑玄无驳，而据郑注《尚书》及《周礼》，亦持方圆万里说。关于古代中国的疆域，《尚书》今、古文说法相距甚大，从汉魏以来的经师到清代的大儒，更是纷纭相争，各持所见。皮锡瑞根据《汉书·贾捐之传》、《盐铁论》、《说苑》、《论衡》、《白虎通》等所载，指出两汉今文家说"皆云中国方五千里"，然后援引王充之书，疏证说：

> 《论衡·别通》篇曰："殷、周之地，极五千里荒服、要服，勤能牧之。汉氏廓土，牧万里之外。"《谈天》篇曰："《禹贡》东渐于海，西被于流沙。此则天地之极际也。"又曰："东海、流沙，九州东西之际，相去万里。"王仲任习《欧阳尚书》，既云要、荒极五千里矣，又云东海、流沙相去万里，则五服止于五千。外薄四海，东渐西被，则有万里。今文说五千里，专指五服言之。古文

说万里，兼指四海言之。两说皆通，无庸强判。[①]

皮锡瑞对《论衡》两说加以分析，认为今文说五千里是专指五服而言，古文说万里则兼指四海，非常巧妙地将今、古文两说统一起来，提出“两说皆通，无庸强判”。

例二，《异义》：“今文《尚书》欧阳说：肝，木也；心，火也；脾，土也；肺，金也；肾，水也。古《尚书》说：脾，木也；肺，火也；心，土也；肝，金也；肾，水也。”许慎谨案：“《月令》春祭脾，夏祭肺，季夏祭心，秋祭肝，冬祭肾，与古《尚书》同。”郑玄驳曰：“《月令》祭四时之位，及其五藏之上下次之耳。冬位在后，而肾在下；夏位在前，而肺在上。春位小前，故祭先脾；秋位小却，故祭先肝。肾也、脾也，俱在鬲下；肺也、心也、肝也，俱在鬲上。祭者必三，故有先后焉，不得同五行之气。今医疾之法，以肝为木，心为火，脾为土，肺为金，肾为水，则有瘳也。若反其术，不死为剧。”许从古文说，而郑从今文说。段玉裁《说文解字注》指出“许《异义》从古《尚书》说，《说文》虽兼用今、古《尚书》说，而先古后今，与郑不同”。王鸣盛《尚书后案》据《洪范》与《黄帝内经》，分别经师所说五事配五行与医家所说五脏配五行不同，并指许慎所从之古《尚书》说更别为一义，与医理、《洪范》均不相合。皮锡瑞指出：

> 诸儒分别今、古文，尚有未尽。今《尚书》说以伏生为初祖，伏生之义见《洪范五行传》，曰：“貌属木，言属金，视属火，听属水，思心属土。”此伏生以五事配五行之义，与古《尚书》说脾木、肺火、心土、肝金、

① 《驳五经异义疏证》卷二，第15~18页。

肾水正合，而与欧阳说肝木、心火、脾土、肺金、肾水不同，是知今、古文说同出于伏生。欧阳，伏生弟子，不知何以独为异义。[①]

皮锡瑞以古《尚书》说合于汉代今文初祖伏生之义，指出“今、古文说同出于伏生”，强调今、古经说同源。至于作为伏生弟子的欧阳生却立异师说，更能揭示汉代经学同源异流的嬗变。皮锡瑞进而根据《孝经援神契》和《白虎通·情性》篇所说及其所引《春秋元命苞》，考出欧阳所说五脏配五行乃源自纬候，并指称“许君所引博士说盖出于纬，郑君所言汉时医病之法当亦出于纬书”，既然许、郑持论同样出于纬书，则郑之驳许更与今、古文相争无关了。皮锡瑞还提出：“说五行者，当守伏生初祖之说，不必惑于博士后出之说也。”[②] 这正是他在《尚书》研究中所坚持的遵循伏生之学的原则。

例三，《异义》：“《易》孟京、《春秋公羊》说：天子驾六。引《易经》云‘时乘六龙，以驭天也’，知天子驾六。《毛诗》说：天子至大夫同驾四，士驾二。《诗》云‘四骊彭彭’，武王所乘；‘龙旂承祀，六辔耳耳’，鲁僖所乘；‘四牡骓骓，周道倭迟’，大夫所乘。”许慎谨案：“《礼·王度记》曰：‘天子驾六，诸侯与卿同驾四，大夫驾三，士驾二，庶人驾一。’说与《易》、《春秋》同。”郑玄驳曰：“《周礼·校人》：‘掌王马之政。凡颁良马而养乘之，乘马一师四圉。’四马为乘，此一圉者养一马，而一师监之也。《尚书·顾命》：‘诸侯入应门，皆布乘黄朱。’言献四黄马朱鬣也。既实周天子驾六，《校人》则何不以马与圉以六为数？《顾

① 《驳五经异义疏证》卷二，第19~21页。

② 《驳五经异义疏证》卷二，第22页。

命》诸侯何以不献六马？《易经》‘时乘六龙’者，谓阴阳六爻上下耳，岂故为礼制？《王度记》云今‘天子驾六’者，自是汉法，与古异；‘大夫驾三’者，于经无以言之。”关于驾数，许慎据《王度记》所载天子、诸侯、大夫、士至庶人依尊卑而有差异，故以今文说为是，郑玄则采信古文家天子驾四之说，以为天子驾六是汉法，并非古制。臧琳《经义杂记》征引群书，指出：“六马之文，经、史、子、集皆有之。故《五经异义》据《易》京氏、《礼·王度记》、《春秋公羊》说，以为天子驾六。郑康成以此诸文为皆起于秦、汉以来，非三代常制，不足以取证经典，而《尚书·顾命》、《毛诗》、《周礼》天子、诸侯皆驾四马，故不从今文家及许氏说。琳考之：《周书·王会》，成王时书也，而云‘其西天子车立马乘六’。《石鼓文》，宣王时诗也，而云‘趍趍六马’。他书未可深信，而此实为姬周遗文，则周已有六马之制矣。”皮锡瑞援引臧琳之说，更补充《庄子》逸篇、《荀子·议兵》、《史记·李斯列传》所载六马之说，指出：

> 此等书并出自汉前，非引用汉制。许君所据《王度记》，乃齐稷下生所作，亦在秦、汉以前。《史记·万石君传》：“上问车中几马，庆以策数马毕，举手曰：六马。”此汉天子驾六之明证。然汉驾六，亦必沿用古义。汉立学官皆今文说，孟、京《易》，《公羊春秋》，正汉制之所从出也。汉法驾驾六，安车驾四。疑古制亦有驾六、驾四两法，今、古文说各据其一言之，则二说皆可通。郑君专据古《周礼》说，以驾六为汉制，似犹未核。①

---

①《驳五经异义疏证》卷十，第1～4页。

皮锡瑞先承臧琳之绪，证明天子驾六确是古制，然后认为今文经学主导下的汉制必是沿用古制，再根据汉代法驾驾六、安车驾四，推测古制亦有驾六、驾四两法，“今、古文说各据其一言之，则二说皆可通”。可见，他从汉制逆推古制，由流溯源，使两相歧异的今文说与古文说可以会通。皮锡瑞的结论未必正确，但这种融会今、古的思路值得肯定。

分别今、古文经说者：

例一，《异义》：“《礼》戴说：刑不上大夫。古《周礼》说：士尸肆诸市，大夫尸肆诸朝，是大夫有刑。”许慎谨案：“《易》曰：‘鼎折足，覆公竦，其刑渥，凶。’无刑不上大夫之事，从《周礼》之说。”郑玄驳曰：“凡有爵者，与王同族，大夫以上适甸师氏，令人不见，是以云‘刑不上大夫’。”可见许用古文家说，认为大夫有刑，郑用今文家说，主张“刑不上大夫”，二人持论截然有异。皮锡瑞疏证先引《礼记·曲礼》孔疏申郑之语，然后作案语说：

> 郑兼通今、古文，故能和同今《礼》、古《礼》，皆不背其说。实则今《戴礼》说大夫无刑，古《周礼》说大夫有刑，判然不合。今《礼》说当据《公羊传》、《白虎通》证之。《公羊》宣元年“晋放其大夫胥甲父于卫”，传曰：“放之者何？犹曰无去是云尔。然则何言尔？近正也。此其为近正奈何？古者大夫已去，三年待放。”解诂曰：“古者刑不上大夫。盖以为摘巢毁卵，则凤皇不翔；刳胎焚夭，则麒麟不至。刑之，则恐误刑贤者。死者不可复生，刑者不可复属，故有罪放之而已，所以尊贤者之类也。”据何君解诂引“古者刑不上大夫”，则今

文家解“刑不上大夫”，直谓大夫不当用刑，有罪放之而已。观唐、虞四凶之罪止于流放，则古者大夫虽有罪，无用刑之事。何君“摘巢毁卵，凤皇不翔”云云，立说甚精，足以发明古义。若《周礼》说，自是周制，与古不合。宋太祖定制不杀士大夫，与古暗合矣。《白虎通·五刑》篇曰：“刑不上大夫，尊大夫。礼不下庶人，欲勉民使至于士。故礼为有知制，刑为无知设也。庶人虽有千金之币，不得服。刑不上大夫者，据《礼》无大夫刑。或曰：挞笞之刑也。”《白虎通》云“据《礼》无大夫刑”，是今文说；又引或说“挞笞之刑”，则与贾谊云“刑不上大夫，所以厉宠臣之节也”意义相近。盖亦和同今、古说者，而与郑义又不同。士可杀，不可辱，或说亦通，要皆非今文说，故《白虎通》以为别解。今文说直谓大夫无刑。[1]

皮锡瑞虽称许郑玄兼通今古、和合《戴礼》与《周礼》之良苦用心，但此处指出今、古二家关于大夫是否有刑的说法“判然不合”。他根据何休说“古者刑不上大夫”，认为今文家保存了三代古制古义，而《周礼》所说“自是周制，与古不合”，因此强调今、古文说不能沟通。他还在日记中发挥说：“录《异义疏证》‘刑不上大夫’一条，不禁有感，知今文说的是古义，古文说乃曲学阿世，流毒后人者也。”[2] 可见，他此处强调今、古之异，是别具深意的。

例二，《异义》：“《公羊》以为：鹳鹆，夷狄之鸟，穴居。今

① 《驳五经异义疏证》卷四，第20~21页。
② 《师伏堂日记》，已亥年四月初六日。

来至鲁之中国，巢居。此权臣欲自下居上之象。《穀梁》亦以为夷狄之鸟来中国，义与《公羊》同。《左氏》以为：鸜鹆来巢，书所无也。"许慎从《公》、《穀》。郑玄驳曰："按《春秋》言来者甚多，非皆从夷狄来也。从鲁疆外而至，则言来。鸜鹆本济西，穴处，今乃逾济而东，又巢，为昭公将去鲁国。"《公》、《穀》二传均认为鸜鹆乃夷狄之鸟，本来穴居，今来至中国而巢居。郑玄从《左传》，字作"鸜鹆"，以为是从济西渡江而至，仍属中国，非从夷狄而来。孔广森《公羊通义》、陈立《公羊义疏》据公羊家旧解以传中"中国"二字作"国中"，认为三《传》之义可以相通。陈寿祺《五经异义疏证》据陆德明三《传》及《周礼》音义或作"鸛"、或作"鸜"，彼此混用，并无严格区分。皮锡瑞则指出：

> 作"鸛"者，今文也。作"鸜"者，古文也。三《传》文字不同，说解亦异，不必强合为一。如《左氏》说，鸜鹆即《考工记》所云"鸜鹆不逾济"，今谓之八哥鸟，所在有之，特在古时不逾济，不当逾济而东，故曰"书所无也"。如《公羊》、《穀梁》说，鸛鹆并非鸜鹆，乃夷狄之鸟，不当来中国。今中国亦不闻有此鸟，盖海鸟爰居之类也。说《公羊》、《穀梁》者，皆不引《考工记》，何君《解诂》亦不引《考工记》，《解诂》一书未尝引《周礼》一字，可见汉儒专门家法之严。郑君是通学，非专门，其驳《异义》，盖从《左氏》"逾济而东"云云，虽不明引《考工》，实即《考工》"不逾济"之说，与《公羊》、《穀梁》"夷狄之鸟"迥乎不同。孔巽轩、陈卓人皆欲和同郑义，以解《公羊》，故从旧解，不从徐疏。然三《传》各自为义，不必强《公羊》以合

> 《左氏》，亦不必强何以合郑。据《公羊》解《公羊》，当从徐疏之说。……陈恭甫引各本异同甚详，然三《传》文义不同，自汉以后，家法不明，容有后人牵引改变之失。鹳鹆、鸜鹆，判然两物，不当混合为一。依《公》、《穀》义，当作“鹳”，今本《穀梁》作“鸜”者误也。依《左氏》义，当作“鸜”，古本《左氏》有作“鹳”者亦误也。不必据陆德明《音义》，谓各本皆当作“鹳”。①

皮锡瑞在此强调三《传》“文字不同，说解亦异”，不认同孔广森、陈立、陈寿祺等人和同今、古文的做法，坚持以《公》、《穀》解《公》、《穀》，以《左传》解《左传》，反对“强合为一”。皮锡瑞曾在指导经训书院弟子时，“告以当看《五经异义》、《白虎通疏证》，以通古、今文门径”②，由此可见他疏证《驳五经异义》何以要如此突出今、古之别。

皮锡瑞在分清许、郑经说的今、古文属性后，往往会进一步判别今、古经说的是非优劣，批评许、郑不能从今文之是，不敢驳古文之非，对于郑玄兼采今文则加以表彰，由此显示出宗主今文的学术立场。以下分别举例说明。

例一，同时批评许、郑不敢驳古文之非。《异义》：“《公羊》说：诸侯四时见天子及相聘，皆曰朝。以朝时行礼，卒而相逢于路，曰遇。古《周礼》说：春曰朝，夏曰宗，秋曰觐，冬曰遇。”许慎谨案：“《礼》有觐经，《诗》曰‘韩侯入觐’，《书》曰‘江汉朝宗于海’，知有朝、觐、宗、遇之礼。从《周礼》说。”郑玄

① 《驳五经异义疏证》卷八，第11～13页。
② 《师伏堂日记》，壬辰年七月廿九日。

驳曰："此皆有似，不为古昔。案《觐礼》曰：'诸侯前朝，皆受舍于朝。'朝，通名也。秋之言觐，据时所用礼。"可见关于诸侯朝见天子之名称，今、古说异，《公羊》将诸侯朝聘天子总称为朝，另称诸侯互相会见为遇，《周礼》则分别四时，各有专名，尤其将诸侯冬见天子称作遇，与今文说诸侯相见曰遇分歧最大。许慎据《仪礼》、《毛诗》及《尚书》言及觐、遇，以古文家说为是。郑玄驳许，指朝为通名，似采今文家说，但他不驳"秋曰觐"之说。郑注三《礼》时，更采《周礼》之说，会通朝、觐等，如注《仪礼·觐礼》说："此觐也，言朝者，觐、遇之礼虽简，其来之心犹若朝也。"又注《礼记·曲礼》说："诸侯春见曰朝，受挚于朝，受享于庙，生气，文也。秋见曰觐，一受之于庙，杀气，质也。朝者，位于内朝而序进。觐者，位于庙门外而序入。王南面，立于依、宁而受焉。夏宗依春，冬遇依秋。春秋时，齐侯唁鲁昭公，以遇礼相见，取易略也。觐礼今存，朝、宗、遇礼今亡。"皮锡瑞疏证说：

> 《公羊》说，释《春秋》经者也。《春秋》僖二十八年"公朝于王所"，隐十有一年"春，滕侯、薛侯来朝"，故《公羊》说"诸侯四时见天子及相聘，皆曰朝"。《春秋》隐四年"夏，公及宋公遇于清"，八年"春，宋公、卫侯遇于垂"，故《公羊》说"卒而相逢于路，曰遇"。其云"卒而相逢"者，蒙上诸侯而言，谓诸侯与诸侯相逢，不关天子。"公及宋公遇于清"传曰："遇者何？不期也。一君出，一君要之也。"解诂曰："古者有遇礼，为朝天子若朝罢朝，卒相遇于途，近者为主，远者为宾，称先君以相接，所以崇礼让，绝慢易也。"此"遇"属诸

侯之明证。今《春秋公羊》说据《春秋》经，诸侯四时见天子皆曰朝。古《周礼》说"春曰朝，夏曰宗，秋曰觐，冬曰遇"。此今、古文驳异之一端。《曲礼》曰："天子当依而立，诸侯北面而见天子，曰觐。天子当宁而立，诸公东面，诸侯西面，曰朝。诸侯未及期相见，曰遇。"《曲礼》虽分别朝之外别有觐法，与《公羊》说少异，而以遇为诸侯相遇，不关天子，则同。《白虎通·朝聘》篇曰："谓之朝何？朝者，见也。五年一朝，备文德而明礼义也。因用朝时见，故谓之朝。言诸侯当时朝于天子。朝用何月？皆以夏之四孟月，因留助祭。"《白虎通》以为四时皆曰朝，正同《公羊》之说。若古《周礼》说分四时为朝、觐、宗、遇，于古无征。许所引惟《礼》"觐经"、《诗》"入觐"足明觐义，引"江汉朝宗"证宗礼，已不甚确，而遇礼则无以言之。郑引《周礼》注《曲礼》，引春秋时齐侯唁鲁昭公以遇礼相见，此亦诸侯与诸侯相遇，不关天子，不得为《周礼》"冬遇"之证。案：诸侯与天子尊卑分隔，不当称"遇"，此当以今文《公羊》说为正。许、郑皆为古文所压，不敢驳《周礼》耳。①

对《五经异义》载公羊家所说朝、遇之礼，皮锡瑞根据《公羊传》及何休注加以疏证，指出今文说朝、遇确有所指，特别是将诸侯之间在朝天子途中互相会见称作"遇"，强调诸侯见天子与诸侯互见之礼相异，原是尊卑有别。而《周礼》所说仅分四时，不别尊

① 《驳五经异义疏证》卷四，第2~4页。

卑，与公羊家说在原则上不同，可见今、古驳异，必须分别。《曲礼》称朝、觐、遇，今、古相杂，但对“遇”的规定同于公羊家说。皮氏再援引《白虎通》，证明《公羊》说确有依据，而《周礼》说于古无征。许、郑二人虽然持论稍异，但对于“冬遇”之说均不得正解，皮锡瑞因此指责他们“皆为古文所压，不敢驳《周礼》”。

例二，批评许慎不辨是非，表扬郑玄择善而从。《异义》：“《公羊》说：天王丧，赴者至，诸侯哭。虽有父母之丧，越绋而行事，葬毕乃还。《左氏》说：王丧，赴者至，诸侯既哭，问故，遂服斩衰，使上卿吊，上卿会葬。经书‘叔孙得臣如京师，葬襄王’，以为得礼。”公羊家主张诸侯要奔天子之丧，不能因父母之丧而废尊事天子之礼。《左氏》说则诸侯不必亲往京师奔丧，只派臣子前往吊唁、会葬。甘容《易下邳传》载《左氏》说以诸侯为天子藩卫之臣，不得弃其封守，“诸侯千里之内奔丧，千里之外不奔。四方不可空虚，故遣大夫也”，许慎以为此说近礼。郑玄反驳说：“天子于诸侯无服，诸侯为天子斩衰三年，尊卑有差。案：鲁夫人成风薨，王使荣叔归含且赗，召伯来会葬，传曰‘礼也’。襄王崩，叔孙得臣如周，葬襄王，则传无言焉。天子于鲁，既含且赗，又会葬，为得礼，则是鲁于天子，一大夫会，为不得礼可知。昭三十年，晋侯去疾卒，秋葬晋顷公。传曰：‘郑游吉吊，且送葬。魏献子使士景伯诘之。郑游吉云：“灵王之丧，我先君简公在楚，我先大夫印段实往，敝邑之少卿也。王吏不讨，恤所无也。”晋人不能诘。’岂非《左氏》诸侯奔天子之丧及会葬之明文？说《左氏》者云诸侯不得弃其所守奔丧，自违其传。”郑玄先据丧服制度，称天子不必对诸侯服丧，而诸侯必须为天子服三年之丧，然后分析《春秋》所载诸事，指出鲁文公不奔襄王之丧而派叔孙得臣如周会葬为失礼，反驳《五经异义》所载《左氏》学家“以为得礼”之说，同时以《左传》昭三十年所载郑游吉之言，证明《左传》明有诸侯奔丧、会葬的记载，因此反讥《左氏》学家自违其传。陈寿祺在《五经异义疏证》中，备引《穀梁传》、《通典》、《白虎通》，证公羊家所谓诸侯奔大丧之说，又根据隐三年、文九年《公羊传》及何注，以及隐三年、昭三十年《左传》，证《左传》与《公羊传》同义，再据《尚书·顾命》经文与《礼记·檀弓》郑注，指诸经明文记载诸侯奔天子之丧。杜预《春秋左传集解》及《释例》则戾经蔑礼，提出诸侯不必奔丧及短丧之说，称“万国之数至众，封疆之守至重，故天王之丧，诸侯不得越境而奔，修服于其国，卿共吊葬之礼。既葬，卒哭而除凶”。对此，皮锡瑞作案语评析说：

> 杜预言诸侯不奔大丧，以饰其短丧之邪说，谬不待言。然考《异义》许、郑所云，则汉时为《左氏》说者，已谓诸侯不奔大丧，不自杜预始矣。《左氏》晚出，本无师说，创通于刘歆，集解于杜预。二人皆不忠不孝之尤者，故多戾经蔑礼之言，名为《左氏》之说，并非《左氏》之意。许为古文所压，动引《左氏》，不辨是非。郑君择善而从，其识优于许矣。①

清儒大多批判杜预短丧之说，皮锡瑞则根据《驳五经异义》，指出杜预邪说源自汉代的《左氏》学家，并明言此种谬论“名为《左氏》之说，并非《左氏》之意”，由此批评许慎佞古，不能分辨今、古文经说之是非，远逊于择善而从的郑玄。

① 《驳五经异义疏证》卷六，第34~36页。

例三，表彰郑玄兼采今古，纯正无弊。《异义》：“《诗》齐鲁韩、《春秋公羊》说：圣人皆无父，感天而生。《左氏》说：圣人皆有父。”许慎谨案：“《尧典》：‘以亲九族。’即尧母庆都感赤龙而生尧，尧安得九族而亲之？《礼谶》云唐五庙，知不感天而生。”郑玄驳曰：“诸言感生，得无父；有父，则不感生。此皆偏见之说也。《商颂》曰‘天命玄鸟，降而生商’，谓娀简吞鳦子生契。是圣人感生，见于经之明文。刘媪是汉太上皇之妻，感赤龙而生高祖，是非有父感神而生者也？且夫蒲卢之气，妪煦桑虫，成为己子，况乎天气因人之精，就而神之，反不使子贤圣乎？是则然矣，又何多怪？”可见，今文学家主张圣人无父感天而生，《左氏》说圣人有父，许慎不认同感天而生，郑玄则兼取二说，提出圣人既感生又有父。对于《诗经·生民》、《玄鸟》所称商、周先祖神秘降生之说，郑玄均以感生帝作解，遭到王肃等人的批评。皮锡瑞曾就此作《感生帝解》一文，力证感生说非创始于郑玄，也不是出自纬书，而是两汉时期流行的古义，并特别指出：“许君《异义》虽不信感生之说，而《说文》晚定，亦云‘古之神圣母感天而生子，故称天子’。”所以皮锡瑞在此作疏证，直接提出：

> 据《异义》，则三家《诗》、《公羊春秋》今文说云感天而生，《左氏》与《毛诗》古文说云不感天而生。今文似奇而确，古文似正而非。郑《驳异义》从今文，兼采古文圣人有父，以圆其说，其立义尤纯正无弊。①

其实，今文学家及汉儒不过是采信上古神话，用以解说经传，而古文家更想用历史主义的态度对待经典，只是力加求索而仍然未

---

① 《驳五经异义疏证》卷六，第70~72页。

得真解，使其解经触碍难通，不如今文家能自圆其说。皮锡瑞说“今文似奇而确，古文似正而非”，应该作此理解。至于郑玄据汉高祖有父而感生，误信汉人制作的政治神话，提出圣人有父而感生，名为兼采今、古经说，实是刻意调和今、古两派。因此，皮锡瑞在此问题上肯定郑玄的做法，更多地反映出他自己崇尚今文的情怀。

皮锡瑞还从自己宗主今文的经学立场出发，在疏证中阐发《公羊春秋》学说，批评前儒不明今文家微言大义，借机为今文经学张目。以下试举两例。

例一，《异义》：“《公羊》说：复百世之仇。古《周礼》说：复仇可尽五世之内。五世之外，施之于己则无义，施之于彼则无罪。所复者，惟谓杀者之身，乃在被杀者子孙，可尽五世得复之。”许慎谨案：“鲁桓公为齐襄公所杀，其子庄公与齐桓公会，《春秋》不讥。又定公是鲁桓公九世孙，孔子相定公，与齐会于夹谷。是不复百世之仇也。从《周礼》说。”复九世之仇为公羊学家的重要主张，但所谓“复百世之仇”，实是一种过甚其言之词，意在强调复仇大义，绝非坚持百世之子孙必为其远祖复仇。古文《周礼》说主张复仇可尽五世之内，五世之外不应复仇。许慎根据鲁庄公会见杀父仇人齐襄公，《春秋》并不明言讥贬，又鲁定公作为桓公九世之孙，孔子却赞助他与齐君举行夹谷之会，可见孔子并不主张复九世之仇，由此信从《周礼》说。其实，《周礼》说与公羊学家均主张复仇，二者的基本立场是一致的。陈立《白虎通疏证》曾引《五经异义》此条并加以评析，据郑玄《释废疾》，指出许慎之误：“据郑氏之义，则以《春秋》于‘溺伐卫’已贬其臣，‘公及齐人狩于禚’又贬其君，自此以后不复有贬辞，则夹谷之会及庄公会桓之事，其不必有讥文明矣。许氏据以难《公羊》，其说非也。此不言复仇远近之世，知亦与公羊复百世之仇同也。其实《公羊》于伐齐纳纠，亦无讥庄公忘仇之文。”皮锡瑞疏证时先引陈立之文，然后补充说：

> 《公羊》庄四年传曰：“何贤乎襄公？复仇也。何仇尔？远祖也。远祖者，几世乎？九世矣。九世犹可以复仇乎？虽百世可也。”何君解诂曰：“百世，大言之尔，犹《诗》云‘嵩高维岳，峻极于天，天子万年’。”疏云：“盖以百十者，数之终，施之于彼则无罪，施之于己则无义，故谓之‘大言’耳。”据此，则《公羊》言“虽百世可也”，本甚言之辞，何君解为“大言”，引《诗》为证，立说圆活。疏所引即古《周礼》说，以圆《公羊》之义，发《解诂》之旨，是《公羊》与《周礼》说非不可通。《春秋》一经多有文发于此而义见于彼者，其褒齐襄公之复仇，正以讥鲁庄公之不复仇。齐襄非贤君，其灭纪亦不过假复仇为名，非真能复九世仇者。《春秋》假托齐襄，以明复仇之义。此圣人借事明义之微旨也。许专治古文，不知《春秋》假托之义，亦不知《公羊》所云百世乃甚言之辞，而引古《周礼》说以难《公羊》，失之固矣。①

皮锡瑞根据《公羊传》何注、徐疏，分析认为在复仇问题上“《公羊》与《周礼》说非不可通”，然后指出孔子贤齐襄公，并非因襄公真能复九世之仇，而是托之陈义：“《春秋》假托齐襄，以明复仇之义。此圣人借事明义之微旨也。”他因此指责许慎“不知《春

① 《驳五经异义疏证》卷四，第8~9页。

秋》假托之义”，专治古文，不通今文，较之陈立的批评更为深入一层。皮锡瑞后来称此为《春秋》“借事明义”之法，并将其视作公羊学一大基本原则，在《发墨守箴膏肓释废疾疏证》、《春秋通论》和《师伏堂春秋讲义》中力加阐述。

例二，《异义》：“卿得世不？《公羊》、《穀梁》说：卿、大夫世，则权并一姓，妨塞贤路，专政犯君，故经讥尹氏、齐崔氏也。《左氏》说：卿、大夫得世禄，不得世位。父为大夫死，子得食其故采，而有贤才，则复升父故位。故《传》曰：‘官有世功，则有官族。’”可见今文说标举“讥世卿”之义，古文说提出“卿、大夫得世禄，不得世位”。许慎谨案：“《易》爻位三为三公，二为卿、大夫。《讼》六三曰：‘食旧德。’食旧德，谓食父故禄也。《尚书》：‘古我先王，暨乃祖乃父，胥及逸勤。予不敢动用非罚，世选尔劳，予不绝尔善。’《论语》曰：‘兴灭国，继绝世。’国谓诸侯，世谓卿、大夫。《诗》云：‘凡周之士，不显亦世。’《孟子》曰：‘文王之治岐也，仕者世禄。’知周制世禄也。从《左氏》义。”《礼记正义》以为郑玄无驳，与许意同，而《左传正义》则引郑驳曰：“《尚书》‘世选尔劳’，《诗》刺幽王‘绝功臣之世’。”孔广林、袁尧年各自在辑本中加案语，认为“郑以世禄其常，有功亦得世位，与许微异”。陈立《公羊义疏》也引及《五经异义》此条，认为“三《传》之说，大旨相同。《公》、《穀》讥世卿非礼，自谓不得世位耳。……其有功德者，仍得世禄，则《左氏》家所说，《礼记·礼运》所云‘大夫有采，以处其子孙’是也”。可见各家辨析许、郑异同，都是从分别世禄、世位加以讨论。皮锡瑞疏证在引录诸家之说后，评析说：

袁氏、孔氏、陈氏发明《公羊》与许、郑异同，可

> 谓晰矣，而《春秋》之义，犹有未尽。夫子作《春秋》，立一王之法，本非专用周制。今《春秋公羊》说有今文家说礼制与古文家说礼制小异而实可相通者，亦有说《春秋》新王之制与古文说周制全异者。许君《异义》专据古《周礼》、《左氏》说，于《春秋》微言大义全所不解。如此条云"周制世禄"固是，然未知《公羊》讥世卿，乃夫子深念当时世卿之弊，欲为后王立法，去此弊端，盖有废世卿、行选举之意。后世用选举法，是从《春秋》法也。《公羊》所说，本非周制，不得以周制绳之。诸家但以世禄、世位屑屑致辨，而《春秋》之义尚未发明，故特著之于此，其余言《公羊》、《左氏》者，可以隅反。①

皮锡瑞此处既批评许慎泥守古文、不知《公羊》微言大义，同时也指责清儒只辨许、郑异同而不能发明《春秋》大义。同样，皮锡瑞后来在《发墨守箴膏肓释废疾疏证》、《春秋通论》等处，一再宣扬《春秋》"讥世卿"之说，作为孔子救衰改制且行于后世的证明。

四、结　语

皮锡瑞自称"予治郑学有年"②。他明言自己"少习郑学"，晚年仍"服膺郑学"。追求博通的皮锡瑞，对通学大师郑玄极为敬

① 《驳五经异义疏证》卷六，第10~12页。

② 《郑志疏证自序》。

佩。不过，他同时又说：“锡瑞服膺郑学，亦不苟同。”并举例说：“郑注《大传》，多所发明，而以古文易《大传》之文，全失伏生之意。锡瑞作疏证，每辨郑之失以申伏。郑注《尚书》，今无全文，而考其所用古文说，皆不及今文说之确。”皮锡瑞有时称誉郑玄兼采今、古文经说，有时又批评郑玄淆乱今、古家法。这种对待郑学的态度，需要认真体味。皮锡瑞主张“治经必严家法，方不至臆说乱经”，所以他特别重视分别家法，从前期的《经训书院自课文》、《尚书大传疏证》、《孝经郑注疏》、《郑志疏证》，到晚年的《圣证论补评》、《驳五经异义疏证》、《发墨守箴膏肓释废疾疏证》、《王制笺》等，他始终都在辨析郑玄各种经注、经说的家法。尤其在评论郑玄与何休、许慎、王肃等人的经学争论时，他更从分别双方具体经说的今、古文属性出发，各还其本来面目，从不简单地归之为今、古文之争。皮锡瑞称赞许慎在今、古分立互争之际，能够严别今、古门户：“许慎《五经异义》明引今文说如何、古文说如何，分别甚晰。若皆如此说法，则流传至今，人人皆知古、今家说分别，不相杂厕，可以开卷了然也。”[1] 郑玄则不然，有意和同今、古，使汉代经学家法大乱，皮锡瑞因此批评说：“李申耆以为康成败坏家法，非轻诋先儒也，以家法论，郑君

① 以上引见《师伏堂经学杂记》第一册。按，皮锡瑞后来在《经学历史·经学中衰时代》中，对许慎《五经异义》有相同的评价。

实不能辞其咎。”[1] 从对许、郑二人处理今、古文家法截然不同的评价中，正可见出皮锡瑞褒贬郑学的标准。他褒扬郑玄，并不完全是因为郑玄采信了今文经说，而每当他批评郑玄，一定是因为郑玄淆乱了今、古家法，尤其是对于郑玄援引古文注解今文经典，皮锡瑞必一一辨明，这在《尚书大传疏证》和《王制笺》中比比皆是。对皮锡瑞经学知之不深的明伦，在为《孝经郑注疏》作提要时说：“锡瑞治经专今文，颇攻郑氏，而是书则笃守郑氏之说，尤详于典礼。”[2] 他认为皮锡瑞因宗今文而对郑学历有批驳，但在《孝经郑注疏》中，似乎改变了经学立场，转而主郑。这一看法有待商榷。皮锡瑞确因郑玄用今文经说注解今文《孝经》，对之颂誉有加，但他在别的地方也未曾因为自己宗主今文，出于门户之见而攻驳郑学。

当然，皮锡瑞在研究郑学时，确实也有是今非古、提倡今文的学派意识。例如，在《圣证论补评》中，论及《诗经·生民》姜嫄感大神之迹而生契，皮锡瑞申述郑《笺》之义，对依从毛《传》的王肃等人加以责斥，评论说：“此诗传、笺异义，由于古、今文说不同。《异义》《诗》齐鲁韩、《春秋》公羊说圣人皆无父感天而生。董子《繁露》、《史记·周本纪》、刘向《列女传》、王

---

① 《师伏堂经学杂记》第一册。按，皮锡瑞后来在《经学历史·经学中衰时代》中更详细地指出：“郑君博学多师，今、古文道通为一，见当时两家相攻击，意欲参合其学，自成一家之言，虽以古学为宗，亦兼采今学，以附益其义。学者苦其时家法繁杂，见郑君闳通博大，无所不包，众论翕然归之，不复舍此趋彼。于是郑《易注》行而施、孟、梁丘、京之《易》不行矣；郑《书注》行而欧阳、大小夏侯之《书》不行矣；郑《诗笺》行而鲁、齐、韩之《诗》不行矣；郑《礼注》行而大、小戴之《礼》不行矣；郑《论语注》行而齐、鲁《论语》不行矣。重以鼎足分争，经籍道息。汉学衰废，不能尽咎郑君，而郑采今、古文不复分别，使两汉家法亡不可考，则亦不能无失。”

② 中国科学院图书馆整理：《续修四库全书总目提要（经部）》，第833页。

充《论衡》皆云后稷履大人迹而生。《尔雅》同《鲁诗故》，训'敏'为'拇'。惟古《毛诗》说独创异义。今文似奇而确，古文似正而非。郑易传从三家，斯为通识。后儒多申毛而驳郑，不过以其说近正耳，然揆之事理，实有难通。"[①] 在论郑、王对《礼记·祭法》"禘郊祖宗"之争时，皮锡瑞指明王肃用古文说来驳郑玄今文说，重申"今文似奇而确，古文似正而非"[②]。在《驳五经异义疏证》中，皮锡瑞一字不改，再发此论。由此可见他对今文经说的偏信偏爱。陈三立所作皮锡瑞挽诗中，有一句"钩党姓名连甲乙，今文家法愈光新"[③]，指他在遭受禁锢时期大治郑学，分别汉代经学今、古文家法，从而昌明今文经学。邵瑞彭在评述《驳五经异义疏证》时，也论述说：

> 《驳五经异义》一书，集古今之师说，示六籍之折衷。召陵、高密，各尊所闻；石渠、白虎，逊其综核。自侯官陈氏为之疏证，汉师遗说略见条流。先生益以鄞县袁氏辑校本，参互钩稽，发扬光大，不惟许、郑之功臣，抑亦经术之津逮也。或谓：许、郑皆治古文，而先生为今学。郑君左右采获，有瞀乱师说之嫌。先生则以理董旧义、钘分家法为己任。今为许、郑遗书造疏证，既蒙以矛陷盾之讥，宁当舍鱼取熊之智？不知通学之风，昉自西汉，临淮、龙门，实启先河。政、骏立其中坚，贾、马为之后劲。况魏、晋至今，垂二千祀，汉师遗说，

① 《圣证论补评》卷上，光绪己亥年思贤书局刊，第 14 ~ 15 页。

② 《圣证论补评》卷下，第 33 页。

③ 陈三立：《挽皮鹿门同年》，《散原精舍诗文集》，上海古籍出版社 2003 年，第 231 页。

> 不绝如缕，私淑前修，势殊奉手，古人长往，安事操戈？后儒治经，实事求是，权衡在心，零玑碎璧，尽成鸿宝，诚不宜以两汉故事断之。又况许书、郑驳，渊源具在，抑岂一家之学耶？然则先生之治许、郑，即所以尊今文也。向者宋于庭训导比肩庄、刘，乃又旁涉王肃、皇甫谧之书，人且颂其网罗之劳，拟之先生，则瞠乎在后。读先生书，知其人，论其世，斯可矣。①

邵瑞彭称皮锡瑞“治许、郑即所以尊今文”，一语道出他研治郑学的真正旨趣。

① 邵瑞彭：《重刊皮氏〈驳五经异义疏证〉序》，民国二十三年河间李氏古鉴斋重刊《驳五经异义疏证》卷首。

第七章 皮锡瑞《经学家法讲义》稿本述评

皮锡瑞晚年的著述大多数已经刊刻行世，但仍有数种遗世文稿尘封在各地图书馆或博物馆中。笔者即发现一部皮锡瑞1903年讲授“经学家法”课程时所编讲义的原稿，迄今不为世人知晓，以下即对其基本内容及学术价值略作述评。

一、《经学家法讲义》的发现与确认

现藏湖南师范大学图书馆的《师伏堂经学杂记》①，系收录皮锡瑞晚年的零散手稿而成，分装三册。其中第二册收文16篇，通论三《礼》，第三册收文14篇，通论《诗经》。经查对，这30篇文稿均可见于皮锡瑞生前刊行的《经学通论》，仅文字偶异。至于第一册，情况要稍为复杂，册中共收文24篇，除1篇题《刘氏谱序》外，其余23篇皆无标题。根据这些短文的内容，可知有20篇均涉及先秦至西晋的经学变迁问题；有1篇是呈文，请求旌奖守丧哀毁的俞伯钧；另2篇为函札，一致王闿运，一致夏菽轩（即夏旹），均是恳请夏氏照拂其在江西候职的仲子皮嘉祐。可见，《师伏堂经学杂记》中最值得注意的，应是第一册所收20篇经学

① 《师伏堂经学杂记》的著录，见常书智等主编《湖南省古籍善本书目》，岳麓书社1998年，第39页。

短文。这些文字有着共同的主题，所述之事在时间上前后连贯，并且在逻辑上彼此关联，显然是同一时期所作，应是皮锡瑞一部经学著述的手稿。那么，皮锡瑞的这部经学手稿是何时所作?

根据《师伏堂日记》，皮锡瑞于光绪二十九年癸卯（1903）受聘于湖南师范馆，讲授经学、伦理两门课程。他在开学之前拟定了课程的基本内容，“拟讲经学家法章程数条，自汉及今，大旨略具”①。开学当天的日记又写道：“早起吃饭，到馆略等，遂上讲堂。照《大学堂章程》，考经学家家法，从先儒卜子谈起。讲毕，作次日讲义，讲荀子传经之功，遂归。”② 可知他在湖南师范馆讲授的经学课程，就是“经学家法”。而《师伏堂经学杂记》第一册所收经学短文的第 1 篇在简述六经成立及孔门八儒传经情形后，说：“所惜诸儒所传，今皆亡佚，不复能考其家法。经学家法最古而犹传于今者，惟卜氏子夏。”接着论述子夏传《易》、《诗》、《礼》、《春秋》、《论语》的情况，并总结说：“考经学家法，当以先儒卜子为首。”在第 2 篇文章中，皮锡瑞开篇就写道：“先贤卜子之后，传经最有功者，惟荀卿子。”然后征引资料，对荀子传经之事详加论证。这两篇短文的内容，与上引日记所谓“考经学家家法，从先儒卜子谈起。讲毕，作次日讲义，讲荀子传经之功”正相符合。其他 18 篇短文论述战国、秦汉至魏晋的经学流传及其得失，亦紧紧围绕“经学家法”的主题展开。如第 6 篇首句说“两汉经学家法，有今、古文之分”；第 7 篇论述“汉时今文先出，古文后出”，强调“今文家有师承，古文家无师承”；第 10 篇论郑玄坏乱两汉经学家法，开篇即说“郑君康成集汉学之大成，李申

---

① 《师伏堂日记》，癸卯年正月廿九日。

② 《师伏堂日记》，癸卯年二月十四日。

者以为康成败坏家法，非轻诋先儒也，以家法论郑君，实不能辞其咎”；第12篇更是专论“治经必严家法”问题；第13篇借《关雎》说妇人之德，申论“说经必用家法”；第19篇再次提出“说经宜先知汉今、古文家法”。可见《师伏堂经学杂记》第一册中经学短文的实际内容，与《师伏堂日记》所载《经学家法讲义》课程的内容要旨完全一致。另外，湖南师范馆在聘任皮锡瑞时，曾许诺将刊刻讲义①。查湖南师范馆光绪二十九年所办《湖南学报》，果然刊有皮锡瑞的《经学讲义》10章②。经比对，这10篇讲义与《师伏堂经学杂记》第一册所收12篇经学短文大有关系。因此，可以判定《师伏堂经学杂记》第一册所收经学短文，就是皮锡瑞1903年在湖南师范馆讲授“经学家法”课程时编撰的讲义原稿。

不过，根据癸卯年《师伏堂日记》，皮锡瑞在正月二十九日所拟“经学家法”课程的内容，是“自汉及今，大旨略具”，至二月十四日开讲，又是“从先儒卜子谈起”，可知皮锡瑞原来计划编撰的《经学家法讲义》，其内容应该上起先秦，下迄晚清，能基本涵括中国经学数千年的演变历程。然而从现存的《经学家法讲义》文稿或《湖南学报》所刊皮锡瑞经学讲义看，所叙经学的变迁均至魏晋而止，这其中又有何变故呢？原来，皮锡瑞在四月十二日讲课后，即辞掉师范馆的教职，远走天津另谋生计③，《经学家法讲义》的编撰随之中辍。

---

① 《师伏堂日记》，壬寅年十二月廿六日。

② 见《湖南学报》第一帙、第二帙、第四帙、第五帙。关于《湖南学报》的简介，参见上海图书馆编：《中国近代期刊篇目汇录》第二卷（上），上海人民出版社1979年，第796~797页。

③ 关于皮锡瑞此次中途辞职远出的缘由与详情，可参拙著：《通经致用一代师——皮锡瑞生平和思想研究》，第243页。

可见，保存在《师伏堂经学杂记》第一册中的20篇经学文稿，是皮锡瑞晚年的一部经学手稿，可以称为《经学家法讲义》。皮氏后人曾编有《皮鹿门先生著述总目》[①]，详列皮锡瑞已刊、未刊文稿多种，却未提及此稿，也未提及《湖南学报》所刊皮锡瑞的10章《经学讲义》，遂使这部弥足珍贵的经学文稿一直不为世人知晓。

二、《经学家法讲义》的内容大要

现存《经学家法讲义》的20篇文稿，除3篇（第11、13、20篇）仍属资料性质和第19篇稍涉重复外，其余16篇均逻辑严密、有论有据。这些文章的篇幅大小不一，短者数百字，长者千余字，最长的一篇将近三千字。《湖南学报》所刊皮锡瑞10篇《经学讲义》与《经学家法讲义》稿本中的12篇短文虽主体相同，但二者仍存在文句增删、次序调整等诸多差异，尤其是稿本中还有多篇重要文字未见于《湖南学报》[②]，因此下面仍以《经学家法讲义》稿本作为评述对象，藉以展现这部秘藏百年的经学遗稿的大体面貌。

为叙述方便，笔者根据这15篇文章的内容，将其大致分成七组：

---

① 皮名振:《皮鹿门年谱》，卷首。

② 《湖南学报》所刊皮锡瑞《经学讲义》第一至十章，分别对应着《经学家法讲义》稿本中的第1、3、2、5、6、7、8、10、12、18篇，其中《经学讲义》第四章仅取《经学家法讲义》稿本第5篇的一半，《经学家法讲义》稿本第9、11篇中，则有部分文字被采入《经学讲义》第七、九章。

其一，第1、2、3篇，论先秦经学。第1篇在略言经孔子之手而“六经始备”后，即叙述孔门传经之事，但以“所惜诸儒所传，今皆亡佚，不复能考其家法。经学家法最古而犹传于今者，惟卜氏子夏”，因而着力考察子夏传《易》、《诗》、《礼》、《春秋》、《论语》的功绩。第2篇先说孟子的经学，强调“赵岐序《孟子》，以为尤长《诗》、《书》，实则孟子于《春秋》尤深，如‘《春秋》无义战’、‘《春秋》天子之事’之类，其宗旨与《公羊》为近”。接着论述荀子的传经之功，认为“圣门诸经犹能流传，至今绵延不绝者，卜子之后，以荀子为最著”，所以广征群籍，对荀子传承诸经详加考述，指出“荀子之学，于《易》、《诗》、《春秋》、《礼》、《乐》无所不通，门弟子传其学者，于汉初为最盛”。第3篇在略及子思之学后，主要根据大、小戴《记》所存《曾子立事》、《曾子问》等篇章，表彰曾子的渊博之学、王佐之才，认为“《立事》诸篇所言，皆纯粹平实，诣其极可以希圣贤，下亦不失寡过”。皮锡瑞还援引汉人之说，论说“《孝经》一书，孔子特传曾子”。关于先秦经学的流布情况，这三篇文章根据当时所能查考的资料，作了较为详尽的考察。

其二，第4、5篇，述说秦朝至西汉前期的经学，论及叔孙通、陆贾、贾谊和董仲舒。叔孙通为西汉创立朝仪，并无著述传世，但皮锡瑞根据魏人张揖《上〈广雅〉表》所言，提出“今之《礼记》为叔孙通之所撰定，传经之功，不在伏生、高堂生诸儒之下”，足备一说。关于贾谊，皮锡瑞根据《经典释文·叙录》所载，认为他是荀子再传弟子，并说：“荀卿尤长于《礼》，故贾子《新书》言礼最详。汉初其书盛行，司马迁、刘向著书，多见称述。”又指出大、小戴《记》即多采贾子言礼之文，并说“今人读二戴《记》文，不知其出于贾子，亦犹读二戴《记》文，不知其出于荀子也”。这里对贾子学术源流的考辨，令人有耳目一新之感。第5篇在全稿中篇幅最长，主要论述董仲舒的经学思想。皮锡瑞称赞说：“董子传《公羊》，《春秋繁露》所载，皆言经义，且皆与《公羊传》合。是董子之于经学，尤为专门名家。”他检点《春秋繁露》中《楚庄王》、《王道》、《三代改制质文》各篇的相关言论，指出何休的“三科九旨”之说均可见于董子书中，因而得出结论说：“何邵公《解诂序》自云本胡毋生《条例》，非出董生，而说三科九旨已见董子书中，足见微言本出孔门，非何氏创说，亦非董子创说也。”何休对《公羊传》所作以“三科九旨”为核心的一套说解，被后世目为“非常异议可怪之论”，历来遭到批驳。皮锡瑞在这里实际上是想通过对董子经说的发掘，将其指为圣门心传，为公羊家的微言大义之学力作辩护。又因后人“或以董子好言灾异为疑”，皮锡瑞还对汉儒的灾异思想和谶纬学说作了评析，批评后人不明《春秋》“以元统天、以天统君之义”，动辄指责汉儒不应言灾异、引谶纬，“非特不善论世，亦未为通经”。

其三，第6、7、8、9、14篇，论述两汉今、古文经学的分立及其缘由。皮锡瑞强调“说经宜先知汉今、古文家法”，因此遍考《史记·儒林传》等汉代文献，对两汉经学先有今文、后有古文的事实作了认真考察，指出“汉时今文先出，古文后出”，认为西汉的传经之儒“皆后世所谓今文家，无所谓古文也”。他又考辨《史记》各篇出现的“古文”二字，指出“史公所谓‘古文’，或亦指文字言，非必如东汉以后所谓古文家也”[①]。他还考察熹平石经

① 王国维在《〈史记〉所谓古文说》中，指出“太史公所谓古文，皆先秦写本旧书”，见《观堂集林》卷七，中华书局1959年，第309页。此说虽与皮锡瑞有异，但同样否定《史记》所称“古文”指古文家或古文经学的传统说法。

残字，认为“其文与今读本不同，即汉所谓今文；今之读本乃郑康成以后所传之古文也”。关于两汉经学从今文变为古文的经过，皮锡瑞指出三点：第一，西汉所立十四博士“皆后世所谓今文家，当时既未别立古文，亦未尝别标今文之名”；第二，刘歆始创古文之学，古文经书流传于世；第三，东汉明帝为古文学导以利禄之途，古文经学从此大行，“古文既行，遂以博士所传别为今文……今、古文至是遂分门角立矣”。至于东汉崇奉古文以更易今文的原因，他归结为二：一是学术久则必变，“由汉初至汉末二百年，通行今文家说，文繁义复，至于说《尧典》十余万言，说‘若稽古’三万言，颇为人厌恶矣。刘歆创通大义，昌明《周官》、《左传》、《毛诗》、古文《尚书》，名虽古而实新，喜新者必靡然从之”。二是文字久而致讹，“汉初诸儒改古文为今文，教授生徒，取其通俗。当时既无刷印版本，专凭口授手抄，讹以传讹，自不能免……遂以召古文家之攻击。其始不过以古文正今文之讹误，后乃别创新说，并据古文改易今文之训解。此风一煽，卫、贾、马、许继之。既立古文诸经，必尽易今文诸说……其始不过巨子自抒心得，开辟途径，从而和之者遂并前人之说而尽易，如拔赵帜而立汉帜，以为不如此不足以别立一家。义虽新而文古，好古者靡然从之”。

其四，第10、12篇，论说郑玄如何败坏西京家法，申论“治经必严家法”。皮锡瑞先指出郑玄的为学历程是先通今文，后通古文，再从其所撰群经笺注中，总结出郑学的特点是“不皆古文，亦不皆今文”。他称赞两汉诸儒笃守家法，各守门户，两家经说不相杂厕，今、古文分别甚晰，郑玄却杂采今、古文不加分别，使得西汉今文之学走向衰亡。他论述说：“当时今、古文家各持一说，莫能相通，见郑君能别出手眼，为之沟通，按之皆有左证，于是众论翕然宗之……于是人皆舍其今、古专门之学，而专宗郑氏。自郑之《毛诗笺》出，而齐、鲁、韩三家废矣（先习《韩》，后通《毛》，以《韩诗》改《毛》字）。《古文尚书注》出，而欧阳、大小夏侯三家废矣（郑注伏生《大传》，时以古文《尚书》改其字）。《三礼注》出，而大、小二戴废矣（郑本习小戴，后以古经校之，取其义长者为郑氏学）。《论语注》出，而齐、鲁《论》废矣。又自汉末丧乱，经籍道息，迨乎永嘉南渡，戎狄乱华，于是齐、鲁《诗》，欧阳、夏侯《尚书》皆亡，而今文之学终焉。”皮锡瑞接着指出两汉经学有一言师法、一言家法之异，认为“先有师法，而后能成一家之言。师法者溯其源，家法者衍其流也”。他遍检《后汉书》，得出东汉一代“不修家法之戒甚严”的结论，并进而提出：“治经必严家法，方不至臆说乱经，五经博士各治本经，方不至变改师说。”

其五，第15篇，略述西汉今文学的中绝与复兴。与第10篇论说郑学盛行而使西汉十四博士之学渐次亡佚不同，皮锡瑞此处主要从刘歆议立古文诸经和魏晋以来的政局动乱，来检寻今文衰绝的原因，指出：“刘歆议立诸经，至汉末而诸经盛行，今文博士所传无一家存者。……既有郑君大师，又遭汉末丧乱，晋复不竞，五胡乱华，永嘉之乱，《易》亡梁丘、施氏、高氏；《书》亡欧阳、大小夏侯；《齐诗》魏世已亡，《鲁诗》不过江东，《韩诗》虽存，无传之者；孟、京、费《易》，亦无传人；《公》、《穀》虽在若亡。于是今文之传绝矣。”皮锡瑞接着又写道：“乾嘉以后，阳湖庄氏乃讲今文之学，孔广森治《公羊春秋》，孙星衍于《尚书》兼治今、古文，陈乔枞治今文《尚书》、齐鲁韩三家《诗》，魏源作《书古微》、《诗古微》、《公羊古微》，凌曙作《公羊礼证》、《春秋繁露注》，陈立作《公羊义疏》，王馆长（按，指时任湖南师范馆馆长的王先谦）作《三家诗义疏》，已成《周南》、《召南》、《邶风》，锡瑞作《今文尚书考证》、《尚书大传疏证》。”推寻其意，是想通过列举诸家对西汉今文学说的研究，来说明今文经学在清代的复兴。

其六，第16、17篇，自述研治郑学的情况。皮锡瑞对遍注群经、“博学多通”的郑玄相当敬佩，说自己“少习郑学，意欲举郑氏诸书尽为注解”。因在他之前清儒已对郑氏《易》、《书》、《论语》等笺注作有疏解，所以他奋力作《孝经郑注疏》及《尚书中候》、《尚书大传》、《驳五经异义》、《发墨守》、《起废疾》、《箴膏肓》、《六艺论》、《鲁礼禘祫义》、《郑志》、《郑记》、《答临孝存〈周礼〉难》各种《疏证》，“以存郑氏一家之学”。但他同时又表示“服膺郑学，亦不苟同”，对郑氏经说不盲目信从。他举出两例：一是郑注《尚书大传》虽多所发明，“而以古文易《大传》之文，全失伏生之意”，因此他在《尚书大传疏证》中“每辨郑之失以申伏”；二是郑注《尚书》中所用古文，“皆不及今文说之确”，并举《虞书》三事为证，说明郑注好用《周礼》之说解唐、虞之制，“强古人以就我，不顾其不合”。

其七，第18篇，责斥刘歆、王肃。皮锡瑞说：“两汉经学极盛，而前汉之末出一刘歆，后汉之末出一王肃，大为经学之蠹。”他既斥刘、王为不忠不孝之人，又责其惑乱学术之罪，以为“刘歆之书出，创立古文，而汉博士所传之今文遂乱。王肃之书出，伪造古书，而郑氏所传之学亦乱”。对于王肃的作伪欺人，皮锡瑞尤其痛恨，写道：“郑杂糅今、古文，后人以为坏乱家法。肃善贾、马之学，其父朗师杨赐，杨氏世传《欧阳尚书》，是肃亦兼通今、古文者。既欲攻郑，正可分别家法，辨郑杂糅今、古之非，乃不能分别，而反效尤，伪造《家语》、《孔丛》，取两汉今、古文家所纷争不决者，尽托于孔子之言以为定论。不知汉时经有数家，家有数说，石渠、虎观，两汉天子称制临决，若孔子之言如此彰灼，群言淆乱折诸圣，尚安用此纷纷为哉！甚矣王肃之愚也，可谓心劳日拙矣。”

三、《经学家法讲义》的重要论述

从上面介绍的《经学家法讲义》的内容，可知全稿是以“经学家法”为主题，对先秦至魏晋时期的经学作了一番简要评述。皮锡瑞在这部经学遗稿中，还就某些具体问题作了论述，有的新颖别致，持论与前人迥然相异，有的深具卓识，对后人会有启迪作用。下面试举数例。

其一，对孟子、荀子的论析。关于孟子和荀子的学术异同与历史地位，前人往往厚此薄彼，或尊孟抑荀，或尊荀诋孟。皮锡瑞认为孟、荀均是学术醇正、有功圣门的贤哲，提出了一番别有见地的主张：

> 荀子开汉学宗派，其学笃信谨守，重在传经。孟子开宋学宗派，其学广大精微，重在传道。汉儒多传荀学，故孟子之学当时尚未显明，为之注者，仅一赵岐而已。唐韩愈始推尊孟子，皮日休尊孟并尊韩，开宋学之先声。北宋李觏、司马光犹疑《孟子》，南宋朱子始以《孟子》配《论语》、《学》、《庸》，后为《四书》，而孟子益尊。宋尊孟，故驳荀。苏辙作《荀卿论》，似为王安石而发。荀言性恶，意在劝学，欲人学以化其性，与孟子言性善

虽异，亦即宋儒变化气质之说。孔子但言性相近，未尝明言善恶，孟、荀亦各明一义耳。以李斯罪荀卿，则曾子之门有吴起，子夏之学流为庄周，又何以解？近之言汉学者，多推荀卿；专主孟子者，复诋荀卿为孔门孽派，尤不可为训者也。①

可见，皮锡瑞通过对经学史的简要回顾，从孟、荀学术的差异中，揭示出各自与汉学、宋学的关系，并特别肯定孟、荀均属孔门嫡派，学术纯正，有功圣学，由此提出孟、荀并尊的主张，对清代中叶以来的汉、宋门户之争作了有力的批评。

其二，对三王、五帝的推考。《春秋繁露·三代改制质文》篇中有云："圣王生则称天子，崩迁则存为三王，绌灭则为五帝，下至附庸，绌为九皇，下极其为民。"董子此处所说，可能是古代一项重要的礼仪、政制，但一直未引起后人的注意。皮锡瑞即以"近人尚未有推论之者，今以董子之说推之"，写道：

古王者之兴，当封前二代子孙以大国，为二王之后，并当代之王合为三王；又推二代以前之五代为五帝，五帝以前九代为九皇，皆封其后以小国。今人皆以夏、殷、周为三王，黄帝至尧、舜为五帝，此据周而言之。若据周后一代言之，当如《春秋》之义，以此一代合殷、周为三王，推颛顼、帝喾、尧、舜、禹为五帝，黄帝以前九代为九皇，其前为民。九皇以前，皆封其后，有国，再推而上之，则无国，故云民。九皇以前，代愈远，则名愈尊而国愈小，故云绌灭也。《汉旧仪》："祭三皇、五

① 《经学家法讲义》稿本第2篇。

帝、九皇、六十四民，皆古帝王，凡八十一姓。”是董子之说，汉时列为祀典，九皇、六十四民，其朝代、姓氏在汉必犹可考，故先后二郑皆引以说《周礼》。《周礼·小宗伯》注郑司农云：“四类，三皇、五帝、九皇、六十四民皆祀之。”此注“三皇”及《汉旧仪》“三皇”，皆当作“三王”，今作“皇”字皆误。又《都宗人》注郑康成云：“都或有山川，及因国无主九皇、六十四民之祀。”贾疏曰：“按《史记》伏羲以前九皇、六十四民，并是上古无名号之君，绝世无后，今宜主祭之也。”据贾疏，则九皇、六十四民，当时已不知所出。以董子书考之，乃知古之皇、帝、王号初无一定，一代推尊一代，即推远一代，古义如是。①

皮锡瑞对董子之说加以推考，指出古之皇、帝、王并非定指某人，而是后代推尊前代时次第变更的名称，故三王、五帝、九皇等称呼，原来并未确指上古某一位君主，例如黄帝在周代为五帝之一，至秦朝则应降为九皇之一。后人一直以为“三皇五帝”确指古代某些帝王，但究竟谁为三皇、谁为五帝，却是异说纷纭，迄今仍无定论②。今据皮锡瑞所说，不仅“三皇”本应作“三王”（后来顾颉刚等人有同样的结论③），“五帝”也并非五位固定的古代君

① 《经学家法讲义》稿本第5篇。

② 以顾颉刚为代表的“古史辨”派，曾对“三皇五帝”问题作过相当多的探究，杨宽著《中国上古史导论》、顾颉刚和杨向奎合撰《三皇考》、吕思勉著《三皇五帝考》等，都论及董仲舒的三王、五帝、九皇、六十四民之说，见《古史辨》第七册，开明书店1941年，上编第183页，中编第74~77页、第339~340页。

③ 顾颉刚、杨向奎：《三皇考》，见《古史辨》第七册中编，第77页。

主。这对后人探讨“三皇五帝”问题，无疑会有所启发[1]。

其三，对秦始皇的评价。秦始皇因为曾经下令焚书坑儒，历遭儒士经生的痛诋，皮锡瑞虽认同“始皇之罪无可辞”，却发表了不同的意见：

> 秦自商鞅变法，已有焚《诗》、《书》之文，特尚未见施行。既任法不任人，即不必用儒生。荀子见应侯，已云秦无儒，非自始皇。始皇之初，非全不用儒生，李斯以荀子之徒，由布衣为丞相，设博士七十人，开汉五经博士之先，则其初政颇有可观，亦由儒生协赞之力。末年晚谬，又为方士所诳、谤言所激，益致决裂。始皇三十四年焚书，三十五年坑儒，明年始皇崩而秦遂以亡。焚坑之令未久而亡其国，故不能尽绝圣门之经也。[2]

皮锡瑞其实指出了三点：第一，焚书坑儒自有其历史渊源，始皇并非始作俑者；第二，始皇对儒生的态度有一个变化的过程，设置博士更是值得肯定；第三，推证焚书坑儒的实际危害并不甚大，

① 蒙文通探讨三皇五帝问题时，即两引皮锡瑞对《汉书·郊祀志》中“九臣、十四臣”的论说，写道：“皮鹿门以十四臣为六十四臣之脱误，当是九皇之臣、六十四民之臣。”见《古史甄微》，商务印书馆1933年，第6页；另见《与缪凤林书》，《古史辨》第七册中编，第318~319页。

② 《经学家法讲义》稿本第4篇。

"不能尽绝圣门之经"一说①，与康有为《新学伪经考》"秦焚书五经未尝亡缺"之论前后相映。可以说，皮锡瑞完全是从历史事实出发，对秦始皇的焚书坑儒作了实事求是的评价。

其四，对西汉先有今文经学原因的探究。征诸史籍，确如皮锡瑞所说"汉时今文先出，古文后出"。至于何以西汉先有今文经学，无人作过具有说服力的解释。皮锡瑞通过辨别今文、古文之异，对此问题作了探析：

> 今文者，今所谓隶书，在汉时以为今文，世所传熹平石经及孔庙等处汉碑是也。古文者，今所谓古籀书，汉时已为古文，世所传石鼓及《说文》所载古文是也。隶书汉时通行，故谓之今文，犹今人之于楷书，人人尽识。古籀汉时已不通行，故谓之古文，犹今人之视篆、隶，不能人人尽识。凡文字必人人尽识，方可以教初学。……孔子写定六经，皆用古文，见许氏《说文·自叙》。伏生为秦时博士，所藏壁经必与孔壁所藏同是古文。至汉发藏以传授生徒，必易为通行之隶书，始便诵习。②

---

① 皮锡瑞又在《经学家法讲义》稿本第19篇中说："秦焚六经，《易》以卜筮之书得全，《诗》人人讽诵，不专在竹帛，故亦全，《周礼》藏在山岩屋壁，《仪礼》始传自高堂生，《左传》始传自张苍，不知何人所藏，《公羊》口耳相传，未著竹帛，惟《尚书》因秦火残缺。"这是进一步申论秦始皇并未焚毁五经。在《经学历史·经学流传时代》中说："秦廷议礼，援天子七庙之文（见《秦始皇本纪》）；汲冢《纪年》，仿《春秋》一王之法。良由祖龙肆虐，博士尚守遗书；获麟成编，西河能传旧史。当时环堵之士，遁世之徒，崎岖戎马之间，辗转纵横之际。惜年代绵邈，姓氏湮沦，如《公羊》有沈子、司马子、北宫子、鲁子、高子、女子六人，《穀梁》有沈子、尸子二人，皆独抱遗经，有功后学者。""秦政晚谬，乃致燔烧；汉高宏规，未遑庠序。而叔孙生、伏生皆博士故官，杜田生、申公亦先朝旧学，摭拾秦灰之后，宝藏汉壁之先，岂但礼器归陈，弦歌怀鲁？"

② 《经学家法讲义》稿本第6篇。

皮锡瑞根据经学与教育的关系，指出汉初诸儒将古文经书改为汉时通行的隶书文本，取其通俗易解，用以教授生徒，确是抓住了要害，道出了真相。

其五，对“科斗文”的怀疑。皮锡瑞在讨论今文、古文的文字差异时，提及“科斗文”，写道：

> 说者以古文为科斗文，似虾蟆子头粗尾细。今《说文》载古文字及石鼓、钟鼎，并非头粗尾细之形，则科斗之说似亦未然。如鸟篆似鸟，虫书似虫（按，后一“鸟”字、“虫”字的书写形状不同于前面之字），当时或有此一种文，未必古文皆如是也。[①]

王国维在《科斗文字说》中，指出西汉并无“科斗文字”之名，“科斗书之名，起于后汉，而大行于魏晋以后。且不独古文谓之科斗书，且篆书亦蒙此名”，认为科斗文实是魏晋人对其前代文字的指称，并不作科斗之形，提出“魏晋之间所谓科斗文，犹汉人所谓古文，若泥其名以求之，斯失之矣”[②]。在此之前，以“古文”为科斗文的说法一直盛行，王国维的驳论因此传颂一时。而皮锡瑞早在1903年即提出古文字“并非头粗尾细之形”，对“科斗”

① 《经学家法讲义》稿本第19篇。
② 王国维：《观堂集林》卷七，第337～339页。

之说表示异议，堪称一大卓见①。

四、结　语

《经学家法讲义》作为皮锡瑞晚年的一部经学手稿，能够遗留人世并保存至今，实在令人庆幸。整个文稿虽然篇幅不是很大，却有着重要的学术价值。它对先秦至魏晋的经学变迁作了一番简明扼要的梳理，论及这一时期经学史上的重要人物和事件，凸显出子夏、孟子、荀卿、贾谊、董仲舒、刘歆、郑玄、王肃等人对经学发展的积极作用或负面影响，而且特别关注西汉今文经学的兴衰，初步描绘出魏晋以前经学历史的基本轮廓，无疑值得今人编撰中国经学史时作为参考。文稿中的一些新论卓识，同样也值得今人重视。笔者还发现，皮锡瑞稍后几年编撰的《经学历史》和《经学通论》中，竟有不少文句、段落或思想主张与《经学家法讲义》十分相似，有些甚至完全相同，所以要探究皮锡瑞晚年经学思想的演变，这部经学遗稿也很有参考价值。

最值得一提的是，皮锡瑞在《经学家法讲义》稿本中多次述

① 按，皮锡瑞早在《尚书古文考实》中，针对郑玄《书赞》所谓“科斗书”及段玉裁《说文解字注》引晋人所称“科斗文”，作过批评。又，皮锡瑞晚年撰《经学通论》，评及王柏《书疑》，对此再加申说：“知古书科斗之无据，则非惟伪孔《序》不足信，即郑君《书赞》曰《书》初出屋壁，皆周时象形，今所谓科斗书，以形言之为科斗，指体即周之古文，亦未可信。晋王隐谓科斗文者，其字头粗尾细，似科斗之虫，故俗名之（原注：段玉裁据此，以科斗文乃晋人里语，孔叙《尚书》乃有科斗文字之称，其伪显然。考郑君《书赞》已云科斗书，则段说未确）。案钟鼎文无头粗尾细之形，王氏已明言之，《说文》所列古文亦不似科斗，然则古文科斗之说，乃东汉古文家自相矜炫，郑君信其说而著之《书赞》，伪孔又信郑说而著之《书序》也。”引见皮锡瑞：《经学通论·书经》，第97页。

及自己的经学研究，有时还概述出某部经学著作的立论旨趣与内容要点。例如第 18 篇指责王肃作《圣证论》以讥短郑玄时，就说自己撰著《圣证论补评》，“以斥王肃之作伪，而扶郑之微学”，这就十分有助于后人准确理解他的经学思想。特别值得一提的是，章太炎曾讥责皮锡瑞出于利禄之计而由古文转习今文[①]，今人也无不将自署居室为“师伏堂”的皮锡瑞，视为晚清今文经学家的杰出代表，皮锡瑞则在这部遗稿中自称“少习郑学”，至老仍然“服膺郑学”，并遍举自己为郑玄经注所作疏通证明、阐幽表微的工作，这对后人全面了解他的治学历程、正确评判他的经学立场都极有裨益。事实上，皮锡瑞一意扶翼郑学，对郑玄经注、经论、经做了大量拾遗补阙、阐幽表微的工作，成为清代精究郑学的专门名家，其成就在清儒中甚至难有比肩之人。因此，今天应该全面评价皮锡瑞的治经成就，充分体认他融贯今、古文经学的学术品性，绝不能仅将他看作是专治今文家言的末世经师。

① 章太炎曾在《量守庐记》中说：“锡瑞初习江、戴诸儒之学，既通贯矣，而时方骛今文，守其故则不足以致犬酒之馈，乃转习今文。非其心所厌，固曰有所利之也。”转引自张舜徽：《清儒学记》，齐鲁书社 1991 年，第 364 页。

第八章　皮锡瑞《经学历史》新论

《经学历史》是皮锡瑞晚年应教学之需而编撰的经学著作，王先谦翻阅《经学历史》初稿后，就“属刊《经学历史》，以为别开生面”；细阅定稿后，更是称颂不已，“有‘胸罗众家，掌运千古’之语，属即送手民”[①]。《经学历史》因此很快由王先谦主持的思贤书局刊行。由于书名有“历史”二字，书商竟改题为《经学史讲义》，在上海铅印出版[②]。《经学历史》从此就以经学史著作广为人知，然而笔者细阅全书，发现其本来面目并非如此，以下就此作一专论。

一、《经学历史》的评价反思

《经学历史》面世后，章太炎最早予以公开批评，谓其“钞疏原委，顾妄以己意裁断，疑《易》、《礼》皆孔子所为，愚诬滋

① 《师伏堂日记》，乙巳年十月初二日、丙午年九月十六日。

② 《经学历史》于光绪三十二年丙午（1906）由思贤书局刻版刊行，宣统三年辛亥（1911）另由上海群益书社铅印出版，在上海、长沙两地发行，扉页、正文及封底均题作《经学史讲义》，惟末页尾行有“经学历史讲义毕”。经与思贤本比对，群益本除新添句读外，仅个别文字及分段偶异。

甚"[①]，颇多责斥。但十余年后吕思勉列举经学入门书籍，却对《经学历史》甚为推重，称“此书可首读之，以知历代经学变迁大略"[②]。周予同接着也把《经学历史》视作“经学入门书籍”，一再指出在经学史极其需要而极度缺乏的时候，《经学历史》可算一部简略的“经学通史”。他在严厉批评皮氏偏宗今文而持论过偏，宣扬“孔教救国”、“六经致用”和“纬候足征”等荒谬思想的同时，又强调说：“因为他不是史学家，所以史料的搜集不完备，史料的排比不妥善，而且每每不能客观地记述事实，而好加以主观的议论。他这部书，假使粗忽的翻阅，似乎不能将经古、今文学、宋学的发生、变迁、异同、利弊一一显示给我们。他不能超出一切经学家的派别来记述经学，而只是立在今文派的旗帜之下来批评反对派。诚然，就经学说，他是没有失掉立场；但是就史学说，他这部书就不免有点宣传的嫌疑了。”可见，周予同主要是从经学史书的角度评析《经学历史》，其结语更明确地说：“皮氏这本书自有其许多优点，值得我们一读；更其是为经学史辟一新途径，是值得我们后学者尊敬的。”[③] 此后，经过详尽注释的《经学历

---

① 章太炎：《驳皮锡瑞三书》，《国粹学报》1910 年第 2 ~ 3 号，后大部分收入《太炎文录初编·文录》卷一。

② 吕思勉：《经子解题》，商务印书馆 1924 年，第 7 页。

③ 周予同：《经学史与经学之派别——皮锡瑞〈经学历史〉序》，原载《民铎》第 9 卷第 1 号（1929 年 1 月），此据周予同注释：《经学历史》，中华书局 1959 年（以下简称周注本），“序言”第 1 页、第 9 页、第 14 页。

史》得到了更加广泛的流传①，基本上被定位成一本经学史著作②。马宗霍1936年编撰《中国经学史》时，以为中国长期以来没有真正意义的"经学之史"，强调"晚世有皮锡瑞为《经学历史》，始自具裁断，与但事钞疏者稍殊"③，也从经学史书编撰角度对其略加肯定。至于当代学术界，更是将《经学历史》推誉为中国第一本经学史著作（详见本书研究概述部分）。

---

① 朱维铮在论周注本时，认为皮氏因参与维新"而在政治上受到新派青年的同情"，其经学见解却大受古文派章太炎的抨击，"稍后刊行的刘师培的《经学教科书》第一册，与章太炎同声相应，从经古文学的立场出发，叙述经学史，那影响立即盖过皮锡瑞"；辛亥革命后，今文经学虽一度张目，"但皮锡瑞的这部书，到五四以后已经几乎被忘却"；及至周氏为之作注，"皮锡瑞的这部小书，居然也成了历史名著，而且此后的影响反而超过了刘师培"。引见《周予同经学史论著选集》，上海人民出版社1996年，"增订版前言"第3～4页。朱先生最近在推荐中华书局2004年新版周注本时，又说："清末湖南改革派经学家皮锡瑞，在1907年刊行的这部小书，假如没有周予同教授于1928年给它所作注释本的刊印，那末或许早已湮没不彰。"引见《南方周末》2005年7月21日。可见，朱先生坚持认为，在周氏作注之前，《经学历史》影响甚微，然此说实有不确，如前揭吕思勉1924年书中大力称道《经学历史》；上海商务印书馆1924年、1927年两次影印思贤本《经学历史》；上海群学书社1930年又出版许啸天标点《经学历史》，岂能说皮书"到五四以后已经几乎被忘却"？至于周注本1928年刊行后，经商务印书馆先后列入《学生国学基本丛书》和《万有文库》，其影响逐渐超过思贤本，则可能是事实。另，刘师培《经学教科书》并非刊行于《经学历史》之后，而是相反。《师伏堂日记》乙巳年正月廿一日："到集益（书局），买得《孟子字义疏证》、《原善》及《经学（教科书）》、《伦理教科书》。《经学（教科书）》列入《孝经郑注疏》，但误'锡'为'日'耳。欲作一函，赠以文集，又恐生事。"又丙午年四月初十日："葵园后至，云《经学历史》已发刻；《经学通论》成，许并刻。"可见刘氏《经学教科书》1905年由上海国粹学报馆印行时，皮氏《经学历史》尚未付刻。

② 群益本《经学史讲义》原是书商为了牟利，以"经学史"之名翻印《经学历史》，但刊行后传布不广，影响不大（就笔者所知，仅见周予同提及该书），《经学历史》真正以"经学史"著述的面目广为流行，实始于周注本。通观周氏序言全文特别是本文所引诸点，可知周氏作注时实已视《经学历史》为经学史著述。再从客观影响来说，迄今学界从经学史书出发对《经学历史》所作的评价，绝大多数是在承袭周氏意见，或稍加引申发挥而已。

③ 马宗霍：《中国经学史》，商务印书馆1936年，"序"第2页。

然而，皮氏当初编撰《经学历史》，真的是想为中国数千年的经学变迁作历史性的总结吗？他在书中分十个时代论述经学的流变及其得失，真的是对中国经学的漫长历史作分期与评述吗？皮氏撰书的真正旨趣究竟为何？书中是否另有更应重视的内容与观点？遗憾的是，这些本属研究前提的问题，迄今仍无人论及。对《经学历史》的编撰初衷与具体内容未作认真、全面的考察，就指称皮氏“是承认并努力的把经学史作成一门可以独立于文学史、哲学史之外的自成系统的学问”①，“有对两千年经学发展进行总结性论述的自觉”②，并据以评定《经学历史》作为中国“第一部经学史著作”的性质与价值，如此研究得出的结论是否符合实际？换言之，如果皮氏未曾着意要把《经学历史》写成“经学的历史”，该书的实际内容也并非对中国经学作分期式评述，那么后人以经学史著作的标准对该书所作的种种评价与批评，岂不丧失了立足之点？

有鉴于此，笔者拟先将《经学家法》讲义与《经学历史》的部分章节作一比对，以明《经学历史》的成书渊源；然后仔细解读《经学历史》的文本表述，分析其内容，揭示其要旨，展现皮氏晚年“尊孔”、“崇经”的思想主张与“信古”、“宗汉”、“主郑”的经学取向，据以恢复《经学历史》的本来面目，并彰显其自身价值的真正所在。

---

① 张火庆：《皮锡瑞〈经学历史〉析论》，《孔孟月刊》第17卷第4期。
② 马少甫：《皮锡瑞〈经学历史〉的编纂特点》，《史学史研究》2003年第2期。

二、《经学历史》的撰述经过

《经学历史》成书于光绪乙巳（1905）年，刊行于丙午（1906）年。但笔者发现皮锡瑞1903年所编《经学家法讲义》与《经学历史》前五章有相同或近似的文字表述，可据以对《经学历史》的编撰作新的探究，也有助于认识《经学历史》的本来面目。至于详细的比较，表列如下：

（说明：因《经学家法讲义》各篇原无标题，亦未分段，为方便起见，笔者依其在《师伏堂经学杂记》第一册中的收录顺序，系以数字，如某一篇中前后内容不同，则分成数段，表中如1.1、2.2、19.1等，前一数字表示篇次，后一数字表示段落。《经学历史》原已分章划段，表中如1.3、5.4等，前一数字表示章节，后一数字表示段落。为节省篇幅，凡《经学家法讲义》中无可比性的文字从略，《经学历史》中某些文字虽有对比性效果，因易于翻检，亦略而不录。）

	《经学家法讲义》	《经学历史》
1	(1.1)《王制》:“乐正崇四术,立四教,顺先王《诗》、《书》、《礼》、《乐》以造士。春秋教以《礼》、《乐》,冬夏教以《诗》、《书》。”《文王世子》:“春诵,夏弦,秋学礼,冬读书。”是三代学校首重经术,时日、课程皆有一定,而其所以为教,则《礼》、《乐》、《诗》、《书》四经而已。古《易》为卜筮之书,不以教士,至孔子作《十翼》以发明其义,始列为经。又作《春秋》,明褒贬,为后世立法,于是六经始备。《庄子·天运篇》:“孔子谓老聃曰:丘治《诗》、《书》、《易》、《礼》、《乐》、《春秋》六经。”六经名始见此。孔子弟子身通六艺者七十二人,盖惟高才生能通六经,其余惟知《诗》、《书》、《礼》、《乐》四经而已。	(1.4)《王制》:“乐正崇四术,立四教,顺先王《诗》、《书》、《礼》、《乐》以造士。春秋教以《礼》、《乐》,冬夏教以《诗》、《书》。”《文献通考》应氏曰(中略)。文王重六十四卦,见《史记·周本纪》,而不云作卦辞,《鲁周公世家》亦无作爻辞事。盖无文辞,故不可以教士。若当时已有卦、爻辞,则如后世御纂、钦定之书,必颁学官以教士矣。观乐正之不以《易》教,知文王、周公无作卦、爻辞之事。《春秋》,国史相传,据事直书,有文无义,故亦不可以教士。若当时已有褒贬笔削之例,如朱子《纲目》有《发明》、《书法》,亦可以教士矣。观乐正之不以《春秋》教,知周公无作《春秋》凡例之事。(中略)是汉人以为《诗》、《书》皆孔子所定,而《易》与《春秋》更无论矣。 (1.5)孔子出而有经之名。《礼记·经解》:“孔子曰:入其国,其教可知也(中略)。”始以《诗》、《书》、《礼》、《乐》、《易》、《春秋》为六经。然篇名“经解”,而孔子口中无“经”字。《庄子·天运篇》:“孔子谓老聃曰:丘治《诗》、《书》、《礼》、《乐》、《易》、《春秋》六经。”孔子始明言“经”。或当删定六经之时,以其道可常行,正名为“经”。(中略)三说不同,皆可为孔子时正名为“经”之证。经名正,而惟皇建极,群下莫不承流;如日中天,众星无非拱向矣。(中略)是犹惑于刘歆、杜预之说,不知孔子以前不得有经之义也。

续表

	《经学家法讲义》	《经学历史》
1		（1.7）删定六经之旨，见于《史记》。（中略）据此，则孔子删定六经，《书》与《礼》相通，《诗》与《乐》相通，而《礼》、《乐》又相通。《诗》、《书》、《礼》、《乐》教，以弟子三千，而通六艺止七十二人，则孔门设教，犹乐正四术之遗，而《易》、《春秋》非高足弟子莫能通也。
2	（1.2）七十子之传经者，《韩非子》云："孔子之后，儒分为八，（下略）。"陶潜《群辅录》云："颜氏传《诗》，为讽谏之儒（下略）。"所惜诸儒所传，今皆亡佚，不复能考其家法。经学家法最古而犹传于今者，惟卜氏子夏。汉徐防曰："纂修删定，始于孔子；发明章句，始于子夏。"今以徐氏所云"发明章句"考之：于《易》有《传》，《经典释文·叙录》："《子夏易传》三卷。卜商字子夏，卫人，孔子弟子，魏文侯师。"《周易正义》："初，卜商作《易传》，至西汉传之，有能名家者。"《隋书·经籍志》："《周易》二卷，魏文侯师卜子夏传，残缺。"是子夏有《易传》，虽不见于《史记》、《汉书》，而唐初人皆如是说。或以为韩婴，或以为丁宽，然无明文；或以为唐人张弧伪作，而唐初人所见《子夏易传》固不伪也。于《诗》有《序》。《毛诗》之序，一云："子夏授高行子，高行子授鹤仓子，鹤仓子授帛妙	（2.1）经名昉自孔子，经学传于孔门。《韩非子·显学篇》云："孔子之后，儒分为八，（下略）。"陶潜《圣贤群辅录》云："颜氏传《诗》，为讽谏之儒（下略）。"诸儒学皆不传，无从考其家法，可考者惟卜氏子夏。洪迈《容斋随笔》云："孔子弟子，惟子夏于诸经独有书。虽传记杂言，未可尽信，然要为与他人不同矣。于《易》则有《传》，于《诗》则有《序》。而《毛诗》之学，一云子夏授高行子，四传而至小毛公。一云子夏传曾申，五传而至大毛公。于《礼》则有《仪礼·丧服》一篇，马融、王肃诸儒多为之训说。于《春秋》，所云不能赞一辞，盖亦尝从事于斯矣。公羊高实受之于子夏。穀梁赤者，《风俗通》亦云子夏门人。于《论语》，则郑康成以为仲弓、子夏等所撰定也。后汉徐防曰：'《诗》、《书》、《礼》、《乐》，定自孔子；发明章句，始于子夏。'斯其证云。"朱彝尊《经义考》云（下略）。

续表

	《经学家法讲义》	《经学历史》
2	子，帛妙子授河间小毛公。”一云：“子夏传曾申，申传魏人李克，克传鲁人孟仲子，孟仲子传根牟子，根牟子传赵人孙卿子，孙卿子传鲁人大毛公。”于《礼》则有《仪礼·丧服传》，马融、王肃诸儒为之训说。于《春秋》，纬书云：“孔子曰：《春秋》属商。”《公羊》、《穀梁》，皆出于子夏。《风俗通义》云穀梁为子夏门人。则徐氏云“发明章句，始于子夏”，洵不诬也。考经学家法，当以先儒卜子为首。《六艺论》云《论语》子夏、仲弓合撰，则《论语》亦出子夏矣。	
3	（2.1）先贤卜子之后，传经最有功者，惟荀卿子。《史记》以孟子、荀卿合传，又《儒林传》云：“孟子、荀卿之列，咸遵夫子之业而润色之，以学显于当世。”诚以列国时，学最纯正而有功圣门者，厥惟二贤。赵岐序《孟子》，以为尤长《诗》、《书》，实则孟子于《春秋》尤深，如“春秋无义战”、“《春秋》，天子之事”之类，其宗旨与《公羊》为近。朱子注云“无其位而托二百四十年南面之权”，即托王于鲁之旨也。惜孟子之后学不传。《圣贤群辅录》云“乐正氏传《春秋》，为属词比事之儒”，乐正氏不知即孟门高弟乐正克否，其书亦无一字传世。	（2.3）《史记·儒林传》曰：“孟子、荀卿之列，咸遵夫子之业而润色之，以学显于当世。”赵岐谓孟子通五经，尤长于《诗》、《书》。今考其书，实于《春秋》之学尤深，如云“《春秋》，天子之事”、“其义则丘窃取”之类，皆微言大义。惜孟子《春秋》之学不传。《群辅录》云“乐正氏传《春秋》”，不知即孟子弟子乐正克否，其学亦无可考。

续表

	《经学家法讲义》	《经学历史》
4	（2.2）惟荀卿学出孔氏，能传诸经。《经典·叙录》：“《毛诗》，一云：子夏传曾申，申传魏人李克，克传鲁人孟仲子，孟仲子传根牟子，根牟子传赵人孙卿子，孙卿子传鲁人大毛公。”据此，则《毛诗》为荀卿所传也。《汉书·楚元王交传》：“少时尝与鲁穆生、白生、申公同受《诗》于浮丘伯。浮丘伯者，孙卿门人也。”桓宽《盐铁论》云：“包丘子与李斯俱事荀卿。”包丘子即浮丘伯。《汉书·儒林传》云：“申公，鲁人也，少与楚元王交俱事齐人浮丘伯，受《诗》。”《鲁诗》出于申公。据此，则《鲁诗》亦荀卿所传也。《韩诗》今存《外传》，引荀卿子以说《诗》者四十有四。据此，则《韩诗》虽非尽由荀卿所传，亦原本于荀氏者也。《经典·叙录》云：“左丘明作《传》，以授曾申，申传卫人吴起，起传其子期，期传楚人铎椒，椒传赵人虞卿，卿传同郡荀卿名况，况传武威张苍，苍传洛阳贾谊。”据此，则《春秋左氏传》为荀卿所传也。《儒林传》云：“瑕丘江公受《穀梁春秋》及《诗》于鲁申公，传子，至孙为博士。”申公乃荀氏再传弟子。据此，则《春秋穀梁传》亦荀卿所传也。荀卿所学，尤长于《礼》。《儒林传》云：“东海兰陵孟卿善为《礼》、《春秋》，授后苍、疏广。”刘向序云：“兰陵多善为学，盖以荀卿子。	（2.3）惟荀卿传经之功甚巨。《释文·叙录》：《毛诗》，一云孙卿子传鲁人大毛公，则《毛诗》为荀子所传。《汉书·楚元王交传》：“少时尝与鲁穆生、白生、申公同受《诗》于浮丘伯。伯者，孙卿之门人。”《鲁诗》出于申公，则《鲁诗》亦荀子所传。《韩诗》今存《外传》，引荀子以说《诗》者四十有四，则《韩诗》亦与《荀子》合。《叙录》：“左丘明作《传》，以授曾申，申传卫人吴起，起传其子期，期传楚人铎椒，椒传赵人虞卿，卿传同郡荀卿。”则《左氏春秋》，荀子所传。《儒林传》云：“瑕丘江公受《穀梁春秋》及《诗》于鲁申公。”申公为荀卿再传弟子，则《穀梁春秋》亦荀子所传。大戴、小戴《礼》皆传自孟卿。《大戴·曾子立事》篇载《荀子·修身》、《大略》二篇文，《小戴·乐记》、《三年问》、《乡饮酒义》篇载《荀子·礼论》、《乐论》篇文，则二戴之《礼》，亦荀子所传。刘向称荀卿善为《易》，其义略见《非相》、《大略》二篇。是荀子能传《易》、《诗》、《礼》、《乐》、《春秋》，汉初传其学者极盛。

续表

	《经学家法讲义》	《经学历史》
4	长老至今称之，曰兰陵人喜字为卿，盖以法荀卿。”案荀子为兰陵令，故兰陵人传其学。传《易》之孟喜，亦兰陵人，字长卿（即孟卿之子），皆兰陵人字卿之证。大戴、小戴《礼》皆传自孟卿。《大戴·曾子立事》篇载荀子《修身》、《大略》二篇文，《小戴·乐记》、《三年问》、《乡饮酒义》篇载《礼论》、《乐论》篇文，大略相同，踪迹可考。据此，则曲台之《礼》，亦荀卿所传也。自孔子没而微言绝，七十子丧而大义乖，中更战国争斗，暴秦焚坑，圣门诸经犹能流传，至今绵延不绝者，卜子之后，以荀子为最著。其《大略》篇“春秋贤穆公、善胥命”，与《春秋公羊传》义合。刘向又称荀卿善为《易》，其义亦见《非相》、《大略》二篇。《乐记》全录《乐论》篇文。则荀子之学，于《易》、《诗》、《春秋》、《礼》、《乐》无所不通，门弟子传其学者，于汉初为极盛。（下略）	
5	（3.1）孔门四配，颜子早夭，未必有书。《韩非子》八儒有颜氏之儒，未知即子渊氏所传否。《子思子》二十三篇，《汉志》列于儒家，今亦亡佚。《中庸》以外，惟《坊记》、《表记》、《缁衣》，沈约以为出《子思子》。其“子言之”、“子曰”，即属子思，而非孔子所言，故中引《论语》云云。后人以此为疑，曙于此，可以无疑矣。	（2.2）《韩非子》言八儒有颜氏，孔门弟子，颜氏有八，未必即是子渊。八儒有子思氏，《子思》二十三篇列《汉志》儒家，今亡。沈约谓《礼记·中庸》、《表记》、《坊记》、《缁衣》，皆取《子思子》。然则《表记》、《坊记》、《缁衣》之“子言之”、“子曰”，或即子思子之言，故中有引《论语》一条。后人以此疑非孔子之言，解此，可无疑矣。（下略）

续表

	《经学家法讲义》	《经学历史》
6	（3.2）惟《曾子》十八篇，今存十篇于《大戴礼记》中。《小戴记·曾子问》一篇，穷极《礼经》，非夫子不能答，非曾子不能问，可以见曾子学问之博。《孝经》一书，孔子特传曾子。《孝经纬·钩命诀》云："孔子曰：《春秋》属商，《孝经》属参。"又曰："吾志在《春秋》，行在《孝经》。"皆圣门之微言，藉纬书而存者。汉人以为《礼》、《乐》、《诗》、《书》，孔子但加删订，惟《春秋》、《孝经》，为孔子所自作。故推崇孔子，必首举二经。《鲁相史晨碑》云："乃作《春秋》，复演《教经》。"《百石卒史碑》云："孔子作《春秋》，制《孝经》。"皆以《春秋》、《孝经》并举。自汉至唐，皆尊《孝经》，明皇亲为之注。至今、古文之纷争辨阋，可弗论也。宋人始疑《孝经》，谓非孔子所作，不列四子书内，且加刊削，与信而好古之义不合。《孝经》废，而曾子之学不尊矣。《大戴礼》首篇为《王言》，皆孔子与曾子问答之语，其书言"王者之治天下之道，是以蛮夷、诸夏，虽衣冠不同、言语不合，莫不来至，朝觐于王"，则曾子亦王佐才，与颜渊问为邦，孔子告以斟酌四代不异。《大戴礼》载《曾子》十篇，上皆冠以"曾子"：《曾子立事》第一，《曾子本孝》第二，《曾子立孝》第三，《曾子大孝》第四，《曾子事父母》第	（1.6）六经之外有《孝经》，亦称经。《孝经纬·钩命诀》："孔子曰：《春秋》属商，《孝经》属参。"又曰："吾志在《春秋》，行在《孝经》。"是孔子已名其书为《孝经》。其所以称经者，（中略）汉人推尊孔子，多以《春秋》、《孝经》并称。《史晨奏祀孔子庙碑》云："乃作《春秋》，复演《教经》。"《百石卒史碑》云："孔子作《春秋》，制《孝经》。"盖以《诗》、《书》、《易》、《礼》为孔子所修，而《春秋》、《孝经》乃孔子所作也。（下略） （2.2）《曾子》十八篇，《汉志》列儒家，今存十篇于《大戴礼记》中：《曾子立事》第一，《曾子本孝》第二，《曾子立孝》第三，《曾子大孝》第四，《曾子事父母》第五，《曾子制言上》第六，《曾子制言中》第七，《曾子制言下》第八，《曾子疾病》第九，《曾子天员》第十。中引经义，皆极纯正，《天员》篇尤足见大贤之学无不通。云："单居离问于曾子曰：'天员而地方者，诚有之乎？'曾子曰：'天之所生上首，地之所生下首。上首之谓员，下首之谓方。如诚天员而地方，是四角之不揜也。'"据曾子说，谓员、谓方，谓其道，非谓其形。方、员同积，员者不能掩方之四角。今地为天所掩，明地在天中。天体浑员，地体亦员，与地球之说合。《周髀算经》、《黄帝内经》皆言地员，非发自西人也。

续表

	《经学家法讲义》	《经学历史》
6	五，《曾子制言上》第六，《曾子制言中》第七，《曾子制言下》第八，《曾子疾病》第九，《曾子天员》第十。《立事》诸篇所言，皆纯粹平实，诣其极可以希圣贤，下亦不失寡过。而《天员》一篇，与今西法相合，尤可考见西人之说，本中国旧法，而圣贤之说无所不通。篇云："单居离问于曾子曰：'天员而地方者，诚有之乎？'曾子曰：'离而闻之云乎？'单居离曰：'弟子不察，以此敢问也。'曾子曰：'天之所生上首，地之所生下首。上首之谓员，下首之谓方。如诚天员而地方，是四角之不相掩也。'"据曾子之说，谓员、谓方，谓其道，非谓其形也。方、员同积，则员者必不能掩方之四角。今地皆为天所掩，明地在天中，天体浑员，地体亦员也。《曾子》及《周髀》本言地员，自周末畴人子弟分散，古法始微。元西域札马鲁丁造西域仪象，以木为圆球，七分为水，其色绿；三分为土，其色白；画江湖海贯串于其中，兼作小方井，以计幅员之广袤、道里之远近。此元明以来西说地员之祖，而《曾子》已先发其端。	

续表

	《经学家法讲义》	《经学历史》
7	（5.2）或以董子好言灾异为疑，不知汉时本有一种天人之学，齐学尤为专长。伏生《尚书》有五行，《齐诗》有五际。董子非齐人，其所传《公羊》乃齐学也。《公羊春秋》多言灾异，其说皆非无据。《尚书·洪范》本以五行配五事，有休征，有咎征。伏《传》所云（中略），皆推《洪范》之旨言之，惟不当如《汉书·五行志》凌杂米盐，事事比附。《志》载董仲舒、刘向、刘歆三人之说又各不同，不知当以何说为正。所以不同者，董据《公羊》，向据《穀梁》，歆据《左氏》，三《传》之义不同，故三人之说亦不同也。《诗》虽不多言灾异，《十月之交》篇云日食、震电、川沸、山崩，亦以为灾。《春秋》一经，如日食、星孛、石陨、鹢退，必详书之。孔子大圣人，岂不知日食、星变，皆可推算；石陨、鹢退，物理之变，皆与人事无干；大雪、无冰、大雨雹、陨霜不杀菽之类，寒暑偶然愆期，更非大变之比。而必详其事以示后者，正以人君至尊，无有忌惮，惟畏天而已，若全无所儆惧，则必肆于民上，借天象以示儆，庶使人君之有失德者，能知恐惧修省，犹可挽回一二。此《春秋》以元统天、以天统君之义，亦即神道设教之微旨也。《易》有象数占验，《礼》有明堂阴阳，亦与《诗》、《书》、《春秋》略同。汉人本此义以匡	（4.3）汉有一种天人之学，而齐学尤盛。伏《传》五行、《齐诗》五际、《公羊春秋》多言灾异，皆齐学也。《易》有象数占验，《礼》有明堂阴阳，不尽齐学，而其旨略同。当时儒者以为人君至尊，无所畏惮，借天象以示儆，庶使其君有失德者，犹知恐惧修省。此《春秋》以元统天、以天统君之义，亦《易》神道设教之旨。汉儒借此，以匡正其主。其时人主方崇经术、重儒臣，故遇日食、地震，必下诏罪己，或责免三公。虽未必能如周宣之遇灾而惧，侧身修行，尚有君臣交儆遗意。此亦汉时实行孔教之一证。后世不明此义，谓汉儒不应言灾异、引谶纬，于是“天变不足畏”之说出矣。近西法入中国，日食、星变皆可预测，信之者以为不应附会灾祥。然则孔子《春秋》所书日食、星变，岂无意乎？言非一端，义各有当，不得以今人之所见轻议古人也。

续表

	《经学家法讲义》	《经学历史》
7	正其君，故其时遇日食、地震，君必下诏罪己，责免三公。虽未必能如周宣中兴，遇灾而惧，尚有君臣交儆遗意。后儒不明此旨，动谓汉人不应言灾异、引谶纬，于是“天变不足畏”之说出矣。近西法入中国，以为日食、星变可以预测，信之者更以为不宜附会灾祥。然则孔子书于《春秋》，岂真不知天道者耶？	
8	(5.3) 汉儒言灾异，亦实有征验。如昭帝时，大石立，枯柳起，眭孟以为当有匹夫为天子，而应在宣帝。夏侯始昌先言柏梁台灾日，至期日，果灾。昌邑王时，夏侯胜以为久阴不雨，当有臣下谋上，而应在霍光。成帝时，夏贺良以为汉有再受命之祥，而应在光武。“刘秀当为天子”，尤为著明。故光武以赤伏符即位，而深信谶纬。五经之义，皆以谶决。其时以五经为外学，七纬为内学。贾逵以此兴《左氏》，曹褒以此定汉礼，遂开一代风气，正以身试有验之故。夫至诚可以前知，天人本不相远。解此，则不必非光武，亦不当非董仲舒、刘向诸儒。《隋书·经籍志》云：“说者谓孔子既叙六经，知后世不能稽同其意，故别立纬及谶，以遗来世，其书出于前汉。”《洪范》孔疏：“纬候之书，不知谁作。通人讨核，谓伪起哀、平。虽至前汉之末始有此书，以前学者必相传此说。”然则谓纬起哀、平，孔冲	(4.4) 汉儒言灾异，实有征验。如昌邑王时，夏侯胜以为久阴不雨，臣下有谋上者，而应在霍光。昭帝时，眭孟以为有匹夫为天子者，而应在宣帝。成帝时，夏贺良以为汉有再受命之祥，而应在光武。王莽时，谶云“刘秀当为天子”，尤为显证。故光武以赤伏符受命，深信谶纬。五经之义，皆以谶决。贾逵以此兴《左氏》，曹褒以此定汉礼。于是五经为外学，七纬为内学，遂成一代风气。光武非愚暗妄信者，实以身试有验之故。天人本不相远，至诚可以前知。解此，则不必非光武，亦不必非董、刘、何、郑矣。且纬与谶有别。孔颖达以为“纬候之书，伪起哀、平”，其实不然。《史记·赵世家》云“秦谶于是出”，《秦本纪》云“亡秦者胡也”，“明年祖龙死”，皆谶文。图谶本方士之书，与经义不相涉。汉儒增益秘纬，乃以谶文牵合经义。其合于经义者近纯，其涉于谶文者多驳。故纬纯驳互见，未可一概诋之。其中多汉儒说经之文，如六日七分出《易纬》，周天三百六十度四分度之

续表

	《经学家法讲义》	《经学历史》
8	远亦不以为然矣。《史记·赵世家》:"扁鹊言秦穆公瘖而述上帝之言，公孙支书而藏之，秦谶于是出矣。"《秦本纪》"亡秦者胡也"，"明年祖龙死"，皆谶文。特图谶本方士之言，与经义不相涉。后人造作纬书，乃因图谶而牵合经义。其合于经义者多醇，其涉于图谶者多驳。纬与谶非一类，纯驳互见，未可一例诋之。宋欧阳修请删九经疏中谶纬之文，幸其言不行；充其说，将并经传之"河出图，洛出书"而并删之，非特注疏无完本而已。三纲，今人所谓名教最重者，而经无明文，出《礼纬·含文嘉》。周天三百六十度，出《书纬·考灵耀》。夏以十三月为正，出《乐纬·稽耀嘉》，宋人用之。	一出《书纬》，夏以十三月为正云云出《乐纬》，后世解经，不能不引。三纲大义，名教所尊，而经无明文，出《礼纬·含文嘉》。马融注《论语》引之，朱子注亦引之，岂得谓纬书皆邪说乎？欧阳修不信祥异，请删五经注疏所引谶纬，幸当时无从其说者；从其说，将使注疏无完书。其后魏了翁编《五经要义》（下略），浮词无实，古义尽亡，即惠、戴诸公起于国朝，亦难乎其为力矣。
9	（6）两汉经学家法，有今、古文之分。今文者，今所谓隶书，在汉时以为今文，世所传熹平石经及孔庙等处汉碑是也。古文者，今所谓古籀书，汉时已为古文，世所传石鼓及《说文》所载古文是也。隶书汉时通行，故谓之今文，犹今人之于楷书，人人尽识。古籀汉时已不通行，故谓之古文，犹今人之视篆隶，不能人人尽识。凡文字必人人尽识，方可以教初学。（下略）孔子写定六经，皆用古文，见许氏《说文·自叙》。伏生为秦时博士，所藏壁经，必与孔壁所藏同是古文，至汉发藏以传授生徒，必易为通行之隶书，始便诵习。	（3.7）两汉经学，有今、古文之分。今、古文所以分，其先由于文字之异。今文者，今所谓隶书，世所传熹平石经及孔庙等处汉碑是也。古文者，今所谓籀书，世所传岐阳石鼓及《说文》所载古文是也。隶书汉世通行，故当时谓之今文，犹今人之于楷书，人人尽识者也。籀书汉世已不通行，故当时谓之古文，犹今人之于篆、隶，不能人人尽识者也。凡文字必人人尽识，方可以教初学。许慎谓孔子写定六经，皆用古文。然则孔氏与伏生所藏书，亦必是古文，汉初发藏以授生徒，必改为通行之今文，乃便于学者诵习。故汉立博士十四，皆今文家。而当古文未兴之前，未尝别立今文

续表

	《经学家法讲义》	《经学历史》
9	近儒江声《尚书集注音疏》始用篆文，书不通行，后乃改用楷书。艮庭又为毕秋帆刻《释名》，用篆文书之，毕恐其不通行，经训堂复刻，今体楷书并用。观今人不识篆文、不能通行，即知汉人不识古文、不能通行之故。汉廷所立今文十四博士，《易》有施、孟、梁丘、京氏，《书》有欧阳、大小夏侯，《诗》有齐、鲁、韩，《礼》有大、小戴，《春秋》有严、颜，皆后世所谓今文家。当时既未别立古文，亦未尝别标今文之名。至刘歆始创古文学，古文《尚书》、《毛诗》、《周礼》、《左氏春秋》，王莽时皆置博士。莽败，旋废，而其书既出，卫宏、郑兴、贾逵皆好之。《后汉书·贾逵传》曰："建初八年，乃诏诸儒各选高才生受《左氏》、《穀梁春秋》、古文《尚书》、《毛诗》，由是四经遂行于世。皆拜逵所选弟子及门生为千乘、王国郎，朝夕受业黄门署。学者皆欣欣羡慕焉。"凡学术之盛，必导以利禄之途。汉时古文不立学，故不能兴。至是明帝从贾逵之言，导以利禄之途，而古文行于世矣。古文既行，遂以博士所传别为今文。许慎《五经异义》有古《尚书》说，今《尚书》夏侯、欧阳说；古《毛诗》说，今韩、鲁《诗》说；古《春秋》左氏说，今《春秋》公羊说，今、古文至是遂分门角立矣。	之名。《史记·儒林传》云"孔氏有古文《尚书》，而安国以今文读之"，乃就《尚书》之古今文字而言。而鲁、齐、韩《诗》，《公羊春秋》，《史记》不云今文家也。至刘歆始增置古文《尚书》、《毛诗》、《周官》、《左氏春秋》。既立学官，必创说解。后汉卫宏、贾逵、马融又递为增补，以行于世，遂与今文分道扬镳。许慎《五经异义》有古《尚书》说，今《尚书》夏侯、欧阳说；古《毛诗》说，今《诗》韩、鲁说；古《周礼》说，今《礼》戴说；古《春秋》左氏说，今《春秋》公羊说；古《孝经》说，今《孝经》说，皆分别言之，非惟文字不同，而说解亦异矣。

续表

	《经学家法讲义》	《经学历史》
10	(7.1) 汉时今文先出，古文后出。《公羊疏》云：“《左氏》先著竹帛，故汉时谓之古学；《公羊》汉时乃兴，故谓之今学。”何氏以为《左传》之中，经乃古文，故曰古学；公羊家已行于世，以今文教授，故曰今学。汉时《公羊》早立学，《左氏》王莽时立学，东汉亦立博士，旋罢。范升云：“《左氏》不祖孔子，而出于丘明。师徒相传，又无其人。”今文家有师承，古文家无师承，非独《春秋》一经。《史记·儒林传》曰：“言《诗》，于鲁则申培公，于齐则辕固生，于燕则韩太傅。言《尚书》，自济南伏生。言《礼》，自高堂生。言《易》，自淄川田生。言《春秋》，于齐、鲁自胡毋生，于赵自董仲舒。”《儒林传》：“自孔子论次《诗》、《书》，修齐《礼》、《乐》，因史记作《春秋》，以及七十子之徒、孟子荀卿之列，咸遵夫子之业而润色之。以逮汉初，传经之儒，只此数人。”此数人者，皆后世所谓今文家，无所谓古文也。《毛诗》、《周礼》、《左传》，史公皆不列入。	(3.1) 《史记·儒林传》曰：“今上即位，赵绾、王臧之属明儒学，而上亦向之。于是招方正、贤良、文学之士。自是之后，言《诗》，于鲁则申培公，于齐则辕固生，于燕则韩太傅。言《尚书》，自济南伏生。言《礼》，自鲁高堂生。言《易》，自淄川田生。言《春秋》，于齐、鲁自胡毋生，于赵自董仲舒。”《申公传》曰（中略）。《辕固生传》曰（中略）。《韩婴传》曰（中略）。传言《诗》，止有鲁、齐、韩三家，而无《毛诗》。《伏生传》曰（中略）。传言《尚书》，止有伏生，虽及孔氏“古文”，而不云安国作《传》。《高堂生传》曰（中略）。传言《礼》，止有《仪礼》，而无《周官》。《田何传》曰（中略）。传言《易》，止有杨何，而无费氏古文。《董仲舒传》曰（中略）。《胡毋生传》曰（中略）。传言《春秋》，唯《公羊》董、胡二家，略及《穀梁》，而不言《左氏》。史迁当时，盖未有《毛诗》、古文《尚书》、《周礼》、《左氏》诸古文家也。经学至汉武始明，而汉武时之经学为最纯正。
11	(10) 郑君康成集汉学之大成。李申耆以为康成败坏家法，非轻诋先儒也，以家法论，郑君实不能辞其咎。两汉诸儒，笃守家法，见两汉《儒林传》，班班可考。后汉古学渐盛，与今学分门角立。而今学守今学之门户，	(5.2) 范蔚宗论郑君：“囊括大典，网罗众家，删裁繁芜，刊改漏失，自是学者略知所归。”盖以汉时经有数家、家有数说，学者莫知所从。郑君兼通今、古文，沟合为一，于是经生皆从郑氏，不必更求各家。郑学之盛在此，汉学之衰亦在此。

续表

	《经学家法讲义》	《经学历史》
11	古学守古学之门户，常相攻伐，不肯和同。古学以今学为党同妒真，今学以古学为变乱师法。如杜林、卫宏、郑兴、贾逵、马融、许慎，皆宗古学者，其先亦必尝通今文，而其论学则以古文为宗，与今文不相混。许慎《五经异义》明引今文说如何，古文说如何，分别甚晰。若皆如此说法，则流传至今，人人皆古、今家说分别，不相杂厕，可以开卷了然也。至康成，亦先通今文，后通古文者。《后汉书·郑玄传》曰："造太学受业，师事京兆第五元先，始通《京氏易》、《公羊春秋》、《三统历》、《九章算术》。又从东郡张恭祖受《周官》、《礼记》、《左氏春秋》、《韩诗》、古文《尚书》。以山东无足问者，乃西入关，因涿郡卢植，事扶风马融。"康成先事第五元先，通《京氏易》、《公羊春秋》，是先通今文也。后事张恭祖，受《周官》、《礼记》、《左氏春秋》、古文《尚书》，是后通古文也。事马融所受者，亦古文也。马融才高博洽，为世通儒，遍注九经，订正三《传》、三《礼》，已有集大成之势。康成继起，负绝世之资，兼通今、古之学，见当时今、古学相攻击甚重，意欲和同两家之学，自成一家之言，虽以古学为宗，兼采今学，以附益其义。故论郑学，不皆古文，亦不皆今文。如笺《诗》以毛为主，而自云"若有不同，便下己意"，	《郑君传》云："凡玄所注《周易》、《尚书》、《毛诗》、《仪礼》、《礼记》、《论语》、《孝经》、《尚书大传》、《中候》、《乾象历》，又著《七政论》、《鲁礼禘祫义》、《六艺论》、《毛诗谱》、《驳许慎五经异义》、《答临孝存周礼难》，凡百余万言。"案郑注诸经，皆兼采今、古文。注《易》用费氏古文，爻辰出费氏分野。今既亡佚，而施、孟、梁丘《易》又亡，无从考其同异。注《尚书》用古文，而多异马融，或马从今而郑从古，或马从古而郑从今。是郑注《书》，兼采今、古文也。笺《诗》以毛为主，而间易毛字，自云"若有不同，便下己意"，所谓己意，实本三家。是郑笺《诗》，兼采今、古文也。注《仪礼》并存今文、古文，从今文则注内叠出古文，从古文则注内叠出今文。是郑注《仪礼》，兼采今、古文也。《周礼》古文，无今文，《礼记》亦无今、古文之分，其注皆不必论。注《论语》，就《鲁论》篇章，考之《齐》、《古》为之注，云"《鲁》读某为某，今从《古》"。是郑注《论语》，兼采今、古文矣。注《孝经》多今文说，严可均有辑本。 （5.3）所谓郑学盛而汉学衰者，汉经学近古可信，十四博士今文家说，远有师承。刘歆创通古学，卫宏、贾逵、马融、许慎等推衍其说，已与今学分门角立矣。然今学守今学门户，古学守古学门户。今学以古学为变乱师法，古学以今学为党同妒真，相攻如仇，不相混合。杜、郑、贾、马注《周礼》、《左

续表

	《经学家法讲义》	《经学历史》
11	其所谓己意，多本三家。是康成笺《诗》，兼采今、古文矣。注《尚书》既用古文，而与马融又异。今详考今、古之异同，以马、郑说证之，或马从古文，郑从今文；或马从今文，郑从古文，皆有明文可据。是康成注《书》，兼采今、古文矣。注《仪礼》并存今文、古文，从今文则注内叠出古文，从古文则注内叠出今文。是康成注《礼》，兼采今、古文矣。注《论语》，则就《鲁论》篇章，考之《齐》、《古》为之注，多云“《鲁》读某为某，今从《古》”。是郑注《论语》，兼采今、古文矣。郑于经有所注者，《毛诗》、古文《尚书》、《仪礼》、《礼记》、《周官》、《费氏易》，皆古文。又尝注《左氏春秋》，未成，以授服子慎，见《世说新语》。是郑意主古学，而今、古文可两存者，亦不尽废今文。如以《周官》为周法，《王制》为殷法，和同两家，亦具苦心。《后汉书》论之曰：“东京学者，亦各名家，而守文之徒，滞固所禀，异端纷纭，互相诡激，遂令经有数家、家有数说，章句多者或乃百余万言。学徒劳而少功，后生疑而莫正。郑玄囊括大典，网罗众家，删裁繁芜，刊改漏失，自是学者略知所归。”郑君集汉学之大成，其道略见于此。当时今、古文家各持一说，莫能相通，见郑君能别出手眼，为之沟通，按之皆有左证，于是众论翕然宗之，黄巾亦	传》，不用今说。何休注《公羊传》，亦不引《周礼》一字。许慎《五经异义》分今文说、古文说甚晰。若尽如此分别，则传至后世，今、古文不杂厕，开卷可了然矣。郑君先通今文，后通古文，其传曰：“造太学受业，师事京兆第五元先，始通《京氏易》、《公羊春秋》、《三统历》、《九章算术》。又从东郡张恭祖受《周官》、《礼记》、《左氏春秋》、《韩诗》、古文《尚书》。以山东无足问者，乃西入关，因涿郡卢植，事扶风马融。”案《京氏易》、《公羊春秋》为今文，《周官》、《左氏春秋》、古文《尚书》为古文。郑君博学多师，今、古文道通为一，见当时两家相攻击，意欲参合其学，自成一家之言，虽以古学为宗，亦兼采今学，以附益其义。学者苦其时家法繁杂，见郑君宏通博大，无所不包，众论翕然归之，不复舍此趋彼。于是郑《易注》行，而施、孟、梁丘、京之《易》不行矣。郑《书注》行，而欧阳、大小夏侯之《书》不行矣。郑《诗笺》行，而齐、鲁、韩之《诗》不行矣。郑《礼注》行，而大小二戴之《礼》不行矣。郑《论语注》行，而齐、鲁《论语》不行矣。重以鼎足分争，经籍道息。汉学衰废，不能尽咎郑君，而郑采今、古文不复分别，使两汉家法亡不可考，则亦不能无失。故经学至郑君一变。

续表

	《经学家法讲义》	《经学历史》
11	为罗拜车下，其声名动人如此。加以高节清德，不受征聘，年愈高，望愈重，孔北海为立郑公乡，应仲远北面称弟子。王粲云："世称伊洛以东、淮汉以北，康成一人而已，咸言先儒多阙，郑氏道备。"门徒万数，布满海内，于是人皆舍其今、古专门之学，而专宗郑氏。自郑之《毛诗笺》出，而齐、鲁、韩三家废矣。《古文尚书注》出，而欧阳、大小夏侯三家废矣。《三礼注》出，而大、小二戴废矣。《论语注》出，而齐、鲁《论》废矣。又自汉末丧乱，经籍道息，迨乎永嘉南渡，戎狄乱华，于是齐、鲁《诗》，欧阳、夏侯《尚书》皆亡，而今文之学终焉。	
12	（12.1）西汉言师法，东汉言家法。先有师法，而后能成一家之言。师法者溯其源，家法者衍其流也。《后汉·质帝纪》："本初元年夏四月，令郡国举明经年五十以上、七十以下诣太学。自大将军至六百石，皆遣子受业。四姓小侯先能通经者，各令随家法。"是汉举明经必严家法也。《左雄传》：雄上言郡国所举孝廉，请皆"诣公府，诸生试家法"。注曰："儒有一家之学，故称家法。"是汉举孝廉必严家法也。《儒林传》："光武中兴，爱好经术，于是立五经博士，各以家法教授。"《宦者蔡伦传》："元初四年，帝以经传之文多不正定，乃选通儒谒者刘	（4.12）前汉重师法，后汉重家法。先有师法，而后能成一家之言。师法者溯其源，家法者衍其流也。师法、家法所以分者，如《易》有施、孟、梁丘之学，是师法；施家有张、彭之学，孟有翟、孟、白之学，梁丘有士孙、邓、衡之学，是家法。家法从师法分出，而施、孟、梁丘之师法，又从田王孙一师分出者也。施、孟、梁丘已不必分，况张、彭、翟、白以下乎！《后汉书·儒林传》云："立五经博士，各以家法教授。"《宦者蔡伦传》云："帝以经传之文多不正定，乃选通儒谒者刘珍及博士、良史诣东观，各校雠家法。"是博士各守家法也。《质帝纪》云："令郡国举明经年五十以上、七十以下诣太学。自大将

续表

	《经学家法讲义》	《经学历史》
12	珍及博士、良史诣东观，各校雠家法。”是家法不但博士，即宦者亦知之矣。《徐防传》永元十四年上疏云：“伏见太学试博士弟子，皆以意说，不修家法，以遵师为非义，意说为得理，诚非诏书实选本意。”是当时不修家法之戒甚严矣。	军至六百石，皆遣子受业。四姓小侯先能通经者，各令随家法。”是明经必守家法也。《左雄传》云：雄上言郡国所举孝廉，请皆“诣公府，诸生试家法”。注曰：“儒有一家之学，故称家法。”是孝廉必守家法也。《徐防传》防上疏云：“伏见太学试博士弟子，皆以意说，不修家法，以遵师为非义，意说为得理，诚非诏书实选本意。”汉时不修家法之戒，盖极严矣。（下略）
13	（12.2）治经必严家法，方不至臆说乱经。五经博士各治本经，方不至变改师说。晋承两汉之后，犹置五经博士十九人。永嘉之乱，或减为九人，或增为十四人，而不复分别五经，而家法荡然矣。	（4.13）凡事有见为极盛，实则盛极而衰象见者，如后汉师法之下复分家法，今文之外别立古文，似乎广学甄微，大有裨于经义，实则矜奇炫博，大为经义之蠹。师说下复分家法，此范蔚宗所谓“经有数家，家有数说，学徒劳而少功，后生疑而莫正”也。今文外别立古文，此范升所谓“各有所执，乖戾分争，从之则失道，不从则失人”也。盖凡学皆贵求新，惟经学必专守旧。经作于大圣，传自古贤。先儒口授其文，后学心知其意。制度有一定而不可私造，义理衷一是而非能臆说。世世递嬗，师师相承，谨守训辞，毋得改易。如是，则经旨不杂，而圣教易明矣。（下略）
14	（14）汉之遗经传于今者，有熹平石经残字。南宋洪适小蓬莱阁得此残本重刻，又辑入《隶释》。今浙江绍兴、江西南昌覆刻，止数百字，不过洪刻之半。其文与今读本不同，即汉所谓今文。今之读本，乃郑康成以	（4.6）（前略）灵帝熹平四年，诏诸儒正定五经，刊于石碑。蔡邕自书丹，使刻工镌刻，立于太学门外。后儒晚学咸取则焉，尤为一代大典。使碑石尚在，足以考见汉时经文，惜六朝以后渐散亡，仅存一千九百余字于宋洪氏《隶释》，有

续表

	《经学家法讲义》	《经学历史》
14	后所传之古文也。五经《易》无一字；《尚书·盘庚》、《洪范》、《君奭》各一段，与今本古文《尚书》不同；《诗·魏风》、《唐风》各一段，与今本《毛诗》不同；《礼》是《仪礼·燕礼》、《聘礼》各一段；《春秋》是《公羊》隐公一段；《论语》是《鲁论》。《论语·为政》、《微子》、《尧曰》各一段，与今本《论语》不同。共五百八十余字。	《鲁诗》、《小夏侯尚书》、《仪礼》、《公羊春秋》、《鲁论语》，盖合《易》为六经。而五经外增《论语》，《公羊春秋》有传无经，汉时立学官本如此。宋蓬莱阁刻石又坏，今江西南昌、浙江绍兴两府学重刻，止有六百七十五字，与世所传古文经字多不同。汉石经是隶书，非魏三体石经；是立于太学门外，非鸿都门外。前人说者多误，详见杭世骏《石经考异》、冯登府《石经补考》。
15	（15.1）刘歆欲立古文《尚书》、《毛诗》、《逸礼》、《左氏春秋》，云："与其过而废之也，宁过而存之。"古书仅存于煨烬之余，废之亦觉可惜，而诸儒断断致辨者，物莫能两大，人多好新奇。故古文《尚书》行，而欧阳、大小夏侯失传；《毛诗》行，而齐、鲁、韩失传；歆所谓《逸礼》即《周礼》，《周礼》行，而人以《周礼》驳《王制》、《公羊》；《左氏春秋》行而《公羊》、《穀梁》不绝如线。汉时十四博士所传今文为一家，古文《尚书》、《毛诗》、《周礼》、《左氏春秋》为一家。刘歆议立诸经，至汉末而诸经盛行，今文博士所传无一家存者。乃知西汉博士不肯置对，真深识远虑，非党同妒真也。	（3.5）刘歆《移太常博士书》曰："（中略）与其过废也，宁过而存之。"《汉书·儒林传》赞曰（中略）。案二说于汉立博士叙述略同，施、孟、梁丘先后少异。刘歆欲立古文诸经，故以增置博士为例。然义已相反，安可并置？既知其过，又何必存？与其过存，无宁过废。强词饰说，宜博士不肯置对也。博士于宣、元之增置，未尝执争，独于歆所议立，力争不听。盖以诸家同属今文，虽有小异，尚不若古文乖异之甚。然防微杜渐，当时已少深虑。范升谓：（中略）据范氏说，可见汉时之争请立学者所见甚陋，各怀其私。一家增置，余家怨望。有深虑者当预绝其萌，而不可轻开其端矣。（下略）

续表

	《经学家法讲义》	《经学历史》
16	（15.2）既有郑君大师，又遭汉末丧乱，晋复不竞，五胡乱华，永嘉之乱，《易》亡梁丘、施氏、高氏，《书》亡欧阳、大小夏侯，《齐诗》在魏已亡，《鲁诗》不过江东，《韩诗》虽存，无传之者，孟、京、费《易》亦无传人，《公》、《榖》虽在若亡，于是今文之传绝矣。	（5.5）（前略）晋初效庙之礼，皆王肃说，不用郑义。其时孔晁、孙毓等申王驳郑，孙炎、马昭等又主郑攻王，龂龂于郑、王两家之是非，而两汉专门无复过问。重以永嘉之乱，《易》亡梁丘、施氏、高氏，《书》亡欧阳、大小夏侯，《齐诗》在魏已亡，《鲁诗》不过江东，《韩诗》虽存，无传之者，孟、京、费《易》亦无传人，《公》、《榖》虽在若亡。晋元帝修学校，简省博士，（中略）晋所立博士，无一为汉十四博士所传者，而今文之师法遂绝。
17	（18.1）两汉经学极盛，而前汉之末出一刘歆，后汉之末出一王肃，大为经学之蠹。歆为楚元王后裔，其父向当成帝时，极言刘氏、王氏不并立，而歆党王莽，于汉为不忠，于父为不孝。又闻“刘秀为天子”之言，包藏祸心，改名秀欲以当之，卒以谋叛莽不成而死。肃父王朗，汉会稽太守，被孙策虏而不能死，又归曹操，为魏三公，名列《受禅碑》。肃女适司马昭，党于司马氏。父助曹氏篡汉，肃又助司马篡魏，幸早死，不及见耳。《魏志》云：“肃善贾、马之学，而不好郑氏，采会同异，为《尚书》、《诗》、《论语》、《三礼》、《左氏》解，及撰定朗所作《易传》，皆立于学官。”晋武帝，肃之外孙，故一代典礼，多用肃说，不用郑说。	（5.5）两汉经学极盛，而前汉末出一刘歆，后汉末出一王肃，为经学之大蠹。歆，楚元王之后，其父向极言刘氏、王氏不并立。歆党王莽篡汉，于汉为不忠，于父为不孝。肃父朗，汉会稽太守，为孙策虏，复归曹操，为魏三公。肃女适司马昭，党司马氏篡魏，但早死，不见篡事耳。二人党附篡逆，何足以知圣经！而歆创立古文诸经，汩乱今文师法。肃伪作孔氏诸书，并郑氏学亦为所乱。歆之学行于王莽。肃以晋武帝为其外孙，其学行于晋初，《尚书》、《诗》、《论语》、《三礼》、《左氏》解，及撰定父朗所作《易传》，皆立学官。晋初效庙之礼，皆王肃说，不用郑义。（下略）

续表

	《经学家法讲义》	《经学历史》
18	（18.2）肃作序《家语》云："郑氏学行五十载矣，义理不安，违错者多，是以夺而易之。"夫人所见不同，肃不好郑氏，不妨别成一家之说，乃必有意为难，作伪欺人，则真小人之所为矣。刘歆之书出，创立古文，而汉博士所传之今文遂乱。王肃伪造古书，而郑氏所传之学亦乱。原其心皆好名，求异前人，不至作伪不止。当时郑君徒党遍天下，肃以为不托于孔氏，不足以压抑之，故作伪孔安国《尚书传》、《论语传》、《孝经传》、《孔子家语》、《孔丛子》，凡书五种，皆托于孔子及孔氏子孙，使其徒孔衍为之证。不知《史记》、《汉书》皆云孔安国早卒，未尝有所著书。《家语》虽列《汉志》儒家，颜师古注云"非今所有《家语》"，是《家语》虽古书，而为肃改窜，其余皆作伪而已。朱子云："孔安国《尚书序》不似西汉人作，与《孔丛子》如出一手。"是已明知其伪，特未知出于王肃。伪古文《尚书》，丁晏证明是王肃作，以为搜出赃证，无可疑矣。郑杂糅今、古文，后人以为坏乱家法。肃善贾、马之学，其父朗师杨赐，杨氏世传《欧阳尚书》，是肃亦兼通今古文者。既欲攻郑，正可分别家法，辨郑杂糅今、古之非，乃不能分别，而反效尤，伪造《家语》、《孔丛》，取两汉今、古文家所纷争不决者，尽托于孔子之言以为定	（5.4）郑学出而汉学衰，王肃出而郑学亦衰。肃善贾、马之学，而不好郑氏。贾逵、马融皆古文学，乃郑学所自出。肃善贾、马而不好郑，殆以贾、马专主古文，而郑又附益以今文乎？案王肃之学，亦兼通今、古文。肃父朗师杨赐，杨氏世传《欧阳尚书》，洪亮吉《传经表》以王肃为伏生十七传弟子。是肃尝习今文，而又治贾、马古文学。故其驳郑，或以今文说驳郑之古文，或以古文说驳郑之今文。不知汉学重在专门，郑君杂糅今、古，近人议其败坏家法。肃欲攻郑，正宜分别家法，各还其旧而辨郑之非，则汉学复明，郑学自废矣。乃肃不惟不知分别，反效郑君而尤甚焉，伪造孔安国《尚书传》、《论语》《孝经注》、《孔子家语》、《孔丛子》共五书，以互相证明，托于孔子及孔氏子孙，使其徒孔衍为之证。不思《史》、《汉》皆云安国早卒，不云有所撰述，伪作三书，已与《史》、《汉》不合矣。而《家语》、《孔丛子》二书，取郊庙大典两汉今、古文家所聚讼不决者，尽托于孔子之言以为定论。不思汉儒议礼聚讼，正以去圣久远，无可据依，故石渠、虎观，天子称制临决。若有孔子明文可据，群言淆乱折诸圣，尚安用此纷纷为哉！肃作《圣证论》以讥短郑君，盖自谓取证于圣人之言，《家语》一书是其根据。其注《家语》，如五帝、七庙、效丘之类，皆牵引攻郑之语，适自发其作伪之覆。当时郑学之徒，皆云"《家语》，王肃增加"，或云王肃所作。是肃所谓

续表

	《经学家法讲义》	《经学历史》
18	论。不知汉时经有数家，家有数说，石渠、虎观，两汉天子称制临决。若孔子之言如此彰灼，群言淆乱折诸圣，尚安用此纷纷为哉！甚矣，王肃之愚也，可谓心劳日拙矣。《魏志》云肃作《圣证论》以讥短玄，盖自谓取证于圣人之言，《家语》一书是其根据。欲夺郑君之席，至于伪造各种书，以互相引证，其注《家语》，如五帝、七庙、郊丘之类，皆牵引攻郑之语，适自发其作伪之覆。其时郑学之徒，皆云"《家语》，王肃增加"，或云王肃所作，则肃所谓圣证，人皆知其不出于圣。孙志祖有《家语疏证》，引《礼记》、《左传》等书，以证其所出。（下略）	圣证，人皆知其不出于圣人矣。孙志祖《家语疏证》已明著其伪。

总计上表所列，可见《经学家法》20篇讲义中，有12篇18段文字与《经学历史》前5章中19节的整段或大段有着明显的渊源关系。再就实际内容稍作分析，对比二者所引用的材料与陈述的观点，可以发现有三种情况：其一，引用的材料与陈述的观点皆无大的变动，如表中第3、5、8、11、16、17、18条中，《经学历史》基本上沿袭了《经学家法讲义》，仅有文字上的少数增减；第11条还对行文顺序作了调整，变得更有条理。其二，陈述的观点没有改变，而引用材料有较大的删减或增添，如表中第2、4、6、7、9条中，《经学历史》对《经学家法讲义》作了删节，行文更为简洁；在第10条中，《经学历史》增加新的材料，对西汉前期各经有今文、无古文的情况详加论述；在第12条中，《经学历

史》增举事例，使师法与家法的关系更加具体、明朗。其三，陈述的观点有较大的变化，引用的材料也相应地增添，表中第1、13条中，《经学历史》对《经学家法讲义》的观点大加引申、发展；第15条虽然同是论述刘歆增立古文的是非，但对西汉博士的评语，已由“真深识远虑，非党同妒真也”的赞许，变成“防微杜渐，当时已少深虑”和“所见甚陋，各怀其私”的指责。此外，《经学家法讲义》第8篇在讨论东汉古文经学兴起时，写道：

尝疑卫、贾、马、郑皆东汉通儒，岂不知今文远有师承，而必崇奉古文以更易今文？始思之，殊不得其故，及徐考之，而知其故有二。一则学术久而必变。自汉以来，变者屡矣。六朝及唐，皆沿汉学，时有“宁道孔、孟误，讳言服、郑非”之语。宋初犹沿习注疏，至王介甫、刘原父，始创新义，拨弃汉唐，至南宋而朱子集其大成。元明以来，专宗宋学，一字不敢出入，亦可谓“宁道孔、孟误，讳言朱子非”矣。国初诸儒，复讲注疏之学，始犹汉、宋兼采；乾嘉以后，始专宗汉儒，名汉学，以别异于宋儒；嘉道以来，又推而上之，专求西汉今文之学，以别异于东汉。

这里从整体上对东汉中叶直至晚清经学演变所作的描述，不仅与《经学历史》自经学中衰到复盛时代的分期意见十分接近，还可以在《经学历史》中找到不少近乎一致的表述。如：第五章明言“经学至郑君一变”；第七章认为唐颁《五经正义》，“此经学之又一变也”；第八章认为经学迄于宋初“犹汉唐注疏之遗也”，“至庆历始一大变”，而转折点正是刘敞作《七经小传》、王安石作《三经新义》；第九章一则称述“汉学至郑君而集大成，于是郑学行数百年；宋学至朱子而集大成，于是朱学行数百年……以经学论，郑学、朱学皆可谓小统一时代。郑学统一，惟北学为然，所谓'宁道孔、孟误，讳言郑、服非'"；一则斥责"元人则株守宋儒之书，而于注疏所得甚浅……明人又株守元人之书，于宋儒亦少研究"，使经学在明代达于极衰；至于第十章则明确写道："国初诸儒治经，取汉唐注疏及宋元明人之说，择善而从，由后人论之，为汉、宋兼采一派……雍乾以后，古书渐出，经义大明，惠、戴诸儒为汉学大宗，已尽弃宋诠，独标汉帜矣。""国朝经学凡三变：国初汉学方萌芽，皆以宋学为根柢，不分门户，各取所长，是为汉、宋兼采之学；乾隆以后，许、郑之学大明，治宋学者已鲜，说经皆主实证，不空谈义理，是为专门汉学；嘉道以后，又由许、郑之学导源而上……汉十四博士今文说自魏晋沦亡千余年，至今日而复明，实能述伏、董之遗文，寻武、宣之绝轨，是为西汉今文之学。"可见，《经学家法讲义》的某些篇章，虽然在《经学历史》中找不到直接对应的段落，但彼此间内在的关系仍然值得注意。另外，前引《师伏堂日记》说"拟讲经学家法章程数条，自汉及今，大旨略具"，看来亦非虚言，皮氏 1903 年对经学自先秦至晚清的变迁确实已有整体性的评估意见。

综上所述，《经学历史》对于《经学家法讲义》无论是直接搬用还是间接利用，乃至大加删改，大多昭然若揭，或者有迹可寻。换言之，《经学历史》虽然成书于 1905 年，但早在 1903 年编撰的《经学家法讲义》中已有雏形。乙巳年《师伏堂日记》关于《经学历史》编撰过程的记载，似乎也能说明这一点：

> 五月初五日：（陈）善余属作《经学历史》，此事亦不难，暑假后可为之。

六月初九日：录“经学胚胎时代”四条。

初十日：录“经学萌芽时代”数条。

七月初六日：热退，头尚涔涔，强录二条，自谓于此事贯通，多创获。

初九日：录四条，至明末矣。

初十日：将《历史》开卷稍加增，改为“开辟承流时代”。

十三日：《经学历史》粗毕。予以汉武、宣及嘉、道以后治今文学者为极则，东汉古文及乾隆治许、郑学者次之，六朝、唐为衰，宋至明为极衰，不知未骇俗否？

从六月初九日开始编纂，到七月十三日基本成书，速度之快令人吃惊。显然，皮氏能在一月数天内完成脍炙人口的《经学历史》，虽与他长期累积起深厚的经学素养有关，但应该与他凭依现成的《经学家法讲义》更有关系。

三、《经学历史》的主要内容

《经学历史》共十章，依次题作经学开辟时代、流传时代、昌明时代、极盛时代、中衰时代、分立时代、统一时代、变古时代、积衰时代、复盛时代。对此，研究者无不认为是皮氏对中国经学历史所作的分期与评述，至于该书的实际内容，迄今为止尚无人细加考究。因此，以下依次对《经学历史》十章作文本解读，概括各个章节的内容，并对其中蕴涵的思想观点与学术主张，随文加以归纳。

（一）"经学开辟时代"[①]

全章共8节，据其内容，可分成两部分：

第1节提出"经学开辟时代，断自孔子删定六经为始"的命题，并作了简单的论证，认为孔子之前虽有各种文献典籍，却不足以称经，"皆经孔子手定，而后列于经也"；接着提出"汉初旧说，分明不误，东汉以后，始疑所不当疑"，在肯定西汉经学时，责斥东汉以后对孔子删定经书、开辟经学的怀疑。第2节先提出孔子删订六经寓有微言大义，认定"孔子为万世师表，六经即万世教科书"，在此基础上，一方面力赞西汉因尊崇孔子、奉行六经而成效显著，"虽汉家制度，王、霸杂用，未能尽行孔教，而通经致用，人才已为后世之所莫逮。盖孔子之以六经教万世者，稍用其学，而效已著明如是"；另一方面批评后世不但尊孔奉以虚名、崇经流于形式，甚至疑孔惑经，"不知孔子作六经教万世之旨，不信汉人之说，横生臆见，诋毁先儒，始于疑经，渐至非圣。或尊周公以压孔子，或尊伏羲、文王以压孔子。孔子手定之经，非特不用以教世，且不以经为孔子手定，而属之他人"。经由对正、反两方面历史的追溯与检讨，皮氏无比鲜明而异常坚定地提出："故必以经为孔子作，始可以言经学；必知孔子作经以教万世之旨，始可以言经学。"从逻辑和内容来看，这两段文字其实大同小异，都是先认定孔子删订六经，垂教万世，再批评后世疑孔惑经，非圣无法，"由是古义茫昧，圣学榛芜"，说明"经学不明，孔教不尊，非一朝一夕之故，其所由来者渐矣"。换言之，皮氏在这里两次回

---

① 以下引见《经学历史》，光绪丙午年思贤书局刊，第1~7页。

顾历史，实际是要追溯晚清孔教不尊、经学不明的渊源，以便对症下药，找到行之有效的尊孔之法、崇经之术。阅完全书后回头细读，会发现这开篇的两段，不啻于《经学历史》的总纲或序言。

第3至6节分别论述孔子删定六经。皮氏指出“孔子以前，未有经名，而已有经说”，承认孔子之前已有各种传世文献，但否认这些典籍在孔子手定之前具备施教育人的内涵。针对后人怀疑孔子赞《易》、作《春秋》，他各作分辨，又援引汉人之说，谓孔子删定《诗》、《书》，亲订《孝经》。他特别提出经名也是出自孔子，“孔子出而有经之名”，并极言孔子正定经名的意义：“经名正，而惟皇建极，群下莫不承流；如日中天，众星无非拱向矣。”最后两节进一步分析《史记·孔子世家》的言论，强调孔子删定六经各有深意妙旨，尤以修订《春秋》为最，说：“《史记》以《春秋》别出于后，而解说独详，盖推重孔子作《春秋》之功比删订诸经为尤大，与孟子称孔子作《春秋》比禹抑洪水、周公兼夷狄相似。其说《春秋》大义，亦与《孟子》、《公羊》相合。知有‘据鲁、亲周、故殷’之义，则知公羊家三科九旨之说未可非矣；知有‘绳当世贬损’之文，则知左氏学家经承旧史、史承赴告之说不足信矣；知有‘后世知丘、罪丘’之言，则知后世以史视《春秋》，谓褒贬善恶而已者尤大谬矣。”

要之，在本章中，皮氏关于孔子删定六经、开创经学的正面论述其实不多，亦非充分有力①，却无处不对疑孔惑经的言论痛加

① 例如，他论孔子赞《易》、修《春秋》，是用非此即彼的排除法；他论“《诗》、《书》皆孔子所定”，则引西汉人的言词作为根据。这样的论证，实际上不仅论据不充足，方法也欠妥善，因此颇遭时贤及后辈驳斥，如章太炎《驳皮锡瑞三书》中，有“孔子作《易》驳议”、“孔子制《礼》驳议”两则；时父《驳皮锡瑞六经出于孔子说》，亦逐条批驳《经学历史》首章所谓孔子删定六经之说。

批驳。因此，与其说他在客观严谨地叙述孔子开辟经学的学术史实，不如说是在淋漓尽致地发抒“尊孔”、“崇经”的一家之说。《经学历史》的性质与真实面目，其实在首章已能窥见一斑。

（二）“经学流传时代”①

全章共7节，据其内容，可分为三部分：

第1至3节叙述孔子嫡传及再传弟子传布经学的概况。皮氏以为孔子之后惟有子夏可“考其家法”，论述子夏传承五经、参撰《论语》。他又认为“惟荀卿传经之功甚巨”，征引各种资料，指出“荀子能传《易》、《诗》、《礼》、《乐》、《春秋》，汉初传其学者甚盛”。他还认为《大戴礼记》所存《曾子》十篇文字，“中引经义，皆极纯正”，并引述《天员篇》曾子答单居离之语，分析说：“据曾子说，谓员、谓方，谓其道，非谓其形。方、员同积，员者不能掩方之四角。今地为天所掩，明地在天中。天体浑员，地体亦员，与地球之说合。《周髀算经》、《黄帝内经》皆言地员，非发自西人也。”关于孟子，他说：“赵岐谓孟子通五经，尤长于《诗》、《书》。今考其书，实于《春秋》之学尤深，如云‘《春秋》，天子之事’，‘其义则丘窃取’之类，皆微言大义。”皮氏对曾子“天员地方”一说大加发挥，以及突出孟子深得《春秋》微言大义之学，实具深意。

第4至6节述及战国至汉初的经学概况。关于战国时期的经学，皮氏主要讲了两点：其一，他说：“五三六经载籍，定自尼山；七十二子支流，分于战国。馯臂子弓之传《易》，实授兰陵；

① 以下引见《经学历史》，第8～11页。

高行、孟仲之言《诗》，或师邹峄。《王制》在赧王之后，说本郑君；《周官》为六国之书，论原何氏。”他认为当时经学仍为荀、孟正传，《周礼》、《王制》则系战国作品，因此提出“凡今、古学之两大派，皆鲁东家之三四传。虽云枝叶扶疏，实亦波澜莫二”，后世经学虽分今、古二学，实自孔圣一脉相承。其二，他说：“墨子之引《书传》，每异孔门；吕氏之著《春秋》，本殊周制。其时九流竞胜，诸子争鸣，虽有古籍留遗，并非尼山手订。引《书》间出百篇之外，引《诗》或在三千之中，但可胪为异闻，不当执证经义。《万章》之问井廪，难补《舜典》逸文；郑君之注南风，不取《尸子》杂说。诬伊尹以婴戮，据周公之出奔，疑皆处士横议之词，流俗传闻之误。虽《魏史》出安釐之世，蒙恬见未焚之书，而义异常经，说难凭信。此其授受，本别参商；惜乎辞辟，未经邹孟。宜有别裁之识，乃无泥古之讥。”他评析百家诸子引述儒家经籍，认为“义异常经，说难凭信”，而据以判断的标准，则不过孔子作经、孔门传经，即所谓“虽有古籍留遗，并非尼山手订”，“此其授受，本别参商；惜乎辞辟，未经邹孟”。对于秦朝及汉初的经学，他极不措意，仅仅引述刘歆《移太常博士书》，以示汉初传经不易。

在最后一节，皮氏再次提出“孔子所定谓之经，弟子所释谓之传，或谓之记，弟子辗转相授谓之说。惟《诗》、《书》、《礼》、《乐》、《易》、《春秋》六艺乃孔子所手定，得称为经”，并称赞汉人分别经、传极明，后世却有所谓六经、七经、九经、十三经，“皆不知经、传当分别，不得以传、记概称为经也”。他主张分别经、传，批评后人将传、记杂入六艺，使其与正经平列，用意不言而喻。

可见，本章虽标“经学流传”之题，但细检其内容，对孔子之后迄于西汉文帝年间的经学传布情况，并未作认真、翔实的考察，关于此一时期经学流传的史实不多，而贯串其间的议论却是条理严整，环环紧扣。皮氏在本章开篇就提出“经名昉自孔子，经学传于孔门”；叙述孔子嫡派传经后，又说“五三六经载籍，定自尼山；七十二子支流，分于战国”；末段再说“孔子所定谓之经”，力主分别经、传，“不得以传、记概称为经”，都是重申前章尊崇孔子删定六经之意。他通过对孔子之后经学授受源流的简单考察，强调“凡今、古学之两大派，皆鲁东家之三四传”，又进而依据孔子作经与孔门传经，甄别诸子百家文献，谓其“但可胪为异闻，不当执证经义”。凡此种种，都意在说明孔教学统绵延，未曾中断，而且“家法可考”，授受分明，由此暗示自孔子以迄汉初，经学纯正而不杂。可见，本章论述的内容及其用意，仍不外乎“尊孔”、“崇经”。

（三）“经学昌明时代”①

全章共 10 节，据其内容，可分为四部分：

第 1、2 节从两个方面说明汉武帝时“经学昌明”的内涵。其一，皮氏据《史记·儒林传》等相关记载，论证西汉武帝时有今文无古文，经学最为纯正，“史迁当时，盖未有《毛诗》、古文《尚书》、《周官》、《左氏》诸古文家也。经学至汉武始昌明，而汉武时之经学为最纯正”。其二，皮氏考察西汉置五经博士的简要过程，对其大加称颂，谓之“此昌明经学之大事”，“此汉世明经取士之盛典，亦后世明经取士之权舆”。

---

① 以下引见《经学历史》，第 12 ~ 20 页。

第3至5节对汉廷分立十四博士、诸儒不严师法大加批评。皮氏指出，西汉十四博士中，仅三家《诗》学不同师，不得不分立博士，其他四经“皆以同师共学”，不必分立博士：“汉人最重师法。师之所传，弟之所受，一字毋敢出入，背师说即不用。师法之严如此，而考其分立博士，则有不可解者。”他认为汉初经各一师，“独守遗经，不参异说，法至善也”，后儒乖离师法，自创新说，朝廷不加禁止，反为之分立博士，“不守师传，法当严禁，而反为之分立博士，非所谓大道多歧亡羊者乎”。皮氏又对汉末增置古文诸经博士的争论双方各作批评。他斥责刘歆“强词饰说”，认为“义已相反，安可并置？既知其过，又何必存？与其过存，无宁过废”。至于今文博士在汉末议立古文时不作力争，他责其“防微杜渐，当时已少深虑”。

第6至8节着重对两汉经学今、古文作辨析。刘歆在《移太常博士书》中讥诋今文博士“以《尚书》为备，谓《左氏》为不传《春秋》”，皮氏就此发论，认为今文《尚书》29篇确为足本，刘歆之前《左传》本不解经，得出“前汉经师并不信古文”的结论。接着，他对两汉经学今、古文始因文字之异、继而说解不同的分立过程作了简要说明。他指出，今文即汉世通行之隶书，古文为汉世不能通行之籀书，汉初发藏以教人，“必改为通行之今文，乃便学者诵习”，故西汉所立十四博士皆为今文，此时古文未兴，亦不必别标今文之名；及至刘歆增置古文诸经博士，“既立学官，必创说解。后汉卫宏、贾逵、马融又递为增补，以行于世，遂与今文分道扬镳”。皮氏进而分辨今、古两家之优劣，指出：“前汉今文说，专明大义微言。后汉杂古文，多详章句、训诂。章句、训诂不能尽餍学者之心……惟前汉今文学能兼义理、训诂之长。武、宣之间，经学大昌，家数未分，纯正不杂。故其学极精而有用，以《禹贡》治河，以《洪范》察变，以《春秋》决狱，以三百五篇当谏书，治一经得一经之益也。”他还指出，当时经书虽仅有《尚书大传》、《春秋繁露》和《韩诗外传》传世，已足资后学追复西汉之学，探求经学之真：“学者先读三书，深思其旨，乃知汉学所以有用者，在精不在博。将欲通经致用，先求大义微言，以视章句、训诂之学，如刘歆所讥‘分文析字，烦言碎辞，学者罢老且不能究其一艺’者，其难易得失何如也！”至此，皮氏不仅得出汉武时经学精纯有用的结论，也做出西汉今文简明易学的判断。

在最后两节中，皮氏基于前面的论述，重申孔子作经之旨。他认为“太史公书成于汉武帝时经学初昌明、极纯正时代，间及经学，皆可信据”，因此借重《史记》中关于孔子与五经的碎金片玉，驳斥后世对《易》、《书》、《诗》、《春秋》的种种诬妄之论、臆断之解。他还对孔子、周公与《春秋》、《周礼》的关系进行辨析，批驳古文学派疑孔惑经乃至以周公凌驾孔子的“横决”，写道：“太史公曰：‘言六艺者，折衷于孔子。’徐防曰：‘《诗》、《书》、《礼》、《乐》，定自孔子。’六经皆孔子手定，无有言周公者。作《春秋》尤孔子特笔，自孟子及两汉诸儒，皆无异辞。孟子以孔子作《春秋》，比禹抑洪水、周公兼夷狄驱猛兽，又引孔子‘其义窃取’之言，继舜、禹、汤、文、武、周公之后，足见孔子功继群圣，全在《春秋》一书。尊孔子者，必遵前汉最初之古义，勿惑于后起之歧说。与其信杜预之言，降孔子于配享周公之列，不如信孟子之言，尊孔子以继禹、周公之功也。”

就本章整体内容来看，皮氏在继续阐扬尊孔、崇经之外，提出一个“治经必宗汉学”的新论题。治经既须归宗汉学，“而汉学亦有辨”，因此他对两汉经学作了详尽剖析，析其异同，辨其优劣。他论证汉初经学有今无古、最为纯正，表彰西汉设立五经博士昌明经学，批评不严师法、分立博士，分别两汉经学一优一劣，都是论证治经当宗西汉之学。同时，由他所说“尊孔子者，必遵前汉最初之古义，勿惑于后起之歧说”，可见他推崇西汉经说，目的仍在尊孔教、崇圣经。

（四）“经学极盛时代”[①]

全章共13节，据其内容，可分为三部分：

第1至4节分析西汉元、成迄东汉明、章经学极盛的原因及其实质。皮氏认为经学在汉武后所以极盛，一是朝廷重用儒士，通经术者多能进位至于公卿，二是博士弟子广置员额，岁加拔取，优渥备至。他特别称赞“汉崇经术，实能见之施行”，将经学与政治密切结合，使儒学定于一尊，“上无异教，下无异学。皇帝诏书，群臣奏议，莫不引经义以为据依。国有大疑，辄引《春秋》为断。一时循吏，多能推明经意，移易风化，号为以经术饰吏事”。为表彰汉代推崇经义并能见之实行，他还进行对比，谓“后世取士，偏重文辞，不明经义；为官专守律例，不引儒书。既不用经学，而徒存其名，且疑经学为无用，而欲并去其实”。汉儒又多喜推究天人之学，宣扬阴阳灾异之说，或杂引谶纬以解经义，后人遂讥其附会灾祥，皮氏却认为：“当时儒者以为人主至尊，无所畏惮，借天象以示儆，庶使其君有失德者，犹知恐惧修省。此《春秋》以元统天、以天统君之义，亦《易》神道设教之旨……此亦汉时实行孔教之一证。”他将汉人崇重经术的行为，径称为“实

① 以下引见《经学历史》，第21～29页。

行孔教”，并借机畅发“尊孔崇经”之论：“观两汉之已事，可以发思古之幽情。孔子道在六经，本以垂教万世。惟汉专崇经术，犹能实行孔教。虽《春秋》太平之义、《礼运》大同之象尚有未逮，而三代后政教之盛、风化之美，无有如两汉者。降至唐、宋，皆不能及。尊经之效，已有明征。若能举太平之义、大同之象而实行之，不益见玄圣缀学立制，真神明之式哉!”

“观汉世经学之盛衰，而有感焉。”皮氏接下来在第5至8节中，就东汉经学盛衰大发感慨之词，昌明尊经之道。首先，他简要考察东汉太学的发展情况，提出东汉国运系于经学教育，并从中总结出“立学必先尊经”的深刻教训：“是汉儒风之衰，由于经术不重。经术不重，而人才徒侈其众多；实学已衰，而外貌反似乎极盛。于是游谈起太学，而党祸遍天下。人之云亡，邦国殄瘁，实自疏章句、尚浮华者启之。观汉之所以盛与所以衰，皆由经学之盛衰为之枢纽，然则立学必先尊经，不尊经者，必多流弊。后世之立学者，可以鉴矣。”其次，他就汉人所谓孔子作经为汉制法之说，批评欧阳修以汉儒为狭陋的指责过于拘泥，申明“圣经本为后世立法”，说：“在汉言汉，推崇当代，即以推崇先圣。……汉经学所以盛，正以圣经为汉制作，故得人主尊崇。此儒者欲行其道之苦衷，实圣经通行万世之公理。”皮氏“推崇当代，即以推崇先圣”的主张，将尊崇孔教、诵读圣经与服务现实无比紧密地联贯起来，而“儒者欲行其道之苦衷”的体味，亦可见其于晚清纷乱变幻之世力主“尊孔崇经”的良苦用心！再次，他指出“后汉取士，必经明行修，盖非专重其文，而必深考其行”，通过对比两汉明经取士的成效，并引用范晔、顾炎武所论，对东汉尊经学而重修行赞颂不已，并深有感触地写道：“然则国家尊经重学，非直肃清风化，抑可撐拄衰微。无识者以为经学无益而欲去之，观于后汉之时，当不至如秦王谓儒无益人国矣。”范晔所述汉末衰乱之势，与清季时局何其相似，故由皮氏对东汉经学救衰世、挽颓局的称颂，对谓经学无益富强而倡导废经之“无识者”的责备，皆可见其尊崇孔教、讲明经学的心意。

第9至13节对东汉经学极盛而衰作了深入的剖析。皮氏比较两汉经师的治学成绩，以西汉经师多专一经，亦罕有撰述，而东汉诸儒兼通五经，且著述繁富，肯定“后汉经学盛于前汉”。他又指出东汉经学盛况空前的两种表现，即一师聚徒成千上万，一经说至百余万言。他认为前者诚是经学之盛事，至于“一经说至百余万言，则汉之经学所以由盛而衰者，弊正坐此”。他引用班固之论，总结两汉经学盛衰之故：“凡学有用则盛，无用则衰。存大体、玩经文则有用，碎义逃难、便辞巧说则无用。有用则为人崇尚，而学盛；无用则为人诟病，而学衰。”把东汉经学由盛转衰，归因于后汉经师的繁琐说经，这是从治经的方法层面所作的分析。他还自家法入手，分析东汉经学繁富、碎杂的渊源所自。他指出西汉重师法，东汉重家法，家法出自师法，西汉诸儒已不守师法，朝廷亦为之分立博士，东汉以来朝廷虽严家法之戒，却无济于事：“师法别出家法，而家法又各分专家，如干既分枝，枝又分枝，枝叶繁滋，浸失其本……是末师而非往古，用后说而舍先传。微言大义之乖，即自源远末分始也。”在他看来，“是末师而非往古，用后说而舍先传”的学风，正是东汉经学盛极而衰的思想根源，因此在最后一节中，他特别从今文、古文之分立与师法、家法之衍变来总结两汉经学，指出：“凡事有见为极盛，实则盛极而衰象见者，如后汉师法之下复分家法，今文之外别立古文，似乎广学甄微，大有裨于经义，实则矜奇炫博，大为经义之蠹。”

由上所述，可见皮氏所谓的经学极盛，实指尊奉“孔教”而言，因此本章主要内容并非叙述西汉元、成以后及东汉一代经学发展的基本史实，而是通过探究两汉经学的盛衰之因，将尊孔与崇经的主张发挥到了极致。同时，他把经学由盛转衰的关键，归于后汉经师的说经繁琐、不切实用与不修家法，彰显前汉经师"存大体、玩经文"的简捷有用与"笃守遗经"的质朴无华，从治经方法、为学作风及其后果的对比中，对西汉之学予以充分肯定。显然，这是对前章提出的"宗汉"主张所作的补充性论述。此外，在本章最后一节，皮氏又提出"凡学皆贵求新，惟经学必专守旧"的论题。他论述说："经作于大圣，传自古贤。先儒口授其文，后学心知其意。制度有一定而不可私造，义理衷一是而非能臆说。世世递嬗，师师相承，谨守训辞，毋得改易，如是则经旨不杂而圣教易明矣。若各务创获，苟异先儒，骋怪奇以钓名，恣穿凿以标异，是乃决科之法、发策之文，侮慢圣言，乖违经义。后人说经，多中此弊。汉世近古，已兆其端。故愚以为明、章极盛之时，不及武、宣昌明之代也。"细加审思，治经应当守旧、信古的主张，用意仍是追尊孔子、推崇圣经，"经旨不杂而圣教易明"的涵义正在于此；"明、章极盛之时，不及武、宣昌明之代"的评判，亦不过为治经必宗西汉的命题增一注解；而"后人说经，多中此弊"的批评，不啻为下文评论魏、晋以降经学的预示。

（五）"经学中衰时代"[①]

全章共 7 节，据其内容，可分为三部分：

第 1 至 4 节论述"郑学虽盛而汉学终衰"。皮氏先以汉末"士

---

① 以下引见《经学历史》，第 30 ~ 35 页。

风颓丧而儒风寂寥”，虽郑学盛况空前，仍无救于两汉经学之衰，慨叹“以两汉经学之盛，不百年而一衰至此”。郑玄集汉学之大成，皮氏却说“郑学虽盛而汉学终衰”。究其原因，是他认为郑玄混合今古、淆乱家法：“郑君兼通今、古文，沟合为一，于是经生皆从郑氏，不必更求各家。郑学之盛在此，汉学之衰亦在此。”他在列举郑玄注经兼采今、古的情形后，对其泯灭家法的过失作了详细论述：“郑君博学多师，今、古文道通为一，见当时两家相攻击，意欲参合其学，自成一家之言。虽以古学为宗，亦兼采今学，以附益其义。学者苦其时家法繁杂，见郑君宏通博大，无所不包，众论翕然归之，不复舍此趋彼。于是郑《易注》行，而施、孟、梁丘、京之《易》不行矣。郑《书注》行，而欧阳、大小夏侯之《书》不行矣。郑《诗笺》行，而齐、鲁、韩之《诗》不行矣。郑《礼注》行，而大、小二戴之《礼》不行矣。郑《论语注》行，而齐、鲁《论语》不行矣。……汉学衰废，不能尽咎郑君，而郑采今、古文，不复分别，使两汉家法亡不可考，则亦不能无失。”皮氏将西汉博士之学的沦落，归于郑玄混乱家法，但他随即变换视角，就郑玄的兼采今、古而彰其保存西汉旧说之功，说：“郑君杂糅今、古，使专门学尽亡，然专门学既亡，又赖郑君得略考见。今、古之学若无郑注，学者欲治汉学，更无从措手矣。此功过得失互见而不可概论者也。”可见，皮氏完全是以西汉之学的存亡绝续，来评估郑玄经学的功过得失。

第5、6节以王肃经学为中心，论述西汉今文之学的渐趋衰亡。王肃是继郑玄之后的经学大师，皮氏评论王肃的方式与评论郑玄如出一辙。王肃兼通今、古文，批驳郑玄时，“或以今文说驳郑之古文，或以古文说驳郑之今文”，甚至假托圣言，伪造典籍，不仅由郑玄混杂的今、古家法未被厘清，伪古文《尚书》还使后世长期难辨真伪。因此，他批评王肃说："不知汉学重在专门，郑君杂糅今、古，近人议其败坏家法，肃欲攻郑，正宜分别家法，各还其旧而辨郑之非，则汉学复明，郑学自废矣。乃肃不能分别，反效郑君而尤甚焉。"他希望王肃能纠郑学之非，分别今、古文家法，使"汉学复明"，足见其崇尚汉学之心。批评王学后，皮氏又前伸后延，描述了西汉专门之学沦亡的历程："两汉经学极盛，而前汉末出一刘歆，后汉末出一王肃，为经学之大蠹。……二人党附篡逆，何足以知圣经？而歆创立古文诸经，汩乱今文师法。肃伪作孔氏诸书，并郑氏学亦为所乱。歆之学行于王莽。肃以晋武帝为其外孙，其学行于晋初。……晋初郊庙之礼，皆王肃说，不用郑义。其时孔晁、孙毓等申王驳郑，孙炎、马昭等又主郑攻王，断断于郑、王两家之是非，而两汉专门无复过问。重以永嘉之乱，《易》亡梁丘、施氏、高氏，《书》亡欧阳、大小夏侯，《齐诗》在魏已亡，《鲁诗》不过江东，《韩诗》虽存，无传之者，孟、京、费《易》亦无传人，《公》、《穀》虽在若亡。……晋所立博士，无一为汉十四博士所传者，而今文之师法遂绝。"

最后一节评论魏、晋经注。皮氏指出《十三经注疏》中，汉人之作6部，魏、晋人之作各3部，就数量而言，"魏、晋人似不让汉人"，但征诸其实，"魏、晋人注卒不能及汉"。他分析说，《尚书孔传》为王肃伪作；王弼《易注》空谈名理，"与汉儒朴实说经不似"；何晏《论语集解》合包、周之《鲁论》与孔、马之《古论》，"杂糅莫辨"，亦间引伪书；杜预《左传集解》"多据前人说解而没其名"，所解更多邪说谬论，伤害名教；范宁《穀梁集解》虽存《穀梁》旧说，而不专主一家，"若汉时三《传》各守专门，未有兼采三《传》者也"；郭璞《尔雅注》亦隐没前人之功，有攘善无耻之讥："此皆魏、晋人所注经，准以汉人著述体例，大有径庭，不止商、周之判。盖一坏于三国之分鼎，再坏于五胡之乱华，虽绪论略传，而宗风已坠矣。”皮氏对魏、晋经注与两汉经注的褒贬毁誉，于此分明可见，对汉学沦丧的痛惜之意，亦溢乎言词之间。

研究者大多认为，皮氏“经学中衰时代”一章专述魏、晋时期的经学，并有“中衰”的评价。但由以上所述，发现实际内容并非如此。就论述的对象来看，皮氏重点评论的是东汉末年的郑玄和生于汉、晋之间的王肃，还批评了西汉末年的刘歆；就论述的内容来看，皮氏并未叙述魏、晋经学发展的全貌，而是通过评述郑学、王学、两晋所立博士和魏、晋人的经注，描述出西汉之学渐归衰亡的大致历程。因此，他所谓“中衰”的经学，并非泛论魏、晋时期的经学，而是特指西汉十四博士之学。此外，他在本章还提出：“《毛诗》、《左传》，乃汉时不立学之书，而后世不可少。郑君为汉儒败坏家法之学，而后世尤不可无。汉时《诗》有鲁、齐、韩三家，《春秋》有《公》、《穀》二传，《毛诗》、《左传》不立学，无害；且不立学，而三家、二传更不至淆杂也。汉后三家尽亡，二传殆绝，若无《毛诗》、《左传》，学者治《诗》、《春秋》，更无所凭依矣。郑君杂糅今、古，使专门学尽亡，然专门学既亡，又赖郑君得略考见。今、古之学若无郑注，学者欲治汉学，更无从措手矣。”正因为“欲治汉学，舍郑莫由”，郑学成为后世追复汉学的津梁，有助于后人一窥西汉今文学说之崖略，所以此后各章论经学，即以是否宗尚郑学作为主要标准，此即皮氏的“主郑”论。

（六）“经学分立时代”①

全章共7节，据其内容，可分为三部分：

第1至3节主要评述北学、南学的优劣。皮氏根据《北史·儒林传》所述南、北方盛行的经注，赞赏北学仍然宗郑：“夫学出于一，则人知依归；道纷于歧，则反致眩惑。郑君生当汉末，未杂玄虚之习、伪撰之书，笺注流传，完全无缺。欲治汉学，舍郑莫由。”又论《北史》所云黄河以北盛行郑玄、服虔、何休三家经注，说“汉儒经注，当时存者止此三家，河北大行，可谓知所宗尚”。与此形成鲜明对照的是，他对南学痛加批评：“南学则尚王辅嗣之玄虚、孔安国之伪撰、杜元凯之臆解，此数家与郑学枘凿，亦与汉儒背驰。乃使泾渭混流，薰莸同器，以致后世不得见郑学之完全，并不得存汉学之什一，岂非谈空空、核玄玄者阶之厉乎！”对于南方经师，他唯一称道雷次宗，说“南朝之可称者，惟晋、宋间诸儒善说礼服，雷次宗最著，与郑君齐名，有雷、郑之称。当崇尚老、庄之时，而说礼谨严，引证翔实，有汉石渠、虎观遗风，此则后世所不逮也”。皮氏还就“南人约简，得其英华；北学深芜，穷其枝叶”之说，对唐初重南轻北表示不满，对南学、北学的优劣重作评判：“说经贵约简，不贵深芜，自是定论。但所谓约简者，必如汉人之持大体、玩经文，口授微言，笃守师说，乃为至约而至精也。若唐人谓‘南人约简，得其英华’，不过名言霏屑，驰挥麈之清谈；属词尚腴，侈雕虫之余技。如皇侃之《论语义疏》，名物、制度略而弗讲，多以老、庄之旨，发为骈俪之

---

① 以下引见《经学历史》，第36~40页。

文，与汉人说经相去悬绝。此南朝经疏之仅存于今者，即此可见一时风尚。”

第4、5节通过引述南、北二史《儒林传》，比较南、北各代政权崇儒重教的情况。皮氏批评南朝诸帝“以文学自矜，而不重经术”，称誉梁武帝“起自诸生，知崇经术”，尤其是议驳姚方兴伪《舜典》，“有汉宣、章二帝称制临决之风”。关于北朝，他评论说：“北朝诸君，惟魏孝文、周武帝能一变旧风，尊崇儒术。考其实效，亦未必优于萧梁，而北学反胜于南者，由于北人俗尚朴纯，未染清言之风、浮华之习，故能专宗郑、服，不为伪孔、王、杜所惑。此北学所以纯正胜南也。”换言之，他认为北学之所以优于南学，并不取决于帝王的尊崇儒术，而是因为北人质朴，“能专宗郑、服”。

第6节引孔广森之语，庆幸“经学万古不废，历南北朝之大乱，异端虽炽，圣教不绝也”，并由此表彰南、北诸儒抱残守缺、承前启后的历史功绩，对六朝义疏之学从整体上作了肯定：“夫汉学重在明经，唐学重在注疏。当汉学已往，唐学未来，绝续之交，诸儒倡为义疏之学，有功于后世甚大。”第7节论及“北学折入于南”，实际上揭示出此后经学发展北并于南的先兆。

简而言之，本章多自南、北二史《儒林传》取材，行文中显得史实较多，然而略加细读，可知皮氏征引虽详，但用意并非要描述南、北经学的发展实况，而是基于“宗汉”、“主郑”的立场，探究经学如何“又一变”，以展现汉学在南北朝分立时代逐渐消退、衰落的大致情景。

（七）“经学统一时代”①

全章共9节，据其内容，可分为四部分：

第1、2节据《北史·儒林传》及《隋书·经籍志》所载，就“天下统一，南并于北，而经学统一，北学反并于南”加以分析，说：“经本朴学，非专家莫能解，俗目见之，初无可悦。北人笃守汉学，本近质朴，而南人善谈名理，增饰华词，表里可观，雅俗共赏。故虽以亡国之余，足以转移一时风气，使北人舍旧而从之。”他虽以人情习俗解之，却颇有微词，对“经学统一之后，有南学无北学”尤感不满，痛惜道：“伪孔、王、杜之盛行，郑、服之浸微，皆在隋时。故天下统一之后，经学亦统一，而北学从此绝矣。”揆诸皮氏之意，北学之绝，实即郑学之衰。

第3至6节对唐代义疏之学加以评述。皮氏指出唐颁《五经正义》的巨大影响，说：“自唐至宋，明经取士皆遵此本。夫汉帝称制临决，尚未定为全书；博士分门授徒，亦非止一家数。以经学论，未有统一若此之大且久者。此经学之又一变也。”对于《五经正义》的缺失，诸如注本择取不当，体例上彼此互异、曲循注义，疏解时杂引谶纬，各经疏文优劣不一等，他联系具体的历史背景，各作了客观而中肯的评析。他特别指出：“唐人义疏，其可议者诚不少矣，而学者当古籍沦亡之后，欲存汉学于万一，窥郑君之藩篱，舍是书无征焉。是又功过互见，未可概论者也。”可见皮氏对唐人经学加以肯定，实因其能保存汉学及有益后世窥见郑学。此外，皮氏还对陆德明《经典释文》、颜师古《五经定本》专

① 以下引见《经学历史》，第41～47页。

重南学有所指陈，不以为然。

第7节指出唐代实行明经取士后，士子多习《易》、《书》、《诗》，使《周礼》、《仪礼》、《公羊》、《穀梁》“四经殆绝”，而且专考记诵、不求经义的明经一科不为世重，“宋初因唐明经之法，王安石改用墨义，是为空衍义理之始，元、明经义时文之滥觞”。其言下之意，唐以来的科举对经学不仅无益，反而蠹害经义，与两汉形成鲜明的对比。

最后两节评说唐代经学的贡献，论及唐刻石经和陆淳、李鼎祚和陈商等。后世多指责开成石经校刊欠精，皮氏却誉称“此一代之盛举，群经之遗则”，谓其近古可信，有功于经学：“自熹平石经散亡之后，惟开成石经为完备，以视两宋刻本，尤为近古，虽校刊不尽善，岂无佳处足证今本之讹脱者?”对于陆淳的新《春秋》学，皮氏既肯定其议论“颇能发前人所未发”，也指摘其混杂三《传》：“惟三《传》自古各自为说，无兼采三《传》以成一书者。是开通学之途，背专门之法矣。”他又赞扬李鼎祚《周易集解》“多存古义”，使后人赖以“窥汉《易》之大略，考荀、虞之宗旨”。皮氏特别表彰分辨《春秋》、《左传》的陈商，说：“自汉后《公羊》废搁，《左氏》孤行，人皆以《左氏》为圣经，甚且执杜解为传义。不但《春秋》一经，汩乱已久；而《左氏》之传，受诬亦多。孔《疏》于经、传不合者，不云传误，反云经误。刘知几《史通》诋毁圣人，尤多狂悖。皆由不知《春秋》是经，《左氏》是史。经垂教立法，有一字褒贬之文；史据事直书，无特立褒贬之义。体例判然不合，而必欲混合为一。又无解于经、传参差之故，故不能据经以正传，反信传而疑经矣。陈商在唐时无经学之名，乃能分别夫子是经，丘明是史，谓杜元凯参贯二义非是，可谓千古卓识。谓《左传》‘非扶助圣言’，即博士云‘《左氏》不传《春秋》'之意也；非'缘饰经旨'，即范升云'《左氏》不祖孔子'之说也。治《春秋》者，诚能推广陈商之言，分别经是经，《左氏》是史，离之双美，毋使合之两伤，则不至误以史视《春秋》，而《春秋》大义微言可复明于世矣。"陈商并非经学名家，皮氏将其辨别《春秋》、《左传》的意见，特从《说郛》中抉发出来，借以畅发其"尊孔崇经"之论。

可见，本章虽标作"经学统一时代"，但并未描述隋、唐经学的发展全貌，全章主旨始终在论说经学至隋、唐如何"又一变"，随处呈现出皮氏"尊孔"、"信古"、"宗汉"、"主郑"的经学取向。

（八）"经学变古时代"[①]

全章共 7 节，据其内容，可分三部分：

第 1 节提出经学在宋代庆历以后发生大变。皮氏在前文不断指出，两汉后经学一变于郑玄混合今、古，再变于南北朝经学分立，三变于唐颁《五经正义》，每历一变即衰一次，至宋初已陵夷衰微，"然笃守古义，无取新奇，各承师传，不凭胸臆，犹汉、唐注疏之遗也"，他因此称"经学自汉至宋初，未尝大变"。北宋庆历以后，学风大变，诸儒拨弃传注，专明义理，直至移易经文，刊削经句，皮氏遂谓经学"至庆历始一大变"。

在第 2 至 6 节中，皮氏对照汉、唐经说，依次罗列宋儒解说《易》、《书》、《诗》、《春秋》、《礼》的缺失。他指出：汉、魏之间说《易》，"诸儒虽近道家，或用术数，犹未尝驾其说于孔子之

① 以下引见《经学历史》，第 48～53 页。

上也”，至北宋陈抟作先天、后天图，“托伏羲、文王之说，而加之孔子之上”，邵雍、朱熹继而大加推衍，“于是宋、元、明言《易》者，开卷即说先天、后天”；汉、魏人说《书》，虽有今、古文之分及王肃《孔传》之伪，然“诸儒去古未远，虽间易其制度，未尝变乱其事实也，至宋儒乃以义理悬断数千年以前之事实”；汉以后说《诗》皆宗毛、郑，宋人则始辨毛、郑之失，继疑《诗序》之旨，终有删《诗》之举。皮氏仅对宋人《礼》学评价略高，但对其力反汉儒、逞臆妄断的学风，仍大加訾议：“宋人治经，务反汉人之说。以礼而论，如谓郊、禘是一，有五人帝，无五天帝，魏王肃之说也；禘是以祖配祖，非以祖配天，唐赵匡之说也。此等处前人已有疑义，宋人遂据以诋汉儒。三代之礼久亡，汉人去古未远，其说必有所受。古时宫室制度，至汉尚有存者。如周之灵台，汉时犹在，非后人臆说所能夺也。……宋人尽反先儒，一切武断。改古人之事实，以就我之义理；变三代之典礼，以合今之制度。是皆未敢附和以为必然者也。”

在最后一节，皮氏仍以汉、唐学风为参照，批驳宋学之恣肆疏妄，说：“宋人不信注疏，驯至疑经，疑经不已，遂至改经、删经、移易经文，以就己说。此不可为训者也。”他举朱熹、王柏之例，痛言经学之厄，写道：“（朱子）于《大学》，移其文，又补其传，《孝经》分经、传，又删经文，未免宋人习气……若王柏作《书疑》，将《尚书》任意增删；《诗疑》删《郑》、《卫》，《风》、《雅》、《颂》亦任意改易，可谓无忌惮矣。《四库提要》斥之曰：‘柏何人斯，敢奋笔以进退孔子哉！’经学至斯，可谓一阨。”

可见，全章始终按照“宋人治经，务反汉人之说”的思路，通过对宋人说经变乱汉、唐成法的评述，得出经学在庆历以后如何背离“汉学”、发生大变即“变古”的结论。

(九)“经学积衰时代”①

全章共6节，据其内容，可分四部分：

第1、2节通过纵向比较汉、唐、宋、元、明科举取士对经学的影响，探寻宋、明以来经学日益衰微的原因。皮氏认为“唐、宋明经取士，犹是汉人之遗，而唐不及汉，宋又不及唐”，并说：“宋以后非独科举文字蹈空而已，说经之书亦多空衍义理，横发议论，与汉、唐注疏全异……故论经学，宋以后为积衰时代。”他进而分析宋、明以经取士给经学的负面影响，说：“科举取士之文而用经义，则必务求新异，以歆动试官。用科举经义之法而成说经之书，则必创为新奇，以煽惑后学。经学宜述古，而不宜标新。以经学文字取人，人必标新，以别异于古。”他指出，北宋熙宁年间颁行《三经新义》以试士，“既名为新义，则明教人弃古说，以从其新说”，经义因此成为经学之蠹。南宋虽废《三经新义》，仍用墨义之法，元、明又先后承袭，“名为明经取士，实为荒经蔑古之最”。明人治经，尽染八股之习，故经学为最下，“明时所谓经学，不过蒙存浅达之流”，“五经扫地，至此而极”。

第3节从唐、宋传世经书数量的比较，续论宋以后经学何以积衰。皮氏指出：“宋人说经之书传于今者，比唐不止多出十倍，乃不以为盛而以为衰者，唐人犹守古义，而宋人多矜新义也。”他分析唐、宋著作传世数量迥异的原因后，又指出“未可以经说之多寡，判唐、宋之优劣也”，强调宋代经学不及唐代，实因其不能笃守汉、唐古义。

---

① 以下引见《经学历史》，第54~58页。

第4节对郑学、朱学作了某些比较。皮氏首先提出："汉学至郑君而集大成，于是郑学行数百年；宋学至朱子而集大成，于是朱学行数百年。懿彼两贤，师法百祀，其巍然为一代大宗者，非特以学术之闳通，实由制行之高卓也。以经学论，郑学、朱学皆可谓小统一时代。"然后对郑学、朱学的盛行情况作了对比。

第5节对宋、元、明经学再作比较，论证元、明经学日益荒落，"元不及宋，明又不及元"。皮氏认为，宋儒先皆潜心汉、唐注疏，"学有根柢，故虽拨弃古义，犹能自成一家。若元人则株守宋儒之书，而于注疏所得甚浅，如熊朋来《五经说》，于古义古音多所抵牾，是元不及宋也。明人又株守元人之书，于宋儒亦少研究，如季本、郝敬多凭臆说，杨慎作伪欺人，丰坊造《子贡诗传》、《申培诗说》以行世，而世莫能辨，是明又不及元也"。最后一节进而评析《五经大全》，具体展现明代经学的谬戾与陋劣，论证经学至明代达于极衰。皮氏指出明修《五经大全》与唐修《五经正义》，虽同为一代盛事，亦同样剿袭旧说，却不能相提并论，"惟唐所因者，六朝旧籍，故该洽犹可观；明所因者，元人遗书，故谫陋为尤甚"。他又以其中《礼记大全》为例，得出经学至明为极衰的结论："元以宋儒之书取士，《礼记》犹存郑注。明并此而去之，使学者全不睹古义，而代以陈澔之空疏固陋，《经义考》所目为兔园册子者。故经学至明，为极衰时代。"

研究者多认为本章叙述元、明时期的经学演变，并给以"积衰"的评价，但由上所述，可见皮氏在本章论述的经学，上自汉、唐，下迄明、清，并不限于元、明时期。所谓"积衰"，也并非认为元、明时期经学呈现全面荒落的景象，而是指陈汉、唐经说及其精神至此衰灭殆绝。

（十）“经学复盛时代”[1]

全章共9节，据其内容，可分四部分：

第1、2节考察经学在清代复盛的原因。皮氏首先归因于清廷的尊经重学。他认为“两汉经学所以盛者，由其上能尊崇经学、稽古右文故也”，而康、乾二帝相继御纂诸经义疏，刊定十三经，“稽古右文，超轶前代”，因此他比较说：“夫汉帝称制临决，未及著为成书；唐宗御注《孝经》，不闻遍通六艺。今鸿篇巨制，照耀寰区，颁行学官，开示蒙昧。发周、孔之蕴，持汉、宋之平。承晚明经学极衰之后，推崇实学，以矫空疏。宜乎汉学重兴，唐、宋莫逮。”实际上这仅是经学复兴的外缘因素，但皮氏在指出清初经学复兴的两点学术因素（清初学人力矫科举之弊及承继朱子笃实之学）后，又总结说：“圣人之经，本如日月，光景常新，有此二因，而又恭逢右文之朝，宜其由衰而复盛矣。”由所谓“圣人之经”与“右文之朝”，可见皮氏既宣扬经书有永恒价值，更企望在上者能尊崇经学。

第3、4节论述清初以来的经学。关于清初之学，皮氏写道：“由衰复盛，非一朝可至；由近复古，非一蹴能几。国初诸儒治经，取汉、唐注疏及宋、元、明人之说，择善而从。由后人论之，为汉、宋兼采一派，而在诸公当日，不过实事求是，非必欲自成一家也。”至于清中叶之汉学，他既说“雍、乾以后，古书渐出，经义大明。惠、戴诸儒，为汉学大宗，已尽弃宋诠，独标汉帜矣”，同时又强调“惠、江、戴、段为汉学帜志，皆不敢将宋儒抹

---

① 以下引见《经学历史》，第59～66页。

杀”。这些言论，看似描述清代经学的复兴，实则针对江藩《汉学师承记》及方东树《汉学商兑》，批评汉、宋分争，提出“学求心得，勿争门户。若分门户，必启诟争”。

第5、6节总结清儒追复汉学的功绩。皮氏认为“国朝经师能绍承汉学者有二事”，一曰传家法，二曰守专门，“家法、专门，汉后已绝，至国朝乃能寻坠绪而继宗风。传家法则有本原，守专门则无淆杂”，实即能恢复西汉之学。他又说“国朝经师有功于后学者有三事”，一曰辑佚书，使古书亡而复存，后人得以稍窥崖略；二曰精校勘，刊订古书讹误，为后人析疑通滞；三曰通小学，使后人能解古音、识古字。可见，皮氏所谓清儒有功于后学，实际上就是有助于后人探究两汉经师遗说。

最后3节指示治经的方向、途径与具体方法。首先，皮氏借清代经学之“三变”，描述经学“复盛”与“复古”的历程，指明西汉今文之学已成治经的最佳选择。他说：“国朝经学凡三变。国初，汉学方萌芽，皆以宋学为根柢，不分门户，各取所长。是为汉、宋兼采之学。乾隆以后，许、郑之学大明，治宋学者已鲜，说经皆主实证，不空谈义理。是为专门汉学。嘉、道以后，又由许、郑之学导源而上，《易》宗虞氏以求孟义，《书》宗伏生、欧阳、夏侯，《诗》宗鲁、齐、韩三家，《春秋》宗《公》、《穀》二传。汉十四博士今文说，自魏、晋沦亡千余年，至今日而复明，实能述伏、董之遗文，寻武、宣之绝轨。是为西汉今文之学。学愈进而愈古，义愈推而愈高；屡迁而返其初，一变而至于道。学者不特知汉、宋之别，且皆知今、古文之分。门径大开，榛芜尽辟，论经学于今日，当觉其易，而不患其难矣。”其次，通过强调治经当重家法、贵专门和对清代经学成就的回顾，激励学子研究西汉今文之学：“学者诚能于经学源流、正变研究一过，即知今之经学，无论今文、古文，专学、通学，国朝经师莫不著有成说，津逮后人，以视前人之茫无途径者，实为事半功倍。盖以了然于心目，则择从甚易，不至费日力而增葛藤。惟西汉今文近始发明，犹有待于后人之推阐者，有志之士其更加之意乎！”最后，通过评说《四库提要》经部总叙，皮氏以清代汉学过于琐碎，再次示意学子应以今文经学作为治经的首选：“《提要》之作，当惠、戴讲汉学专宗许、郑之时，其繁称博引，间有如汉人三万言说‘若稽古’者。若嘉、道以后讲求今文大义微言，并不失之于琐，学者可以择所从矣。”

简而言之，在本章中，皮氏称颂清廷“稽古右文”，意在尊崇经学；他对清代经师的表彰，实因其绍承汉儒之业，复兴今文绝学。皮氏虽简略述及经学在清代“骎骎复古”的过程，但本意并非描述清代经学发展的盛况，而是通过对“汉学”复兴的追述，试图论证西汉今文之学乃学子治经之正途与首选。

四、《经学历史》的本来面目

《经学历史》分十个时代评述先秦至晚清的经学演变，粗看之下，经学产生、流传、兴盛、衰微、复盛的历史轮廓，似有一个基本的呈现，因此往往被人们视为皮氏对经学历史所分的十期，并将其对应于中国历史的某一时期。然而，由以上对《经学历史》文本的分析和内容的概括，发现书中的十个时代，并非对经学变迁历程的分期；书中的真正内容，也不是通过罗列丰富的史料来叙述经学自身的发展历史，而是仅仅从中截取一二相关的史实展开论述。皮氏在《经学历史》的前两章，着重阐述“尊孔”、“崇经”的思想，在第三、四、五章中，又相继提出“治经必宗汉学”、“经学必专守旧”与“欲治汉学，舍郑莫由”的主张，并作为此后各章评判经学盛衰的几大标准。他说“经学盛于汉，汉亡而经学衰”[1]，认为经学发展至汉代已达于巅峰，把以西汉今文学为核心的“汉学”树作经学的典范，对经学在魏、晋以后迄于清代中后期的发展，以是否“宗汉”、“信古”与“主郑”加以衡量，做出“中衰”、“变古”、“积衰”、“复盛”等评价。综观全书，纯粹叙述经学史实的章节极少，各章文字皆以议论为主，虽间或较多引述各代史书的相关记载，提及经学史上的某些人物、事件与著述，实际上全是援引以资立论。《经学历史》刊行后，章太炎、周予同、马宗霍、潘重规等异口同声地批评书中立论之偏颇[2]，同样说明《经学历史》最引人注意的并非史实而是议论。正因为皮氏引述某些经学史实，只是为了论证或推阐某一观点，所以它们在书中出现时，往往前后错杂，与一般经学史著作叙述史事注重时序性迥然有异。今人多将《经学历史》某章所述经学，与某一历史时期经学的实际状况对应而加以分析、批评，但只要注意到该章所述经学史实的时间，就会发现这种“对应”难以成立，上文所析“经学中衰时代”和“经学积衰时代”就是极好的例子，此处不赘。

《经学历史》的内容既然并非叙述中国经学的历史，皮氏撰书

---

① 《经学历史》，第30页。

② 章太炎讥责皮锡瑞“钞疏原委，顾妄以己意裁断”。周予同指出皮氏在书中“每每不能客观地记述事实，而好加以主观的议论”，并对他宣扬“孔教救国”、“六经致用”、“纬候足征”大加批判。潘重规也在批评周予同《经学历史注释》时，指出皮书“囿于门户，时逞臆说，悖于学术之真”（见《章氏国学读书会学报》第一号，“书评”第1页）。马宗霍既肯定皮书“自具裁断，与但事钞疏者稍殊”，又责其持论太偏，“以经学开辟时代断自孔子，谓六经皆孔子作，尤一家之私言，通人盖不能无讥焉”。

的初衷，自然不会是为中国数千年的经学变迁作历史总结。那么，皮氏当初编撰《经学历史》的用意何在？皮锡瑞早在戊戌维新期间，就有意“推尊孔教”①，反对专主西学，宣称“孔、孟、程、朱之学，万世断不可废”②。皮氏参与兴办湖南新学之后，耳闻目睹各种诋毁孔子、疑弃经书的言行，痛切地指出：“近日邪说流行，乃谓中国欲图富强，止应专用西学，五经四书皆当付之一炬。办学堂者惑于其说，敢于轻蔑圣教，民立学堂多无经学一门，即官立者亦不过略存饩羊之遗。”③ 皮氏因此力主兴办学堂必须“尊孔崇经”。他在担任善化小学堂监督及代理湖南高等学堂监督期间，凡朔望及开学、放假，必亲率师生祀孔行礼；当善化小学堂学生提出取消修身、经学课程，他“严斥不行”④。皮氏还有感于新学未兴而旧学将绝，赞同保存国粹的主张，并以传教士花之安撰写经学著作为例，反问“西教习犹知经学，吾华其可废乎”⑤？皮氏正是在经学和传统文化渐趋衰亡、经学教育陷入困境的情况下，坚持讲授经学课程，编撰了《经学历史》等教材。

细究《经学历史》，可知皮氏撰书的思想旨趣，首先是宣扬“尊孔崇经”。皮氏在第一章反复批判疑孔、惑经的言论，并无比

---

① 《师伏堂日记》戊戌年四月初八日所记答叶德辉书中写道：“中国重君权，尊国制，猝言变革，人必骇怪，故必先言孔子改制，以为大圣人有此微言大义，然后能持其说……既言变法，不能不举公羊改制之义。弟初讲学，承公有勿言《孟子》、《公羊》之教，而其后不能不略及之者，此非有意与公背驰，实以学会所讲在开民智，听者人杂而多，必如此乃可推尊孔教，而引申变法之说也。”按皮氏此书意在辩解自己改变讲学宗旨之情非得已，故称第八次讲学推尊孔子为创教改制之素王皆为“引申变法之说”，实则他在南学会的各次演讲，大多寄寓有“推尊孔教”之义。

② 《师伏堂日记》，戊戌年二月十五日。

③ 皮名振：《皮鹿门年谱》，第100页。

④ 《师伏堂日记》，甲辰年二月初六日。

⑤ 《师伏堂日记》，癸卯年六月廿一日。

鲜明地提出："必以经为孔子作，始可以言经学；必知孔子作经以教万世之旨，始可以言经学。"① 在前四章中，"尊孔"、"崇经"的主张与议论可说俯拾皆是；后六章中虽较少直接的言论，但仍贯串着"尊孔"、"崇经"的思想。皮氏还在论述中，将历史与现实联贯起来，甚至直接加以运用。例如皮氏论汉末太学盛衰与人才消长时，强调"立学必先尊经，不尊经者，必多流弊。后世之立学者，可以鉴矣"②。

皮氏编撰《经学历史》的现实目的，则是指示"明经"之道。他在开篇就提出"凡学不考其源流，莫能通古今之变；不别其得失，无以获从入之途"③，在末章又强调说："学者诚能于经学源流、正变研究一过，即知今之经学，无论今文、古文，专学、通学，国朝经师莫不著有成书，津逮后人，以视前人之茫无途径者，实为事半功倍。盖以了然于心目，则择从甚易，不至费日力而增葛藤。"④ 可见，皮氏撰写《经学历史》，是想通过评判数千年来更仆难数的经学，析其源流，辨其得失，为喜新厌旧的学子指示研治经学的入门途径，此即其所谓"获从入之途"。正因为如此，他在论述经学在清代回复至西汉今文之学后，接着写道："学者不特知汉、宋之别，且皆知今、古文之分。门径大开，榛芜尽辟，论经学于今日，当觉其易，而不患其难矣。乃自新学出而薄视旧学，遂有烧经之说。圣人作经以教万世，固无可烧之理；而学之简明者有用、繁杂者无用，则不可不辨。"⑤ 他论述经学的重盛与

① 《经学历史》，第3页。
② 《经学历史》，第24页。
③ 《经学历史》，第1页。
④ 《经学历史》，第65页。
⑤ 《经学历史》，第64页。

复古，力辩西汉之学简明有用，并非为了总结经学的历史，而是针对清季疑孔、废经的言行，力陈兴办新学而不能废弃旧学，并就推行经学教育提出一番相当具体的意见："今欲简明有用，当如《汉志》所云'存大体，玩经文'而已。如《易》主张惠言《虞氏义》，参以焦循《易章句》、《通解》诸书；《书》主伏《传》、《史记》，辅以两汉今文家说；《诗》主鲁、齐、韩三家遗说，参以毛《传》、郑《笺》；《春秋》治《公羊》者主何《注》、徐《疏》，兼采陈立之书，治《左氏》者主贾、服遗说，参以杜《解》；三《礼》主郑《注》，孔、贾《疏》。先考其名物、制度之大而可行于今者，细碎者姑置之，后儒臆说，概屏勿观，则专治一经，固属易事，兼通各经，亦非甚难。能考其源流，而不迷于途径，本汉人治经之法，求汉人致用之方，如《禹贡》治河、《洪范》察变之类，两汉人才之盛，必有复见于今日者，何至疑圣经为无用而以孔教为可废哉！"① 他还根据古人治经重家法、贵专门的经验，指点说："今之治经者，欲求简易，惟有人治一经、经主一家，其余各家，皆可姑置，其它各经，更可从缓。汉注古奥，唐疏繁复，初学先看注疏，人必畏难，当以近人经说先之，如前所列诸书，急宜研究。或犹以为陈义太高，无从入手，则《书》先看孙星衍《今古文注疏》，《诗》先看陈奂《毛氏传疏》亦可。但能略通大义，确守古说，即已不愧专门之学。"② 对于二千年间纷繁复杂的经学，皮氏经过精挑细剔，列举寥寥数家，欲使初学者对经学产生简明、有用、易学的好感。不过，他也觉得《经学历史》评判经学得失过于简略，于是接着另加编撰，不久著成

① 《经学历史》，第64页。
② 《经学历史》，第65页。

《经学通论》[1]，正如皮氏所说："前编《经学历史》以授生徒，犹恐语焉不详，学者未能窥治经之门径，更纂《经学通论》，以备参考。"[2]《经学通论》正是《经学历史》的续编，《经学历史》在许多问题上仅提出基本观点，《经学通论》则为之详加论说，两书体例实是一脉相承。

其实，《经学历史》开篇就写道："凡学不考其源流，莫能通古今之变；不别其得失，无以获从入之途。古来国运有盛衰，经学亦有盛衰；国统有分合，经学亦有分合。历史具在，可明征也。"[3] 这开宗明义的几句话，早已指明《经学历史》的内容要旨与编纂体例。皮氏对经学自先秦至晚清演变所作的纵向追溯，正是"考其源流"，但他关注的不是经学自身的历史变迁，而是始终将经学与各个时期的政治局势、教育选举、学风士习等联系在一起，通过考察历史上经学消长、孔教兴废与国家盛衰之间的关系，论述无论治国、兴学还是立身，都要尊奉孔教、崇重儒经，此即"通古今之变"。与此同时，他以"宗汉"、"信古"、"主郑"为标准，对各个时期的主要经学家及重要经学著述进行评判，"别其得失"，通过辨别前人治经的利弊得失，让学子获知治经的方向、途径与具体方法，此即"获从入之途"。当然，皮氏无论强调"尊孔崇经"之义，还是指示"明经致用"之道，都来自对经学历史的考察和反思，所谓"历史具在，可明征也"，实一语道出《经学历

① 据《师伏堂日记》记载，乙巳年十月十三日《经学历史》交思贤书局付刻；十一月二十日皮氏又萌编书想法："连日检书籍，《经学提纲》一书似不难成。须先阅《皇清经解》、《续经解》，择取摘出，加以论断，有暇即可录出。"此后各天多有作《经学提纲》的记录，至十二月二十七日，"录《易》一条，大约此一经略具矣"。《经学提纲》不久改称《经学通论》。

② 《经学通论自序》。

③ 《经学历史》，第1页。

史》借史立论的体例。因此,《经学历史》并非叙述中国经学变迁历程的史学著作,而是一本借史立论的经学著作[①]。

五、结　语

皮锡瑞在《经学历史》中虽然述及经学的源流与演变,但其初衷并非总结中国经学的历史,而仅以经学的历史变迁作为叙述的背景和立论的依托,编撰一本“通古今之变”的经学论著,针对晚清新学盛兴后孔教不尊、经学渐废的时势,阐述“尊孔崇经”的必要和有用,并就当时陷入困境的经学教育,提出一些基本的看法与建议,为趋新厌旧的学生指出一些简便易行的治经要点,使其“获从入之途”。因此,后人不妨以《经学历史》为研究中国经学史的重要参考书,但对《经学历史》本身及其作者的经学思

① 朱维铮曾指出:“清末皮锡瑞的《经学历史》,并非像这部小书的书名所示,似乎是‘经学的历史’。相反,皮锡瑞是晚清的经今文学家,《经学历史》与他的《经学通论》、《王制笺》一样,旨在用历史替经今文学争‘道统’。周先生虽‘是比较倾向今文的’,却始终坚持从历史本身说明历史。他注释皮著《经学历史》,目的在于藉这部书的历史陈述部分,通过注释的形式,给‘中国经学史’研究提供一部参考书。因此,周先生不仅在此书《序言》中,尖锐地揭露了皮锡瑞原著的谬误,而且通过注释,在实际上改变了原著的取向,将它由经学著作变成了历史著作。”见前揭《周予同经学史论著选集》,“增订版前言”第3页。他又说《经学历史》“将自春秋末至清末二千五百年的经学史,分为十个‘时代’,而以历代统治者对经学的重视程度及官方经学的研究重心作为分期的尺度。他的出发点是‘六经致用’,他论证的核心见解是‘孔教救国’……他著此书的主观取向是为教张目,名为讲历史而实则反历史”,见《中国经学史十讲》,复旦大学出版社2002年,第293~294页。朱先生一再强调《经学历史》并非经学史书,甚属有见,又谓其“用历史替经今文学争‘道统’”,“他著此书的主观取向是为教张目,名为讲历史而实则反历史”,虽与《经学历史》宣扬“尊孔”、意在“明经”的实际旨趣不符,但也一语道破皮氏“借史立论”的言说方式。

想进行研究时，绝对不能视之为经学史著作，并以经学史书的标准加以毁誉，应该就其本来面目——皮氏晚年一本通贯经学、创发大义的经学论著加以分析和评价，庶不至于见其小而失其大，遗买椟还珠之憾。

第九章　皮锡瑞的《王制》研究

《王制》是《小戴礼记》的一篇，虽然全文只有四千余字，却记载了儒家关于治理国家、管理社会的各种制度，诸如班爵定禄、封建授田、设官分职、巡守田猎、朝聘丧祭、国用税赋、立学施教、贡士用人、定刑执法、养老尊贤等等，内容十分广泛，规制非常严密，因而被视作“王者之大经大法”①。晚清经学大师廖平曾对《王制》广言制度作了一个极好的说明：“《王制》一篇，以后来书志推之：其言爵禄，则《职官志》也；其言封建九州，则《地理志》也；其言命官、兴学，则《选举志》也；其言巡狩、吉凶、军宾，则《礼乐志》也；其言国用，则《食货志》也；其言司马所掌，则《兵志》也；其言司寇，则《刑法志》也；其言四夷，则《外夷诸传》也。大约宏纲巨领皆已具此，宜其为一王大法欤!”② 因此，主张通经致用的清儒，对《王制》篇较多关注，而抱有素王改制愿望的晚清今文学者，更是在《王制》中倾注了大量心血。皮锡瑞承继前人，一生都有对《王制》的专门研究，晚年撰成《王制笺》一书，系统论述了素王创制之说，成为晚清今文经学的代表性著作之一。

---

① 孙希旦：《礼记集解·王制》，沈啸寰、王星贤点校，中华书局1989年，第309页。

② 廖平：《今古学考》卷下，《廖平选集》上册，巴蜀书社1998年，第106页。

一、清代《王制》研究概况

早在两汉时期，《王制》就大量渗入政治生活，成为今文经学在礼制方面的代表，与《周礼》所代表的古文学派分庭抗礼[①]。清代汉学兴盛，三《礼》研究十分发达，专详朝章典制与礼乐刑政的《周礼》和《王制》备受重视。《周礼》一直被信为周公政致太平的结晶，《王制》则被视为孔子垂法改制的作品，因此抱着经世热情和改革梦想的清儒，纷纷把目光聚焦到它们上面，其中虽不免有经学今、古文的畛域之见与门户之争，但“《周礼》与《王制》的重要性俨然是并驾齐驱的”[②]。虽然清代的《礼记》学在整体上远不如《周礼》学，可是《王制》研究的热闹程度，并不逊色于《周礼》研究。据不完全统计，清代研究《王制》的专书有谈泰《王制里亩算法解》一卷和《王制井田算法解》一卷、耿极《王制管窥》一卷、廖平《王制订》一卷和《王制集说》一卷、程大璋《王制通论》一卷和《王制义按》三卷等[③]，专文则有俞正燮《〈王制〉东田名制解义》、程廷祚《〈王制〉作者考》、黄式三《〈王制〉封国说》、陈寿祺《〈王制〉月令乐记非秦汉之书》、孙星衍《〈王制〉月令非秦汉人所撰辨》、邹汉勋《〈王制〉周尺

---

① 详参华有根：《西汉礼学新探》，上海社会科学院出版社 1998 年，第 159 ~ 163 页。

② 高明：《礼学新探》，台北学生书局 1978 年，第 34 页。

③ 王锷：《三礼研究论著提要》，甘肃教育出版社 2001 年。按，程大璋两书出版于民国十九年，但据卷首邬庆时《程先生传》，两书应成稿于清末。又论者多提到康有为的《王制义证》和《王制伪证》，但两书实是拟议而未成之作。

章前解》、许傅霈《〈王制〉周尺考》、章太炎《〈王制〉驳议》、刘师培《〈王制〉篇集证》等数十篇。在这些研究中，既有训诂名物、辨章学术的严谨探讨，更多通经致用的政治诉求，把《王制》作为经世变法、托古改制的理论依据乃至现成方案。

醉心素王改制、热望维新变法的晚清今文学派，是《王制》研究的生力军。最早将《王制》与素王学说直接联系起来的学者，是治经兼宗今古却以古文大师著称的俞樾。《达斋丛说》中有一篇《王制说》，先简要批评卢植、郑玄关于《王制》成书时代的说法不足以成立，然后直接提出自己的创见："《王制》者，孔氏之遗书，七十子后学者所记也。王者孰谓？谓素王也。"他声称"今以公羊师说求之《王制》，往往符合"，并列举《王制》与公羊学所说三等爵制与一岁三田完全相同，由此断言："孔子将作《春秋》，先修王法，斟酌损益，具有规条，门弟子与闻绪论，私相纂辑而成此篇。"他不仅主张以"素王之法"看待《王制》，还提出一条提高《王制》地位的大胆意见："宋儒于《戴记》中表章《学》、《庸》二书，愚谓《王制》一篇体大物博，或犹在《中庸》之上乎？"[①] 俞樾的这些说法虽未经过严密论证，但后来的今文学者如廖平、康有为等纷纷加以采取。

廖平对《王制》的研究最多，在提高《王制》的经典地位方面贡献很大。他提出"《王制》统六经，故今学皆主之立义"，把《王制》确立为今文经学的核心，直接与以《周礼》为中心的古文经学对立，所谓"以《王制》主今学，《周礼》主古学，先立两旗帜，然后招集流亡，各归部属"，建立起内部同条共贯、彼此壁

① 俞樾：《达斋丛说》，《九九消夏录》，崔高维点校，中华书局1995年，第326~327页。

垒分明的今、古文经学两大阵营。最特别的是，廖平首倡“以《王制》为经”，依经、传、记的层次，对《王制》全文重新加以梳理、排比，撰出《王制订》，使《王制》得以独立成书、自成体系，又约集同人编撰《王制义证》，拟取经传、诸子、纬候及两汉今学先师旧说，“务使详备，足以统帅今学诸经”[①]。后来刊行的《王制集说》，“凡六经、传、注、师说，依次分纂，以证《王制》”[②]，应该就是《王制义证》的定稿。

康有为也对《王制》极为关注，称“《礼记·王制》篇大理物博，恢恢乎经纬天人之书，其本末兼该，条理有序，尤传记之所无也”，因此仿效宋儒从《礼记》中抽取《大学》自成一书的成法，提出要将《王制》独立出来：“《礼记》义理博大，皆七十子之说，孔子之微言大义多存焉。《大学》之教，义理精美；《王制》之法，经世条备。其博大弘深，首尾毕举，则一也。宋儒精于义理，独拔出《大学》以教士，而《王制》尚杂《戴记》中，又多错简，或记注杂出。今考定经文条理秩序，因与门人东莞张篁溪集周、汉传说证明之，使孔子经世之学一旦复明于天下。”[③]他还一再向门人宣讲《王制》的微言大义，为开展维新变法制造理论依据，为引进西方政制寻找历史资源[④]。

皮锡瑞就在广泛吸取前人尤其是陈寿祺、俞樾、丁晏、廖平等清儒的考证成果与思想学说的基础上，对《王制》的成书时代及其性质、《王制》文本的校勘与训解、《王制》与《周礼》的异

① 廖平：《今古学考》卷下，《廖平选集》上册，巴蜀书社 1998 年，第 87 页。

② 廖平：《王制集说凡例》，《廖平选集》下册，巴蜀书社 1998 年，第 21 页。

③ 康有为：《考定王制经文序》，《康有为全集》第二册，中国人民大学出版社 2009 年，第 15 页。

④ 详参《万木草堂口说》、《万木草堂讲义》，收入《康有为全集》第二册。

同优劣、汉唐宋清《王制》研究的是非得失等问题作了反复探讨与认真辨析，最后完成《王制笺》一书，将清代的《王制》研究推进到一个新的高度。

二、皮锡瑞一生《王制》研究述要

在 1884 年前后成稿的《礼记浅说》中，有讨论《王制》的札记 14 条，多是指陈郑注、孔疏在训解与典制方面的失误。例如“锦文、珠玉成器”，郑注“成，犹善也”，皮氏认为：“成器，当是已成之器，即指锦文、珠玉言。锦文、珠玉之成器者不粥于市，犹饮食、衣服之已成者不粥于市。盖未成者可粥，已成者不可粥也。”又如“庶人祭于寝”，郑注“寝，適寝也”，皮氏指出：“注以寝为適寝，殆以燕寝乃寝息之所，祭先于此则亵。然寝息在室，行礼在堂，何不可祭邪!”再如“大夫祭五祀”，郑注“五祀，谓司命也，中霤也，门也，行也，厉也”，皮氏指出：“五祀有二说，此注据《祭法》，《曲礼》注据《月令》，有户、灶，无司命、厉。司命为天星，厉为外鬼，似不当祭，从《曲礼》注为正。”郑玄解《曲礼》“五祀”援引《月令》之说，解《王制》“五祀”另用《祭法》之说，皮氏认为《王制》中大夫所祭之五祀不应有司命、厉，因此指出郑玄此注不妥。对于“天子使其大夫为三监”，孔疏引崔氏云“此谓殷之方伯皆有三人以辅之”，是以殷制来解说《王制》。皮氏对此有所不满，提出“殷制不可考”，转而据周制加以弥补：“周制，大国有孤一人，三卿，其二命于天子，或即殷制三监之遗。《周官》：‘建其牧，立其监。’郑注《仪礼》‘诸公’曰：‘容牧有三监。’”总体上看，皮氏在《礼记浅说》中对郑注的批评，是在古文经学的范围内。他此时对《王制》的认识，仅有一点值得注意，即提出《王制》与《公羊》有相通之处。对《王制》"丧三年不祭"之说，皮氏先引《繁露·郊祭》篇"《春秋》之义，国有大丧，止宗庙之祭，而不止郊祭，不敢以父母之丧废事天地之礼也"，认为汉代公羊家也主张丧三年不祭，由此得出"《王制》多与《公羊》义合"的结论，并借以批斥杜预短丧之说"背经阿世，不可从"，转而把矛头对准左氏学家[①]。

在1892年以来撰作的《经训书院自课文》中，皮氏专门讨论《王制》的文章有4篇，即《齐鲁二国封地考》、《"小学在公宫南之左大学在郊"考》、《"虞庠在国之西郊"当作"四郊"考》上下。这些文章多是针对《王制》郑注而作，既有纠其误者，也有证其是者。

《王制》"小学在公宫南之左，大学在郊"，郑注"此小学、大学，殷之制"，皮氏却主张《王制》此说实是"自古以来天子、诸侯之通制"，在《"小学在公宫南之左，大学在郊"考》中，论述古人立学皆在门堂之塾，明言"自郑君以后，说者多误"[②]。《王制》言养老有"虞庠在国之西郊"一语，郑注："周之小学，为有虞氏之庠制，是以名庠云。其立乡学亦如之。"孙志祖提出"西郊"当作"四郊"，段玉裁则对郑注之误加以考订，然而顾广圻等人仍多主郑说，以孙、段为误。皮氏认为："'虞庠在国之西郊'，当作'四郊'。孙志祖始正经误，段玉裁始正注误，可谓昭青天而睹白日矣。而顾广圻犹哓哓不已者，由郑君之注误于先。

① 《礼记浅说》卷上，光绪己亥年思贤书局刊本。

② 《"小学在公宫南之左大学在郊"考》，《经训书院自课文》卷三，光绪乙未年善化师伏堂刊本。

孙、段能正经、注之误字，不能正郑君之误解，顾氏乃复引郑君之误解以驳段。然则此文之误解不正，即误字终不能正也。”他在《“虞庠在国之西郊”当作“四郊”考》中，指出《王制》既说“养庶老于虞庠”，又说“虞庠在国之四郊”，两言“虞庠”，但名同实异，养庶老之虞庠即上庠，乃大学，四郊之虞庠即乡庠，属乡学，“以其皆为有虞氏之庠制，是以皆名虞庠。记礼者见周有大学之虞庠，又有乡学之虞庠，恐人误认为一，故加缀一语，云‘虞庠在国之四郊’，以见大学上庠在南郊明堂，此乡学之庠则四郊皆有之，特为分别其词，不料后人反因此致误”。他分析郑注后，认为郑玄明知周之虞庠有二，“乃不分记文之虞庠为二，以乡庠当四郊虞庠者，由郑不信明堂、大学同处之说，故不知此记所言上下、东西、左右之类，即明堂四学之异名，而误分为一是大学，一是小学，王者相变，周小学在郊，虞庠当是小学，而乡学虞庠又在四郊虞庠之外”。皮氏由此提出，考究古礼，即可知郑注之误：“不知八岁太子，不得远入郊学。国中地狭，大学人众，必当在郊。天子视学、养老大典礼，皆当在大学，不当在小学。据《易传·太初》太子入四学之文，若不在明堂一处，岂能一日而遍？”①

对于《王制》“公、侯田方百里”一段，郑注有云：“周武王初定天下，犹因殷之地，以九州之界尚狭也。周公摄政致太平，斥大九州之界，制礼成武王之意，封王者之后为公，及有功之诸侯，大者地方五百里，其次侯四百里，其次伯三百里，其次子二百里，其次男百里。所因殷之诸侯，亦以功黜陟之。其不合者，皆益之地为百里焉。”对郑玄“益封”之说，宋儒多以为疑，皮氏

① 《“虞庠在国之西郊”当作“四郊”考》，《经训书院自课文》卷三。

以为“郑所云加封公、侯，即指齐、鲁二国言之”，特作《齐鲁二国封地考》，根据郑玄《诗谱》所说，征引《史记·周本纪》、《史记·汉兴以来诸侯王表》、《汉书·地理志》以及《左传》等资料，证明齐、鲁二国确有益封之事，进而论述说：“明乎二国有益封之事，则《周礼》、《王制》皆不误，《孟子》与戴《记》、《史记》、郑《诗谱》义皆可通。后人不能证明，或以《孟子》、《王制》疑《周礼》，谓古无五百里、四百里之国。案郑君谓：‘孟子在赧王时，《王制》之作，复在其后。’是《王制》即本于《孟子》。《周礼》虽未必周公手定，亦当出于周末，与《孟子》、《王制》相后先。若周无五百里、四百里之国，何能凿空立论？若周无益封诸侯之事，郑亦何能附会其说？”可见皮氏此文意在证明郑注正确，提出“《周礼》古文说，《王制》今文说，其说多不可通，惟郑康成能疏通证明之”，表彰郑玄“能兼疏今古文，皆不背其说”①，并采郑玄之说，认为《王制》本于《孟子》，也不可简单否定《周礼》。

在1896年撰定的《郑志疏证》中，皮氏多次论及《王制》，即多从今、古文的视角加以论说。例如，《周礼·天官·膳夫》载“王日一举，鼎十有二”，而《礼记·玉藻》称天子之食“日少牢，朔月大牢”，礼数显然不同，赵商就此发问，郑玄解释说：“《礼记》，后人所集，据时而言，或诸侯同天子，或天子与诸侯等，所施不同，故难据。《王制》之法与周异者多，当以经为正。”郑玄以《礼记》出自后儒，难以信据，尤其是当《王制》所说异于《周礼》时，应以《周礼》为经，可见对《周礼》和《王制》一尊一抑，反差极大。对此，皮氏评析说：

① 《齐鲁二国封地考》，《经训书院自课文》卷二。

> 《礼经》散亡，汉今、古文家各自为说。《周礼》，古文；《王制》，今文。《周礼》皆周制，《王制》多殷制。赵商举《玉藻》为问，郑不云《玉藻》，而云"《王制》之法与周异"，其意盖以《玉藻》与《王制》同。郑主古文，故以《周礼》为正也。《国语》亦古文，故云"天子举以大牢"，与《周礼》合。《玉藻》曰"君无故不杀牛"，据上文"朔月大牢"，"君"当兼天子而言。而《王制》云"诸侯无故不杀牛"，则天子无故得杀牛，亦与《周礼》不相戾矣。①

皮氏纯粹是从经学家法的角度，肯定郑玄是从古文学立场出发而"以《周礼》为正"。他还推论《王制》只说"诸侯无故不杀牛"，不像《玉藻》规定天子、诸侯不得无故杀牛，得出《王制》认同"天子无故得杀牛"的结论，认为《王制》之说与《周礼》不相违戾，可以沟而通之。又如，《王制》说三等封国之制，郑注有一句"周世有爵尊而国小、爵卑而国大者"，张逸疑不得解，郑玄作了回答。皮氏在疏证郑玄答词时，特取早年《齐鲁二国封地考》的研究成果，力主郑玄益地加封之说确然可信，并进而指出："然则《周礼》、《王制》所言封国制度，非不可通。郑君以斥界、加封之义疏通二书，使各不相背，斯为通识，不得谓其强为傅会也。"② 概而言之，在《郑志疏证》中，皮氏一再指出"《周礼》，古文；《王制》，今文。《周礼》皆周制，《王制》多殷制"③，

---

① 《郑志疏证》卷四《周礼志》，光绪己亥年思贤书局刊本。
② 《郑志疏证》卷六《礼记志》。
③ 《郑志疏证》卷四《周礼志》。

“《周礼》古文说，是周制，《王制》今文说，是殷制”[1]，既强调《王制》与《周礼》分属于今、古文，同时又肯定郑玄兼通今、古的努力。尤其是他认为“《王制》多殷制”、“《王制》是殷制”，采信郑玄之说，以殷制来理解《王制》的典章规制，可见他对《王制》性质的认识尚未改观。

在疏证《郑志》的同时，皮锡瑞还附带对郑玄《答临孝存〈周礼〉难》加以疏解，其中有一条专论《王制》。郑玄说：“孟子当赧王之际，《王制》之作，复在其后。”《礼记·王制》正义则提出：“《王制》之作，盖在秦、汉之际。知者，案下文云有‘正听之’，郑云‘汉有正、平、承，秦所置’；又有‘古者以周尺’之言、‘今以周尺’之语，则知是周亡之后也。秦昭王亡周，故郑答临硕云：‘孟子当赧王之际，《王制》之作，复在其后。’卢植云：‘汉孝文皇帝令博士诸生作此《王制》之书。’”皮锡瑞对此作了一番分析：

> 卢氏以《王制》为汉文时博士作，盖据《史记·封禅书》云：“文帝使博士诸生剌六经中作《王制》，谋议巡狩、封禅事。”何焯曰：“以《王制》为孝文时博士作，卢子干一家之说。以《史记·封禅书》索隐所载刘向《七录》云‘文帝所造书，有《本制》、《服制》篇’参观，则非今《礼记》中《王制》也明矣。”丁晏曰：“贾谊《新书·无蓄》篇引‘《王制》曰：国无九年之蓄，谓之不足；无六年之蓄，谓之急；无三年之蓄，国非其国也’，即今《礼记·王制》文。考《封禅书》，作《王

① 《郑志疏证》卷四《周礼志》。

制》之明年，遂改十七年为元年，则博士之作，当文帝之十六年也。《贾谊传》称：梁王胜坠马死，谊自伤为傅无状，后岁余亦死。后四岁，齐文王薨。《诸侯王表》梁怀王薨当汉文之十一年，齐文王薨当汉文之十五年，则贾生之卒，定在孝文十二年。至十六年，始作《王制》。《新书》在博士未作之前，已先引《王制》。如此，则今《礼记》中《王制》，必非汉文时所作明矣。《礼记正义》称郑答临硕云云。又'古者周尺'下，郑注：'按礼制，周犹以十寸为尺。盖六国时多变乱法度，或言周尺八寸。'则《记》当作于六国时，依郑义为允。卢君谓汉文时，误矣。"锡瑞案：何氏、丁氏说是也。《王制》无一言及封禅，亦不专说巡狩，非汉文博士作甚明。《王制》一书，多同《孟子》。篇首"王者之制禄爵"云云，即与孟子答北宫锜大同。据郑答临硕《王制》之作在孟子后，或即孟子弟子所作。①

针对卢植所谓《王制》成于汉文帝时代的说法，皮氏引何焯、丁晏的考证结论，加上自己的意见，作了较为有力的否定，进而依据郑玄答临硕的说法，提出《王制》"或即孟子弟子所作"，对《王制》的成书问题有了较为明确的回答。不仅如此，皮氏还采信郑注《王制》多归诸殷制之说，就《王制》的性质作了论述：

郑解《王制》，多以殷制为说，"《春秋》变周之文，从殷之质"云云，乃公羊家言。近人谓《王制》即《春秋》立素王之法，"王"者即谓素王。证以爵三等、岁三

① 《郑志疏证》附录《答临孝存〈周礼〉难》。

田之类，其说有据。《王制》是殷制，自与《周礼》不同。[1]

皮氏虽提及俞樾以《王制》为《春秋》素王之法的新观点，却是用来论证郑玄借用公羊家“《春秋》变周之文，从殷之质”，以殷制解《王制》的做法正确，因而认为“《王制》是殷制”。皮氏在别的地方表达了同样的观点。《檀弓》载孔子说“今丘也，殷人也”，而《中庸》载孔子称‘吾学周礼，今用之，吾从周’，皮氏疏解孔子既“从周”又“从殷”蕴涵数义：“一则文、质再而复，周末文胜，必当救之以质。故夫子作《春秋》，变周之文，从殷之质。《王制》一书，近人以为即《春秋》素王之制。郑解《王制》，与《周礼》不合者，率以殷法解之，证以爵三等、岁三田之类，确有据依，初非强判。”[2] 对郑注《王制》“率以殷法解之”大加肯定。

在《驳五经异义疏证》中，皮氏已刻意区分汉代经学的今、古家法，并且有意倡导公羊学的微言大义，但在涉及郑玄对《王制》与《周礼》的处理时，他的意见并无变化。例如，关于服力役的年龄，《王制》说“五十不从力政，六十不与服戎”，《孟易》、《韩诗》说“年二十行役，三十受兵，六十还兵”，而古《周礼》说“国中自七尺以及六十，野自六尺以及六十有五，皆征之”，许慎谨案：“五经说皆不同，是无明文所据。汉承百王而制，二十三而役，五十六而免。六十五已老，而周复征之，非用民意。”郑玄驳曰：“《周礼》是周公之制，《王制》是孔子之后大贤所记先王之事。《周礼》所谓‘皆征之’者，使为胥徒，给公家之

① 《郑志疏证》附录《答临孝存〈周礼〉难》。
② 《郑志疏证》卷六《礼记志》。

事，如今之正卫耳。六十而不与服戎，胥徒事暇，坐息之间，多其五岁，又何太违之云？徒给公家之事，云‘非用民意’耶？《王制》所云‘力政’，挽引筑作之事；所谓‘服戎’，谓从军为士卒也。二者皆劳于胥徒，故早舍之。”皮氏疏证说：

> 郑云“《周礼》是周公之制，《王制》是孔子之后大贤所记先王之事”者，郑注《王制》于其不合周礼者，皆以殷法解之，此云“先王之事”，即殷法也。《周礼》为古文大宗，《王制》为今文大宗。古文家信《周礼》而疑《王制》，今文家信《王制》而疑《周礼》。郑君兼通今、古文，能旁推交通，皆不背其说，以《王制》为“先王之事”，如封国三等、岁三田，与《春秋》从殷之质合，非臆说也。郑答临硕云：“孟子当赧王之际，《王制》之作，复在其后。”此云“孔子之后大贤所记”，二说相合。《王制》非汉儒作，当以郑说为定论。卢植云“汉孝文皇帝令博士诸生作此《王制》之书”，陈寿祺、丁晏已驳之。①

皮氏不仅赞誉郑玄兼通今、古文，而且完全肯定他对《王制》成书问题的看法。

在《经学历史》中，皮锡瑞仍将《王制》与《周礼》放在今、古文经学的大视野下加以比较，既认同东汉大儒对二者成书时代的判断，说“《王制》在赧王之后，说本郑君；《周官》为六国之书，论原何氏”，同时又说“《王制》为今学大宗，《周官》为古学大宗”，还分析郑玄“欲和同今、古文，以《王制》为殷

---

① 《驳五经异义疏证》卷十。

制、《周官》为周制，调停其说”[①]。在论及《周礼》与《礼记》的优劣时，皮氏主张“《周礼》是一代之制，犹不如《礼记》可以通行，学术、治术无所不包”，同时强调《王制》在经典体系中的独特地位：“《王制》一篇，体大物博，与《孟子》、《公羊》多合，用其书可以治天下，比之《周礼》，尤为简明，治注疏者当从此始。”[②] 所谓“治注疏者当从此始”，将《王制》从三《礼》中拔出，彰显《王制》对于整个礼学研究的重要性。

数年后，皮氏在《经学通论·三礼》中对《王制》作了更多论述，其中引人瞩目的有以下四点：

其一，力主《王制》独立。廖平早已整理刊出《王制订》，康有为也有单行《王制》的尝试，皮氏则从理论上加以论说。在论《王制》成书时代时，皮氏明确提出“治经者当先看《礼记注疏》，《礼记》中先看《王制注疏》”[③]。他又专作一篇“论《礼记》义之精者本可单行，《王制》与《礼运》亦可分篇别出”，论述说：

> 《礼记》非一人所撰，义之精者可以单行。《汉·艺文志》于《礼记》百三十篇外，已别出《中庸》二篇。梁武帝作《礼记大义》十卷，又作《中庸讲疏》一卷。宋仁宗以《大学》赐及第者。表章《中庸》、《大学》，不始朱子。蔡邕作《月令章句》及《问答》。宋太宗令以《儒行》篇刻于版，印赐近臣及新第举人。司马光《书仪》云：“《学记》、《大学》、《中庸》、《乐记》，为《礼

① 《经学历史·经学流传时代》。
② 《经学历史·经学统一时代》。
③ 《经学通论·三礼》，第69页。

> 记》之精要。”黄道周作《月令明义》、《表记》《坊记》《缁衣》《儒行集传》。黄宗羲作《深衣考》。江永作《深衣考误》。邵泰衢作《檀弓疑问》。焦循谓“于《礼运》、《礼器》、《中庸》、《大学》得其微”。是皆于四十九篇之中，分篇别出者。锡瑞谓：《王制》为今文大宗，用其说可以治天下，其书应分篇别出。①

可见，皮氏是援引历史上《礼记》各篇独立的先例，提出应将《王制》从《礼记》中独立出来。

其二，重新考论《王制》的成书时代。对于卢植的说法，皮氏通过引述陈寿祺的论辩作了否定②。对于郑玄《驳五经异义》及答临孝存有关《王制》成书时代的判断，皮氏评析说：“推郑君意，似以《王制》为孟子之徒所作，以开卷说班爵禄略同《孟子》文也。《王制》非特合于《孟子》，亦多合于《公羊》。”③ 他以《王制》合于《公羊传》的事实，对郑玄之说加以反驳。孔颖达在《礼记正义》中兼取郑玄和卢植之说，提出“《王制》之作，盖在秦、汉之际”，其中一个证据就是《王制》中有“正听之”一语，郑注“汉有正、平、丞，秦所置”，皮氏专就“正”作考辨，指出：“以‘正’为秦、汉官制，亦未必然。‘正’、‘长’义同，《尚书·冏命序》已有‘周太仆正’，《周礼》有‘宫正’，《左氏传》有‘隧正’、‘乡正’、‘校正’、‘工正’，又云‘师不陵正’，注云‘正，军将命卿’，安知古刑官无‘正’？”④ 皮氏最后指出：

---

① 《经学通论·三礼》，第79页。

② 《经学通论·三礼》，中华书局1954年，第66页。陈寿祺的考辨见《左海经辨》卷上，第94页。

③ 《经学通论·三礼》，第68页。

④ 《经学通论·三礼》，第69页。

> 《王制》一书，体大物博，非汉博士所能作，必出孔门无疑。近人俞樾说："《王制》者，孔氏之遗书，七十子后学者所记也。王者孰谓？谓素王也。孔子将作《春秋》，先修王法，斟酌损益，具有规条，门弟子与闻绪论，私相纂辑而成此篇。后儒见其与周制不合而疑之，不知此固素王之法也。"俞氏以《王制》为素王之制，发前人所未发，虽无汉儒明文可据，证以《公羊》、《穀梁》二传及《尚书大传》、《春秋繁露》、《说苑》、《白虎通》诸书所说，制度多相符合，似是圣门学者原本圣人之说，定为一代之制。其制损益殷、周，而不尽同殷、周，故与《春秋》说颇相同，而于《周礼》反不相合。必知此为素王改制，《礼》与《春秋》二经始有可通之机，《王制》与《周官》二书亦无纠纷之患。治经者能得此要诀，可事半功倍也。①

皮氏完全采信俞樾之说，认为《王制》必定出于孔门，并揭示出确定《王制》出自圣门对于经学研究的重要意义。此处提出《王制》"损益殷、周，而不尽同殷、周"，与他原来认为"《王制》是殷制"已经大有不同。

其三，比较《王制》和《周礼》的异同优劣。皮氏在分别二戴《礼记》各篇的今古文归属时说："近人又分别二《戴记》，以《王制》为今学之祖，取《祭统》、《千乘》、《虞戴德》、《冠义》、《昏义》、《射义》、《聘义》、《乡饮酒义》、《燕义》等篇注之，取《祭法》为古《国语》说，又取《玉藻》、《盛德》、《朝事》等篇

① 《经学通论·三礼》，第69页。

为古《周礼》说，又以《曲礼》、《檀弓》、《杂记》为古《春秋》左氏说，虽未必尽可据，而《王制》为今文大宗，《周礼》为古文大宗，则显有可证者。”① 他对廖平厘析两部《礼记》今、古文属性的细节并不完全认可，但十分赞同以《王制》和《周礼》所载礼制判分今、古文经学的观点，并以三代官制为例对廖平之说加以补充论证。皮氏还在廖平的基础上，进一步从区分今、古文经学的角度，对举《王制》和《周礼》并加以比较，说：

> 《王制》为今文大宗，与《周礼》为古文大宗，两相对峙（自注：朱子曰《周礼》、《王制》是制度之书，已以两书对举）。一是周时旧法，一是孔子《春秋》所立新法。后人于《周礼》尊之太过，以为周公手定，于《王制》抑之太过，以为汉博士作，于是两汉今、古文家法大乱。此在东汉已不甚晰，至近日而始明者也。……《王制》，据郑君说，出在赧王之后。《周官》，据何劭公说，亦出战国之时。是其出书先后略同，而为说不同，皆由圣门各据所闻，著为成书，以待后世之施行者。《王制》简便易行，不比《周官》繁重难举，学者诚能考定其法，仿用其意，以治今之天下，不必井田、封建，已可以甄殷陶周矣。②

皮氏既以《周礼》和《王制》在经学属性上彼此对峙，又承认二者同出圣门，皆是制法以待后世之用，纠正前人对它们尊崇过当、贬抑太甚的不当，不过，“《王制》简便易行，不比《周官》繁重

① 《经学通论·三礼》，第53页。
② 《经学通论·三礼》，第68～69页。

难举”一语，流露出他对《王制》和今文经学的偏爱。

其四，对《王制》郑注的态度无大的改变。他说：“郑君兼注三《礼》，调和古、今文两家说，即万不能合者，亦必勉强求通，论家法固不相宜，而苦心要不可没也。《周官》‘公五百里，侯四百里’，《王制》‘公、侯田方百里’，言封国大小迥异，此万不能合者，惟郑君能疏通证明之。”他仍以齐、鲁二国益封为例，说明“郑注《王制》而引《周官》，能和同古、今文，皆不背其说”，对前人指责郑玄“牵合无据”作了辩护，称他“亦非尽无据也”，进而指出：“如郑说，《周官》、《王制》皆可通矣。”[①] 他顺承郑注，认为《王制》与《周礼》可以相通，这与他后来强调二者对立截然不同。由此可见，皮氏虽对郑注牵强附会、泯灭家法不以为然[②]，对郑玄在《周礼》和《王制》上显分轩轾的态度也有所

① 《经学通论·三礼》，第54页。

② 《王制》“三年一大聘，五年一朝”，郑注：“此大聘与朝，晋文霸时所制也。虞、夏之制，诸侯岁朝。周之制，侯、甸、男、采、卫、要服六者，各以其服数来朝。”孔疏引郑玄《驳五经异义》说：“《公羊》说比年一小聘，三年一大聘，五年一朝，以为文、襄之制。录《王制》者，记文、襄之制耳，非虞、夏及殷法也。”孔疏又引许慎《五经异义》说：“《公羊》说：诸侯比年一小聘，三年一大聘，五年一朝天子。《左氏》说：十二年之间，八聘、四朝、再会、一盟。许慎谨案：《公羊》说，虞、夏制；《左氏》说，周礼。《传》曰‘三代不同物’，明古、今异说。郑驳之云：三年聘，五年朝，文、襄之霸制。《周礼·大行人》诸侯‘各以服数来朝’，其诸侯岁聘、间朝之属，说无所出。晋文公强盛诸侯耳，非所谓三代异物也。”皮锡瑞评析说：“郑注据《周官》而疑《王制》，以为文、襄霸制，盖据《左氏》昭三年传郑子太叔之言，然《公羊》必不用《左氏传》文。《王制》之作，郑以为在赧王之后，其时《左氏》未出，非必引以为证。……《王制》与《公羊》合，当是古礼有之。即文、襄创霸，亦必托于古礼。其后晋法变而益密，故又有岁聘、间朝之属。然则《王制》与《周官》不合，当从许君，以为前代之制；郑以为晋霸之制，似未必然。”引见《经学通论·三礼》，第54～55页。

不满[1]，却对他折衷三《礼》、调和今古的良苦用心相当赞赏。

三、《王制笺》的撰作与内容要点

皮锡瑞主张《王制》应从《礼记》中分篇独出，《王制笺》的撰写使之变成了现实。《师伏堂日记》丁未年二月初十日载："阅《王制注疏》，欲改定一过，以《王制》为孔子素王之制，可解周与夏、殷之纷，不知书能成否。"皮氏想改定《王制》的郑注、孔疏，从孔子创立素王之制入手，解决前儒对《王制》所载礼制属夏、属殷与属周的争论。第二天，皮氏即动手工作，"奋志作《王制笺》，录一纸"。接下来连续五天的日记都有撰作《王制笺》的记载，如："录《笺》一纸。""录《笺》二纸。""录《笺》，《白虎通》多可采者。""录《笺》一纸。"但因皮氏忙于湖南高等学堂等处的教学，又要到省学务公所批阅全省学堂自编讲义，《王制笺》的撰写一直是断续进行，直到六月中旬才大体完成。如日记所载，十五日："《王制笺》略定。"十六日："改《笺》。……到公所，拟作《笺序》，未成。归家，热度近九十分，足成序文。"十九日："录出序文。唐姓来，以《笺》十八页付之。"皮氏又翻检《荀子》，发现书中颇多与《王制》相似的说法，于是补作后序，加以发明，如其七月十二、十三日记所载：

---

① 例如皮锡瑞这样评析说："郑《驳异义》曰：'《周礼》是周公之制，《王制》是孔子之后大贤所记先王之事。'是郑君虽不以《王制》为汉博士作，而视《周礼》则显分轩轾。故或据《周官》以疑《王制》，未尝引《王制》以驳《周官》。所云'先王之事'，即指夏、殷之礼，而于朝聘直以为晋文霸制，并不以为夏、殷之礼矣。"引见《经学通论·三礼》，第55页。

“《荀子》书亦有《王制篇》，与《礼记·王制》多合。”“录出《王制篇》语，拟作《后序》，其余篇亦有与《王制》合者。”八月间，皮氏将《王制笺》书稿加以校正，送交王先谦，如十八日记载“以《通论》并《王制笺》送葵园，复函许代刻”，十九日又载“葵园复函，许以《王制笺》付刊”。至十月中旬，《王制笺》刻本覆校完毕，翌年由思贤书局刊行问世，成为皮氏一生中最后的著作。

《王制笺》全书七万余字。皮锡瑞在自序中称：“今据俞樾说《王制》为素王所定之制，疏通证明其义。……郑君笺《诗》，以毛为主，‘若有不同，便下己意’。今用其法以笺《王制》，专据今文家说，不用古《周礼》说汩乱经义。全载郑注，间纠其失。孔疏择其合者录之。后儒之说，或采一二，而附以己意。”[①] 全书主旨就是阐述《王制》何以是素王之制，圣人如何为后世立法，同时辨明今、古文家法，对郑注、孔疏及清儒误说错解《王制》之处加以指摘。具体做法就是先录《王制》经文和郑注，然后标注“笺”字，详加论说。皮氏笺文往往先摘录孔疏，再以“锡瑞案”的方式申述己意，对郑注、孔疏或前儒之说加以评议，或引述先秦两汉的经书、诸子、史籍中与《王制》相同或有异的文字，就其异同作考证、辨析，申明《王制》的今文学特质。

综观《王制笺》全书，其主要内容可以总括为以下几个方面：

其一，对《王制》字句、文本的考证与勘订。皮氏对《王制》文句作了细心审校，或自抒新见，或援引成说，弥补了前儒的阙失，解决了不少疑误。例如，“冢宰制国用”，其职相当重要，但郑注、孔疏均阙略不解，皮氏推测“当是即以《周官》之冢宰解

---

① 《王制笺》，思贤书局光绪戊申刊本，“自序”第2页。

之”，但他根据《白虎通》所载，认为《王制》“冢宰”必非《周官》“冢宰”，为此详加考证说：

> 《白虎通·爵》篇云：“《论语》曰：‘古之人皆然，君薨，百官总己听于冢宰三年。’所以听于冢宰三年者何？以为冢宰职在制国之用，是以由之也。故《王制》曰：‘冢宰制国用。’所以名之为冢宰何？冢者大也，宰者制也，大制事也。故《王度记》曰：‘天子冢宰一人，爵禄如天子之大夫。’或曰：冢宰视卿，《周官》所云也。”陈立疏证曰：“《天官·序官》云：‘冢宰，卿一人。’《周书·大匡》云：‘乃诏冢宰卿。’此盖专言周制也。至《王度记》所云，则殷制。《曲礼》篇：‘天子建天官，先六太，曰太宰、太宗云云。天子之五官，曰司徒、司马云云。’郑君以为殷制，虽无明据，然太宰非贵卿，而止为天官之属，则与宋官名合。宋承殷制，其六卿之名见于《左氏》文七年、十六年、昭二十二年、哀二十六年者，其目则曰右师、左师、司徒、司马、司城、司寇，无所谓冢宰也。唯成十六年于六卿之外，复有向带为太宰，于司寇之下，其非上卿可知。则殷制冢宰为天子之大夫明矣。故下《封公侯》篇引《别名记》：‘司马顺天，天者施生，所以主兵何？兵者，为民除害，所以全其生、卫其养也。故兵称天。’以司马为天官，则冢宰非六卿之长，其爵但如大夫耳。”陈氏疏今文义甚晰。《白虎通》杂采经传，多以前一说为主，或曰云云，皆广异闻，或兼采古文说。此“或曰”引《周官》，正见古文说与今文不同，则其前引《王制》“冢宰制国用”，又引

《王度记》冢宰是大夫，非卿，此《王制》冢宰亦必是大夫。故下文有大司徒、大司马、大司空为三卿，而无冢宰。自今说渐逸，人但知有《周官》冢宰，以为《王制》冢宰亦同，非《白虎通》，无以知其异矣。[1]

皮氏先以《白虎通》为据，再引陈立《白虎通疏证》之说，指出今文冢宰属殷制，是大夫，古文冢宰属周制，是卿，二者完全不同[2]。又如，“天子赐诸侯乐则，以柷将之；赐伯、子、男乐则，以鼗将之”，前儒有以“则”字属下句者[3]，皮氏指出：“经云‘赐诸侯乐则’，‘赐伯、子、男乐则’，皆以‘则’字绝句。”[4]《白虎通·考黜》明列九赐之名，其三曰乐则，并说“能和民者赐乐则”，又有一段引及《王制》，说：“车马、衣服、乐则三等者，赐与其物。……《王制》曰：‘天子赐诸侯乐则，以柷将之。’”可证皮氏之说可信。这是《王制笺》中考证最为精彩的两例[5]。其他如“有圭璧金璋”，皮氏援用王引之《经义述闻》卷十四的考证成果，认为“金”字当作“宗”，乃“琮”字假借[6]，“虞庠在国

---

① 《王制笺》，第25页。

② 朱彬于“冢宰制国用”下注曰：“《白虎通》：‘冢者大也，宰者制也，大制事也。’”似不用《周礼》冢宰解《王制》。《礼记训纂》，饶钦农点校，中华书局1996年，第180页。

③ 沈啸寰、王星贤点校孙希旦《礼记集解·王制》，即以“则”字下属（第330页）。孙希旦说“乐之重者乃有柷，故以将诸侯之乐；其轻者但有鼗，故以将诸伯子男之乐”，言“乐”而不言“乐则”，其意可知，点校者应是据此而将“则”字下属。朱彬《礼记训纂·王制》未有明言，点校本不知何据而将“则”字下属（第176页）。

④ 《王制笺》，第19页。

⑤ 胡玉缙为《王制笺》撰提要表扬说：“以‘赐诸侯乐则’、‘赐伯子男乐则’，皆以‘则’字绝句；‘冢宰制国用’为天子大夫，非《周官》冢宰，深得《记》意。”引见中国科学院图书馆整理：《续修四库全书总目提要（经部）》，第573页。

⑥ 《王制笺》，第41页。

之西郊”，皮氏引孙志祖的考证和阮元校勘记之语，认为“二说证据极明，‘西郊’当作‘四郊’无疑”，均援据精确①。

皮氏对《王制》文本的勘校，集中在《王制》后半部分。他在“大夫祭器不假。祭器未成，不造燕器”一节下提出：“《王制》一篇，疑是从上节止，此节与上下文皆不相承，恐是错简。”陈祥道主张此节错简应在“寝不逾庙”之上，皮氏以“经文未敢擅易”，姑存其说，没有擅加移易②。这种恭谨的态度，与廖平造作《王制订》形成鲜明对比。从“方一里者，为田九百亩”至篇终，孙希旦认为“皆所以申释前文，而且以补其所未备也”③，皮氏十分赞同，补充说：“此申释者，当别是一人，非记者自释也，如《仪礼》诸篇末之附记也。”④ 前儒大多根据“古者以周尺八尺为步，今以周尺六尺四寸为步”一语，判定《王制》当成书于汉代，皮氏则认为：“‘古者’以下，当为汉人之言，礼家附入记中，如《大戴·公冠》篇有孝昭冠辞之比。卢植以为汉博士作，孔疏以为秦、汉之际，以其中有‘周尺’云云，当在周亡后也。而以此概全经，则误矣。”⑤ 《王制》篇末又详述“六礼”、“七教”、“八政”之目，明显是解说经文司徒一节，皮氏为此再次提出：“上文云‘司徒修六礼以节民性，明七教以兴民德，齐八政以防淫’，不云六礼、七教、八政细数如何，恐读者不解，故此复列细

① 《王制笺》，第44页。其实孔疏在解“小学在公宫南之左，大学在郊”时，比较殷、周异制，说“周则大学在国，小学在四郊，下文具也”，明称周制小学在四郊，其所谓下文，即“周人养国老于东胶，养庶老于虞庠。虞庠在国之西郊”，可见作疏者所据本正作“虞庠在国之四郊”。

② 《王制笺》，第45页。

③ 孙希旦：《礼记集解·王制》，第389页。

④ 《王制笺》，第46页。

⑤ 《王制笺》，第47页。

数于后。尝疑‘古者以周尺’以下为后人附记，故此数节皆上文所已言而未详者。当时义本口授，恐后不能尽知，乃更详言以告后人，如《仪礼》诸篇之有记。此节尤晓然易见，以上文不详其目，故列其目以附于末也。后儒因‘古者周尺’之文，疑此经全篇皆出汉儒，此圣人定制之意所以不明，而其所定之制，后世亦未尝见之实行也。”[1] 他以《仪礼》各篇有附记、《大戴礼记·公冠》杂有汉昭冠词相比况，认为《王制》篇末数节出现秦汉人语和解经之词并不奇怪，不能据此而怀疑《王制》全篇，言之成理[2]。

其二，对《王制》作者及性质的论证与阐发。

《王制笺》开篇即讨论《王制》的成书问题，采俞樾之说，以《王制》为素王所定之制。在笺释《王制》首句“王者之制禄、爵”时，皮锡瑞详加论述：

> 此经所谓王者，谓为后世王者立法，非谓三代之王者也。孔子立《春秋》素王之制，以待后世有王者起，必来取法，非徒变周之文、从殷之质，实亦斟酌四代虞、夏、商、周，与答颜渊问为邦兼取夏时、殷辂、周冕、《韶舞》相类。《王制》即素王之制，其中损益周制，或取或否。郑君见其与《周礼》不合，别之为夏、殷礼。孔子斟酌四代，未尝不采夏、殷，然既已经孔子损益，定为一王之法，则是素王新制，非夏、殷旧制矣。郑君

① 《王制笺》，第50页。

② 今天学术界讨论《王制》成篇时代，多以“古者以周尺八尺为步”为界，将《王制》分成前后两部分，认为前一部分为经文，后一部分是秦汉人对前面经文的解释。参见王锷：《清代〈王制〉研究及其成篇年代考》，《古籍整理研究学刊》2006年第1期；《〈礼记〉成书考》，中华书局2007年，第172～178页。

未曙于此，故虽极力弥缝，犹多参差不合。孔《疏》专申郑义，亦苦同异纷纭。后儒多信卢植之言，以为汉博士所定一代之制。不知《王制》体大物博，用其书可以治天下，非汉博士所能作也。郑君以为在孟子后，盖以其与《孟子》多合，似出孟子之徒。考《王制》一书与《孟子》大同小异，当是作此书者与孟子各记所闻，未见其必出于孟子后也。《孟子》曰："天子一位，公一位，侯一位，伯一位，子、男同一位，凡五等也。君一位，卿一位，大夫一位，上士一位，中士一位，下士一位，凡六等。"王朝连天子言之，以子、男合为一，故凡五等；侯国连君言之，故凡六等。此经王朝不连天子，以子、男分为二，故凡五等；侯国不连君，故亦五等。《孟子》之连天子与君言者，所以明天位与共之义，当与臣下同分劳。此经之不连天子与君言者，所以见人君独立之尊，初非臣下所敢并。此其立意与《孟子》稍不同者，足见此书非尽出孟子矣。①

此处所论有两点最为重要：第一，强调《王制》中的"王者"并非三代旧王，而是后世新王，认为孔子创立素王新制，原是留待后世之王取法，明确主张《王制》出自孔子之手，并对卢植所说《王制》出于西汉博士、郑玄认为《王制》似出孟子之徒的说法作了否定。第二，强调孔子并非"变周之文，从殷之质"，而是斟酌四代，对虞、夏、商三代之礼加以损益，对文、武、周公之制也有所取舍，所以《王制》作为一代新法，既不合于《周礼》，也非

① 《王制笺》，第1~2页。

三代旧制。《王制》为孔子所定“素王新制”，从此成为《王制笺》全书主意，皮氏在以下笺释中，始终依循此论，对《王制》本文进行疏解，力证《王制》与《春秋》及汉代今文家说相合，阐发孔子创法立制之义。

为进一步论述《王制》是孔子所定素王之制，皮锡瑞从群经、传记、诸子和两汉史书中寻觅材料，特别是引用《公羊传》、《穀梁传》、《孟子》、《荀子》，以及两汉今文经师之说如《尚书大传》、《春秋繁露》、《说苑》、《盐铁论》、《白虎通》、《论衡》、《五经异义》等，以《王制》所说与之相通或相近，证明《王制》确属今文经学，必是素王定制。例如，“千里之外设方伯”一节，皮氏根据《白虎通》与《公羊传》同引《王制》此文，认为：“据此，足征《王制》与《春秋》相通，皆素王所立之制也。”[①] 又如，朝聘一节说“诸侯之于天子也，比年一小聘，三年一大聘，五年一朝”，孔疏引《驳五经异义》载《公羊》说相同，皮氏因此说：“《公羊》说与《王制》正同，此《王制》为素王定制之一证。”[②] 皮氏还经常从郑注、孔疏中觅取证据，如“公、侯田方百里，伯七十里，子、男五十里。不能五十里者，不合于天子，附于诸侯，曰附庸”一段下，郑注：“不合，谓不朝会也。小城曰附庸。附庸者，以国事附于大国，未能以其名通也。……此地，殷所因夏爵三等之制也。殷有鬼侯、梅伯。《春秋》变周之文，从殷之质，合伯、子、男以为一，则殷爵三等者，公、侯、伯也。”皮氏就郑注立论，说：“郑引《春秋》‘未能以其名通’以解《王制》，是《王制》与《春秋》相通之证也。郑又引‘《春秋》变周

① 《王制笺》，第8～9页。

② 《王制笺》，第15页。

之文，从殷之质，合伯、子、男以为一，则殷爵三等者，公、侯、伯也’，是郑已知《王制》与《春秋》相通，特未知即《春秋》素王之制。”① 又如“天子、诸侯无事，则岁三田”一段，孔疏引郑玄《释废疾》说：“孔子虽有圣德，不敢显然改先王之法以教授于世；若其所欲改，其阴书于纬，藏之以传后王。”皮氏据此提出：“郑《释废疾》足征孔子改法，实有其事。《公羊春秋》三时田，为孔子所改之法，则《王制》三时田与《公羊》合者，亦当为孔子所改之法明矣。”他又根据何休《公羊解诂》之说，认为“古本四时皆田，孔子作《春秋》，以夏乃长养之时，恐伤害幼稚，故为后王立法，夏不田，止用三时田”，进一步论述孔子立法救时之义②。在《王制笺后序》中，皮氏还专门讨论《荀子·王制篇》与《礼记·王制》在文字与思想方面相互吻合的详情，对《王制》的成书问题作了补充论述：

> 郑君谓《王制》是孔子之后大贤所记，当时大贤无过孟、荀。《孟子》之言与《王制》合，而略焉弗详；《荀子·王制篇》虽详，亦不若此经条理之密，则此经必有所授，以为素王之制，似可无疑。故虽孟、荀大贤，犹未尽得其旨，以为汉博士作，不亦远乎?③

皮氏通过揭示《孟子》、《荀子》与《王制》的差异，强调孟、荀两大贤犹未尽得《王制》精髓，西汉博士自然不能有此大作，重申“此经必有所授，以为素王之制，似可无疑”。事实上，皮氏对“经”的称呼有严格的限定，在《经学历史》中强调：“孔子所定

① 《王制笺》，第 3 页。
② 《王制笺》，第 23 页。
③ 《王制笺》，“后序”第 2 页。

谓之经。弟子所释谓之传，或谓之记。弟子辗转相授谓之说。惟《诗》、《书》、《礼》、《乐》、《易》、《春秋》六艺乃孔子所手定，得称为经。”[①]《王制笺》一再称“此经”、“经文”，尊《王制》为经，正可见皮氏坚持认为《王制》出自孔圣。

皮氏在论证《王制》确属素王新制的同时，又极力阐述孔子创法立制以救时弊、垂后世的良苦用心，彰显《王制》中的良法美意。例如，《王制》实行井田封建，又设计一套治理天下的机构：“千里之外设方伯。五国以为属，属有长。十国以为连，连有帅。三十国以为卒，卒有正。二百一十国以为州，州有伯。八州，八伯、五十六正、百六十八帅、三百三十六长。八伯各以其属属于天子之老二人，分天下以为左、右，曰二伯。”皮氏对此大加赞赏，说：“后儒谓封建当纬以郡县，郡县当纬以封建。属、连、卒、州分属二伯，即封建纬以郡县之义。”[②]《王制》规定“田里不粥”，皮氏深有感触地说：“三代盛时，必无献田、粥田之事，春秋、战国盖已有之，所以井地不均，兼并渐起，商鞅变法，遂废井田，非一朝一夕之故矣。孔子预防其弊，定为‘田里不粥’之制，必如此而后井田可久行。后世如唐初定制，永业、口分田民得粥卖，不数传而田制遂坏，由不守‘田里不粥’之戒也。”[③]在笺释“诸侯之下士视上农夫，禄足以代其耕也”时，皮氏写道：

> 禄以代耕，非止下士，自“君，十卿禄”以及“庶人在官”，皆有代耕之义，《孟子》所谓“治人者食于人”也。明乎此义，则君禄亦有限制，不得以一国为己

---

① 《经学历史·经学流传时代》。

② 《王制笺》，第9页。

③ 《王制笺》，第35页。

私；吏胥之禄亦无赢余，但可与农人同糊口。君不以一国为己私，则不滥用国帑；吏胥与农人同糊口，则不欺压平民。此古义之最善者。[①]

皮氏认为，限制国君之禄可避免君主视一国为私产，控制吏胥之禄可防止官吏欺压平民，要求统治者以天下为公、爱护民众，实际上是用近代西方民主思想来诠释中国古代经典。对《王制》兴学立教的规定，皮氏更大加评论：

王者兴学校，育人才，乃有移郊遂、屏远方者，去害马，恐乱群，不得不然。必至七年、九年，屡次不变而后移之、屏之，王且为之三日不举，其爱惜人才，未尝不至。爱之深，故责之备也。王太子与凡民俊秀同学序齿，明长幼有序，不以富贵骄人。太子将来嗣位为王，同朝之臣皆同学之友，情谊尤固，材能素知。其制最善，皆后世所当效法者。[②]

皮氏晚年积极参与湖南兴办新学，对《王制》学制称羡不已，自在情理之中。皮氏还一再肯定《春秋》讥世卿，《王制》则规定大夫“不世爵禄”，因此认为二者正合，指出：“此乃夫子深念当时世卿之弊，欲为后王立法，去此弊端，盖有废世卿、行选举之心。后世用选举，是从《春秋》法也。”[③] 正因为皮氏相信《王制》是孔子为后世精心创设的良法美制，所以他特意加以笺证：“疏通证明其义，有举而措之者，知王道之易易，岂同于郢书治国乎？”[④]

---

① 《王制笺》，第 4 页。
② 《王制笺》，第 38 页。
③ 《王制笺》，第 50 页。
④ 《王制笺》，“自序”第 2 页。

可见皮氏在《王制笺》中全力发明素王新制，是希望能够措之于现实，改制变法，迎来王道荡荡的太平盛世。

为了突出《王制》是素王所定新制，皮氏还在书中多次比较《周礼》、《王制》的优劣高下。他在自序中就说："《周礼》、《王制》，皆详制度，用其书皆可治天下。《周礼》详悉，《王制》简明。《周礼》难行而多弊，《王制》易行而少弊。"① 表面上对《周礼》、《王制》平等相视，事实上对《王制》信爱有加。例如，"天子，百里之内以共官，千里之内以为御"，郑注"谓此地之田税所给也"，孔疏："云'此地之田税所给也'者，依《周礼》有口率出泉，恐此是口率之泉，故云'此地之田税所给也'。……此为殷法也，但未知有口率出泉以否。"皮氏批评说："口率[illegible]汉法，贡禹以为古所无有，而《周礼》先有之，故汉人以为末世渎乱不验之书。《王制》为孔子所定，必无此等弊法。"② 又如，《王制》规定"公家不畜刑人"，《周礼》则完全相反，皮氏摘引《礼记·曲礼》、《公羊传》及何氏解诂、《白虎通·五刑》、《盐铁论·秦汉》，或径引《王制》，或持论相同，因此认为："汉五经今文说皆如是。盖素王改制，因吴子近刑人致祸，乃有不畜刑人之戒，以视《周官》多设内官，启后世奄人之患者，所虑为深远矣。"③ 再如，《王制》规定"诸侯无故不杀牛，大夫无故不杀羊，士无故不杀犬、豕，庶人无故不食珍"，而《周礼·膳夫》载"王日一举，鼎十有二"，又《内则》郑注说"天子大牢，诸侯少牢，大夫特豚，士特豚"，一俭一侈，对比鲜明，《礼记·玉藻》则称

① 《王制笺》，"自序"第2页。

② 《王制笺》，第8页。

③ 《王制笺》，第14页。

“天子食，日少牢，朔月大牢。诸侯食，日特牲，朔月少牢”，又说“君无故不杀牛”，与《王制》同，与《周礼》异。孔疏《王制》，本郑玄之说，“以天子日食大牢为周公之礼，食少牢为衰世之礼”，皮氏指出：“天子日食大牢，至士日食特豚，皆失之侈，当以《王制》、《玉藻》所言为正也。”[1] 这与他在《郑志疏证》中会通《王制》与《周礼》的态度完全不同。

其三，对《王制》郑注有关训诂、典礼、史事错误的纠正。

《礼记浅说》、《经训书院自课文》已多次指摘郑注《王制》在训诂与名物方面的失误，《王制笺》进一步对郑注训释文字、解说典制（官制、礼制、学制等）、引史证经等错误加以纠驳。以下[illegible]说。

[illegible]释文字之讹：巡守一节说“命典礼考时月定日同律礼乐制度衣服正之”，郑注：“同，阴律也。”郑玄以“同”为名词，与日、律、礼、乐、制度、衣服平列，全句当读作“命典礼考时、月，定日、同、律、礼、乐、制度、衣服，正之”。孔疏顺承郑注，解释说：“典礼之官，于周则太史也。考校四时及十二月之大小，时有节气早晚，月有弦望晦朔，考之使各当其节。又正定甲乙之日、阴管之同、阳管之律、玉帛之礼、钟鼓之乐及制度、衣服，各有等差，当正之使正。郑以先儒以‘同’为‘齐同此律’，故辨之云：‘同，阴律也。’故《太师》云：‘执同律以听军声。’又《典同》注云：‘同，阴律也。不以阳律名管者，因其先言耳。’所以先言者，以同为平声，平为发语之本，今古悉然，故先言耳。”皮氏据孔疏说先儒以“同”为“齐同”，指出“郑君之前无解为阴律者”，因此对郑注之失当作了一番考辨：

---

① 《王制笺》，第33页。

《汉书·律历志》："《虞书》曰：'乃同律度量衡。'所以齐远近，立民信也。""同"上加一"乃"字，必以"同"为"齐同"。《志》又云："同律、审度、嘉量、平衡、钧权、正准、直绳。"又云："凡律度量衡用铜者，名自名也。"师古曰："取铜之名，以合于同也。"盖谓"铜"取"同"义，不以"同"别为一物甚明。新莽《量铭》云："改正建丑，长寿隆崇，同律度量衡。"《东观汉记》丁鸿上奏云："协时月正日，同斗斛权衡，使人不争。"《白虎通·巡守》篇云："考礼义，正法度，同律历，叶时月，皆为民也。"张衡《东京赋》云："同衡律而一轨量。"皆先儒以"同"为"齐同"之证。郑君过信《周礼》，苟异先儒，《周礼》虽有"同律"之文，亦未明言此"同律"即《尚书》、《王制》之"同律"也。《白虎通》引"《尚书》曰：遂觐东后"云云，又引"《尚书大传》曰：见诸侯，问百年。太师陈诗，以观民风俗。命市纳贾，以观民好恶。山川神祇有不举者为不敬，不敬者削以地。宗庙有不顺者为不孝，不孝者黜以爵。变礼易乐者为不从，不从者君流。改制度、衣服为畔，畔者君讨。有功者赏之"，与《王制》正同，盖伏生引以释《书》者。又云："巡狩所以四时出何？当承宗庙，故不逾时也。以夏之仲月者，同律度当得其中也。二月、八月昼夜分，五月、十一月阴阳终。"引"《尚书》曰：二月东巡守"云云。"同律度当得中"，亦必以"同"为"齐同"之义。①

① 《王制笺》，第17页。

皮氏广征博引，指出两汉人皆以“同”为“齐同”，用作动词，郑玄则引据《周礼》，训作“阴律”，是故意立异，且与下文之“律”重复，实不可取。根据皮氏所论，此句应读作“命典礼考时、月，定日，同律、礼、乐、制度、衣服，正之”①。

解说官制之误：司空一节说“司空执度度地”，郑注：“司空，冬官卿，掌邦事者。”郑玄以《周礼》中作为冬官卿的司空来解说《王制》司空，皮氏则认为二者同名异实，辨析说：

> 司空，依今文说，当为三公之司空，不当为六卿之司空。《韩诗外传》曰：“三公者何？曰司空、司马、司徒也。司马主天，司空主土，司徒主人。”《汉书·百官公卿表》同。《白虎通·封公侯》篇曰：“司马主兵，司徒主人，司空主地。”引《别名记》同。《御览》引《书大传》曰：“沟渎壅遏，水为民害，则责之司空。”《论衡》引《书大传》曰：“城郭不缮，沟池不修，水泉不降，水为民害，则责于地公。”盖司空一曰地公，正掌度地、量地之事。若冬官卿掌邦事，多属百工之事，而土地属地官司徒。此夏、殷官制与《周官》六卿不同者。郑引六卿之司空以解三公之司空，不知名同实异，盖于今、古文家法未尽了然。②

皮氏从两汉今、古文经学官制不同，论证不能将《周礼》司空与

---

① 孙希旦解曰：“订其得失谓之考，齐其参差谓之定，一其乖异谓之同，凡此皆所以正其不正也。”可见不以郑注“阴律”之说为然。沈啸寰、王星贤点校此句作“命典礼考时、月，定日，同律、礼、乐、制度、衣服，正之”，甚得孙希旦本意。引见《礼记集解·王制》，第328页。但朱彬《礼记训纂·王制》仍取郑注之说。

② 《王制笺》，第35页。

《王制》司空混为一谈，举证十分有力。又司寇一节“王命三公参听之”，郑注亦引《周礼》为说，皮氏根据《五经异义》载今文《尚书》说天子立三公、九卿等官，以司徒、司马、司空为三公，古文《周礼》说天子立三公、三孤、六卿等官，以太师、太傅、太保为三公，指出：“此经上文明云天子三公、九卿，则三公当如今《尚书》说为司徒、司马、司空，不当如古《周礼》说为太师、太傅、太保甚明，何得以《周礼》之三公说此经之三公乎？”①

解说学制之误：《王制》言立学，说“小学在公宫南之左，大学在郊”，郑注：“此小学、大学，殷之制。”言养老时又说“六十养于国，七十养于学”，郑注：“国，国中小学，在王宫之左。学，大学也，在郊。小学在国中，大学在郊，此殷制明矣。”郑玄坚持小学在国、大学在郊为殷代之制。又“有虞氏养国老于上庠，养庶老于下庠。夏后氏养国老于东序，养庶老于西序。殷人养国老于右学，养庶老于左学。周人养国老于东胶，养庶老于虞庠”，郑注：“皆学名也。异者，四代相变耳。或上西，或上东，或贵在国，或贵在郊。上庠、右学，大学也，在西郊。下庠、左学，小学也，在国中王宫之东。东序、东胶，亦大学，在国中王宫之东。西序、虞庠，亦小学也。西序在西郊，周立小学于西郊。”可见郑玄又提出虞、殷二代小学在国、大学在郊，夏、周二代小学在郊、大学在国，将古代学制区划为两种截然不同的体系，并认为是“王者相变，或贵在国，或贵在郊”。皮氏根据群经、传记及汉儒之说，认为《王制》所言学制为虞、夏、商、周四代通制，指出：《白虎通》引“小学在公宫南之左，大学在郊”，并不析言三代异

① 《王制笺》，第41页。

同，“当是三代通制”[①]，特别是《王制》言养老时详言“有虞氏以燕礼，夏后氏以飨礼，殷人以食礼，周人修而兼用之”，分别四代养老之礼，而说“五十养于乡，六十养于国，七十养于学”并不分别，“自是通礼，何以知为殷制”[②]？皮氏在评析“有虞氏养国老于上庠，养庶老于下庠”一节时，更指出郑玄错解学制的根源：

> 郑误解学制，皆由误会此经，其实此经义极分明。上、下，东、西，左、右，相对而言，必是同在一处，即东学、西学、南学、北学，同在明堂四门者也。夏贵东而贱西，殷贵右而贱左，当如郑说。王者相变，实亦不过稍示变改，非必一贵在国，一贵在郊也。《公羊》桓元年传解诂曰：“质家右宗庙，左社稷。文家右社稷，左宗庙。”是文家尚左，质家尚右。夏、周文，故以东为上。殷家质，故以右为上。其实本同一处。若国与郊，相去甚远，安得以上下、东西、左右两两对举乎？[③]

对于郑玄所说周制大学在国之说，皮氏在批评郑注以“小学在公宫南之左，大学在郊”为殷制时，也作了有力的反驳：

> 郑《驳异义》引《王制》文，云“然则大学即辟雍也”，又引《诗·颂·泮水》、《大雅·灵台》，云“则辟雍与三灵皆同处，在郊矣”，是郑亦谓大学在郊，不坚持周大学在国之说。古国中地狭，大学人众，经云：“王太

① 《王制笺》，第20页。
② 《王制笺》，第42页。
③ 《王制笺》，第44页。

> 子，王子，群后之太子，卿、大夫、元士之嫡子，国之俊秀，皆造焉。”是王子、国子由虎门小学，凡民俊秀由各乡小学，学成之后，皆入大学，非国中所能容，故必在郊，郊即南郊七里之内。[①]

此《驳五经异义》见《毛诗·灵台》孔疏所引。郑玄谓：“小学在公宫之左，大学在西郊，王者相变之宜。众家之说各不昭晳，虽然于郊差近之耳，在庙则远矣。《王制》与《诗》，其言察察，亦足以明之矣。”明言当据《王制》与《灵台》所说为定。可见皮氏引此以证“郑亦谓大学在郊，不坚持周大学在国之说”，极有说服力[②]。他还由此感叹：“此皆经本分明，因注、疏而化康庄为荆棘者也。”[③]

引史证经之失：祭祀一节“天子、诸侯祭因国之在其地而无主后者”，郑注：“谓所因之国，先王、先公有功德，宜享世祀，今绝无后，为之祭主者。昔夏后氏郊鲧，至杞为夏后而更郊禹，晋侯梦黄熊入国而祀夏郊，此其礼也。”郑玄引《左传》史事以证祭因国之无主后者，但实不相类，孔疏即说：“按昭七年《传》之

---

① 《王制笺》，第 21 页。

② 《礼记正义·王制》一再附和郑注分别殷、周学制之说，但于“有虞氏养国老于上庠”一节，也据郑《驳五经异义》“三灵一雍在郊”，谓“周大学在国之西郊”。又皮锡瑞在《驳五经异义疏证》卷八评析说：“郑君解经先后不符者甚多，学者当分别异同，从其是者而辨其不是者，不必勉强回护。郑解辟雍、大学，当以《驳异义》说为正。大学在郊，即辟雍与三灵同处，在郊，不在庙，引《王制》与《诗》为断，极确。且以‘小学在公宫南之左，大学在西郊’为王者相变之宜，郑意盖谓王者以小学、大学在国、在郊相变，未尝云夏、殷、周三代相变，或在国，或在郊也。郑《驳异义》不云殷制，盖以三灵、辟雍在郊为三代通制，与《王制》注不同。《王制》注盖牵于下文‘有虞氏养国老于上庠’云云，故以为四代相变。后儒误执注义，遂致学制纷乱不明。”与此处所说可互相参证。

③ 《王制笺》，第 42 页。

意义，谓晋当代天子摄群神之祀，不谓因此国在地无主后者。今郑引之以证祭无主后，则谓鲧是夏家之先，晋居夏之旧地，鲧无主后，故晋祀之。《礼》之与《传》，意少异。”皮氏承孔疏之说，指出：

> 郑引《传》不甚合，故孔疏亦疑之。顾炎武曰：“‘天子、诸侯祭因国之在其地而无主后者。’《左传》：子产对叔向曰：‘迁阏伯于商丘，主辰，商人是因。迁实沈于大夏，主参，唐人是因。’齐晏子对景公曰：‘昔爽鸠氏始居此地，季荝因之，有逢伯陵因之，蒲姑氏因之，而后太公因之。’是也。《都宗人》注：‘都或有山川，及因国无主九皇、六十四民之祀。’”顾所引《左传》，较郑注为合。①

顾炎武《日知录》卷六引《王制》此语及《左传》子产、晏婴二说，本是解说经典中的“因国”一词。皮氏则借顾炎武所引《左传》以证郑注之失，可谓善于利用②。

其四，对《王制》郑注不明家法、强解素王新制的批评。

与皮锡瑞此前表彰郑注调和今古截然不同，《王制笺》屡屡指斥郑玄不知今古家法。他在自序中，明言郑玄“过信《周礼》出周公，解《王制》必引以为证，则昧于家法，而自生葛藤”③。他指陈郑玄注解土地、封国、官制、征税、祀典、学制等六个方面的缺失，认为“郑君所注偶失，人不知为注误，而以为经误，遂

---

① 《王制笺》，第31页。

② 胡玉缙表扬说：“引顾炎武说，足正郑误。”引见《续修四库全书总目提要(经部)》，第573页。

③ 《王制笺》，“自序”第1页。

集矢于此经”[①]，以致迷惑后学，汩没圣经。以下试举数例。

“天子之田方千里，公、侯田方百里，伯七十里，子、男五十里”一节，郑注有谓“周公摄政致太平，斥大九州之界”，皮氏虽然坚持齐、鲁二国实有加封之事，证明郑注有所依据，但对郑玄和同今古文的做法大加非议：“《周礼》以为公、侯之封有四五百里，周初亦非全无其事，惟辞不别白，以为通制，则与《孟子》不合，亦与事实全乖。郑引《周礼》以解《王制》，和同今、古文说，因齐、鲁有加封之事，欲以概之九州。案《周礼》一书，何休以为六国人作，盖亦当时有志之士采摭周法，参以己见，定为一代之制，窃比素王改制之意。而封国大小全然不同，盖以周初本有四五百里之封，遂欲定为通制。后人不知二书皆出周末，于《周礼》则推而上之，以为周公所为；于《王制》则抑而下之，以为汉儒所作。或据《王制》、《孟子》驳《周礼》，或据《周礼》驳《王制》、《孟子》，徒滋聚讼，未有折衷。以郑君之明，而于二书未观其通，强欲调停，多乖事实。”[②]

“凡四海之内九州，州方千里”一节，郑注备举殷、周封国划地之法，又假设一法，讨论分封大国、次国、小国之法，皮氏批评说：“郑君分别夏、殷、周，又言周公斥大九州，虽极弥缝，终多支绌。其说本无明据，后儒多加驳难，总缘不知《王制》是素王之制，非夏、殷，亦非周。孔疏解注‘设法’，谓‘假设为法，非实封也’，是郑、孔亦知是假非实，特未知‘设法’即素王之法，必引《周礼》事事傅会，以致多增葛藤。”[③]

① 《王制笺》，“自序”第2页。

② 《王制笺》，第3页。

③ 《王制笺》，第6页。

“天子之县内，方百里之国九，七十里之国二十有一，五十里之国六十有三，凡九十三国”一节，郑注：“县内，夏时天子所居州界名也。殷曰畿，周亦曰畿。畿内大国九者，三公之田三；为有致仕者副之，为六也；其余三，待封王之子弟。次国二十一者，卿之田六；亦为有致仕者副之，为十二；又三，为三孤之田；其余六，亦待封王之子弟。小国六十三，大夫之田二十七；亦为有致仕者副之，为五十四；其余九，亦以待封王之子弟。”皮氏评析说：“郑以经称‘县内’，与殷、周称畿不同，故以为夏时，未知此为素王之制。《王制》止有九卿，无六卿，亦无三孤。郑据《周礼》，与此经不合。当改注云‘卿之田九；亦为有致仕者副之，为十八；其余三，亦待封王之子弟’，乃合‘君，十卿禄’。”①

“诸侯之于天子也，比年一小聘，三年一大聘，五年一朝”一节，郑注备举历代朝聘之法：“此大聘与朝，晋文霸时所制也。虞、夏之制，诸侯岁朝。周之制，侯、甸、男、采、卫、要服六者，各以其服数来朝。”孔疏又引《左传》昭三年文，解说郑注“晋文霸时所制”。皮氏根据何休《公羊解诂》、许慎《五经异义》及郑玄《驳五经异义》对朝聘制度的论述，从解经是否遵守家法作了一番评说：“何氏不引《周官》、《左传》以解《公羊》，具见家法之严。许、郑杂引今、古文以解经。许以《公羊》说为虞、夏制，与群后四朝不合；以《左氏》说为周礼，亦无明文可证。郑据《周礼》以疑《王制》，断为文、襄之制。《王制》作于周、秦之际，其时《左传》未出，未必是据《左传》，且公羊家必不用《左氏传》，此当各从家法解之。经云大、小聘与朝，或是本于殷、

① 《王制笺》，第7页。

周，或是损益殷、周之制，素王立法，不当以不合《周官》疑之。”①

“司会以岁之成质于天子，冢宰齐戒受质。大乐正、大司寇、市三官以其成从质于天子，大司徒、大司马、大司空齐戒受质”一节，郑注：“司会，冢宰之属，掌计要者。大乐正，于周宗伯之属。市，司市也，于周司徒之属。”可见全是以《周礼》六卿来解《王制》官制。皮氏指出：“此经与《周礼》或同或不同，盖经圣人损益，兼采前代之制。云‘冢宰’，又云‘制国用’，与前‘冢宰制国用’正同，是冢宰亦天子之大夫，非《周礼》之天官冢宰。司会当为冢宰之属，亦非如《周礼》司会之属冢宰也。云大司徒、大司马、大司空，不云三公，盖与前云三公互相明，亦非《周礼》六卿中之三卿也。大乐正、大司寇、市三官，当是副贰三公者。大乐正当为大司徒之副，以其皆掌教。大司寇亦当为大司马之副，以刑通于兵。市当为大司空之副，以市亦度地居民之一。与《周礼》乐正属宗伯、市属司徒皆不同。此经并无宗伯之官，冢宰、司寇位在司徒、司马、司空三公之下，必以《周礼》六卿解之，则龃龉不合矣。”②

四、对《王制笺》的评价

《王制笺》的学术贡献，主要在对《王制》中所谓“素王之制”作了最为充分的论证和阐发。自俞樾首倡《王制》为孔门素

① 《王制笺》，第16页。
② 《王制笺》，第42页。

王改制立法之作[①]，廖平、康有为等均取信其说。皮锡瑞受俞樾影响自不例外，乃至在《王制笺自序》中宣称“今据俞樾说《王制》为素王所定之制，疏通证明其义”，似将全书奠基于俞樾新论之上，后来章太炎批驳《王制笺》，就先否定俞樾之说，称“先师俞君以为素王制法，盖率尔不考之言，皮锡瑞信是说，为《王制笺》”[②]，试图从根本上动摇皮氏之笺。胡玉缙作《王制笺》提要，也先指出俞樾之论不可信据：“是编以《王制》为素王之制，据俞樾说。……案：俞语见《达斋丛说》，其《湖楼笔谈》又谓《周礼》乃周衰有志之士所为，亦欲自成一代之制，以诒百王之法，非周制；又谓《中庸》为秦书。盖皆中年时新说，后即不作此等语。使《王制》果为素王之制，《荀子》亦有《王制篇》，王者将孰谓乎？是故俞氏此说，以为一家之言则可，以为不易之言则不可。皮氏是笺，毋乃过信。”[③] 其实，《王制笺》并未全部立足于俞樾之论，而自有其立论基础。在笺释《王制》开篇“王者之制”时，皮氏就鲜明地提出：“此经所谓王者，谓为后世王者立法，非谓三代之王者也。孔子立《春秋》素王之制，以待后世有王者起，必来取法，非徒变周之文、从殷之质，实亦斟酌四代虞、夏、商、周，与答颜渊问为邦兼取夏时、殷辂、周冕、《韶舞》相类。”[④]强调孔子并非仅从周文返回殷质，而是斟酌四代，创立素王新法。而细察俞樾《王制说》，是“以公羊师说求之《王制》，往往符合”，又以郑注《王制》常指其中某制为殷制，遂依公羊家说

① 康有为《考定王制经文序》说陈立也有《王制》为素王改制之义，则在俞樾之前，待考。

② 章太炎：《驳皮锡瑞三书·王制驳议》，《国粹学报》1910 年第 3 号。

③ 中国科学院图书馆整理：《续修四库全书总目提要（经部）》，第 573 页。

④ 《王制笺》，第 1～2 页。

“《春秋》变周之文，从殷之质”，得出《王制》为素王之制的结论。两相比较，皮氏对《王制》素王之制的界定，与俞樾有明显差异。皮氏评论郑玄说：“郑《驳异义》曰‘《王制》是孔子之后大贤所记先王之事’，则已知《王制》之出于孔门，又以《王制》为多殷制，引‘《春秋》变周之文，从殷之质’，则已知《王制》之通于《春秋》，特未明言为素王之制耳。”① 指出郑玄虽知《王制》出于孔门且通于《春秋》，但不知孔子损益四代自创一王新法，所以没有真正认清《王制》作为素王之制的真实面目。依皮氏所说，从认同《王制》通于《公羊春秋》，到确认《王制》为素王新制，其中尚有一间需达。俞樾虽明言《王制》为素王之制，但与郑玄一样有一间未达，所以皮氏虽援引俞樾之论，但只评价“俞说近是”，有所保留，并不完全信据②。章太炎、胡玉缙认为皮氏完全采信俞樾而作《王制笺》，实未细审皮、俞持论之异③。总之，对于以素王之制说《王制》，俞樾有椎轮肇始之功，廖平、康有为有继起奋进之力，皮锡瑞则集其大成。晚清从今文立场研究《王制》者虽然较多，但以《王制笺》成就最高。梁启超《中国近三百年学术史》检视清代《礼记》研究成绩时称：“《礼记》单

① 《王制笺》，第1页。皮锡瑞在笺释“天子之田方千里，公、侯田方百里”一节时，对郑玄有完全一样的评议，见《王制笺》第3页。

② 皮锡瑞在《经学通论》中引录俞樾《王制说》要点后，评曰：“俞氏以《王制》为素王之制，发前人所未发，虽无汉儒明文可据，证以《公羊》、《穀梁》二传及《尚书大传》、《春秋繁露》、《说苑》、《白虎通》诸书所说，制度多相符合，似是圣门学者原本圣人之说，定为一代之制。”可见皮锡瑞当时对于俞樾之论完全信服并加以采录，与《王制笺》同引俞樾此说而仅评曰“俞说近是”显然有异。但今日研究者尚未觉察到皮锡瑞对待俞樾此说前后显著不同，如章可《〈礼记·王制〉的地位升降与晚清今古文之争》，《复旦学报》2011年第2期。

③ 按，俞樾谓《王制》为孔门弟子“与闻绪论，私相纂辑而成”，皮锡瑞却主张《王制》出自孔子。

篇别行之解释，有皮鹿门锡瑞之《王制笺》，康长素有为之《礼运注》，刘古愚光蕡之《学记臆解》，各有所新发明。”将《王制笺》列居清代《礼记》单篇别出研究作品之首，确有学术史的眼光。

《王制笺》的学术价值，集中体现在对《王制》郑注的批评上。清儒研究《礼记·王制》时，对《王制》兼采前代、不纯用古法而自成一代之典的特点有着相近的认识，因此对郑注以《周礼》解说《王制》纷纷加以指摘。例如乾隆时期《礼记》研究大师孙希旦说："汉人采辑古制，盖将自为一代之典，其所采以周制为主，而亦或杂有前代之法，又有其所自为损益不纯用古法者。郑氏见其与《周礼》不尽合，悉目为夏、殷之制，误矣。"[①] 又如嘉道时期的朱彬，在《礼记训纂》中引王懋竑之说进行批评："《王制》乃汉文帝令博士诸生作，其时去先秦未远，老师宿儒犹有一二存者，皆采取六经、诸子之言，如班爵禄取之《孟子》，巡狩取之《虞书》，岁三田及大司徒、大司马、大司空三官取之《公羊》，诸侯朝聘取之《左氏》。古书今不可尽见，盖皆有所本也。惟《周官》未出，故所言绝不同。注家多以《周礼》证之，宜其乖戾而不合也。"[②] 再如晚清著有《礼记质疑》的郭嵩焘，在论《王制》"次国之上卿当大国之中"一段郑注时指出："《王制》自引《左氏》之文，以明三卿之等视国大小为差，不必专为聘会言之。注家必以此求合《周礼》，固无当也。"又在论"州建百里之国三十"一段郑注时说："王者建中定制，略示大法而已。郑注通九州五服之数以求合《周礼》，遂据此以为殷制，亦稍泥矣。"[③] 可见，批评郑注《王制》牵合《周礼》而胶执鲜

① 孙希旦：《礼记集解·王制》，第309页。

② 朱彬：《礼记训纂》卷五，第163页。

③ 郭嵩焘：《礼记质疑》卷五《王制》，邬锡非、陈戍国点校，岳麓书社1992年，第136页、138页。

通，在清儒中几近共识。皮锡瑞确信《王制》为素王之制，为纠摘郑注设置了一个更为明晰的参照。他分析说："《王制》即素王之制，其中损益周制，或取或否。郑君见其与《周礼》不合，别之为夏、殷礼。孔子斟酌四代，未尝不采夏、殷，然既已经孔子损益，定为一王之法，则是素王新制，非夏、殷旧制矣。郑君未曙于此，故虽极力弥缝，犹多参差不合。"① 皮氏指出郑玄不识素王新制，援依《周礼》解说《王制》，遇有不合之处，就归为夏、殷之制，因此牵强附会，劳而无功。《王制笺》对郑注错误的纠驳并非全部正确，但在皮氏"素王新制"说的烛照下，郑注《王制》淆乱三代礼制的阙失显露无遗。他还提出："礼家记载各异，有夏、殷礼，有周礼，有周损益二代之礼，有孔子损益三代之礼。《王制》损益三代，故或从周，或从夏、殷"②，"《王制》损益三代，而不尽与夏、殷同，与周有合有不合"③，因此后人解说《王制》，不能局限于其中一代之制，尤其不能牵引《周礼》强说《王制》。皮氏在笺释中还提出一条原则性的意见："据《周礼》之合者证明此书，可也；据《周礼》之不合者驳难此书，非也。"④ 此说不仅可以用来指导《王制》研究，对于整个三《礼》研究也有理论参考价值，所以胡玉缙称誉此说"实为通人之论"⑤。现代著名学者吕思勉在论《王制》时，提出："孔子作六经，损益前代之法，以成一王之制，本不专取一代，故经传所说制度，与《周官》等书述一代之制者，不能尽符。必知孔子所定之制，与历代旧制判然二物，乃可以读诸经。若如郑注，凡制

① 《王制笺》，第 2 页。
② 《王制笺》，第 31 页。
③ 《王制笺》，第 11 页。
④ 《王制笺》，第 11 页。
⑤ 中国科学院图书馆整理：《续修四库全书总目提要（经部）》，第 573 页。

度与《周官》不合者，即强指为夏、殷，以资调停，则愈善附会而愈不可通矣。细看此篇注疏，便知郑氏牵合今古文之误。此自治学之法当然，非有门户之见也。”① 皮锡瑞力主各依家法解经，《王制笺》对郑玄注解的批评，正可借用此说加以评定。

《王制笺》中一些具体的考证，也不无学术价值。例如，当代学者任铭善主张《王制》成书于战国之末，在对孔《疏》依据“正”官证明《王制》成书于秦汉加以反驳时说：“‘正听’之‘正’，古有其官。郑君云‘正于周乡师之属’者，《周官·乡师》云：‘掌其戒令纠禁，听其狱讼。’而司徒之官有党正，掌戒禁校比之役。又《仪礼》乐正、小臣正、仆人正、大射正、司正，《周官》宫正、酒正，诸注皆以‘长’训‘正’。《尔雅·释诂》亦云：‘正，长也。’则此‘正’不必秦汉‘正平’之官。”此处考证古有“正”官，非必始于秦汉，与皮氏之说大体相近。任铭善又说：“至于‘古者以周尺’、‘今以周尺’等语，则以文理观之，固是汉人增益注释之辞。古者百亩百里，当今若干，正为读《王制》者明前文方一里、方十里、方百里、方千里当汉制之大小，果为汉人所作，何不径取汉制，又安劳复加注明哉？且自‘古者周尺’以下，即就前文以推其封建禄食之多寡，又列六礼、七教、八政之目，以释‘司徒修六礼，明七教，齐八政’之文。斯知‘古者周尺’以下为汉人语，固本文为之附益，犹《礼经》篇末之有记也，又何得据以定是篇之出于汉人哉？”② 皮氏也早已畅发此论。揆之先河后海之义，《王制笺》在《王制》研究史上的重要地位，于此可见一斑。

---

① 吕思勉：《经子解题·礼记》，华东师范大学出版社 1995 年，第 53 页。
② 任铭善：《礼记目录后案》，齐鲁书社 1982 年，第 11 ~ 12 页。

当然，《王制笺》也有一些明显的不足乃至严重的缺失[①]。皮氏既坚持认为《王制》是孔子所定素王之制，又不无模糊地说"《王制》出于孔门"[②]，又说"此书非尽出于孟子"[③]，还肯定"郑康成以《王制》在赧王之后，当得其实"[④]，均涉游移。关于《王制》的形成时代，本已聚讼千古，清儒穷究而迄无定论，《王制》的著作之人，更已无从稽考，而皮氏为着彰显《王制》的独特价值，不仅将《王制》从《礼记》中独立出来，而且从改制变法的时代需要出发，将它从历来认为是西汉博士应诏抄撮之作，抬升为孔子素王变法改制之作，并与《周礼》立异对峙[⑤]。但是，这一充满激情同时不无臆断的举动，不仅减损了《王制笺》的学术品质，也激起了古文学家的反感和批驳，乃至最终拖累了《王制》。章太炎正是不能认同晚清公羊家"以经术作政术"的行为，对《王制笺》大加訾议，连同《王制》一并诋毁："《王制》者，博士钞撮应诏之书，素非欲见之行事。今谓孔子制之，为后世法，内则教人旷官，外则教人割地。此盖管、晏之所羞称，贾捐之所

① 胡玉缙具列《王制笺》诸多失误，详见《续修四库全书总目提要（经部）》，第573～574页。

② 《王制笺》，第11页。

③ 《王制笺》，第2页。

④ 《王制笺》，"自序"第1页。

⑤ 《王制笺自序》称："说者以《周礼》为周公作，则扬之太高；以《王制》为汉博士作，则抑之太甚。……王莽、苏绰、王安石强行《周礼》，未有行《王制》者。盖以《周礼》为出周公而信用之，《王制》出汉博士而不信用之耳。"可见皮锡瑞对前人褒崇《周礼》、贬抑《王制》的态度及其后果极为不满，所以专作《王制笺》，证明《王制》乃孔子所定素王之制，希望"有举而措之者，知王道之易易"。

不欲弃，桑维翰、秦桧所不敢公言，谁谓上圣而制此哉！”[①] 其实，皮锡瑞等人要肯定《王制》专详制度对于后世变革政制的价值，并无必要将它指为孔子所定素王之制。这是在尊孔崇经观念影响下，推崇《王制》太过，情感胜过了理智[②]。当代研究清代今文经学史大家杨向奎，提及“《王制笺》中多斥《周官》而主《王制》的议论”，由此评说清代今文经学家的得失：“今文家说《周官》有是处，有不是处。是处是否定其为周公书，而以为出于六国时，因而有六国制度掺杂其间。不是处是否定《周官》中有宗周之政典。实际《周官》一书有宗周时代之典章制度，亦有战国时代的政典及编纂者的理想在内。《王制》则多理想制度，以为王者之制理应如此云云。就此而论，说《王制》为后王改制书，但不必出于孔子，更不应有素王说。”[③] 认同将《王制》说成是儒家圣贤改制之作，但不必归于孔子本人或倡导素王改制之说，这一公允、持平之论，用来评判皮锡瑞《王制》研究的得失可谓贴切[④]。胡玉

---

① 章太炎：《驳皮锡瑞三书·王制驳议》，《国粹学报》1910 年第 3 号。对于章太炎之说，刘小枫在《〈王制〉与大立法者之德——〈王制笺校笺〉序》中有一个极好的评论：“纠缠于考据，有的时候也会丢失大体。无论是否孔子所作，总归是个了不起的大圣人（西洋说法称‘大立法者’）所作——对我们今人来说，重要的是得领会《王制》作者的用心（确切些说，苦心孤诣）。章太炎否认的与其说是《王制》的作者，不如说是《王制》的品位。”引见王锦民：《王制笺校笺》，华夏出版社 2006 年，“序”第 7 页。

② 陈瑞庚：《〈王制〉著成之时代及其制度与〈周礼〉之异同》，台湾大学中国文学研究所硕士学位论文，嘉新水泥公司文化基金会研究论文第 203 种，第 2 页。

③ 杨向奎：《清末今文经学三大师对〈春秋〉经传的议论得失》，《杨向奎学术文选》，人民出版社 2000 年，第 45 页。

④ 较多接受清代今文学思想的民国学者张尔田，就提出一种经过修正的说法：“《王制》是汉时博士所作，大抵皆孔子门徒共撰所闻，后人通儒各有损益，圣人定礼之口说幸而获存者也。”引见张尔田：《史微》，上海书店出版社 2006 年，第 117 ~ 118 页。

缗论《王制笺》说：“其书义据闳深，条例明晰，虽属一偏之说，要自不可废也。”① 皮氏的一偏之处，不在张扬《王制》意美法良，而在鼓吹孔子素王。

五、结　语

《王制笺》既是皮锡瑞一生《王制》研究成果的总结，也是他晚年覃精研深、经学思想完成重大转变的体现。他一方面吸取先前有关《王制》文字训诂、名物考证的结论，另一方面又对《王制》的作者及其性质、郑注《王制》的是非等重要问题作出新的思考和论述，对前期的一些说法加以修正，形成了晚年定论。

特别值得注意的是，随着皮锡瑞一生经学立场的改变，他的《王制》研究表现出明显的差异。他壮年研读《王制注疏》，是在古文经学的范围内纠正郑注、孔疏的缺失。中年执教南昌经训书院后，他治经兼宗今、古，所以转而从今、古文相分来审视《王制》、《周礼》，一再表彰郑注调和今、古，甚至提出《王制》与《周礼》可以相通。及至晚年，他逐渐转向今文经学，专以公羊学家的眼光看待《王制》，大肆批评郑注不明素王新制、淆乱今古文家法，并将《王制》与《周礼》显分轩轾。对于《王制》的成书问题，他先是依据郑玄之说，相继提出《王制》“即本于《孟子》”、“或即孟子弟子所作”；后来转采俞樾之论，认为《王制》出自孔门；最后再对俞樾之说加以修正，主张《王制》出于孔圣，尊之为经。又如他对于《王制》的性质，先是采信郑注，认为

① 中国科学院图书馆整理：《续修四库全书总目提要（经部）》，第574页。

“《王制》多殷制”、“《王制》是殷制”；后来改称《王制》是圣门学者所定一王之制，“其制损益殷、周，而不尽同殷、周”；最后提出《王制》是孔子所立一王之法，“是素王新制，非夏、殷旧制”。因此通过检视皮锡瑞的《王制》研究及其对待郑注的态度，可以相当清晰地看出他从专守古文到兼宗今古最后独尊今文的治经历程。而纵观清代学界对《王制》的研究，也有一个从拘守古文到兼治今古再到崇信今文的历程，所以皮锡瑞的《王制》研究，可以说是清代经学演进的一个缩影。

第十章　皮锡瑞经学思想综论

皮锡瑞是著述等身的一代通儒，前期精治《尚书》，中年兼攻郑学，最后融贯群经，创发大义，跻身晚清经学大师的行列。皮锡瑞以其治经成就，生前屡获王闿运、王先谦、叶德辉等人的称扬，身后更受邵瑞彭、江瀚、胡玉缙、杨树达、张舜徽、李肖聃、刘茂华等人的推崇，可惜学界迄今未对他的经学作充分的探讨。以下纵观皮锡瑞有关研经旨趣、经学取向、治经方法、经学立场的言论、主张，对他的经学思想作一综论。

一、“通经所以致用”

皮锡瑞生当离乱之世，又受父辈经世学风熏染，年少即有慷慨救世之心。他早年为应科举，肆习辞章，诵读《四书》，后博涉经史，开拓心胸，尤其服膺顾、王经世之学，力求通达古今之变，曾自述说：“年幼入学时，湖南学派未开，读紫阳、阳明之书，颇知服膺，规行矩步，不妄言动。复得亭林、船山著述，始知义理必兼考证，且抗论时事，盱衡今古，鄙宋明之贫弱，慕汉唐之富强，少作诗文，多是此种议论。”[①] 皮氏四赴礼闱不售，一生蛰居江湖，困顿落寞，但忧虑国事、经世匡时之心却从未消歇，自谓

① 《师伏堂日记》，戊戌年三月十九日。

"万里江湖长做客，百年世事独丛忧"[①]。事实也确是如此。例如癸巳（1893）年底，皮氏当家计艰窘、难以卒岁之际，遽然获知朝鲜之乱，即为国是日非而忧虑不已，自己亦觉好笑，不无自嘲地写道："债务纷集，不能度岁，而犹不恤嫠妇之纬以忧宗周，所谓迂儒者非耶？"[②] 戊戌政变后，朝廷大兴党祸，皮氏亦遭禁锢，却不顾时忌，与人痛言时事，"相对欷嘘，所谓嫠不恤纬者欤"[③]。正像《左传》中"不恤其纬而忧宗周之陨"的嫠妇，皮氏不论处于穷困潦倒之时，抑或陷身举足荆棘之地，皆不变其忧国忧民之心、经邦济世之志。

皮锡瑞是在科场失意的无奈之下，"不得已遁入训诂"[④]，由热衷于词章、议论，转而潜心于讲学、著述，正所谓"穷愁著书"、"遁而穷经"[⑤]。可是处身内忧外患之世，他又不甘于矻矻穷经，成就一己之名山事业，而是努力以学术济救当世。他本着学以经世的精神读书治学，力纠前人空谈不切实用的学风。例如，他曾就徐乾学、秦蕙田治礼而不能致用，批评说："徐氏、秦氏之考礼可谓详矣，然不能请于朝斟酌古今，取其简明可行者颁之天下，庶冠、婚、丧、祭无国异家殊之弊，讲说虽详而无实用，此后世通弊也。"[⑥] 1897 年秋，皮锡瑞见到梁启超的《读春秋界说》，对梁氏以流畅的文笔发明公羊家言、阐述变法理论极其佩服，又以梁氏文中尚有未尽之处，撰拟出数万言的《春秋义说》，以其才识学

---

① 《桐庐》，《师伏堂诗草》卷三。
② 《师伏堂日记》，癸巳年十二月三十日。
③ 《师伏堂日记》，戊戌年十二月十八日。
④ 《师伏堂日记》，甲午年七月初一日。
⑤ 《师伏堂日记》，戊戌年四月初七日。
⑥ 《师伏堂日记》，癸巳年七月初二日。

力阐扬变法理论。皮锡瑞特别强调，治学应当分别时势，承平之日不妨矻矻穷经，衰乱之世则不可稗贩古董，说："予以为搬古董学问，本无用处，在乾嘉时可以此遣日，今更非当务之急也。"他通过评析纪昀奏请禁止士人立会，力陈时势已经大变，士子亟当讲求新学：

> 文达当乾隆极盛之时，天下太平，四夷宾服，当时儒者无所用心，故专考订、校刊、金石、小学，闭户著书，聊以遣日，即不讲学，未为不可。今天下多故，迥非乾、嘉以前之比，有志于学，不能不驰域外之观，更当开通人之心思，推广人之耳目。①

皮锡瑞以治学环境大变，劝勉那些专治乾嘉考据的"正学"之士，应当转向救亡图存的经世之学。皮锡瑞戊戌年就不顾王先谦、叶德辉的劝阻，参加明知"非长久之局"的南学会，并说"予入学会，将讲求新学，考订、训诂恐将束阁，不复有暇著书"②，甘愿与考订、训诂的名山事业辞别，专心讲求变法开智的"新学"。他还公开提出："学术与政术相通，期于切实有用。讲汉学者过于琐细，琐细无用。讲宋学者失于空虚，空虚亦无用。今当务其大者、远者，不能不驰域外之观，急宜讲求古今事变、中外形势，方为有体有用之学。"③ 在南学会讲学期间，叶德辉又劝皮锡瑞只讲"正学"，不要牵扯公羊改制之论，为此他对"通经致用"作了如下解释：

---

① 《师伏堂日记》，戊戌年正月廿八日、廿九日。

② 《师伏堂日记》，戊戌年正月二十日。

③ 《皮鹿门学长南学会第二次讲义》，《湘报》第6号。

今人言变法主孔子改制，言公法主《春秋》义例，言西法引《周礼》、《王制》，皆有微意存焉。通经所以致用。汉人治经，皆切于时用，故经学莫盛于汉。以《春秋》断狱，以《禹贡》治河，以《诗》三百五篇当谏书，以《洪范五行传》警人主，此皆汉儒微意。若谓谈经学不必及时事，则五经真同刍狗，而经义可废矣。谓《春秋》之义，只可治东周之天下，不可治今日之天下，而《春秋》可弃矣。谓外国富强，全不合于圣人之道，则圣人之道不足以致富强，而圣教可灭矣。学者尊圣教，崇经义，宜有贯彻古今中外之通识，不当专持拘忌狭隘之迂谈。必以牵合傅会为疑，则《春秋》非司空城旦书，汉人何为引之决狱乎？为此说者，非以张彼国气焰，实以宏吾道规模；非谓夷狄之学可比于圣人，实以见圣人之道能行于夷狄。即涉傅会，亦可无讥。①

他要求将尊孔崇经落到实地，以通古今、贯中外之学识，切于维新变法、救亡图存之实用。由“若谓谈经学不必及时事，则五经真同刍狗，而经义可废”和“即涉傅会，亦可无讥”，足见皮锡瑞治经以济救当世要务的坚定与执著。

戊戌政变后，皮锡瑞忧谗畏讥，一度闭户著书，遭受禁锢期间，更感文网沉重，“既被南山之谤，聊寻北海之遗”②，想以名山之业自慰，埋首于故纸堆中。可是，他虽能体谅乾嘉诸老，却一再反躬自责，痛恨为学不切实用，在日记中写道：“（欧阳中鹄来信）又云时局既不可为，旧学亦复何益？予明知其无益，不过藉

① 《师伏堂日记》，戊戌年八月初七日。

② 皮名振：《皮鹿门年谱》，第 74 页。

遗余年。昌黎云：‘可怜无益费精神，有似黄金掷虚牝。’今日有益之事万不可为，耗有用之精神于此，良可惜也。以此知乾嘉诸公专搬古董，亦实有不得已之苦衷，犹信陵君醇酒美人意。今病势已见，犹护疾忌医，何况当时病未见乎？予一月中作《六艺论疏证》三万言，《鲁礼禘祫志疏证》一万言，著书可谓勇矣，然于世何裨也?”[①] 可见即使在政治高压之下，他在内心仍然追求有体有用之学，不仅勉励门生“读有用之书，为经世之学”[②]，本人更坚持“通经致用”的治学原则，撰出一批考据精深、切究时世的经学名著。例如，他在“戊戌”党祸大兴之际，以杜门著书自遣，撰写《六艺论疏证》、《圣证论补评》等书，疏解郑玄经注，看似稗贩古学，实则寄寓深意，有一则日记明白地写道：“作《圣证论补评序》，发王肃之覆，今日之为王肃者甚多也。”[③]

晚清新政期间，“西化论”泛起，加上朝廷诏停科举，经学有荒废之虞，“谓中国欲图富强，止应专用西学，五经四书皆当付之一炬”[④]。皮锡瑞晚年参与湖南新式教育后，耳闻目睹各种诋毁孔子、疑弃经书的言行和要求取消经学课程的主张，既痛心于学生的“离经畔道”，也斥责办学者的“轻蔑圣教”。为尊孔教、保国粹，皮锡瑞“思殚炳烛之明，用救燔经之祸”[⑤]，致力于“通古今之变”的经学研究，写出《经学历史》、《经学通论》、《王制笺》等名著。他回顾历史，发现经学与历代国运密切相关，尤其是通

① 《师伏堂日记》，戊戌年十月廿九日。

② 《鉴古斋日记序》，见陈绍箕：《鉴古斋日记》，光绪二十八年善化陈氏家刻本，卷首。

③ 《师伏堂日记》，戊戌年十二月初五日。

④ 《皮鹿门年谱》，第101～102页。

⑤ 《经学通论自序》。

过考察汉末太学盛衰与人才消长，得出“立学必先尊经”的深刻教训：“是汉儒风之衰，由于经术不重。经术不重，而人才徒侈其众多；实学已衰，而外貌反似乎极盛。于是游谈起太学，而党祸遍天下。人之云亡，邦国殄瘁，实自疏章句、尚浮华者启之。观汉之所以盛与所以衰，皆由经学之盛衰为之枢纽。然则立学必先尊经，不尊经者，必多流弊。后世之立学者，可以鉴矣。”① 又据《师伏堂日记》所载，光绪三十三年（1907）五月二十日，皮锡瑞听说优级师范学堂将不开设经学课程，第二天即拟以《经学历史》上呈提学使，“请通饬各学堂均当重经学，遵钦章”；六月二十二日，他进见提学使吴庆坻，“以《经学历史》送彼，言各学堂不用经学之弊，即中路师范亦废经，请加通饬”。吴庆坻嘱他代拟文稿，两天之后他就“录通饬札稿，到公所，呈学台”；他在二十九日又写道：“到公所，见学使……云已通饬各校注重经学，以明尊孔之意，则予所具稿见用矣。”② 数月后，他还拟出《应诏陈言谨拟增订学堂章程六条折》，条陈兴学要义，其中一条就是“经学一门宜特重也”。他写道：

> 孔子删定五经，自汉以来，莫不尊奉孔子为万世师表，五经即万世教科书。世道人心，赖以维系；纲常名教，确有持循。但使人人皆以圣经熟于口耳，则人人皆有圣教在其心胸。近日邪说流行，乃谓中国欲图富强，止应专用西学，五经四书皆当付之一炬。办学堂者，惑于其说，敢于轻蔑圣教。民立学堂，多无经学一门；即官立者，亦不过略存饩羊之遗。功课无多，大义茫昧，

---

① 《经学历史》，第 23 ~ 24 页。

② 《师伏堂日记》，丁未年五月二十日、廿一日，六月廿二日、廿四日、廿九日。

离经畔道，职此之由。前者恭奉上谕，升孔子为大祀。尊崇圣典，上迈百王。窃谓尊孔必先尊经，废经即是废孔。似宜定章严饬各处学堂，无经学者，亟加一门；有经学者，更加程课。凡学堂不教经学者，即行封禁；不重经学者，罪其监督、堂长。则圣教益以昌明，而所学皆归纯正矣。①

可见，《经学历史》中关于尊孔崇经的思想、主张，已完全浓缩、融化于这篇奏折之中。与此同时，皮锡瑞努力改进经学教学，采行西汉“存大体，玩经文”之法，培养通经致用之才。其仲子皮嘉祐曾追述说：“其教授时复不作艰深之论，以苦人索解，于阐明微言大义外，必取与现今时代情势相合、与事之关乎政教者，反复发挥，以求通经可以致用。议论宏博，辄铿铿作金石声。故先大夫开堂演说，诸生靡不屏息端坐，倾耳静听，忻忻焉无倦容，间有特往聆讲者。讲学之善，亦可见矣。”②

二、“尊孔必先明经”

在列强侵逼、西学东渐的晚清，皮锡瑞深切感受到儒教和经学的生存危机。早在戊戌年间，他就以孔教衰微已极，“乃真一发千钧之危矣”，在南学会演讲中提出“尊孔保教”说，认为“我能讲明义理，尊信孔教，即彼传教，不能惑我中国之人”③，即通过

① 皮名振：《皮鹿门年谱》，第101～102页。
② 皮嘉祐：《师伏堂春秋讲义跋》。
③ 《皮鹿门学长南学会第五次讲义》，《湘报》第25号。

阐扬“孔教之大并切实有用”，一般的士民绅商必定尊信孔教，就不会为西教所诱。不过，皮锡瑞此时的真正旨趣，仍在宣传维新变法，即“推尊孔教而引申变法之说”①。及至晚清大行新政，新学方兴未艾，“西化论”盛行一时，加上朝廷诏停科举，原来高居庙堂的经学走向不归之路，社会上甚至出现“五经四书皆当付之一炬”的“废经”论。皮锡瑞极为忧虑旧学将绝，“真将有经亡之患”②，因此“思殚炳烛之明，用救燔经之祸”③，在《经学历史》、《经学通论》等书中，痛批疑孔惑经的言论与思想，反复申述“尊孔”之义，具体指示“明经”之方。

皮锡瑞首先通过对经书和经学的界说，肯定孔子开创经学、垂教万世的功绩，宣称经学具有永恒的普世价值。在《经学历史》的开篇，他提出“经学开辟时代，断自孔子删定六经为始”的命题，并论述说：

> 孔子以前，不得有经，犹之李耳既出，始著五千之言；释迦未生，不传七佛之论也。《易》自伏羲画卦、文王重卦，止有画而无辞，亦如《连山》、《归藏》，止为卜筮之用而已。《连山》、《归藏》不得为经，则伏羲、文王之《易》亦不得为经矣。《春秋》，鲁史旧名，止有其事、其文而无其义，亦如晋《乘》、楚《梼杌》，止为记事之书而已。晋《乘》、楚《梼杌》不得为经，则鲁之《春秋》亦不得为经矣。古《诗》三千篇，《书》三千二百

① 《师伏堂日记》，戊戌年四月初八日。

② 《师伏堂日记》，癸卯年十二月十二日：“院送题来，较昨更易，经问《孟子》、《王制》何以不同。交卷数十，无作经解者，真将有经亡之患矣。”

③ 《经学通论自序》。

四十篇，虽卷帙繁多，而未经删定，未必篇篇有义，可为法戒。《周礼》出山岩屋壁，汉人以为渎乱不验，又以为六国时人作，未必真出周公。《仪礼》十七篇虽周公之遗，然当时或不止此数而孔子删定，或并不及此数而孔子增补，皆未可知。观“孺悲学士丧礼于孔子，《士丧礼》于是乎书”，则十七篇亦自孔子始定，犹之删《诗》为三百篇、删《书》为百篇，皆经孔子手定而后列于经也。①

可见，皮锡瑞虽然承认孔子之前已有各种传世文献，但否认这些典籍在孔子手定之前具备施教育人、警戒后世的内涵与功用，因此不足以称经。他进而对孔门后学与经书的关系作了明确说明，强调“孔子所定谓之经。弟子所释谓之传，或谓之记。弟子辗转相授谓之说。惟《诗》、《书》、《礼》、《乐》、《易》、《春秋》六艺，乃孔子所手定，得称为经”②。皮锡瑞不仅认定六经出自孔子之手，还特别提出“孔子出而有经之名”，并极言孔子正定经名的意义：“经名正，而惟皇建极，群下莫不承流；如日中天，众星无非拱向矣。”③ 皮锡瑞接着提出，孔子删订六经，无不寓有微言大义，大到治国理政，小至修身立世，无不切于人伦，合乎实用。

---

① 《经学历史》，第1页。在《经学通论》中，皮锡瑞进而对孔子删定五经作了多次论述，如“论《卦辞》文王作、《爻辞》周公作皆无明据，当为孔子所作”，“论《尚书》是经非史，史家拟《尚书》之非”，“论四始是孔子所定，《仪礼》亦孔子所定，解此乃无疑于‘合乐《关雎》、工歌《鹿鸣》’”，“论《礼》十七篇为孔子所定，邵懿辰之说最通”，“论《聘礼》与《乡党》文合，可证《礼经》为孔子作”，“论《春秋》是作不是钞录，是作经不是作史，杜预以为周公作凡例，陆淳驳之甚明”等，均是如此。

② 《经学历史》，第67页。

③ 《经学历史》，第5页。

他说：

> 孔子有帝王之德而无帝王之位，晚年知道不行，退而删定六经，以教万世。其微言大义，实可为万世之准则。后之为人君者，必遵孔子之教，乃足以治一国，所谓“循之则治，违之则乱”。后之为士大夫者，亦必遵孔子之教，乃足以治一身，所谓“君子修之吉，小人悖之凶”。此万世之公言，非一人之私论也。孔子之教何在？即在所作六经之内。故孔子为万世师表，六经即万世教科书。①

> 孔子不得位，无功业表见，晚定六经以教万世，尊之者以为万世师表。自天子以至于士庶，莫不读孔子之书，奉孔子之教。天子得之以治天下，士庶得之以治一身，有舍此而无以自立者。②

皮锡瑞论定孔子所作六经可以垂教万世，孔子的尊崇地位和经学的永恒价值自然不言而喻。在此基础上，他一方面力赞西汉因尊崇孔子、奉行六经而成效显著，另一方面批评后世不但尊孔奉以虚名、崇经流于形式，甚至疑孔惑经，“不知孔子作六经教万世之旨，不信汉人之说，横生臆见，诋毁先儒，始于疑经，渐至非圣。或尊周公以压孔子，或尊伏羲、文王以压孔子。孔子手定之经，非特不用以教世，且不以经为孔子手定，而属之他人”。经过对正、反两方面历史的追溯与检讨，他断定：“故必以经为孔子作，始可以言经学。必知孔子作经以教万世之旨，始可以言经学。”③

---

① 《经学历史》，第2页。
② 《经学通论自序》。
③ 《经学历史》，第3页。

晚清新学兴起后，经学教育日益陷入困境，孔子虽为朝廷尊崇，经学却遭到前所未有的冲击。皮锡瑞根据两汉以来经学盛衰的历史，深知“经学不明，则孔子不尊”[①]，认为要尊崇孔子、维系旧学，最重要的途径在于“明经”，即为后学指示治经的门径，让新式学堂的学生继续接受经学教育。他为此进行了不懈的努力。《经学历史》开篇说：“凡学不考其源流，莫能通古今之变；不别其得失，无以获从入之途。”[②] 最后一章又说：“学者诚能于经学源流、正变研究一过，即知今之经学，无论今文、古文，专学、通学，国朝经师莫不著有成书，津逮后人，以视前人之茫无途径者，实为事半功倍。盖以了然于心目，则择从甚易，不至费日力而增葛藤。”[③] 在《经学通论自序》里，他更明确地写道：“近世异说滋多，非圣无法，至欲以祖龙之一炬，施之圣经。在廷儒臣上言尊孔，恭奉谕旨，升孔子为大祀，尊崇盛典，远轶百王。锡瑞窃以为：尊孔必先明经。前编《经学历史》以授生徒，犹恐语焉不详，学者未能窥治经之门径，更纂《经学通论》，以备参考。”[④] 在论三《礼》时，皮锡瑞再次自道其编书的良苦用心：“经学莫盛于西汉，如《禹贡》治河，《洪范》察变，《春秋》决狱，《诗》当谏书，皆简明而有用。至西汉末，此风遂变，乃有若秦恭之三万言说‘若稽古’者。章句破碎，繁杂无用，于是古文家起而抵其隙；师说太多，莫知所从，于是郑君出而集其成。及汉亡而经学遂衰，皆由贪多务博者贻之咎也。今科学尤繁，课程太密，即上智之士，亦不能专力治经。是以大义不明，好新奇者诋毁旧学，

① 《经学通论自序》。
② 《经学历史》，第1页。
③ 《经学历史》，第65页。
④ 《经学通论自序》。

至有烧经之说。故作《通论》，粗发大纲，俾学者有从入之途，而无多歧之患。条举群经之旨，冀存一线之遗。观者当谅其苦衷，而恕其僭妄。以教初学，或有裨益。”① 可见，皮锡瑞撰写《经学历史》和《经学通论》的初衷，都是想通过梳理数千年来纷繁多变的经学，为喜新厌旧的学子指示经学门径。他根据“学之简明者有用，繁杂者无用”的原则，提出一番具体的“明经”之方：

> 今欲简明有用，当如《汉志》所云“存大体，玩经文”而已，如《易》主张惠言《虞氏义》，参以焦循《易章句》、《通释》诸书；《书》主伏《传》、《史记》，辅以两汉今文家说；《诗》主鲁、齐、韩三家遗说，参以毛《传》、郑《笺》；《春秋》治《公羊》者主何《注》、徐《疏》，兼采陈立之书，治《左氏》者主贾、服遗说，参以杜《解》；三《礼》主郑《注》，孔、贾《疏》。先考其名物、制度之大而可行于今者，细碎者姑置之，后儒臆说，概屏勿观，则专治一经，固属易事，兼通各经，亦非甚难。能考其源流，而不迷于途径，本汉人治经之法，求汉人致用之方，如《禹贡》治河、《洪范》察变之类，两汉人才之盛，必有复见于今日者，何至疑圣经为无用而以孔教为可废哉！②

---

① 《经学通论·三礼》，第87页。

② 《经学历史》，第64页。接续《经学历史》而编撰的《经学通论》，在此基础上对研治各经作了更详尽的说明，如《经学通论·易经》第21条“论近人说《易》，张惠言为专门，焦循为通学，学者当先观二家之书”，就是对此处所说“《易》主张惠言《虞氏义》，参以焦循《易章句》、《通释》诸书”的补充说明；又如《经学通论·春秋》第54条“论三传皆专门之学，学者宜专治一家，治一家又各有所从入”，就是对此处所谓“《春秋》治《公羊》者主何《注》、徐《疏》，兼采陈立之书，治《左氏》者主贾、服遗说，参以杜《解》”的详尽解说。

这些看似浅显的说法，实际上是皮锡瑞经过长年探索获得的真知灼见，诚如他所说“以教初学，或有裨益”，直到今天仍可以指导学子窥知治经的门径，由此深入中国经学的殿堂。

三、“治经必宗汉学”

皮锡瑞在认定孔子制作六经以垂教后世的同时，还相应提出了“治经必宗汉学”的主张①。这是皮锡瑞关于经学的一大基本理念，他尊崇今文、不信古文的经学取向，以及“喜治今学”、“服膺郑学”的研经生涯，都与此紧密相关，因此值得后人特别重视。

细究皮锡瑞的相关论述，可知他标榜“宗汉”之论，实是基于以下三个方面的考虑：

其一，认为西汉最能尊孔崇经，“汉学”堪称经学的典范。皮锡瑞在《经学历史》的首章，就称赞说：“孔子为万世师表，六经即万世教科书。惟汉人知孔子维世立教之义，故谓孔子为汉定道、为汉制作。当时儒者尊信六经之学可以治世，孔子之道可为弘亮洪业、赞扬迪哲之用。朝廷议礼、议政，无不引经；公卿大夫士吏，无不通一艺以上。虽汉家制度，王、霸杂用，未能尽行孔教，而通经致用，人才已为后世之所莫逮。盖孔子之以六经教万世者，稍用其学，而效已著明如是矣。”② 在论述汉代经学极盛时，他再次表彰汉人崇重经术的成效：“孔子道在六经，本以垂教万世。惟汉专崇经术，犹能实行孔教。虽《春秋》太平之义、《礼运》大同

① 《经学历史》，第18页。
② 《经学历史》，第2页。

之象尚有未逮，而三代后政教之盛、风化之美，无有如两汉者。降至唐、宋，皆不能及。尊经之效，已有明征。"[①] 皮锡瑞认为汉人推崇经术、奉行孔教，得以政治清明、人才兴盛，因此将西汉至东汉初年数百年间视作经学"昌明"乃至"极盛"时代。他还说"经学盛于汉，汉亡而经学衰"[②]，认为经学发展至汉代已达于巅峰，把以西汉今文学为核心的"汉学"树为中国经学的典范。

其二，认为西汉经学纯正不杂、近古可信。皮锡瑞根据《史记·儒林传》所载五经传授的资料，论证西汉只有今文，没有古文，所以经学最为纯正："史迁当时，盖未有《毛诗》、古文《尚书》、《周官》、《左氏》诸古文家也。经学至汉武始昌明，而汉武时之经学为最纯正。"[③] 他还指出，伏生、孔安国等所藏《尚书》虽是古文写本，但"汉初发藏以授生徒，必改为通行之今文，乃便学者诵习。故汉立博士十四，皆今文家"[④]，进一步论定西汉不存在古文经学。皮锡瑞如此强调汉初经学有今无古，不信西汉后期兴起的古文经学，指认今文经学纯正不杂，是因为他奉守"凡古必真"的治经原则，主张严守师法，笃守旧说："盖凡学皆贵求新，惟经学必专守旧。经作于大圣，传自古贤。先儒口授其文，后学心知其意。制度有一定而不可私造，义理衷一是而非能臆说。世世递嬗，师师相承，谨守训辞，毋得改易，如是则经旨不杂而圣教易明矣。若必各务创获，苟异先儒，骋怪奇以钓名，恣穿凿以标异，是乃决科之法，发策之文，侮慢圣言，乖违经义。"[⑤] 他

① 《经学历史》，第 21 ~ 22 页。
② 《经学历史》，第 30 页。
③ 《经学历史》，第 13 页。
④ 《经学历史》，第 17 页。
⑤ 《经学历史》，第 29 页。

认为汉儒最重师法，汉初更是经各一师，“独守遗经，不参异说”①，能够最大限度地保存孔子经说的本义，因此最为可信。在论及《史记》所载经说时，皮锡瑞就十分明白地说：“太史公书成于汉武帝时经学初昌明、极纯正时代，间及经学，皆可信据。”②并引《史记》所言，驳斥后世对《易》、《书》、《诗》、《春秋》的种种诬妄之论、臆断之解，宣称“尊孔子者，必遵前汉最初之古义，勿惑于后起之歧说”③。可见，皮锡瑞主张治经应当“守旧”，称誉西汉经说，用意仍是追尊孔子、推崇圣经，“经旨不杂而圣教易明”的涵义正在于此。

其三，认为西汉经学简明、有用、易学。皮锡瑞对西汉盛行的今文学和东汉盛行的古文学作了比较，认为二者优劣分明、高下判然：“前汉今文说，专明大义微言。后汉杂古文，多详章句、训诂。章句、训诂不能尽餍学者之心，于是宋儒起而言义理。此汉、宋之经学所以分也。惟前汉今文学能兼义理、训诂之长。武、宣之间，经学大昌，家数未分，纯正不杂，故其学极精而有用。以《禹贡》治河，以《洪范》察变，以《春秋》决狱，以三百五篇当谏书，治一经得一经之益也。……汉学所以有用者，在精而不在博。将欲通经致用，先求大义微言，以视章、句训诂之学，如刘歆所讥‘分文析字，烦言碎辞，学者罢老且不能究其一艺’者，其难易得失何如也!”④ 可见，皮锡瑞不仅认为汉初经学精纯有用，而且相信西汉今文简明易学。他进一步考察东汉以来经学由盛转衰的原因，指摘后汉经师的繁琐说经、不切实用与不修家

---

① 《经学历史》，第 14 页。
② 《经学历史》，第 18 页。
③ 《经学历史》，第 20 页。
④ 《经学历史》，第 18 页。

法，彰显前汉经师“存大体，玩经文”的简捷有用与“笃守遗经”的质朴无华①，再一次对西汉之学作了充分肯定。

皮锡瑞既然将以西汉今文学为核心的“汉学”视作孔门嫡传，树为经学典范，对于兼采今、古文而迅速取代“汉学”的郑玄之学，就表现出一种复杂的态度：一方面，他慨叹“郑学虽盛，而汉学终衰”②，指责郑玄“采今、古文不复分别，使两汉家法亡不可考”③，导致西汉今文之学很快沦亡；另一方面，他又因郑玄的兼采今、古，庆幸西汉今文经说得存万一：“《毛诗》、《左传》乃汉时不立学之书，而后世不可少。郑君为汉儒败坏家法之学，而后世尤不可无。汉时《诗》有鲁、齐、韩三家，《春秋》有《公》、《穀》二传。《毛诗》、《左传》不立学，无害，且不立学，而三家、二传更不至淆杂也。汉后三家尽亡，二传殆绝，若无《毛诗》、《左传》，学者治《诗》、《春秋》，更无所凭依矣。郑君杂糅今、古，使专门学尽亡，然专门学既亡，又赖郑注得略考见。今、古之学若无郑注，学者欲治汉学，更无从措手矣。”④ 他认为郑玄经注有助于后人窥探西汉今文学说之崖略，视“郑学”为后世追复“汉学”之津梁，因此提出“欲治汉学，舍郑莫由”⑤。事实上，皮锡瑞在评论魏、晋以后的经学时，即以是否遵尚“郑学”作为一项主要标准。至于他本人的经学研究，从“少习郑学”，至老仍“服膺郑学”，更是与“郑学”相始终。他还在中年以后专治郑学，对郑玄经注大作疏证，成为精究郑学的专家。

---

① 《经学历史》，第 26 页。
② 《经学历史》，第 30 页。
③ 《经学历史》，第 32 页。
④ 《经学历史》，第 32 页。
⑤ 《经学历史》，第 36 页。

四、“义理必兼考证”

就治学方法而言，晚清公羊学家为阐发“微言大义”，大多刊落训诂名物之末，轻疑前贤，改窜经文，好弃旧注，自创新义，因而大受訾议，恰如刘师培所讥：“大抵以空言相演，继以博辨，其说颇返于怀疑。然运之于虚，而不能证之以实，或言之成理，而不能持之有故。于学术合于今文者，莫不穿凿其词，曲说附会；于学术异于今文者，莫不巧加诋毁，以诬前儒，甚至颠倒群经，以伸己见。”[①] 皮锡瑞早年从马、郑入手研治经学，留意训诂考订，后来研读顾、王之书，“始知义理必兼考证”，主张以训诂文字、考订名物来探求经义奥旨，力主考据、义理兼重，并依此标准评判前辈时贤的治经得失。

皮锡瑞对于征引翔实、依据确凿者赞不绝口，对于新奇之论、臆断之说则大作批评。例如，他评毛奇龄《庙制折衷》“论庙制，诸侯以下，皆考订精确，在国初当首屈一指矣”[②]，可谓赞颂之至；而对乾隆帝钦定的《周官义疏》、《礼记义疏》，却以其“沿宋明之旧，多空言，可采甚少”[③] 而加微辞。皮锡瑞始治经时，在浙江访得金鹗《求古录礼说》，“喜其断制精确，如获至宝”，后来仔细研读，发现书中虽多卓见，“惟自信太勇，凡古人无明文者，多以

① 刘师培：《近代汉学变迁记》，《刘师培辛亥前文选》，三联书店 1998 年，第 179 页。

② 《师伏堂日记》，乙未年六月初七日。

③ 《师伏堂日记》，戊戌年九月三十日。

意造故实"①，因其涉于臆断而不以为然。崔述在《考信录》中力辨文王不称王、周公不摄政，但说理有余而证据不足，皮锡瑞因此指责他"未免宋儒以义理断数千年前事实之弊"②。在《经学通论·书经》中，他对古文《尚书》家的臆断解经就作了严厉批评，说："一代有一代之制度，未可据后王而强同之也。一代有一代之事实，尤未可凭胸臆而强易之也。伏生《大传》、太史公书所载事实，大致不异。古来口授相传，本是如此。两汉今文，并遵师说。东汉古文始有异义，所改制度，多本《周官》；所改事实，不知何本。大率采杂说、凭臆断，为宋、明人作俑。自此等臆说出，不仅唐、虞、三代之制度乱，并唐、虞、三代之事实亦乱。"③ 凡此皆足以窥见皮锡瑞重征实、戒臆造的治经主张。

皮锡瑞明确表示："小学自是古学门户，然专务为此，则所见者小，予不为也。"④ 他虽主精考校、详征引，但尤重经义，贵断制。他见蒋生沐刊刻的《别下斋丛书》中多考校金石、古籍之书，"有关经旨者甚少"⑤，惜其有考据而乏经义。他认为林昌彝《三礼通释》广集众说，不用宋儒，多本汉学，见识远在秦蕙田《五礼通考》之上，"然亦罕有别识心裁，其言大学、小学，多采段、顾争辩之言，而在郊、在国，亦未能折衷一是也"⑥，谓其征引多而断制少，未免美中不足。可见他虽喜朴实说经，也强调发明经义，主张考据与义理兼重。晚年他又总结数千年经学得失，明确

---

① 《师伏堂日记》，壬辰年七月初一日。
② 《师伏堂日记》，丁未年十二月初十日。
③ 《经学通论·书经》，第67~68页。
④ 《师伏堂日记》，甲午年九月初二日。
⑤ 《师伏堂日记》，癸巳年四月十二日。
⑥ 《师伏堂日记》，癸巳年六月廿一日。

提出“治经者当先去其支离不足辨，及其琐细无大关系，而用汉人‘存大体，玩经文’之法”①。

对于清代的今文学派，皮锡瑞赞扬论说详明、经义专精的著作，批判空衍义理、曲解臆断的学风。例如，他虽称赞宋翔凤《孟子赵注补正》的考据功夫，却更激赏其《论语说义》的“说创而确”，以为引《公羊》之义解说《论语》，直探孔门微言，而立论精审确凿②。王闿运因经说新异，颇遭物议，皮锡瑞却别有所见，多次评论道：

> 阅《尊经课艺》，颇知川学宗旨，大抵出壬秋先生。壬老说《易》，先通文理，不用象数、爻辰，其旨亦本于焦里堂而推阐之。《诗》不主毛，亦非尽用三家，所立新说，与何楷《世本古义》为近。《春秋》兼用《公羊》、《穀梁》，新义间出前人之外。《礼经》尤精，说《易》说《诗》，皆以礼证之。故其说虽新而有据，异于宋明诸人。此等皆与予说经之旨同，惟予不敢过求新异耳。③
>
> 阅《诗补笺》二卷，其中多有心得，驳毛《传》处亦是。予向不甚以毛《传》为然，视此足发人意。然壬老亦不宗三家，多用己意，能援《礼经》，故不同宋明臆说也。④

皮锡瑞对王闿运经学其实并非完全赞同，但对其“以礼证经”的方法推崇备至，誉其经说“虽新而有据，异于宋明诸人”，无空言

① 《经学通论自序》。
② 《师伏堂日记》，壬辰年闰六月十一日，甲午年八月廿七日。
③ 《师伏堂日记》，癸巳年十二月初十日。
④ 《师伏堂日记》，甲午年十月初四日。

说经之弊，又坦承“此等皆与予说经之旨同”，正可见他以朴学明经义的治学原则。与此截然不同的是，皮锡瑞多次责斥常州学派喜以空言推衍经义，“所谓微言，多拾宋儒之唾，殊不足观”，明确表示“阳湖庄氏之学，予所不嗜”①。他虽称赏魏源《诗古微》多独得之见，更痛批其臆断附会，如“观《诗古微》，摧陷廓清，一破拘牵之习，于学《诗》者不为无功，而其武断有绝可怪者”②。皮锡瑞甚至“恐其惑世”，在《经学通论》中专文批驳，论证以《关雎》、《鹿鸣》为刺纣王乃是魏氏臆说，三家《诗》中初无此义，斥其为创新解而厚诬三家、荒经蔑古，并郑重申明：“解经是朴学，不得用巧思；解经须确凭，不得任臆说。”③ 皮锡瑞又评《新学伪经考》从今文辟古文，发前人所未发，“惟间求之过深，反授人以口实，再加更定，可以名世，袒护古文者，未必能强夺也”，既惜其立说未能稳妥，更责其求证过于臆断，“武断太过，谓《周礼》等书皆刘歆所作，恐刘歆无此大本领；既信《史记》，又以《史记》为刘歆私窜，更不可据”④。

皮锡瑞一生精治《尚书》，对清儒《尚书》研究得失了如指掌，作过不少切中肯綮的批评。他特别就刘逢禄、魏源治《书》的缺失，对常州一派的治经学风大加讥斥，日记中多次写道：

> 观刘申受《尚书集解》，多载阳湖庄氏之说，改易经字，移窜经文。夫国朝通儒所以崇尚汉学、诋斥宋学者，以汉学笃实，言必有征耳。今改经以就己说，效王鲁斋

① 《师伏堂日记》，癸巳年九月廿八日。

② 《师伏堂日记》，壬辰年闰六月初七日。

③ 《经学通论·诗经》，第12～13页。

④ 《师伏堂日记》，戊戌年七月十二日，甲午年四月十一日。

之尤而又甚之，以此说经，圣人之书无完肤矣。以臆说为微言，以穿凿为大义，此真经学之蟊贼。刘申受、魏默深皆尊信其说，愚所不解，王壬甫亦间袭之。①

予始见默深先生《书古微》颇多武断，将《召诰》、《洛诰》篇文任意颠倒，蹈宋人改经陋习，又引《书序》，力辨周公无称王事，皆宋人唾余，予意甚不然之。今见刘礼部《尚书今古文集解》、《书序述闻》，乃知其说皆出阳湖庄氏。庄氏经学大师，不期谬妄至此。予所以云国朝经师治《尚书》皆未有得要领者也。②

观《书古微》，前半尚有心得，至《大诰》、《金縢》后则全谬。盖默深误用阳湖庄氏说，必不信周公摄王事，故于《周书》皆不可通。《召诰》等篇将经文任意变乱，用鲁斋《书疑》之故智。谓孔子删订亦有误，可谓非圣无法。③

另外，《经学通论》中有一篇"论刘逢禄、魏源之解《尚书》多臆说不可据"，详列庄、刘、魏种种臆断之论，批评各家蹈袭宋人改经陋习，显背汉儒师说，凭臆妄说，自矜创获。皮锡瑞批评说："解经但宜依经为训，庄、刘、魏皆议论太畅，此宋儒说经之文，非汉儒说经之文。解经于经无明文者，必当阙疑，庄、刘、魏皆立论太果。此宋儒武断之习，非汉儒矜慎之意也。"④

皮锡瑞虽以今文学名家，说经不乏新义胜解，却自谓"考定

---

① 《师伏堂日记》，癸巳年六月十二日。

② 《师伏堂日记》，壬辰年六月初二日。

③ 《师伏堂日记》，壬辰年闰六月初七日。

④ 《经学通论·书经》，第97~99页。

名物、制度，颇可自信”①，始终以朴实之法阐扬微言大义之学，凡抉幽隐，必引经稽古，确有所据；凡遇歧异，必罗列众说，参互考验；凡有衍脱，必补苴掇拾，详加考订；凡生疑滞，必广搜博采，疏通证明。他使义理与考证融为一体，故说经新颖而依据确凿，有朴实谨严之风，而无支离破碎之病；有钩深致远之优，而少牵强臆断之弊。例如撰写《经学通论》时，他曾自信解《关雎》一诗“甚有把握”，但王先谦看过稿本后特加批注，谓其引申太多，似宋人臆测，他甚以为然，割爱对原文大加删改②。他的代表作《今文尚书考证》更以取材丰富、考订严谨，大受时人称赞。叶德辉曾说皮锡瑞所作《六艺论疏证》“考订残阙，别白是非，无一语不求其安，无一字不征诸实”③，可谓颂誉之至。

事实上，清代的今文经学既与侈言心性的义理之学有异，也与精研故训的考据之学不同，它承继了明末清初通经致用的学风，虽自乾嘉朴学中分衍而出，对考据末流大加校正，却绝非对汉学传统的彻底背叛。皮锡瑞主张“说经皆主实证，不空谈义理”，崇尚“新而有据”的经说，反对以空言推衍经义，要求通过文字的训诂和典制的考订，来探求圣贤的微言大义，乃至痛斥“以臆说为微言，以穿凿为大义”，将自以为独得孔门真传的常州一派，评为“非圣无法”的经学蟊贼，批判之严厉，与出于门户之见攻击今文学派的章太炎、刘师培等人几无二致。皮锡瑞标榜“义理必兼考证”，正是针对晚清公羊派的诙诡恣肆，表彰朴学以挽颓风，期使今文之学重返正轨。

---

① 《师伏堂日记》，丙申年三月十二日。
② 《师伏堂日记》，丙午年三月初四日、九月初三日。
③ 叶德辉：《六艺论疏证序》。

五、“学求心得，勿争门户”

儒学号称一家独尊，实则内部学派分立，降及晚清，既存在汉宋、今古之争，又出现中西、新旧之别，分门立户，党同伐异。皮锡瑞认为“圣人设教，判为四科，未尝强人出于一辙”，后儒“妄分门户，出奴入主”，不过是八股陋习，并说：“凡学当求心得，古人之自成一家者，其学皆有所长，非可轻诋，学者各以所近者学之而已。若暖暖姝姝，守一先生之言，如建鼓以求亡子之为，而历诋先儒之不合。此鄙人所不敢也。”① 他又以西学西教侵凌、孔教岌岌可危，痛言：“中学有汉学、有宋学，宋学又有程朱之学、陆王之学，今又别出中学西学、旧学新学，互相攻击，有如仇雠。现在孔教衰微，不绝如线，亟宜破除门户，同心合志，以保孔教，岂可同室操戈?”② 因此，他不断批评妄分门户、断断相争的陋习，提出治学贵求心得，不必徒争门户。

清代经学出现汉、宋之争，虽肇始于江藩，实大兴于方东树。江藩标举汉帜，确有立异之心，方东树起而推尊程、朱，诋毁汉学，于是汉、宋之间壁垒森严，势同水火。皮锡瑞细检《汉学商兑》后，评其“诋斥汉学亦有见解，而坚持宋学门户，尤甚于汉学家”，因其坚守门户、深闭固拒，批评说：

> 汉之大儒无过郑君，宋之大儒无过朱子，而治汉学者匡郑之失，并无瞻徇；治宋学者于朱子之失，必一一

---

① 《师伏堂日记》，壬辰年正月廿四日。

② 《师伏堂日记》，戊戌年三月十四日。

> 回护，绝不许人攻击。此元、明以后，锢蔽学者之耳目且数百年，尤不足以服人之心。此近时才俊之士，所以起而力争也。如方东树者，修斋讽经，自陷于异端邪说，乃欲自托于卫道而痛诋古义，谬妄盖不足辨。①

皮锡瑞又在《经学历史》中指出，后人视清初诸儒为汉、宋兼采一派，“而在诸公当日，不过实事求是，非必欲自成一家也”；乾嘉大师虽标举汉学之帜，“皆不敢将宋儒抹杀”，强调“学求心得，勿争门户，若分门户，必启诟争”，并据以评价江、方之争，说：“平心而论，江氏不脱门户之见，未免小疵；方氏纯以私意，肆其谩骂，诋及黄震与顾炎武，名为扬宋抑汉，实则归心禅学，与其所著《书林扬觯》，皆阳儒阴释，不可为训。”②

对于调和汉宋的陈澧、朱一新等人，皮锡瑞屡加称赞，谓“陈兰甫学最纯实，素所深佩”③，又评朱一新“学尚通博，兼考据、义理之长，立说平允无弊”④。他还就《东塾集》中所论儒、释关系，写道：

> 阅《东塾集》，有《答戴子高书》云：“宋以后，不但儒家言近释家，释家言亦近儒。盖儒家自疑其浅而转求深，释家自知其偏而稍归正，故途径有时而合。”此言可谓千古特识。九流之学皆出于圣人，与吾儒相出入。汉儒言理近道家，言《春秋》近法家，《齐诗》五际、《洪范》五行近阴阳家。释氏出于墨，亦出于老、庄，则

---

① 《师伏堂日记》，壬辰年十二月廿六日。

② 《经学历史》，第61～62页。

③ 《师伏堂日记》，甲午年四月十四日。

④ 《师伏堂日记》，丁酉年七月十一日。

> 亦九流之支与流裔，以其晚出，故不在九流之列。宋儒近释，不必为之讳，亦不必过诋之，与汉儒之出入诸家等耳。汉时无释，以汉儒不近释为粹然儒，言不足以服宋儒之心。吾侪习儒家言，不能于诸家全无出入，但择其是者取之耳，以圣人本兼包九流也。虽盲者不识，吾终身守此论，得陈先生此说，益可以自信矣。①

皮锡瑞在此表达出兼采众家、择善而从的主张，并提出“九流之学皆出于圣人”，企图从源头上消解学派门户。

皮锡瑞在戊戌变法时期，还进一步吸取严复、梁启超等宣扬的“群学”思想，提出治学应联合群力，集思广益，强调“一人之耳目不能遍及，必须合众人之耳目，方能够见闻广；一人之心思不能尽通，必须合众人之心思，方能够解悟捷。道理必大家考究，方可渐入精微；疑义必彼此参详，方可涣然冰释”。针对当时汉宋殊途、今古分立的现状，皮锡瑞别有见地地指出：“自其异者而言之，不但汉学今、古文不同，宋学朱、陆不同，而且朱与程不同，大程与二程不同，朱子晚年与早年又不同。自其不异者而言之，则汉学学孔子，宋学亦学孔子，皆圣门之支与流裔，何必操室中之戈，闹穴中之鼠乎！”② 因此他在南学会讲学时，通过对朱陆、汉宋、中西之学的异同辨析，提出：“无论何项学问，皆贵自有心得，不必徒争门户，是己非人。意有不同，反复辩论，彼此参详，以折衷于一是。若学派宗旨不可强合，则亦各尊所闻，各行所知而已。不妨有异同，不必争门户。”他还特别指出，“今沧海横流，非争门户之时”，坚决反对学派门户相争，要求兼采众

① 《师伏堂日记》，甲午年五月十八日。
② 《师伏堂日记》，戊戌年三月初二日。

长，联合群力来保种保教。他在论汉、宋关系时，特别强调孔教岌岌可危，再也不能同室操戈："汉学师孔子，宋学亦师孔子，考其源流分合，两家本是一家，况今孔教衰微，不绝如线，尤宜破除门户，开通畛域，何必斗穴中之鼠，操室中之戈乎！"[①] 可见，皮锡瑞正是以"圣人之学无所不包"为理论依托，以讲求"有体有用之学"为判断标准，对汉宋、朱陆、中西之学细加辨析，标举起"不妨有异同，不必争门户"的主张，表现出求同存异、兼取众长的卓识，显示出博大的学术胸怀。王先谦在《今文尚书考证序》中，对皮锡瑞坚持西汉有今文、无古文的基本立场不表赞同，他见后不以为忤，在日记中心平气和地写道："王序意与予小不合，彼信班书，以为西汉有古文说，不始刘歆；予则同康氏说，以《汉书》亦沿歆误。各尊所闻可也。"[②] 对于不同的学术和异质的文化，皮锡瑞还提出一种"深究其理，以观其会通"的主张[③]，对于正确处理新旧、中西之争很有启示。

皮锡瑞一生追求博通，力除门户，为学兼有汉、宋之长，治经时注意参酌古文，择取其是，倡导"解经当实事求是，不当党同妒真"[④]，力图将今文学与考据学融贯为一。在《孝经郑注疏》、《郑志疏证》等书中，他考察郑玄先通今文、后通古文的治学路径，强调"学者因其参差之迹，正可考见经学门户之广"，表彰郑玄融通今、古的优良学风，提出"今、古文皆有师承，不可偏废"[⑤]。在《圣证论补评》中，他指出今、古二家在汉末虽互相排

---

① 《皮鹿门学长南学会第二次讲义》，《湘报》第6号。
② 《师伏堂日记》，丁酉年正月初八日。
③ 《师伏堂日记》，戊戌年三月十四日。
④ 《今文尚书考证凡例》。
⑤ 《郑志疏证自序》。

挤，但只争家法，不存私见，郑玄出而调和，融贯二家，“和而不同，是则是，非则非”，王肃不能分别今、古文家法以驳难郑玄，反将今、古文中歧异者托为孔子之言，作为定论，门户之争由此而起，“吹毛求疵，蓄意乘隙，且托圣言以助之攻”①，因而对王肃之学颇多责斥。皮锡瑞曾说：“《公羊传》，经学也，一字褒贬，皆圣人之意也。《左氏传》，史学也，据事直书，不立褒贬，虽不传《春秋》，而书不可废也。”② 这种对待《左传》的态度，就鲜明地体现出他在学术上的兼容品性。皮锡瑞晚年在长沙各校讲授《春秋》三传，其讲义后来被家人编成《师伏堂春秋讲义》刊行。章太炎一读之后，竟然责斥皮锡瑞“不能守今文师说”③。其实，这正好体现出皮锡瑞为学兼容并蓄的一面，暴露了章氏拘守门户的狭陋。

皮锡瑞的经学取向可以归结为四点，即尊孔、崇古、宗汉和主郑。他推尊孔子制作六经，崇尚汉儒师法家法，显示今文学家的严正立场，而在传注上的崇古宗汉，则与“凡古必真，凡汉皆是”的汉学家并无异趣；他对郑玄笺注的疏通发明，更与晚清公羊学派工诃贾、马、许、郑的做法形成鲜明的对比，一改其专己守残、党同妒真的学风。他虽然尊崇今文经说，却不贬抑古文经典，出入今、古之间，融采众家之长，不拘门户，唯善是从，不但与“尊古斥今”的古文学家迥然有异，更与其他“尊今抑古”的今文学家截然相别。叶德辉就对皮锡瑞学问的博通大加赞颂，在给《六艺论疏证》作序时，把两汉以来的经学分成今文学、古

① 《圣证论补评自序》。

② 《驳俞理初公羊传及注论》，《经训书院自课文》卷三。

③ 章太炎：《驳皮锡瑞三书》，《国粹学报》1910 年第 2 ~ 3 号。

文学、郑氏学、朱子学，谓其“好学深思，邃于经术，于余所言四者，皆融洽而贯通之”[①]。张舜徽更是在《清儒学记》中大力表彰皮锡瑞的“通人之学”，认为他能贯通群经，讲求大义，强调说：“我们认真考虑到皮氏学术成就的全貌，实是通学门庭，在许多问题上，能见其大，能观其通。近人只把他看成专治今文家言的经师，那就太缩小他的作用了。他在清末，实是一位极其博通的学者，论其造诣，远远超过了王闿运和王先谦。”[②] 皮锡瑞曾评价郑玄说：“郑兼通今、古文，择善而从，誉之者以为郑学宏通，毁之者以为坏乱家法。”[③] 移此语意以评皮锡瑞本人，可谓恰如其分。

六、结　语

清代今文学由潜滋暗长的学术复兴活动，到波澜壮阔的政治变革运动，实际上始终呈现两途并进之势[④]。在今文经学复兴之初，庄存与走汉宋兼采、今古并治之路，今人多只推重《春秋正辞》，实则庄氏于群经皆有笺注发明，以考据之法推阐经书之旨，尤以《周礼》济《公羊》之穷，“其于六经皆能阐抉奥旨，不专

① 叶德辉：《六艺论疏证序》。
② 张舜徽：《清儒学记》，齐鲁书社 1991 年，第 362 页。
③ 《圣证论补评自序》。
④ 关于清代今文学派的内部歧异，学术界向来不甚重视，目前仅见台湾学者蔡长林对此问题有认真审思，认为清代今文经学的发展有两条路向，一为“偏向考证的今文学”，一为“偏向义理的今文学”，详见蔡长林：《清代今文学派发展的两条路向》，《经学研究论丛》第一辑，台湾圣环图书有限公司 1994 年，第 227 ~ 256 页。

为汉宋笺注之学，而独得先圣微言大义于语言文字之外”①。孔广森以朴学治《公羊》，虽乏闳肆之论，却多确凿之解。凌曙注重以礼制解《公羊》，兼采《左传》以释《春秋》，“由声音训诂，而明乎制度典章，以求进夫微言大义”。陈立集今文《礼》学之大成，亦非专为义理作注疏，而着意疏解《公羊》典制，尽显汉学严谨之风。戴望立志“征诸古训，求之微言，贯经术、政事、文章于一”，虽以《公羊》义例说《论语》，而谨遵汉儒家法。至于陈寿祺、乔枞父子，全力恢复汉代今文《尚书》、三家《诗》，同时用心辨别今、古家法，成就最为卓著。以上各家可称为清代今文学的正统派，他们以笺注、疏证、搜辑、考订的朴学成法，恢复西汉今文经学的历史本相，虽不乏经世之初衷，究以学术见重于后世。清代今文学另有一大阵容，即历来大受重视的公羊派，自刘逢禄、宋翔凤以来，一面为申张孔门微旨，“详义例而略典礼、训诂”，开启恢诡虚诞之风，一面为弘扬董、何之说，责难郑玄，贬斥刘歆，严立今、古门户。魏源、康有为承袭其风而愈加张扬，倡言“托古改制”，以经术作政论，使微言大义之学，一变

① 阮元：《庄方耕宗伯经说序》，《味经斋遗书》卷首。

而成穿凿之论、恣肆之谈①。魏源虽企望以东汉训诂之学复西汉今文之原，提出“今日复古之要，由训诂、声音以进于东京典章、制度，此齐一变至鲁也；由典章、制度以进于西汉微言大义，贯经术、政事、文章于一，此鲁一变至道也”②，但清代今文学的发展直到皮锡瑞才基本实现这一愿望。

邵瑞彭曾主持重刊皮锡瑞的《驳五经异义疏证》，并作序说：

> 近三百年来，学术盖尝数变。其始也，挢明人空疏之蔽，则为朴学。其继也，挢唐、宋以来蔑古自信之蔽，则为汉学。乾嘉师儒，诵法许、郑，以训故名物为治经涂术，弗尚墨守，弗标流别，于东汉古文之学为近。晋陵庄、刘诸子，好言《公羊春秋》，则为今文之学。由是学者始言门户。其后侯官陈恭甫朴园父子、长洲陈硕甫、句容陈卓人，四陈君者接踵而作，大氐以寻绎师法、辨章条贯为主，虽趣舍不尽同，要之各能自名其家。咸同以降，风气益变矣。鹿门先生，兴于南楚，蔚为大师。其学远绍西汉今文坠绪，兼综北海郑氏之学，淹雅宏通，

---

① 章太炎曾指出：“今文之学，不专在常州。其庄、刘、宋、戴诸家，执守今文，深闭固拒，而附会之词亦众，则常州之家法也。若凌曙之说《公羊》，陈立之疏《白虎》，陈乔枞之辑三家《诗》、三家《尚书》，只以古书难理，为之征明，本非定立一宗旨，其学亦不出自常州。此种与吴派专主汉学者当为一类，而不当与常州派并存也……不得以偶说今文经传，遂以常州家法概之。《春秋》三传，《穀梁》最微；柚乡之钟，丹徒之柳，番禺之侯，皆具扶微继绝之心，而非牢守一家以概六艺者，与常州家法绝殊，要之，皆吴派之变迁而已。”（支伟成《清代朴学大师列传·章太炎先生论订书》）按，章氏此处所谓常州之学，实即清代今文公羊学派，他视常州之学与今文之学为一，以常州家法为判分标准，论定龚自珍、皮锡瑞不可纯称今文学家，魏源、王闿运不能附于常州学派，将凌曙、陈立、陈乔枞、陈寿祺、柳兴恩等从事今文经典的注疏、搜辑者划归吴派，显然未体认到清代今文学派的内部歧异。

② 魏源：《两汉经师今古文家法考叙》，《魏源集》，中华书局1976年，第152页。

审思明辩，与井研廖君同源殊流，纵恢广弗逮，而澹密过之。晋陵之学，至龚、魏而日替；四陈之学，得先生而日昌。盈虚之故，盖有不可媒量者。

邵瑞彭从清代经学的嬗递流变中，十分简洁地勾勒出皮锡瑞经学的精神风貌与历史地位，尤其是认为“先生之治许、郑，即所以尊今文也”，揭示出皮锡瑞以通学大师而归宗今文的学术属性。

皮锡瑞精研群经，会通众家，并贯以今文之学，使其学术自成体系。他论定孔子制作六经、宣称孔子开创经学，事实上并没有提供充分有力的证据，因而历来颇受訾议，晚清、民国年间古文学派对他推崇孔子、尊信今文更是大加驳斥。然而，皮锡瑞治经力挽晚清公羊学派之颓习，为学淹博闳肆，持论详密精审。他表彰“郑学”之善，使晚清今文经学走出常州公羊学派的狭陋之境；他抉发“伏学”之微、“董学”之真，使清代今文经学真正回复到西汉之初。他力主“通经致用”，推阐“素王改制”，一生穷经究史，通达古今之变，积极投身救时济世的实际事务，大力赞助湘、赣两省的戊戌变法，晚年又致力于桑梓的兴学育才。可以说，皮锡瑞以其治学主张与成就，使今文义例之学、典制之学和经世之学融为一体，成为清代今文经学的集大成者之一，也将晚清今文经学导入一个新的境地。皮锡瑞去世后，陈三立作诗挽吊，其中写道：“残遗伏贾孰传薪，卓荦沉冥六籍亲。钩党姓名连甲乙，今文家法愈光新。”① 陈三立虽不以经学见长，但作为皮锡瑞的同年与知己，以“今文家法愈光新”来评说皮锡瑞对清代今文经学的贡献，确是深有见地，堪称盖棺论定。

---

① 陈三立：《挽皮鹿门同年》，《散原精舍诗文集》，第 231 页。

附录一　皮锡瑞著述版本

一、专　著

《孝经郑注疏》二卷

善化师伏堂光绪二十一年乙未（1895）初刻本

上海古籍出版社 1993 年《十三经清人注疏》影印本

中央党校出版社 1996 年《宋元明清十三经注疏汇要》影印本

中华书局 1936 年《四部备要》排印本，又 1998 年缩印本

《尚书大传疏证》七卷

善化师伏堂光绪二十二年丙申（1896）初刻本

台北新文丰出版公司 1977 年《尚书类聚初集》第 8 辑影印本

上海古籍出版社 1995 年《续修四库全书》第 55 册影印本

《尚书古文疏证辨正》一卷

湖南思贤书局光绪二十二年丙申（1896）初刻本

上海古籍出版社 1995 年《续修四库全书》第 51 册影印本

《尚书古文考实》一卷

湖南思贤讲舍光绪二十二年丙申（1896）初刻本

《今文尚书考证》三十卷

善化师伏堂光绪二十三年丁酉（1897）初刻本

台北新文丰出版公司 1977 年《尚书类聚初集》第 8 辑影印本

上海古籍出版社 1995 年《续修四库全书》第 55 册影印本

中华书局 1989 年盛冬铃、陈抗点校本

中华书局 1998 年《四部要籍注疏丛刊》影印本

《古文尚书冤词平议》二卷

湖南思贤书局光绪二十五年己亥（1899）初刻本

台北新文丰出版公司 1977 年《尚书类聚初集》第 8 辑影印本

北京出版社 2000 年《四库未收书辑刊》第 4 辑第 3 册影印本

《郑志疏证》八卷附《郑记考证》一卷《答临孝存〈周礼〉难》一卷

湖南思贤书局光绪二十五年己亥（1899）初刻本

台北世界书局 1963 年《中国学术名著》第 6 辑影印本

上海古籍出版社 1995 年《续修四库全书》第 171 册影印本

《六艺论疏证》一卷

湖南思贤书局光绪二十五年己亥（1899）初刻本

上海古籍出版社 1995 年《续修四库全书》第 171 册影印本

《尚书中候疏证》一卷

湖南思贤书局光绪二十五年己亥（1899）初刻本

台北新文丰出版公司 1977 年《尚书类聚初集》第 8 辑影印本

上海古籍出版社 1995 年《续修四库全书》第 55 册影印本

《驳五经异义疏证》十卷

湖南思贤书局光绪二十五年己亥（1899）初刻本

河间李氏古鉴斋 1934 年重刻本

台北文海出版社 1967 年《国学集要》第 1 编据古鉴斋本影印本

上海古籍出版社 1995 年《续修四库全书》第 171 册据古鉴斋本影印本

《发墨守箴膏肓释废疾疏证》三卷

湖南思贤书局光绪二十五年己亥（1899）初刻本

《鲁礼禘祫义疏证》一卷

湖南思贤书局光绪二十五年己亥（1899）初刻本

上海古籍出版社 1995 年《续修四库全书》第 112 册影印本

《圣证论补评》二卷

善化师伏堂光绪二十五年己亥（1899）初刻本

《礼记浅说》二卷

湖南思贤书局光绪二十五年己亥（1899）初刻本

北京出版社 2000 年《四库未收书辑刊》第 4 辑第 5 册影印本

《左传浅说》二卷

湖南思贤书局光绪二十五年己亥（1899）初刻本

北京出版社 2000 年《四库未收书辑刊》第 8 辑第 2 册影印本

《汉碑引经考》六卷附《汉碑引纬考》一卷

善化师伏堂光绪三十年甲辰（1904）初刻本

台北文海出版社 1967 年《国学集要》第 1 编影印本

台北新文丰出版公司 1977 年《石刻史料新编》第 1 辑第 27 册影印本

《经学历史》一卷

湖南思贤书局光绪三十二年丙午（1906）初刻本

上海群益书社宣统三年辛亥（1911）铅印本（改题《经学史讲义》）

上海商务印书馆 1924 年据思贤本影印本

上海群学书社 1930 年许啸天点校本

上海商务印书馆 1929 年《万有文库》周予同注释本，又北京中华书局 1959 年重印本、2004 年新印本

上海古籍出版社 1995 年《续修四库全书》第 179 册据思贤本影印本

上海书店1996年《民国丛书》影印周予同注释本

《经学通论》五卷

湖南思贤书局光绪三十三年丁未（1907）初刻本

上海商务印书馆1924年影印本

上海商务印书馆1933年《万有文库》排印本，又北京中华书局1954年重印本

上海古籍出版社1995年《续修四库全书》第180册据思贤本影印本

华东师范大学出版社2009年周春健校注本

《王制笺》一卷

湖南思贤书局光绪三十四年戊申（1908）初刻本

上海古籍出版社1995年《续修四库全书》第107册影印本

北京华夏出版社2005年王锦民笺注本

二、杂　著

《经训书院自课文》三卷

善化师伏堂光绪十九年癸巳（1893）、二十一年乙未（1895）初刻本

江苏教育出版社1995年《中国历代书院志》第15册影印本

《南学会讲义》十二篇

载光绪二十四年戊戌（1898）《湘报》

《鉴古斋日记评》四卷

长沙陈氏光绪二十八年壬寅（1902）初刻本

北京出版社2000年《四库未收书辑刊》第10辑第7册影

印本

《蒙学歌诀》二卷

长沙湘雅堂光绪二十九年癸卯（1903）初刻本

《湖南师范馆经学讲义》

光绪二十九年癸卯（1903）载湖南师范馆编刻《湖南学报》

《湖南师范馆伦理讲义》

光绪二十九年癸卯（1903）载湖南师范馆编刻《湖南学报》

《师伏堂笔记》三卷

善化师伏堂光绪三十三年丁未（1907）排印本

长沙杨氏积微居 1930 年排印本

上海古籍出版社 1995 年《续修四库全书》第 1165 册据积微居本影印本

《师伏堂春秋讲义》二卷

善化师伏堂宣统元年己酉（1909）铅印本

上海古籍出版社 1995 年《续修四库全书》第 148 册影印本

三、诗　文

《师伏堂骈文》二卷

善化师伏堂光绪二十一年乙未（1895）初刻本

上海古籍出版社 1995 年《续修四库全书》第 1567 册影印本

《师伏堂骈文》四卷

善化师伏堂光绪三十年甲辰（1904）重刻本

上海古籍出版社 1995 年《续修四库全书》第 1567 册影印本

《师伏堂诗草》六卷

善化师伏堂光绪三十年甲辰（1904）初刻本

上海古籍出版社 1995 年《续修四库全书》第 1567 册影印本

《师伏堂咏史》一卷

善化师伏堂光绪三十年甲辰（1904）初刻本

《师伏堂词》一卷

善化师伏堂光绪三十年甲辰（1904）初刻本

四、今存遗稿

《易林证文》二卷

现藏湖南师范大学图书馆

《师伏堂经说》四卷

现藏湖南师范大学图书馆

《师伏堂经学杂记》三册

现藏湖南师范大学图书馆

《鹿门文稿》一卷《鹿门杂稿》一卷《鹿门诗草》一卷

现藏湖南省博物馆

《读通鉴论》札记

现藏湖北省图书馆

《师伏堂日记》（1892—1908）

现藏湖北省图书馆

《皮氏古今书目类钞》六册

现藏湖南省图书馆

附录二　皮锡瑞研究论著目录

一、专著与学位论文

1. 皮名振：《皮鹿门年谱》，商务印书馆 1939 年

2. 宋卫忠：《皮锡瑞的变法思想和中西文化观》，北京师范大学历史系硕士论文，1992 年

3. 许英才：《皮锡瑞经学史观及其经学问题之探讨》，台湾政治大学中国文学研究所硕士论文，1992 年

4. 高志成：《皮锡瑞易学述论》，台湾逢甲大学中国文学研究所硕士论文，1994 年

5. 胡静君：《皮锡瑞〈诗经通论〉研究》，台湾逢甲大学中国文学研究所硕士论文，1995 年

6. 吴仰湘：《皮锡瑞生平和思想考述》，湖南师范大学历史系博士论文，1999 年

7. 丁亚杰：《清末民初公羊学研究——皮锡瑞、康有为、廖平》，台湾万卷楼图书有限公司 2001 年

8. 吴仰湘：《通经致用一代师——皮锡瑞生平和思想研究》，岳麓书社 2002 年

9. 夏乡：《皮锡瑞〈尚书〉学述》，台湾师范大学国文研究所硕士论文，2003 年

10. 何铭鸿：《皮锡瑞〈尚书〉学研究》，台北市立师范学院应用语言文学研究所硕士论文，2005 年

11. 张国华：《皮锡瑞经学及其变法思想述论》，西北大学应用社会科学系硕士论文，2006 年

12. 何铭鸿：《皮锡瑞〈尚书〉学研究》，台湾花木兰文化出版社 2010 年

二、关于生平与政治思想的研究论文

1. 宋卫忠：《皮锡瑞的变法思想》，《湘潭师院学报》1996 年第 4 期

2. 吴仰湘：《皮、叶之争与南学会“停讲”考辨》，《经济管理与社会科学前沿研究：2000 年中国博士后学术大会经济管理与人文社会分会学术会议论文集》，中国金融出版社 2001 年

3. 吴仰湘：《皮锡瑞之史论与其政治思想》，《求索》2001 年第 1 期

4. 吴仰湘：《皮锡瑞与晚清教育变革》，《湖南师范大学社会科学学报》2001 年第 3 期

5. 吴仰湘：《皮锡瑞“文明排外”思想论评》，《社会科学辑刊》2001 年第 4 期

6. 马少甫：《皮锡瑞变法思想浅论》，《榆林高等专科学校学报》2002 年第 3 期

7. 吴仰湘：《论皮锡瑞变法思想的特色》，《船山学刊》2003 年第 3 期

8. 蔡长林：《台湾学界研究皮锡瑞概况》，《中国文哲研究通

讯》2004 年第 14 卷第 1 期

9. 吴仰湘：《大陆皮锡瑞研究述评》，《船山学刊》2005 年第 2 期

三、关于学术思想与经学成就的研究论文

1. 时父：《驳皮锡瑞六经出于孔子说》，《东北大学周刊》1930 年第 103 期

2. 杨敏曾：《皮锡瑞〈经学通论〉书后》，《国风半月刊》1934 年第 5 卷第 6、7 期合刊

3. 王韶生：《论皮锡瑞之经学》，《崇基学报》1961 年第 1 卷第 1 期，香港中文大学

4. 张火庆：《皮锡瑞〈经学历史〉析论》，《孔孟月刊》1978 年第 17 卷第 4 期

5. 蔡荣婷：《读皮锡瑞〈经学历史〉书后》，《孔孟月刊》1981 年第 20 卷第 2 期

6. 杨向奎：《清末今文三大师对〈春秋〉经传的议论得失》，《管子学刊》1992 年第 2 ~3 期

7. 陈全德：《皮锡瑞“魏晋为经学中衰时代”观点之评述》，《孔孟月刊》1992 年第 30 卷第 7 期

8. （日）滨久雄：《皮锡瑞的学问与思想》，《大东文化大学纪要》第 29 号，收入《公羊学的成立与展开》，东京国书刊行会 1992 年

9. 赵制阳：《皮锡瑞〈诗经通论〉评介》，《明新学报》第 3 期，收入《诗经名著评介》，台湾五南图书出版股份有限公司 1993 年

10. 胡楚生:《皮锡瑞〈南学会讲义〉探析》,《兴大中文学报》第7期,收入《清代学术史研究续编》,台湾学生书局1994年

11. 丁亚杰:《皮锡瑞〈经学通论〉与陈澧〈东塾读书记〉论〈易〉之异同》,《孔孟月刊》1996年第35卷第2期

12. 田汉云:《皮锡瑞:正统今文学的殿军》,见《中国近代经学史》,三秦出版社1996年

13. 冯锦荣:《经学与政治——皮锡瑞学术思想初探》,《岭南学报》新第1期,香港大学1999年

14. 丁亚杰:《皮锡瑞、康有为、廖平公羊学解经方法》,《元培学报》第6期,1999年

15. 缪敦闵:《刘师培〈经学教科书〉中的经学观——与皮锡瑞〈经学历史〉的比较》,《经学研究论丛》第8辑,台湾学生书局2000年

16. 郑裕基:《皮锡瑞〈尚书大传疏证自序〉"辑本据陈,间加厘正"例释》,《中华技术学院庆祝改制周年论文发表会社会人文和自然科学类组论文集》,2001年

17. 吴仰湘:《皮锡瑞南学会讲学内容述论》,《江西社会科学》2002年第5期

18. 陶清:《晚清今文经学的复兴·皮锡瑞》,见《晚清哲学》,安徽人民出版社2002年

19. 胡楚生:《"〈书〉以广听,知之术也":皮锡瑞论研读〈尚书〉之效用》,见《经学研究论集》,台湾学生书局2002年

20. 胡楚生:《皮锡瑞〈春秋通论〉析评》,见《经学研究论集》,台湾学生书局2002年

21. 马少甫:《皮锡瑞〈经学历史〉的编纂特点》,《史学史研究》2003年第2期

22. 晁天义、张仁玺：《皮锡瑞的“〈春秋〉非史”说与近代学术史上的〈春秋〉性质研究》，《西北第二民族学院学报》2003年第4期

23. 吴仰湘：《皮锡瑞“年三十始治经”说辨误》，《孔子研究》2003年第6期

24. 夏乡：《皮锡瑞〈经学历史〉之作意——由通经而致用之津梁》，《孔孟月刊》第41卷第9期，2003年

25. 张国华：《读皮锡瑞〈经学历史〉》，《华夏文化》2004年第4期

26. 吴仰湘：《〈师伏堂日记〉所见皮锡瑞之经学观》，《湖南大学学报》2004年第6期

27. 刘振琪：《读皮锡瑞〈经学历史〉札记》，《东海大学图书馆馆讯》新第32期，2004年

28. 赵伯雄：《皮锡瑞与他的〈春秋通论〉》，见《春秋学史》，山东教育出版社2004年

29. 陈鸿森：《皮锡瑞〈经学历史〉周注补正》，见《中国经学》第1辑，广西师范大学出版社2005年

30. 赵生群：《皮锡瑞的治学立场与〈春秋〉学研究》，见《清代经学与文化》，北京大学出版社2005年

31. 吴仰湘：《皮锡瑞对〈春秋公羊传注疏〉的批评——稿本〈师伏堂经说·公羊传〉例说》，《求索》2006年第3期

32. 马少甫：《〈经学历史〉与皮锡瑞学术思想初探》，《北方论丛》2006年第4期

33. 吴仰湘：《皮锡瑞〈经学历史〉研究》，《经学研究论丛》第14辑，台湾学生书局2006年

34. 吴仰湘：《皮锡瑞〈经学历史〉并非经学史著作》，《史学

月刊》2007 年第 3 期

35. 吴仰湘：《皮锡瑞〈经学家法讲义〉稿本的内容及其价值》，《湖南大学学报》2008 年第 2 期

36. 何铭鸿：《〈尚书古文考实〉述要》，《经学研究论丛》第 15 辑，台湾学生书局 2008 年

37. 吴仰湘：《皮锡瑞的今文经学思想》，见姜广辉主编《中国经学思想史》第四卷，中国社会科学出版社 2010 年

38. 潘斌：《论皮锡瑞郑学研究》，《社会科学辑刊》2011 年第 2 期

39. 潘斌：《皮锡瑞之易学观》，《周易研究》2011 年第 3 期

40. 吴仰湘：《一部不为人知的〈左传〉杜解补正力作——皮锡瑞〈左传浅说〉学术成就评析》，《中国哲学史》2012 年第 1 期

41. 蔡长林：《皮锡瑞"论刘逢禄魏源之解〈尚书〉多臆说不可据"平议》，见《首届国际尚书学学术研讨会论文集》，台湾万卷楼图书股份有限公司 2012 年

42. 潘斌：《皮锡瑞三礼学的今文经学观》，《古代文明》2012 年第 1 期

43. 潘斌：《皮锡瑞经学的特色》，《吉林大学社会科学学报》2012 年第 2 期

44. 顾迁：《皮锡瑞〈今文尚书考证〉述议》，提交"国际《尚书》学会首届年会暨第二届学术研讨会"，2012 年 4 月，长沙

45. 吴仰湘：《皮锡瑞的〈尚书〉古文辨伪》，提交"国际《尚书》学会首届年会暨第二届学术研讨会"，2012 年 4 月，长沙

附言：某些国内期刊及著述中，尚有数篇以皮锡瑞为题的研究成果，但似为抄撮而成，无原创性，甚至引文中屡见断句讹误，因此不录其目。

附录三　皮锡瑞年谱简编

道光三十年　　庚戌（1850 年）

十一月十四日（公历 12 月 17 日）生于长沙府善化县。父皮鹤泉（树棠），母瞿氏。

咸丰二年　　壬子（1852 年）　　3 岁

太平军入湘，举家外徙避难，初尝时事之艰。

咸丰四年　　甲寅（1854 年）　　5 岁

由母亲课读，初识文字。

咸丰五年　　乙卯（1855 年）　　6 岁

始就外傅，塾师为秀才童海观。

咸丰七年　　丁巳（1857 年）　　8 岁

从陈秋珊（普昌）学，始作诗文。

咸丰九年　　己未（1859 年）　　10 岁

改从鲍蓉泉（文浚）学，直到 13 岁。

咸丰十年　　庚申（1860 年）　　11 岁

始以文才名于县中。与同县李荔村（梦莹）订交。

同治二年　　癸亥（1863 年）　　14 岁

考取县学生员。师从韩勉吾（俊）。

同治三年　　甲子（1864 年）　　15 岁

入城南书院肄业，山长为何子贞（绍基）。与益阳王怀钦（德基）订交。

同治四年　　乙丑（1865 年）　　16 岁

应岁试，取列一等，得食廪饩。

同治八年　　　己巳（1869 年）　　20 岁

以文才著名于省城，与益阳王怀钦、长沙阎士良（象雯）并称“阎王皮”。

同治九年　　　庚午（1870 年）　　21 岁

本年始存诗作。

同治十二年　　癸酉（1873 年）　　24 岁

考取拔贡。本年始存文稿。

同治十三年　　甲戌（1874 年）　　25 岁

北上赴朝考，不第。南下趋浙省父，旋返湘。

光绪元年　　　乙亥（1875 年）　　26 岁

留湘应乡试恩科，未第。赴浙，居杭州。

光绪二年　　　丙子（1876 年）　　27 岁

由浙北上，赴顺天乡试，不第。仍南归浙。本年始存词。

光绪三年　　　丁丑（1877 年）　　28 岁

皮树棠赴宣平县任，重修县志，皮锡瑞负责甄辑，并代订凡例。

光绪四年　　　戊寅（1878 年）　　29 岁

居宣平，以俄人窥伺新疆，赋诗言事，主张屯田固边。

光绪五年　　　己卯（1879 年）　　30 岁

归湘应乡试，仍不第。返杭州。

光绪六年　　　庚辰（1880 年）　　31 岁

侍父侨居金华，历二年。

光绪八年　　　壬午（1882 年）　　33 岁

赴顺天乡试，中式举人。

光绪九年　　　癸未（1883 年）　　34 岁

赴春闱，房荐不售。

光绪十年　　甲申（1884 年）　　35 岁

以中法之役，作感事诗多首。《师伏堂经说》于本年陆续成稿。

光绪十三年　　丁亥（1887 年）　　38 岁

作《尚书大传笺》，为著书之始。

光绪十五年　　己丑（1889 年）　　40 岁

春赴礼部试，不第。考取内阁中书，引见不记名。丁父忧，归湘家居。

光绪十六年　　庚寅（1890 年）　　41 岁

以家计日艰，出主湖南桂阳州龙潭书院讲席。应江西学政龙湛霖邀，赴南昌佐阅试卷。撰成《易林证文》二卷。

光绪十八年　　壬辰（1892 年）　　43 岁

正月，赴南昌，出主经训书院讲席。二月，赴春闱，不第。五月，返南昌，以经史之学课士，力纠经训空疏学风。九月，返湘。自本年至丁酉年，均春往秋归。十二月，《古文尚书疏证辨正》成稿。本年始存日记。

光绪十九年　　癸巳（1893 年）　　44 岁

二月，赴南昌主讲经训书院。八月，阅《王荆公年谱》，发抒变法之论。刊《经训书院自课文》二卷。

光绪二十年　　甲午（1894 年）　　45 岁

二月，入都应试，得房荐，仍不售，从此绝意科举。五月，返南昌任教。十月，《今文尚书考证》成稿。十一月，《尚书古文考实》定稿，《史记引尚书考》成稿。十二月，《尚书大传疏证》成稿。

光绪二十一年　　乙未（1895 年）　　46 岁

二月，赴南昌。五月，刊《孝经郑注疏》。六月，阅《盛世危言》，论变法之道，反对尽变西法。九月，成《两汉咏史》。十月，成《宙合堂谈古》。十一月，刊《经训书院自课文》第三卷。十二月，《古文尚书冤词平议》定稿。

光绪二十二年　　丙申（1896 年）　　47 岁

二月，与友人书，极言变法之不可缓。七月，刊《尚书大传疏证》。十二月，《郑志疏证》成稿。

光绪二十三年　　丁酉（1897 年）　　48 岁

八月，由赣返湘，与湘省维新诸吏绅多所交游，与闻各项新政，思想大变。十二月，作《春秋义说》粗成。

光绪二十四年　　戊戌（1898 年）　　49 岁

留湘赞襄新政，二月，聘任南学会学长，主持讲学事宜，前后讲学 12 次。四月，返赣续主经训书院讲席，推动江西维新，时有“皮门”之称。八月，闻政变，赋诗数首，讥斥西太后专权，痛悼谭嗣同殉难。十一月，成《六艺论疏证》。十二月，成《圣证论补评》。

光绪二十五年　　己亥（1899 年）　　50 岁

正月，遭诬奏，奉廷寄，革除举人功名，交地方官严加管束，从此专意著述。二月，成《尚书中候疏证》。三月，以饥寒切身，授徒陈宅。七月，《驳五经异义疏证》成稿。九月，《发墨守箴膏肓释废疾疏证》成书。

光绪二十六年　　庚子（1900 年）　　51 岁

授徒陈宅。以义和团及八国联军侵华事，作诗词数十首，均痛言时事，又批阅《资治通鉴》及《读通鉴论》。

光绪二十七年　　辛丑（1901 年）　　52 岁

授徒陈宅。五月，见谭嗣同《仁学》，目为骇俗之文。

光绪二十八年　　壬寅（1902 年）　　53 岁

二月，撰《蒙学歌诀》，以浅易文词开蒙幼童。三月，江西赣州延聘四郡学堂总教习，辞不赴邀。四月，受聘创办善化小学堂。六月，小学堂开学，登台演讲兴学育材之旨。八月，作《鉴古斋日记序》，畅论“善变而取法于古”。十一月，由湘抚俞廉三奏请注销参案，奉旨开复举人，仍加察看。

光绪二十九年　　癸卯（1903 年）　　54 岁

任善化小学堂监督及湖南高等学堂、湖南师范馆伦理、经学与史学讲席。二月，《汉碑引经考》附《引纬考》成稿。四月，以湘中守旧者攻击宣扬民权，乃避而北上至津，聘修《长芦盐法志》。五月，作《长芦盐法志例言》。八月，返湘，仍任善化小学堂监督及高等学堂、师范馆讲席；继受学务处之嘱，编成《十朝上谕》，以平学界风潮。十月，兼代湖南高等学堂监督。

光绪三十年　　甲辰（1904 年）　　55 岁

任善化小学堂、湖南高等学堂两校监督，兼湖南高等学堂、湖南师范馆讲席。三月，辞湖南高等学堂监督。论“法可变，道不可变”，反对废弃中国人伦道德。四月，阅《新大陆游记》，对共和政体与暴力革命甚多微词。十一月，学务大臣张百熙、京师大学堂总监督张亨嘉电邀进京任教，辞不赴。十二月，自刊《师伏堂诗草》、《师伏堂咏史》、《师伏堂词》、《师伏堂骈文》。

光绪三十一年　　乙巳（1905 年）　　56 岁

任湖南高等学堂、湖南师范馆讲席。二月，以堂中少数学生罢课大起风潮，辞善化小学堂监督。三月，受聘湖南省图书馆纂修。七月，《经学历史》成书。

光绪三十二年　　丙午（1906 年）　　57 岁

任湖南高等学堂、湖南中路师范学堂、长沙府中学堂讲席，兼省图书馆纂修。二月，接京电，京师大学堂延聘史学讲席，以事辞。以学界风潮迭起，望严加整顿以利学堂。

光绪三十三年　　丁未（1907 年）　　58 岁

任湖南高等学堂、湖南中路师范学堂讲席，兼省图书馆纂修。正月，聘任省学务公所图书课长，审阅全省学堂自编讲义。二月，《经学通论》成书。六月，《王制笺》定稿。七月，上书提学使吴庆坻，畅论兴办湖南优级师范学堂事。十二月，拟《应诏陈言谨拟增订学堂章程六条折》，条陈兴学要义，以无人代奏为憾。

光绪三十四年　　戊申（1908 年）　　59 岁

任湖南高等学堂、湖南中路师范学堂讲席，兼省图书馆纂修、省学务公所图书课长。正月，作《教育论》。二月初四日（公历 3 月 6 日），应中路师范学堂之请，为作歌词《浪淘沙》十章，成绝笔，下午去世。

参考文献

说　明：1. 皮锡瑞的著作以及研究皮锡瑞的论著，详见《皮锡瑞著述版本》、《皮锡瑞研究论著目录》；

2. 本书引用文献已标明于脚注中，此处不再重复；

3. 分三类列举参考文献：一是民国以前经学典籍；二是民国以来重要著述，大体上分经学（史）、学术史、资料集、工具书，各依出版先后为序；三是当代重要研究论文，依次为学位论文、期刊论文、论文集文章。

一、民国以前经学典籍

《尚书正义》，黄怀信整理，上海古籍出版社 2007 年

《古文尚书撰异》，段玉裁，《续修四库全书》影印段氏经韵楼丛书本

《古文尚书冤词补正》，周春，《续修四库全书》影印国家图书馆藏清抄本

《尚书今古文注疏》，孙星衍撰、陈抗等点校，中华书局 1986 年

《尚书今古文集解》，刘逢禄，《续修四库全书》影印光绪十四年南菁书院刻本

《今文尚书经说考》，陈乔枞，《续修四库全书》影印左海续集本

《尚书孔传参正》，王先谦撰、何晋点校，中华书局 2011 年

《毛诗后笺》，胡承珙，《续修四库全书》影印道光十七年求是堂刻本

《毛诗传笺通释》，马瑞辰撰、陈金生点校，中华书局 1989 年

《周礼注疏》，彭林整理，上海古籍出版社 2010 年

《仪礼注疏》，王辉整理，上海古籍出版社 2008 年

《礼记正义》，吕友仁整理，上海古籍出版社 2008 年

《春秋左氏传贾服注辑述》，李贻德，《续修四库全书》影印同治五年朱兰刻本

《公羊春秋经传通义》，孔广森，《续修四库全书》影印巽轩孔氏所著书本

《春秋公羊释例后录》，刘逢禄，《续修四库全书》影印道光八年养一斋刻本
《春秋穀梁经传补注》，锺文烝撰、骈宇骞等点校，中华书局 1996 年
《孝经义疏补》，阮福，《续修四库全书》影印道光九年刻本
《论语正义》，刘宝楠撰、高流水点校，中华书局 1990 年
《经学卮言》，孔广森撰、杨新勋校注，华东师范大学出版社 2010 年
《左海经辨》，陈寿祺，《续修四库全书》影印道光三年刻本
《经义述闻》，王引之，《续修四库全书》影印道光七年刻本
《十三经注疏附校勘记》，阮元，中华书局 1980 年影印本
《经典释文》，陆德明，上海古籍出版社 1985 年
《白虎通疏证》，陈立撰、吴则虞点校，中华书局 1994 年

二、民国以来重要著述

《经学通诰》，叶德辉，湖南教育会 1915 年
《六艺后论》，陈鼎忠，南京钟山书局 1934 年
《孝经通考》，蔡汝堃，台湾商务印书馆 1966 年
《史记述尚书研究》，古国顺，台湾文史哲出版社 1985 年
《近代经学与政治》，汤志钧，中华书局 1989 年
《论语集释》，程树德著、程俊英等点校，中华书局 1990 年
《经今古文学问题新论》，黄彰健，台湾“中央”研究院历史语言研究所 1992 年第二版
《中国经学史论文选集》，林庆彰编，台湾文史哲出版社 1992—1993 年
《经学史论集》，汤志钧，台湾大安出版社 1995 年
《公羊学引论》，蒋庆，辽宁教育出版社 1995 年
《三礼通论》，钱玄，南京师范大学出版社 1996 年
《群经要义》，陈克明，东方出版社 1996 年
《今古文经学新论》，王葆炫，中国社会科学出版社 1997 年
《经学、政治和宗族：中华帝国晚期常州今文学派研究》，艾尔曼著、赵刚

译，江苏人民出版社 1998 年
《汉代公羊学灾异理论研究》，黄肇基，台湾文津出版社 1998 年
《经学大要》，钱穆，台湾兰台出版社 2000 年
《尚书通论》，陈梦家，河北教育出版社 2000 年
《两汉经学今古文平议》，钱穆，商务印书馆 2001 年
《清代经学史通论》，吴雁南主编，云南大学出版社 2001 年
《中国经学史》，本田成之著、孙俍工译，上海书店出版社 2001 年
《清代经学研究论集》，林庆彰，台湾“中央”研究院中国文哲研究所 2002 年
《经学研究论集》，胡楚生，台湾学生书局 2002 年
《诗经学史》，洪湛侯，中华书局 2002 年
《论崔适与晚清今文学》，蔡长林，台湾圣环图书股份有限公司 2002 年
《续四库提要三种》，胡玉缙撰、吴格整理，上海书店出版社 2002 年
《郑学丛著》，张舜徽，华中师范大学出版社 2005 年
《经学抉原》，蒙文通，上海人民出版社 2006 年
《清代经学与文学》，杨旭辉，凤凰出版社 2006 年
《清代春秋穀梁学研究》，文廷海，巴蜀书社 2006 年
《郑玄三礼注研究》，杨天宇，天津人民出版社 2007 年
《清代汉学与左传学》，张素卿，台湾里仁书局 2007 年
《郑玄通学及郑王之争研究》，史应勇，巴蜀书社 2007 年
《晚出〈古文尚书〉公案与清代学术》，吴福通，上海古籍出版社 2007 年
《晚清经学史论集》，丁亚杰，台湾文津出版社 2008 年
《经学通志》，钱基博，广西师范大学出版社 2009 年
《春秋三传与经学文化》，方铭主编，长春出版社 2010 年
《中国经学思想史》1～4 卷，姜广辉主编，中国社会科学出版社 2010 年
《清代经学史》，章权才，广东人民出版社 2010 年

《清人文集别录》，张舜徽，中华书局 1963 年

《中国近三百年学术思想论集》，存粹学社编，香港崇文书局1971年
《星庐笔记》，李肖聃，岳麓书社1983年
《清末的公羊思想》，孙春在，台湾商务印书馆1985年
《近百年湖南学风》，钱基博，岳麓书社1985年
《清代学术史研究》，胡楚生，台湾学生书局1988年
《古史续辨》，刘起釪，中国社会科学出版社1991年
《廖平评传》，黄开国，百花洲文艺出版社1993年
《清代学术史研究续编》，胡楚生，台湾学生书局1994年
《求索真文明：晚清学术史论》，朱维铮，上海古籍出版社1996年
《清代学术概论》，梁启超，东方出版社1997年
《龚自珍学术思想研究》，张寿安，台湾文史哲出版社1997年
《武进刘逢禄年谱》，张广庆，台湾学生书局1997年
《杨向奎学术文选》，杨向奎，人民出版社1998年
《乾嘉考据学研究》，漆永祥，中国社会科学出版社1998年
《宗周礼乐文明考论》，沈文倬，浙江大学出版社1999年
《清代学术文化史论》，王俊义、黄爱平，台湾文津出版社1999年
《权势转移：近代中国的思想、社会与学术》，罗志田，湖北人民出版社1999年
《论戴震与章学诚：清代中期学术思想史研究》，余英时，三联书店2000年
《中国近三百年疑古思潮研究》，路新生，上海人民出版社2001年
《以礼代理——凌廷堪与清中叶儒学思想之转变》，张寿安，河北教育出版社2001年
《中国近代学术史》，麻天祥等，湖南师范大学出版社2001年
《清代扬州学术研究》，祁龙威、林庆彰主编，台湾学生书局2001年
《清代学术探研录》，王俊义，中国社会科学出版社2002年
《清儒学术拾零》，陈祖武，湖南人民出版社2002年
《朴学与清代社会》，黄爱平，河北人民出版社2003年
《清人笔记条辨》，张舜徽，华中师范大学出版社2004年

《清代学术讲论》，彭林主编，广西师范大学出版社 2005 年
《中国近三百年学术史论》，章太炎、刘师培著，徐亮工编，上海古籍出版社 2006 年
《汉学师承记笺释》，漆永祥，上海古籍出版社 2006 年
《乾嘉学术十论》，刘墨，三联书店 2006 年
《嘉庆以来汉学传统的衍变与传承》，罗检秋，中国人民大学出版社 2006 年
《古文源流考》，徐刚，北京大学出版社 2008 年
《叶德辉生平及学术思想研究》，张晶萍，湖南师范大学出版社 2008 年
《郑玄志》，耿天勤主编，山东人民出版社 2009 年
《清代吴派学术研究》，王应宪，华东师范大学出版社 2009 年
《清儒学案》，徐世昌编、陈祖武点校，河北人民出版社 2009 年
《清代辑佚研究》，喻春龙，上海古籍出版社 2010 年
《从文士到经生——考据学风潮下的常州学派》，蔡长林，台湾“中央”研究院中国文哲研究所 2010 年

《太炎文录初编》，章炳麟，浙江图书馆《章氏丛书》本
《湘绮楼日记》，马积高等整理，岳麓书社 1997 年
《湘绮楼诗文集》，马积高等整理，岳麓书社 1997 年
《廖平选集》，李耀仙编，巴蜀书社 1998 年
《龚自珍全集》，王佩诤校，上海古籍出版社 1999 年
《叶德辉集》，王逸明编，学苑出版社 2007 年
《李肖聃集》，喻岳衡校点，岳麓书社 2008 年

《乾嘉学术研究论著目录》，林庆彰主编，台湾“中央”研究院中国文哲研究所筹备处 1995 年
《三礼辞典》，钱玄等，江苏古籍出版社 1998 年
《诂训汇纂》，宗福邦主编，商务印书馆 2003 年
《晚清经学研究文献目录》，林庆彰、蒋秋华主编，台湾“中央”研究院中国

文哲研究所 2006 年
《说文解字注》，许惟贤整理，凤凰出版社 2007 年

三、当代重要研究论文

《伪古文尚书问题重探》，周凤五，台湾大学中国文学研究所硕士论文，1974 年
《康有为经学述评》，丁亚杰，台湾“中央”大学中国文学研究所硕士论文，1992 年
《孙星衍〈尚书今古文注疏〉研究》，吴国宏，台湾中正大学中国文学研究所硕士论文，1994 年
《礼仪、谶纬与经义——郑玄经学思想及其解经方法》，车行健，台湾辅仁大学中国文学研究所博士论文，1996 年
《从正续〈清经解〉的比较论清代经学的发展趋势》，竺静华，台湾大学中国文学研究所硕士论文，1999 年
《常州庄氏学术新论》，蔡长林，台湾大学中国文学研究所博士论文，2000 年
《论朱一新与晚清学术》，曹美秀，台湾大学中国文学研究所博士论文，2004 年

《伪古文尚书案之反控与再鞫》，张荫麟，《燕京学报》第 5 期
《清代经今文学述》，李新霖，《师大国文研究集刊》第 22 号，台湾师范大学国文研究所 1978 年
《清代经今文学的复兴》，汤志钧，《中国史研究》1980 年第 2 期
《儒家经学流派述评》，张志哲，《孔子研究》1989 年第 3 期
《传统文化的变异和转向——近代经学述要》，麻天祥，《孔子研究》1992 年第 4 期
《伏生〈尚书大传〉的解经方法与思想内容》，丁亚杰，《孔孟学报》第 75 期，台湾孔孟学会 1998 年 3 月

《清代今文经学兴起考——以惠栋、戴震、张惠言为中心》，孙运君，《船山学刊》2005 年第 4 期

《清代的今文经学》，杨向奎，《清史论丛》第 1 辑，中华书局 1979 年

《清代经学思潮》，何佑森，《清代经学国际研讨会论文集》，台湾“中央”研究院中国文哲研究所筹备处 1994 年

《晚清的疑经风气及其时代意义》，李威熊，《清代经学国际研讨会论文集》，台湾“中央”研究院中国文哲研究所筹备处 1994 年

《评近代经学》，刘大年，《明清论丛》第 1 辑，紫禁城出版社 1999 年

《简论伏生与〈大传〉》，黄开国，《经学研究论丛》第 8 辑，台湾学生书局 2000 年

《刘逢禄公羊学概述》，钟彩均，《清代学术论丛》第 3 辑，台湾文津出版社 2002 年

《形声而通训诂——段玉裁汉宋兼容的文字诠释学》，麻天祥，《宏德学刊》第 1 辑，江苏人民出版社 2010 年

后 记

本书是2005年度教育部人文社科研究规划基金项目的最终成果。

我从1998年开始从事皮锡瑞研究，翌年完成博士学位论文，后来经过修改、扩充，于2002年出版《通经致用一代师——皮锡瑞生平和思想研究》。2005年，我以“皮锡瑞经学遗稿整理与经学成就研究”为题提出申请，有幸获得教育部人文社科研究规划基金资助，开始对《师伏堂经说》、《师伏堂经学杂记》等皮锡瑞经学遗稿进行整理，并对他的治经成就展开研究。但第二年《皮锡瑞全集》被列为国家清史编纂委员会文献整理项目，转而把主要精力投入其中，迄于2011年独力完成《皮锡瑞全集》的收集和点校工作，内有专著20种、杂著7种、诗文5种和《师伏堂日记》，总计400多万字（已列入“2011—2020国家古籍整理出版规划”，将由中华书局出版）。整理《皮锡瑞全集》大大延缓了教育部项目的研究工作，但对于深入理解和评析皮锡瑞的经学却大有裨益，最终使我能以较高的质量完成本书的写作。

我在研究工作中，得到海内外学术界师友的无私帮助，也得到单位领导、同事以及家人的大力支持，在此表示衷心的感谢。

皮锡瑞经学著述很多，而且极其专精，对于缺乏经学素养的今人来说，要彻底掌握和全面评析他的治经成就与经学思想，殊非易事。浅学如我，虽十余年来一直寝馈其中，但仍有力不从心之感，还有很多重要内容未能论及，如《今文尚书考证》、《经学通论》、《郑志疏证》、《礼记浅说》、《汉碑引经考》等皮氏重要著述，未作专门评析，湖南师范大学图书馆新近发现的《易林证文》

稿本，也来不及仔细研读，因而留下诸多缺憾。此次匆忙出版，一则是完成教育部项目的结项，一则是清偿“湖湘文库”的追索。总之，本书只是研究皮锡瑞经学的一个初步尝试，意在抛砖引玉，希望能够推进皮锡瑞及清代今文经学研究不断走向深入。至于书中存在的缺失和错误，恳请学界同道不吝指正。

吴仰湘

2012 年 8 月

志于岳麓书院

图书在版编目(CIP)数据

皮锡瑞的经学成就与经学思想/吴仰湘著.—长沙:湖南大学出版社,2013.7

(湖湘文库·乙编)

ISBN 978-7-5667-0362-0

Ⅰ.①皮... Ⅱ.①吴... Ⅲ.①皮锡瑞(1850~1908)—经学—思想评论 Ⅳ.①B259.95

中国版本图书馆 CIP 数据核字(2013)第 138174 号

湖湘文庫(乙编)

湖湘文库编辑出版委员会

皮锡瑞的经学成就与经学思想

作者	吴仰湘
责任编辑	肖立生
责任校对	全　健
整体设计	郭天民
出版发行	湖南大学出版社
网址	http://www.hnupress.com
地址	长沙市岳麓山
邮编	410082
营销部电话	0731-88822559
经销	湖南省新华书店
印刷	长沙超峰印刷有限公司
版次	2013 年 7 月第 1 版第 1 次印刷
开本	960×640　1/16
印张	32.5
字数	379 千
书号	ISBN 978-7-5667-0362-0/K·71
定价	98.00 元

如有印装质量问题,请与承印厂斟换

厂址:宁乡县金洲新区泉洲北路 100 号　邮编:410600

ISBN 978-7-5667-0362-0

9 787566 703620 >